The Fear Cure

두려움 치유

두려움 치유

2016년 11월 30일 초판 1쇄 발행. 리사 랜킨이 쓰고 박병오가 옮겼으며, 도서출판 샨티에서 이홍용과 박정은이 펴냈습니다. 전혜진이 디자인을 하였고, 인쇄는 상지사에서 하였습니다. 출판사 등록일 및 등록번호는 2003. 2. 6. 제10-2567호이고, 주소는 서울시 마포구 성미산로16길 18, 전화는 (02) 3143-6360, 팩스는 (02) 338-6360, 이메일은 shantibooks@naver.com입니다. 이 책의 ISBN은 978-89-91075-07-8 03180이고, 정가는 22,000원입니다.

이 도서의 국립중앙도서관 출판시도서목록(CIP)은 e-CIP홈페이지(http://www.nl.go.kr/ecip)와 국가자료공동목록시스템(http://www.nl.go.kr/kolisnet)에서 이용하실 수 있습니다.(CIP제어번호: CIP2016027963)

《뉴욕 타임스》선정 베스트셀러 저자, 리사 랜킨의
몸과 마음, 영혼의 평화를 위한 용기 처방전

두려움
치　유

리사 랜킨 지음
박병오 옮김

【샨티】

"마침내 의료계의 한 걸출한 교사가 우리 문화에 팽배한 두려움이 바로 현대 세계에 만연한 질병의 주원인이라는 사실을 날카롭게 파헤쳤다. 그와 동시에 이런 '질병을 만드는 사고방식'을 뿌리째 뽑아버릴 아주 구체적인 제안들도 한가득 내놓았다. 나는 닥터 랜킨이 이 강력한 책에서 시종일관 보여주듯이 솔직담백하고 개인적인 접근법을 좋아한다. 우리가 낭떠러지 끝으로 가까이 다가갈 때 드는 무서운 느낌 정도가 두려움의 다는 아니다. 두려움은 위험이라면 뭐든지 다 피하도록 어린 시절부터 잠재의식에 프로그래밍되어 온 삶의 방식이다. 이 프로그래밍은 단지 몸만이 아니라 마음, 특히 영혼까지 병들게 한다. 내 친구 리사 랜킨은 이 책에서 두려움 없이 살아갈 용기를 어떻게 하면 키울 수 있는지 잘 알려주고 있다. 나는 몸은 물론 영혼을 위한 약인 이 책을 정말정말 좋아한다."

— 웨인 W. 다이어Wayne W. Dyer,《행복한 이기주의자 *Your Erroneous Zones*》 저자

"두려움이나 불안에 사로잡힌 당신을 편안히 해줄 주의 깊고 생기 넘치는 친구, 용기를 북돋아줄 친구가 필요하다면 이 책을 집어라. 닥터 리사 랜킨은 두려움의 깊숙한 곳까지 내려가 보았고, 거기서 용기 있게 빠져나왔으며, 사람들을 평화로 이끌 조언과 처방까지 얻어왔다. 사실을 전하는 리포터이자 과학자이며 신비가이기도 한, 늘 열정이 가득한 리사는 결코 두려워하는 법이 없는 당신 존재의 일부를 찾아내도록 도와줄 것이다. 이 책은 기쁨을 가로막는 두려움을 몰아내고 더없이 평온하고 지혜로운 자아가 당신 삶을 주도하도록 그 방법을 일러줄 것이다."

— 마사 베크Martha Beck,《험한 세상에서 길 찾기 *Finding Your Way in a Wild New World*》 저자

"배고픔 때문에 먹을 것을 찾게 되듯이, 두려움 때문에 삶은 풍성해질 수 있다. 누구나 다 할 수 있는 일이지만, 안내가 없고 우리를 믿어주는 누군가가 없으면 어려운 일이다. 리사 랜킨의 책은 다르다. 이 책을 읽고 여기에 담긴 지혜를 삶에 녹여 넣어보라."

—버니 시겔Bernie Siegel, 《사랑+의술=기적Love, Medicine and Miracles》

《치유의 예술The Art of Healing》저자

"자연은 덤불 속에 숨은 사자를 보고 느낄 때 같은 건강한 두려움을 우리에게 선사했지만, 오늘날 우리가 느끼는 두려움은 대부분 파괴적이며 우리가 지닌 잠재력을 최대한으로 발휘하지 못하게 가로막는다. 이 책에서 닥터 리사 랜킨은 우리를 움츠리게 만드는 두려움들과 거기서 헤어나는 방법을 보여준다. 또 그 두려움들 대부분을 우리가 어떻게 만드는지도 보여주고, 그것들을 원래 상태로 되돌리는 방법도 보여준다. 이 책의 내용은 독자들을 아주 깊이 사로잡을 것이다. 랜킨 자신이 인생의 도가니 속에서 혹독한 시험을 거쳤기 때문이다."

—래리 도시Larry Dossey, 《원 마인드One Mind》저자

"대부분의 사람들이 심리적으로 온갖 두려움을 느끼며 스트레스 속에 살아간다. 외로울까봐, 실패할까봐, 병에 걸릴까봐, 비판받을까봐…… 등등. 건강을 해쳐 병에 걸리고 죽음에 이르게 하는 스트레스가 바로 이 같은 만성 두려움에서 나오고, 이것이 우리가 병원을 찾는 원인의 90퍼센트 가량을 차지한다. 이처럼 심신을 약하게 하는 스트레스에 맞설 유용한 처방전이 이 책에 들어 있다. 이 책은 두려움의 정신생물학적 영향에 대해 조목조목 잘 정리했을 뿐 아니라, 의식을 바꿔서 만성 두려움을 건강에 이로운 행동으로 변형시키는 아주 효과적인 기법들까지 알려준다. 우리 문명의 건강을 위해서, 나는 삶에서 직관과 온전함, 기쁨을 약 없이도 늘려주는 닥터 랜킨의 처방전을 적극 추천한다."

—브루스 H. 립튼Bruce H. Lipton, 세포생물학자,

《당신의 주인은 DNA가 아니다The Biology of Belief》《허니문 이펙트The Honeymoon Effect》저자

"중요한 책이다. 이 책은 두려움과 용기의 정의를 바꾸고, 따라서 당신의 삶도 바꿀 것이다. 사는 법을 배워라. 믿는 법을 배워라. 이 책을 읽어라."

—소피 번햄Sophy Burnham, 《천사의 서A Book of Angels》 저자

"위험과 불확실성투성이인 세상에서 우리는 이제 더 많은 용기를 낼 수 있다. 닥터 리사 랜킨은 최고의 안내자요, 이 책은 두려움을 물리치는 야전교범이다."

—크리스 길아보Chris Guillebeau, 《100달러로 세상에 뛰어들어라The $100 Startup》
《행복의 추구The Happiness of Pursuit》 저자

"리사 랜킨의 책은 제목 그대로다. 아니 그 이상이다. 이 놀라운 책은 두려움에 대한 기존의 신념을 바꿔줄 것이다. 이제 두려움을 느낀다는 것은 바로 당신 안의 용기를 진정으로 느낄 수 있는 능력이 당신에게 있다는 뜻으로 받아들이게 될 것이다. 그러면 삶의 모든 영역에서 감사와 은총, 선함을 훨씬 더 많이 경험할 수 있다."

—사크SARK(수전 애리얼 레인보우 케네디), 아티스트.
《무조건 기뻐하라Glad No Matter What》 저자

"이 책의 첫 페이지부터 지금 세상에 꼭 필요한 주제에 푹 빠지고 말았다. 우리 안에서 혹은 밖에서 어떤 목소리가 매순간 이렇게 외치는 것 같다. '두려움, 두려움, 두려움!' 꼭 늑대가 나타났다고 소리치는 소년 같다. 정말로 늑대가 있는가? 아니면 그냥 환상일까? 닥터 리사 랜킨은 이 책에서 우리에게 두려움을 대하는 방법, 그리고 용기를 내는 방법을 알려준다. 지금까지 당신에게 일어난 최악의 일들을 받아들일 수 있는가? 그래서 그것들을 당신 인생의 최고의 일들로 탈바꿈시킬 수 있는가? 리사 랜킨은 이렇게 말한다. '당연히!' 그리고 그 길을 멋지게 보여준다."

—데이비드 울프David Wolfe, 비영리 단체 www.ftpf.org 설립자.
《장수 음식, 슈퍼 푸드Longevity Now, Superfoods》《색깔 치료The Color Cure》 저자

내가 아는 누구보다도
커다란 용기를 지닌 에이프릴에게

차례

9. 용기를 키우는 여섯 단계 321

추천의 글

이 책은 천사와 맞붙어 씨름하는 내용의 책이다. 천사의 이름은 '두려움Fear'이다. 자신을 자유롭게 하는 길은 오직 이 천사만이 줄 수 있는 축복을 찾아내는 것이다. 이 책은 그 길을 찾아내 자유롭고 충만하게 살 수 있도록 도와줄 것이다.

내가 야곱과 천사 이야기를 처음 들은 것은 아주 어렸을 때였다. 유대교 정통파 랍비로서 카발라Kabbalah(중세 유대교의 신비주의─옮긴이)에 심취하셨던 내 사랑하는 할아버지가 들려준 〈창세기〉의 수많은 지혜 이야기 중 하나였다. 할아버지가 해주신 이야기는 이랬다.

야곱이 홀로 여행을 하다가 날이 어두워지자 저녁도 먹고 잠도 자려고 발길을 멈췄다. 자리를 잡은 곳은 꽤 안전해 보였다. 하지만 실은 그렇지가 않았다. 잠을 자던 야곱은 어떤 억센 팔이 자신을 붙들어 옴짝달싹할 수 없게 되었다는 것을 알았다. 너무 어두워 괴한이 보이지는 않았지만 그의 힘은 느낄 수 있었다. 그래도 힘깨나 쓴다는 야곱이 손아귀에서 벗어나려 안간힘을 썼다. 그러나 괴한의 힘도 만만치 않았다. 둘은 밤새 엎치락뒤치락 땅바닥에서 씨름을 했다.

그렇게 밤이 다 가고 새벽이 왔다. 야곱은 밤새 씨름을 하던 상대가 천사였다는 사실을 알았다. 동이 터오자 천사는 야곱을 붙든 손을 놓고 날아오르려 했다. 하지만 이번에는 야곱이 붙잡고 놓지 않았다. "놓아라." 천사가 말했다. "동이 터오는구나." 야곱은 손에 더 힘을 주며 말했다. "내게 축복을 내려주면 놓아주겠소." 천사는 있는 힘을 다해 야곱의 손에서 벗어나려 했지만 야곱은 더욱 단단히 붙들었다. 그러자 천사가 야곱에게 축복을 내렸다.

어린 나에게는 이 이야기가 도무지 이해가 안 되었다. 야곱은 풀려나려고 밤새도록 몸부림쳤다. 그런데 왜 그냥 가도록 천사를 놔두지 않았지? 나라면 그랬을 텐데. 게다가 나는 천사들을 좋아했다. 그런데 천사와 적도 분간하지 못할 수가 있다니. 더더욱 궁금한 건, 적이 어떻게 축복을 내릴 수 있느냐는 거였다. 내 질문에 할아버지는 웃으며 말씀하셨다. "사람들은 늘 천사와 적을 혼동한단다. 천사의 축복을 받아야 자유로워지니까 야곱은 축복을 줄 때까지 천사를 놔주지 않은 거야."

오랜 세월이 지나서야 나는 이 이야기를 이해할 수 있었다. 어려서 나는 두려움들에 꽁꽁 싸여 있었다. 안전하려면 두려워하는 것이 유일한 방법이라 믿었다.

어른들은 우리에게 두려움을 키워주었다. 길거리 개에게 심하게 물려 끔찍한 광견병 주사를 여러 방이나 맞은 뒤로 나는 동물들만 보면 깜짝깜짝 놀랐다. 부모님은 내가 두려워할 줄 알아야 안전할 거라며 오히려 두려움을 조장하셨다. 그 결과 동물에 대한 내 두려움은 공포증 수준에 이를 정도였다.

내가 의료 수련을 계속하려고 캘리포니아에 온 게 스물일곱 살 때였다. 처음에는 어린아이 몇 명하고 커다란 셰퍼드 한 마리를 가진 친구들과 함께 살았다. 나는 셰퍼드의 크고 누런 이빨이 무서웠다. 친구들은 그 개가 순하고 사람을 잘 따른다고 했지만, 그 두려움에 맞설 용기가 내게는 없었다. 내가 그 집에서 손님으로 지내는 몇 주 동안, 나와 개가 한 방에 있지 않도록 온 가족이 애를 써주었다. 그러나 밤에는 개가 집 안을 마음대로 돌아다녔기 때문에 나는 방문을 닫는 것만으로 부족해 자물쇠를 걸어 잠그기까지 했다.

어느 날 아침, 화장실에 가고 싶어 일찍 잠에서 깼다. 시간은 아침 여섯시, 그 집 식구들이 일어나기에는 너무 이른 시간이었다. 나는 두려움 때문에 감히 방문을 열고 나서질 못했다. 혹시 누구라도 일어나 돌아다니지 않을까 싶어 조심스레 문을 열었다. 네 살배기 브리짓이 거실에서 혼자 노래 부르는 소리가 들리자 마음이 놓였다. 개가 나를 발견하기 전에 내가 아이에게 다가갈 수만 있다면 아이가 개를 떼어놓을 수 있을 터였다. 몹시 두려웠지만 나는 통로를 살금살금 걸어가 거실 쪽을 살폈다.

그러나 브리짓은 혼자서 노래 부르고 있는 게 아니었다. 셰퍼드가 양탄자에 배를 깔고 엎드려 있었다. 브리짓도 앙증맞은 핑크색 잠옷을 입고 똑같이 엎드려 있었다. 아이는 치약과 칫솔을 들고서 개의 커다란 이빨을 닦으며 노래를 들려주고 있었다. "펩소던트(이를 하얗게 해준다는 광고 문구로 세계 최다 판매를 기록했던 치약─옮긴이)로 네 이를 닦으면 누렁니가 어디 갔는지 궁금할걸." 셰퍼드는 입이 온통 거품투성이가 되어서도 어찌나 꼬리를 세게 흔들어대는지 마룻바닥에 탁탁탁 부딪치는 소리가 났다. 나는 숨을 깊이 들이쉬고 웃기 시작했다.

그렇게 20년 넘도록 내 발목을 붙잡아오던 두려움이 눈 깜짝할 사이에 사라졌다. 그 순간 나는 알았다. 내가 세상의 동물들을 두려워한 게 아니라 내 마음속의 동물들을 무서워했을 뿐이라는 걸. 내 두려움이 동물들로부터 나를 안전하게 지켜준 것은 아니었다. 오히려 그들의 사랑으로부터 나를 돌아서게 했을 뿐이었다. 나중에 내 아파트가 생겼을 때 나는 커다란 오렌지색 수고양이를 동물 보호소에서 데려와 키웠다. 그 뒤로 사랑스런 반려 동물이 꼭 하나씩은 내 곁에 있었다. 친구네 집 거실에서의 그 순간은 벌써 50년 전의 일인데, 나는 그날 이후로 날마다 그 천사의 축복을 받고 있다.

두려움에 맞설 용기가 없다고 생각하는 많은 사람들이 실은 생각보다 큰 용기를 지니고 있을지 모른다. 당신에게 두려움이 많다면, 낯선 사람에게 말을 거는 데도, 전화를 받는 데도, 혹은 빵을 사러 매장에 가는 데도 용기가 필요할 수 있다. 그냥 큰소리로 말해보라. 날마다 계속해서 쓰는 근육처럼 용기는 써야 자라난다. 언젠가 정말로 중요한 문제가 생겨서 용기를 끌어내야 할 때 당신은 그 용기의 힘과 위력을 처음으로 보게 될지도 모른다.

이 책을 읽으면서 여러분이 알게 될 또 한 가지는 두려움의 반대가 의외로 용기가 아니라는 사실이다. 두려움의 반대는 기쁨$_{joy}$이다. 나는 기쁨이 행복과 같은 것이라고 생각했었다. 그러나 기쁨은 행복보다 훨씬 더 오래간다. 기뻐할 수 있는 능력은 조건 없이 삶을 대하는 태도,

거기 무엇이 기다리든 기꺼이 발을 내딛어 만나보려는 마음가짐에서 나오는 것 같다. 활짝 열려 있어야 우리는 삶을 통제하고픈 욕구를 넘어서서 삶을 축하할 수 있다. 삶을 적대적으로 대하는 태도에서 벗어나 삶 속 깊은 곳의 경이로움과 불가사의함을 경험할 수 있다. 그렇게 할 때 비로소 우리는 치유받을 수 있다.

모든 사람에게는 결과에 연연해하지 않는 자리, 성공과 실패라는 사고방식과 이로 인한 두려움에서 벗어나 있는 자리가 있다. 이 책은 우리에게 인생 자체를 신뢰할 수 있는 기회, 그리고 즐기지 못한 것은 있을지 몰라도 인생에 실패란 없다는 깨달음을 준다. 이 놀라운 책은 우리의 두려움 속에 들어 있는 축복을 이해하고 받아들이도록, 그리하여 우리를 치유의 자리로 이끌고 기쁨 가운데 살도록 도와준다.

—레이첼 나오미 레멘Rachel Naomi Remen, M.D.
《그대 만난 뒤 삶에 눈떴네Kitchen Table Wisdom》 저자

들어가는 글

두려움이란 거꾸로 된 믿음일 뿐이다.
다시 말해 선이 아닌 악을 믿는 것이다.
―플로렌스 스코블 쉰Florence Scovel Shinn

콜로라도 스프링스에 있는 파이크스 피크Pikes Peak의 전망대로 가는 길. 사촌 레베카와 나는 영화 속 주인공 델마와 루이스처럼 컨버터블 덮개를 연 채 여름 바람에 긴 머리를 휘날리며 한껏 드라이브를 즐기고 있었다. 차가 터널로 접어들 무렵, 길을 막고 서 있는 차 한 대가 보였다. 두 남자가 차 뒤쪽 트렁크에 기대어 서 있었다. 타이어가 펑크나 스페어 타이어라도 찾고 있는 것 같았다.

브레이크를 밟고 천천히 다가가는데, 남자들이 홱 돌아서더니 우리 쪽으로 뛰어왔다. 검은색 스키 마스크를 쓰고 손에는 번쩍거리는 권총을 들고 있었다. 자동차는 덮개가 열린 상태였고 편도 터널을 돌아나갈 방법도 없었다. 우리는 완전히 노출된 상태였다. 속수무책으로 걸려든 것이다. 마스크를 한 남자들이 우리 쪽으로 뛰어오자 온몸의 세포들이 오그라들었다. 심장은 쿵쾅거리기 시작했고, 피가 솟구치는 소리가 얼마나 크게 들리는지 지갑을 내놓으라고 소리치는 목소리는 거의 들리지도 않았다.

나는 공포를 느꼈지만, 순간 나의 어떤 부분이 그 상황을 넘겨받았다. 상황의 미세한 차이들을 하나도 놓치지 않고 의식하면서, 마스크를 쓴 두 강도, 레베카가 있는 곳, 그녀가 느끼는 것을 감지하는 나, 그리고 내 몸의 감각들에 동시에 주의를 기울이고 있었다. 무섭긴 했지만 이상하게도 차분한 느낌이 들었다. 뭔가가 나를 넘겨받아서 그 상황 내내 나를 인도했다.

한 남자가 지갑을 달라고 했을 때, 내 안의 차분한 부분은 좌석 아래서 지갑을 꺼내 건네는 나를 지켜보았다. 내 지갑에는 별 가치가 없는 것들이 들어 있었다. 지폐 몇 장, 신용카드 몇 장, 립스틱 하나. 강도 한 명이 커다란 금반지를 낀 뭉툭한 손으로 내 지갑을 뒤졌다. 지갑에서 운전면허증을 꺼내더니 자기 주머니에 쑤셔 넣었다. 내게 바짝 다가와 붙어 선 남자의 숨결에서 술 냄새가 났다. 남자가 뒤로 묶은 내 머리에서 은으로 된 머리핀을 잡아채자 내 긴 머리가 풀리면서 눈을 가렸다.

한 명이 레베카에게 고함치는 소리가 들렸다. "차에서 내려!" 내 안의 차분한 부분이 레베카에게 소리 없이 메시지를 보냈다. '하라는 대로 해. 그러면 다치지 않을 거야.' 하지만 레베카는 자기 카메라를 챙겨 주머니에 넣고 있는 남자와 말씨름을 하고 있었다.

"필름은 빼면 안 될까요?" 레베카가 애원을 했다.

남자는 같은 말만 되풀이했다. "얼른 내려!" 시야 한쪽으로 레베카의 관자놀이에 갖다 댄 총이 보였다. 결국 레베카는 포기하고 내 옆에 나란히 섰고, 우리는 손을 들고 터널의 차가운 시멘트벽에 얼굴을 바짝 댔다.

바로 그때 내 뒤통수를 누르는 차가운 총부리가 느껴졌다. 몸이 뻣뻣이 굳었지만, 내 안의 차분한 부분은 이렇게 속삭였다. '숨을 쉬어. 함부로 움직이지 마.' 총이 아직 내 머리를 누르고 있는데 총소리가 났다. 몸이 마구 떨렸다. 전율이 몸을 휘감고 배 속이 메스꺼웠다. 통증은 없었지만, 따스한 액체가 얼굴 한쪽으로 흘러내리는 것이 느껴졌다. 외과 의사로서 내가 너무도 잘 아는 진홍색 액체일 거라 생각하며 손으로 훔쳐보았다. 그러나 피는 아니었다. 땀이었을 것이다.

나는 오감을 총동원해 무슨 일이 벌어지고 있는지 감지하려 애를 쓰면서 상황을 분석했다. 화약 냄새가 났고, 아스팔트 위로 뛰어다니는 발자국 소리와 괴한들의 거친 숨소리가 들렸다. 도로에 다른 차들이 지나가는지 귀를 쫑긋 세웠지만 아무 소리도 나지 않았다. 내 곁에 선 레베카의 에너지를 느낄 수 있었다. 나보다도 더 차분했다. 바람이 내 머리카락을 날려 눈을 가렸다. 아무것도 보이지 않으니 다른 감각들이 모두 예민해졌다.

내 마음은 재빨리 그 총소리를 분석했다. 무슨 일일까? 내가 총에 맞지 않았다면, 혹시 레베카가……? 공포가 밀려드는 가운데서도, 차라리 내가 죽으면 죽었지 내 사촌이 죽고서 어찌 살겠나 하는 생각이 들었다. 그때 레베카가 기침을 했고, 나는 비로소 안도감이 들었다. 우린 아직 둘 다 살아있었다.

마스크를 한 두 남자는 계속 총을 휘두르면서 우리더러 돌아서서 컨버터블 뒤쪽 뜨거운 아스팔트 위로 엎드리라고 명령했다. 시키는 대로 하자 그중 한 명이 소리 질렀다. "이제 움직이지 마!" 바로 그때 총성이 몇 방 들리더니 날카로운 돌멩이들이 내 드러난 종아리로 튀었다. 잠시 적막이 흘렀다. 그러다가 거친 숨소리와 나지막이 속삭이는 소리가 들리더니 후다닥 뛰어가는 듯한 발소리가 이어졌다. 차문이 열렸다 닫혔고, 마침내 엔진의 가속음과 타이어가 헛도는 마찰음이 들렸다. 차가 급히 떠나고, 주위는 조용해졌다.

그렇게 긴 시간이 흐른 것 같았다. 도로 바닥에 댄 뺨이 후끈거렸다. 이윽고 강도들이 달아난 방향에서 차 한 대가 오는 소리가 들렸다. 엔진 소리가 조용해지고, 차 문 두 개가 열렸다가 세게 닫혔다. 한 남자의 부드러운 목소리가 들렸다. "두 분, 괜찮으세요?"

위를 올려다보니 하이킹 복장을 한 두 남자가 서 있었다. "저희가 도와드릴까요?"

위험은 끝났다……

: 두려움과 친구될 때

노상강도를 만났을 때 내 몸과 마음이 경험한 것은 진짜 두려움, 즉 목숨이 위태로울 때 몸이 느낄 수밖에 없는 그런 두려움이었다. 내 두려움은 수십 년 전 하버드대의 생리학자 월터 캐넌Walter Cannon이 '투쟁-도피fight-flight' 반응 혹은 '스트레스 반응'이라 이름붙인 반응을 일으켰다. 이는 우리를 공격하는 상대로부터 도망을 가든지 아니면 목숨을 지킬 수 있을 정도로 큰 힘을 발휘해 상대와 싸우든지 둘 중 어느 쪽으로든 몸이 바로 행동할 수 있도록 만반의 준비를 시키는 건강한 생존 메커니즘이다. 누군가 미리에 총을 들이낼 때 이런 두려움은 당연히 들 것이다. 나를 보호하려는 두려움이니까.

이런 두려움이 없다면, 차들이 쌩쌩 지나는 도로로 막 걸어 들어가거나, 방울뱀에게 손을 내밀거나, 낙하산도 없이 비행기에서 뛰어내리거나, 밤 두시에 위험천만한 이웃집에 무작정 들어가거나, 아니면 수영장 옆에 아기를 홀로 내버려두거나 할지도 모른다. 적절한 스트레스 반응이 일어날 때 몸의 자연스런 생존 메커니즘은 우리와 우리가 사랑하는 사람들을 지키는 데 도움이 된다. 올바른 두려움은 이런 식으로 건강에 도움을 주고, 어떤 때는 생명을 구하기도 한다.

그렇지만 생명이나 신체가 정말로 위협받는 경우는 드물다. 우리가 포식자, 자연 재해, 굶주림과 질병에 얼마나 취약한지 생각할 때, 만약 선사 시대에 살고 있다면 우리에게는 이런 원초적 본능이 훨씬 더 자주 필요할 것이다. 하지만 상황은 바뀌었다. 이 책을 읽는 독자들 중에 호랑이에게 잡아먹힐 뻔했다거나 굶어죽을 위험에 처한 사람은 거의 없다. 오늘날 우리를 괴롭히는 두려움들은 대부분 우리의 상상 속에나 존재한다. 그것들은 진짜 위협이 아니다. 하지만 원시 뇌 안의 편도체가 그 차이를 알지 못하기 때문에 신경계는 불필요한 스트레스 반응을 마구 일으킨다. 경고 메커니즘은 오작동하고, 결국 우리는 적절치 않은 두려움을 느끼게 되며, 이것이 건강을 해치고 불필요한 괴로움suffering을 낳는다.

두려움이 우리를 해치고 불행에 빠뜨릴 수 있다면, 우리는 그 두려움을 없애버려야 할 나쁜 것으로 생각할 수도 있겠다. 새해 결심 목록에 '건강한 음식 먹기' '운동 더 많이 하기'와 함께 '두려움 버리기'

를 추가하고 싶어 할지도 모르겠다. 그러나 이 책에서 얘기하려고 하는 것은 그런 것이 아니다. 그보다는 두려움을 대하는 방식을 바꿔 오히려 두려움이 우리를 치유하게끔 하고 싶다.

잠시 생각해 보자. 만일 두려움이 피하거나 저항해야 할 것 혹은 부끄러워해야 할 것이 아니라면 어떻게 될까? 그보다는 두려움이 우리를 돕기 위해 있다면 어떨까? 두려움이 우리의 진정한 안녕을 가로막는 모든 것을 가리키는 손가락이라면 어떨까? 대부분의 사람들은 자기가 가장 두려워하는 것을 피하는 데 평생 동안 엄청난 힘을 쏟는다. 하지만 두려움은 우리 삶에서 아직 치유가 필요한 것들을 일깨워주는 메신저일 수도 있다.

예를 들어 몸을 누일 집이 있고 은행에 돈이 있는데도 행여 파산할까봐 두렵다면, 여기서 두려움은 우리가 어릴 때 경제적 궁핍에 대해 배운 습성들을 가리키고 있는지도 모른다. 풍요가 가져오는 평화로움을 경험하려면, 번영을 누리지 못하게 막는, 돈에 대한 자기 제한적인 믿음을 다루어야 할 수도 있다. 상처 입을까봐 두렵고 사랑에 가슴을 열기가 두렵다면, 이 두려움은 우리가 따스하고 사랑스런 마음으로 돌봐야 할 과거의 치유되지 않은 상처를 가지고 있다는 메시지일지도 모른다. 몸이 아플까봐 두렵다면, 여기서 두려움은 지나치게 베풀기를 멈추고 자신을 먼저 돌보라는 신호일 수 있다. 두려움에는 소중한 메시지가 담겨 있다. 두려움으로부터 달아나기보다 기꺼이 귀 기울이려고만 한다면, 두려움은 몸과 마음, 영혼을 치유하는 빠른 길에 올라서도록 우리를 도울 것이다.

두려움과 친구가 되려면 두려움이 고개를 쳐들 때 어떻게 반응해야 하는지를 알아야 한다. 목숨이 위태로운 경우에 생기는 두려움은 우리가 어떤 행동을 취할 수 있도록 힘을 실어주고자 생긴 두려움이다. 하지만 그 두려움이 상상 속에만 있는 것이라면, 이때는 바로 그것이 건네려 하는 메시지를 귀담아 들어야 하는 때이다. 그렇게 하지 않으면 두려움이 우리를 사로잡아서 우리가 내리는 결정을 쥐고 흔들어버릴 수 있다. 두려움을 대하는 방식을 바꾸려면, 지금의 진짜 위험을 가리키는 두려움과, 내 삶의 약점을 보여주고 내가 어디까지 성장할 수 있는지 가르쳐주려고 하는 두려움 간의 차이를 분간해야 한다. 하지만 어떻게 해야 하는 것일까?

수용 전념 치료Acceptance and Commitment Therapy(ACT)라는 심리 치료 분야에서 일하는 심리학자들은 '순수한 고통clean pain'과 '때 묻은 고통dirty pain'을 구분한다. 순수한 고통은 사랑하는 사람의 죽음, 상심, 부상 같은 진짜 인생사들에서 오는 고통이다. 반대로 때 묻은 고통은 고통스런 인생사를 놓고 우리가 내리는 판단과 머릿속으로 지어내는 이야기들에서 온다. 예컨대 당신이 남자 친구와 헤어졌다고 하자. 이 사건은 순수한 고통을 낳는다. 하지만 당신을 차버린 그 남자에게 어울릴 만큼 자신이 섹시하지 않다거나 똑똑하지 않다는 식으로 이야기를 지어내는 순간, 때 묻은 고통이 뒤따른다. 당신의 자기 판단이 고통을 낳는 것이다. 순수한 고통은 야구를 하다가 다리가 부러졌을 때 나온다. 때 묻은 고통은 자신이 그 일로 팀에서 쫓겨나고, 장학금도 못 받고, 다시는 야구를 할 수 없게 돼, 결국 쓸모없는 인간이 되고 말 거라고 믿으면서 생겨난다.

두려움의 느낌도 비슷한 방식으로 구분된다. 나는 애당초 위의 고통 구분에서 힌트를 얻어 두려움을 '순수한 두려움'과 '때 묻은 두려움'으로 구분해서 이야기하려고 했다. 하지만 '때 묻은 두려움'이라는 용어가 마음에 걸렸다. 그런 식의 두려움으로 힘들어하는 사람들이 수치심을 느끼지 않을까 걱정스러웠다. 두려움이 우리를 치유하도록 하는 과정에 판단이 끼어들어서는 안 되기 때문이다. 그래서 나는 두려움이 우리에게 어떤 행동을 취하라며 주는 정보를 어떤 식으로 이용할 것인지가 분명해지도록 '진짜 두려움true fear'과 '가짜 두려움false fear'으로 구분해서 이야기하려 한다. 진짜 두려움은 우리를 지킬 목적으로 스트레스 반응을 일으키는 두려움이다. 진짜 두려움은 목숨이나 신체가 위험에 처했을 때 쿡 찌르면서 '어떻게 좀 해, 당장!'이라는 신호를 보낸다. 그렇게 진짜 두려움은 목숨을 구하고 사랑하는 사람들을 위험에서 구하도록 힘을 준다.

　때 묻은 고통과 마찬가지로, 가짜 두려움은 상상 속에만 존재한다. 이것은 예컨대 아무 증거가 없는데도 배우자가 바람을 피웠다고 말하는 목소리이다. 이는 과거에 당신 아버지가 어머니를 속이고 바람을 피운 일이 있어서 그렇게 의심하도록 조건화된 것일 뿐이다. 실제로는 나중에 승진하게 되지만, 직장 상사가 당신을 자르려 수작을 벌이고 있다고 상상하고 떠들어대는 것도 가짜 두려움이다. 실은 당신을 위해 발 벗고 나서줄 사람들이 수두룩한데도, 누구도 당신을 사랑하지 않아 끝내 외톨이가 될 거라는 두려움도 가짜 두려움이다. 예금 잔고가 줄어들고 있긴 해도 아직 집세를 치를 수 있고 식탁에 음식을 차릴 수 있는데도, 언젠가 노숙자 신세가 되고 말 거라는 두려움도 가짜 두려움이다.

세상의 모든 사람이 진짜 두려움과 가짜 두려움을 경험하는데, 이 두 가지 두려움 다 우리를 도울 수 있다. 앞에서 말했듯이 진짜 두려움은 우리나 우리가 사랑하는 사람이 위험에 처했을 때 말 그대로 우리 모두를 보호한다. 가짜 두려움도 그것을 스승으로 삼으려 한다면 우리를 도울 수 있다. 이 책에서는 가짜 두려움이 우리 삶을 지배하고 건강을 갉아먹고 기쁨을 앗아가게 하기보다는, 그 가짜 두려움이 우리의 성장을 도울 수 있도록 우리 안의 용기를 끌어내는 방법을 알려줄 것이다. 가짜 두려움으로 인한 생각들이 하라는 대로 고분고분 따르기보다는, 내가 '내면의 등불Inner Pilot Light'이라 부르는 부분이 그 두려움의 메시지들을 걸러서 다르게 해석할 수 있도록 하는 방법을 배울 것이다.

: 내면의 등불

우리 안에 있는 '내면의 등불'은 우리의 중심에서 늘 반짝이는 백 퍼센트 신성한 불꽃이다. 그 이름을 영혼soul, 영spirit, 참 나, 혹은 그리스도 의식, 불성佛性, 최상위 자아, 내면의 치유자 등 뭐라 부르든 간에 명확한 것은 우리의 이 부분이 곧 순수 의식pure consciousness이라는 점이다. '나'라고 하는 바로 그 관념이 불붙던 순간 빛을 밝힌 이 불꽃은 그 뒤로 내내 빛을 발하고 있다.

이 '내면의 등불'은 용기의 원천으로, 가짜 두려움이 일으키는 온갖 무서운 생각들, 용기를 갉아먹는 생각들을, 우리를 중심에서부터 치유하는 메시지로 변형시키는 힘을 갖고 있다. 이 지혜로운 부분이 속삭이는 목소리가 바로 직관으로 나타나는데, 가짜 두려움이 부추기는 생각들과 달리 이 목소리는 우리가 언제나 믿고 따를 수 있다. 그러니 이 목소리에 귀 기울이는 법을 배우고 그 안내를 따르면 이루 말할 수 없이 용감해진다. 철학자 마크 네포Mark Nepo는 《신에게 돌아가는 길을 잊다Unlearning Back to God》에서 우리의 이 부분을 '자아의 근원적이고 불멸인 중심'이라고 멋지게 표현한다. 네포는 이렇게 쓰고 있다. "사람은 누구나 기대도 후회도 없고 열망도 곤경도 없으며 걱정도 두려움도 없는, 그 어떤 장애도 없는 자리를 하나씩 지니고 태어난다. 이 자리는 모든 사람이 태어날 때 신의 손길이 맨 처음 닿는 은총의 자리이다. 평화가 비롯되는 곳이 바로 이 은총의 자리이다."

'내면의 등불'의 안내를 따르기 위해서 종교적이어야 하거나 특별히 영적이어야 할 필요는 없다. 자신이 정말로 누구인지에 대한 진실을 기억하려고만 하면 된다. '내면의 등불'은 아무리 어두운 인생의 시기에도 결코 다 타들어 가는 법이 없다. 그러나 그 빛이 희미해지고 우리가 자신의 이 본질적 부분과 연결이 끊기면, 가짜 두려움이 인생을 몰아가게 놔두기 쉽다. '내면의 등불'에 다가서지 않으면, 가짜 두려움이 우리에게 주려고 하는 메시지를 들을 수 없게 되고, 당연히 두려움으로 우리를 치유하는 일은 불가능해진다. 아니, 두려움은 끝내 우리를 불행하게 만들 것이고, 심지어는 내가 이 책에서 보여주겠지만 우리를 병들게 하거나 죽게 할 수도 있다.

총부리가 내 머리를 누르던 그날 이후 내게 일어난 일이 바로 그랬다.

: 가짜 두려움은 어떻게 고통을 주었는가

콜로라도 스프링스에서의 사건 이후로 나는 계속 악몽에 시달렸다. 레베카가 그 검은 아스팔트 위에 피투성이로 누워 있고, 총부리가 내 머리를 누르고, 총소리가 들리고, 얼굴에 주르륵 따스한 액체가 흘러내리고, 손으로 훔치면 손이 빨갛게 젖어 있었다. 1년이 넘도록 자다가도 여러 번씩 깨었다. 그때마다 심장이 두방망이질 치고, 온몸이 찌릿찌릿 저려오고, 귀로 피가 쏠렸다.

산부인과 레지던트로 야간 당직을 설 때면 이송 침대에 환자를 싣고 병원 복도를 지나다가 갑자기 그 장면이 번뜩 떠오르기도 했다. 이성적인 마음은 내가 안전하다는 것을 알았지만, 몸은 공포 상태로 뒤집어졌다. 당시 하루에 열여섯 시간 일을 하면서 정신없이 바쁜 레지던트였던 나는 전문가를 찾아가 도움을 받을 겨를도 없었다. 나는 겨우겨우 버티고 있었고, 그 시기 우연의 일치처럼 결혼 생활마저 파경을 맞았다.

그 사건이 일어나기 전에도, 이미 셀 수도 없을 만큼 많은 두려움들이 나를 짓누르고 있었다. 새벽 네시에 병원으로 가려고 대중 교통을 이용할 때면 혹시라도 성폭행당할까봐 두려웠다. 쥐어짜는 병원 생활도, 누군가 죽어나가는 것을 보는 것도 모두 공포였다. 부모님이 실망하실까봐 무서웠고, 절대로 좋은 의사가 되지 못할 것 같아 걱정이 되었다. 이혼 후 외톨이로 남을까봐 두려웠다. 바퀴벌레마저도 무서웠다. 나의 많은 결점에도 불구하고 남들이 나를 사랑하고 받아들여 줄 거라는 희망 속에, 나는 혹시라도 내 완벽함이라는 가면을 꿰뚫어보는 사람은 없는지 살살 눈치를 보고 다녔다.

하지만 그 사건이 있은 뒤로 나는 모든 것이 두려웠다. 어둠, 큰소리, 터널, 전망대, 컨버터블 자동차, 비행기, 공원의 낯선 사람, 사랑하는 사람과 헤어지는 일, 그리고 다시 사랑에 빠지는 것…… 그 사건으로 내가 패닉 상태에 빠졌다는 얘기를 남들에게 하기가 두려웠고, 나약하다는 인상을 줄까봐 두려웠으며, 그것이 내 직업적 평판을 깎아내릴까봐 두려웠다. 자낙스(신경 안정제―옮긴이) 처방을 받았다가 그것에 빠져 중독 치료를 받게 될까봐 두려웠고, 최악의 경우 온통 하얀색으로 도배된 정신 병동에 끌려갈까봐 두려웠다.

총부리가 내 머리를 겨누던 그때 느낀 두려움은 진짜 두려움이었다. 목숨이 정말로 위태로웠다. 그러나 뒤따른 두려움들은 모두 가짜였다. 그것들은 내 상상 속에만 있는 것들이었으며, 내가 두려워하던 일들은 어느 것도 현실이 되지 않았다. 이 가짜 두려움들은 기를 쓰며 나를 흔들어 깨우고 있었다. 내가 '외상 후 스트레스 장애PTSD'를 겪고 있다는 사실을 알려주려고 말이다. 그것들은 나에게 도움을 청하라고 애걸복걸했지만, 그 당시 나는 아직 깊이 잠들어 있어서 내 '내면의 등불'을 알아차리지 못했고, 마음을 열기만 하면 두려움이 나를 치유할 수 있다는 사실도 알지 못했다. 오히려 이 가짜 두려움들은 내 삶에 굳이 없어도 되는 고통들을 수도 없이 만들어냈다. 마음속에서 고래고래 소리를 질러대는 가짜 두려움들의 불협화음 속에서, 나는 길을 잃고 의지가지없는 상태로 위험에 고스란히 노출된 느낌이었다.

그런 와중에 정기 건강 검진을 받았는데 혈압이 위험할 정도로 높게 나왔다. 놀랄 일도 아니었다. 심장 전문의를 찾아갔으나 결과는 더 안 좋게 나왔다. 심장 잡음과 심부정맥이 있었고 혈압은 더 높게 나왔다. 의사는 정밀 검사를 해서 신동맥 협착, 부신 종양, 갑상선 기능항진, 쿠싱 증후군 같은, 고혈압의 2차 원인을 찾아보았지만 다른 것들은 모두 정상이었다.

의사들은 '본태성本態性 만성고혈압'(원인을 알 수 없는 고혈압—옮긴이)이라는 진단을 내리고 세 가지 약을 처방했다. 그래도 혈압은 떨어지지 않았다. 그들은 진단 당시 내 나이와 높은 혈압 상태를 고려할 때 남은 평생 약을 먹어야 하고 또 심장 질환으로 젊어서 죽을 수도 있다고 말했다. 내 인생에 무슨 일이 있었는지 한 번이라도 물어본 의사는 아무도 없었다. 내 자신마저도 몸과 마음이 서로 무관하다는 기존 의료계의 고정 관념에 세뇌되어 있던 탓에, 고혈압과 심장 질환이 내가 갖고 있는 두려움과 관련이 있지 않을까 하고 의문을 품어본 적이 없었다.

두려움이 내 마음뿐 아니라 몸까지 장악하고 있었다는 사실을 온전히 이해한 것은, 그로부터 거의 15년이 지난 뒤 내가 《치유 혁명Mind Over Medicine: Scientific Proof That You Can Heal Yourself》(한국어판 제목)이라는 책을 쓰면서 자료들을 준비할 때였다. 강도 사건에서부터 이혼, 과중한 업무 스트레스에 이르기까지, 나는 개인적으로나 직업적으로 일어난 일들의 감정적·영적 여파 때문에 힘들기만 한 것이 아니었다. 몸의 신경계가 완전히 녹초가 되었고, 이것이 나를 아프게 만드는 복잡한 호르몬 반응을 통해서 내 몸의 모든 세포에 영향을 미치고 있었던 것이다.

계속해서 촉발되는 스트레스 반응이 고혈압과 심장 문제, 그 외에도 나를 괴롭히는 온갖 건강 문제들에 영향을 미치고 있었다는 사실을 깨닫지 못했다면, 아마도 나는 의사들이 처방해 준 일곱 가지 약을 지금도 복용하고 있을 것이다. 하지만 다행스럽게도 나는 깨어났다. '내면의 등불'에서 멀어지면 가짜 두려움이 우리 자신에 대한 진실을 부인하도록 우리를 이끌어가고, 또 이렇게 자신의 진실을 서버리면 몸이 병들게 된다는 점을 이해하기 시작했다. 내가 알아낸 충격적인 진실은 12년 동안 의학 교육에서 배운 것과 완전히 어긋났고, 의학에 대해 안다고 생각하던 모든 것에 의문이 생기면서 내 에고$_{ego}$는 무너져 내렸다.

: 질병의 심리적·영적 근원

'건강하다'는 것의 진정한 의미를 깨우치면서 내 몸만 변화하게된 게 아니란 걸 그때는 미처 알지 못했다. 그렇게 인식의 전환이 이루어지면서 심원한 영적 탐구와 발견의 길로 들어서게 될 줄이야……지금도 나는 몸을 건강하게 한다는 것이 무엇인지 계속해서 배워가고 있지만, 개인적인 경험을 통해서 그리고 환자들과 함께한 세월을 통해서 깨달은 점이 하나 있다. 즉 우리를 질병으로 내모는 가짜 두려움들을 변형시키는 법을 배우지 않고서는, 또 그런 두려움들로 우리를 치유하는 법을 배우지 않고서는, 질병을 예방하고 치료하려는 노력이 다 부질없다는 점이다.

많은 의사와 의료인이 이런 진실에 깨어나고 있고, 갈수록 많은 환자들이 두려움과 질병이 관련 있다는 생각을 받아들이고는 있지만, 기존 의료계에 몸담고 있는 대다수 사람들에게 이런 생각은 아직 급진적으로 보인다. 여전히 질병의 생화학적 원인들에만 큰 관심을 쏟지 몸의 생화학에 영향을 주는 것으로 입증된 심리적·영적 요인들은 별로 고려하지 않는 것이 우리의 현실이다. 사람들이 통합 의학 쪽에 관심이 커지면서 식사법, 운동, 대체 약물, 대체 의학, 그리고 명상과 요가 같은 스트레스 관리 기법 등 건강 증진을 위한 것들에 인식이 높아지기는 했지만, 질병의 영적 근원이라든지 수천 년 동안 치유자들이 영혼의 건강을 돌보는 데 사용해 온 진단·치료 도구들에는 거의 관심이 없다. 그래서 거의 탐구되지 않은, 그리고 과학과 영성이 교차하는 의학의 이 분야가 직업적으로나 개인적으로나 내 진지한 탐구 대상이 되었다.

의학의 이런 측면에 대한 열정이 내 자신의 치유만 촉진한 것은 아니었다. 의사와 의료인을 위한 훈련 프로그램을 운영하는 '리사 랜킨 전일건강의학 인스티튜트Dr. Lissa Rankin's Whole Health Medicine Institute'도 그 결과로 생겼다. 여기에는 레이첼 나오미 레멘Rachel Naomi Remen, 버니 시겔Bernie Siegel, 래리 도시Larry Dossey, 크리스티앙 노스럽Christiane Northrup, 아비바 롬Aviva Romm, 새러 갓프리드Sara Gottfried, 파멜라 위블Pamela Wible 같은 앞서가는 의사들이 외래 교수진으로 함께하고 있고, 라이프 코치 마사 베크Martha Beck, 세포생물학자 브루스 립튼Bruce Lipton, '전일 신체 지성' 치료사 스티브 시스골드Steve Sisgold, 마야인 주술사 마틴 프렉텔Martin Prechtel, 운동 의학 전문가이자 무충격 에어로빅Nia의 창시자 데비 로자스Debbie Rosas 같은 혁신가들도 참여하고 있다. 프로그램에 참여하는 선구적인 치유자들과 함께, 우리는 그 가슴과 영혼을 되찾은 의학으로 환자들의 건강을 돌보고 있다. 아울러 환자들이 '내면의 등불'에 깃든 지혜와 용기의 안내를 받아, 두려움에서 성장의 동력을 끌어낼

만큼 힘이 생기고, 그렇게 해서 건강을 되찾도록 북돋고 있다. '내면의 등불'이 삶을 이끌게 할 때, 우리는 단지 정신적으로 불필요한 괴로움에서 벗어나기만 하는 것이 아니다. 그것은 또한 최고의 건강 상태로 가는 길을 닦는 것이기도 하다.

: 두려움이 쓰는 가면

수치심 때문에 두려움을 숨기고 무지함으로 인해 두려움을 무시하는 등 두려움을 어둠 속에만 두고 '내면의 등불'로 비추지 않는 한, 그것은 독이 되기 쉽다. 우리는 두려움이 우리의 삶에 얼마나 많은 영향을 미치는지 알지도 못할 것이다. 그 이유는 부분적으로 우리 문화에서 두려움이 다른 많은 감정들로 위장하는 경향이 있기 때문이다. '스트레스'라는 단어는 감정보다는 육체적 반응을 더 많이 나타내는 말이라서, 우리는 걱정, 불안 혹은 두려움보다는 '스트레스'가 우리를 괴롭힌다고 곧잘 생각하는 것 같다. 실제로 스트레스가 많다는 것을 마치 영예의 훈장처럼 여기는 사람들이 많다. 스트레스는 우리가 바쁘고 생산적인 일을 하고 세상에 이름이 남을 만큼 가치 있는 사람이라는 증거로 통한다. 그러나 '스트레스를 받는다'는 것은 대개 자신이 지금 아주아주 두려워하고 있다는 것을 나타내는 암호일 뿐이다.

일에서 스트레스를 받을 때 실제로 우리는 두려워하고 있지 않는가? 실수를 저지를까봐, 상사를 실망시킬까봐, 책임지고 돌봐야 할 사람에게 해를 끼칠까봐 두려워하지 않는가? '프로답지 못하다'는 인상을 줄까봐 두려워하고, 옳다고 믿는 것을 거리낌 없이 말하기를 두려워하고, 환자를 죽이거나 소송에서 지거나 경합에서 밀리거나 거래를 놓칠까봐 두려워하지 않는가? 승진에서 제외될까봐, 일을 잘 처리하지 못할까봐, 좌천될까봐, 해고당할까봐, 그래서 가족을 먹여 살리지 못할까봐 두려워하지 않는가? 근무 시간 단축을 요구하거나, 시간을 좀 빼서 아이들의 학교 연극이나 축구 경기를 보러 가도 되느냐고 묻거나, 자신을 돌보는 것도 일만큼이나 중요하다고 내세우기를 두려워하지 않는가? 지칠 대로 지쳐서 안식 기간이 필요한데도 그걸 인정하기를 두려워하지 않는가? 또 주말에는 이메일을 확인하지 않는다든지 퇴근 후에는 휴대 전화를 끈다든지 해서 함께 일하는 사람들과의 사이에 일정한 금을 긋기를 두려워하지 않는가? 우리가 프로 슈퍼히어로라는 걸 입증하려고 온갖 애를 쓰면서 다른 한편으로는 자신이 연약하고 완벽하지도 않다는 걸 남들이 알아챌까봐 겁내고 있지는 않은가?

많은 사람들이 일에서 받는 스트레스를 마치 그럴듯한 영예의 훈장처럼 달고 다니지만, 우리는 일만이 아니라 사람들과의 관계에서도 스트레스를 받는다. 부모는 아이들에게서 스트레스를 받고, 커플은 서로에게서 스트레스를 받는다. 결혼을 해야 할지, 아이를 가져야 할지, 아니면 그냥 갈라설지로 스트레스를 받고, 누군가를 일방적으로 사랑할 때는 정말 큰 스트레스를 받는다.

하지만 인간 관계에서 스트레스를 많이 받는다는 말은 과연 무슨 뜻일까? 사랑하는 사람이 내가 정말로 어떤 사람인지를 안다면 곁에 머무르지 않을까봐 두렵다는 말은 아닐까? 우리는 배신, 거부, 부정不貞, 이혼, 상심, 사랑하는 이들의 죽음 혹은 외톨이가 되는 것이 정말 두렵지 않은가? 우리가 애정과 유대감을 더 많이 원하고, 아이들을 더 많이 도와주길 바라며, 비판과 잣대질은 더 적게 하고, 더 많은 시간, 더 많은 섹스, 더 많은 여유, 더 많은 자유를 원한다는 것을 인정하기가 두렵지는 않은가? 가슴을 활짝 열면 위험하지 않을까 두려워하고, 거꾸로 가슴을 닫으면 외롭고 비참해지지 않을까 두려워하지 않는가?

우리는 돈 문제로도 큰 스트레스를 받는다. 돈이란 한갓 은행 금고에 들어앉은 종잇조각일 뿐임에도 말이다. 우리는 돈이 준다고 생각하는 힘과 안락, 안전을 잃을까봐 정말 두려워하지 않는가? 집세를 내고, 식탁에 먹을거리를 올리고, 자동차를 유지하고, 건강 비용을 마련하지 못할까봐 두려워하지 않는가? 아이들 교육이나 노후를 위한 돈을 저축하지 못할까봐 두려워하지 않는가? 안전망을 튼튼히 쳐두지 않으면 인생의 불확실성이 하늘의 몽둥이가 되어 머리를 내려칠 것 같아 두려워하지 않는가?

수치심마저도 두려움을 가리는 가면이 된다. 우리가 자신의 실패, 몸, 성적 취향, 중독, 자녀를 양육하는 방식, 직장에서 비춰지는 모습을 부끄러워할 때, 우리가 정말로 느끼는 것은 두려움, 즉 완벽하지 않다는 사실이 '까발려진다'는 두려움, 거부당한다는 두려움, 사랑받거나 친밀하게 관계 맺을 자격이 없다는 두려움이다. 두려움을 '스트레스'라는 가리개 뒤로 감추는 것처럼, 우리는 수치심을 오만과 잣대질, 업신여김이라는 장막으로 덮는다. 그러나 우리가 쓴 어른스러운 가면 밑을 들춰보면 겁에 질린 작은 아이가 있게 마련이다. 그 아이는 아무도 우리를 있는 모습 그대로 받아들이지 않을 거라며 두려움에 떨고 있다.

두려움은 교활해서 온갖 모습으로 가장하고 나타나므로, 우리는 그것이 우리 인생을 어떻게 지배하고 있는지 잘 알지 못한다. 두려움이 온갖 문세들을 일으키고 있다는 사실을 인정하는 것마저도 많은 사람들은 불편해한다. 우리는 그 두려움을 나약함으로, 다시 말해 남들에게 꼭꼭 감추고서 어떻게든 혼자 극복해야 할 무언가로 본다. 하지만 이보다 더 진실과 거리가 먼 것도 없을 것이다. 진짜 두려움은 우리를 보호하려고 있는 자연스런 생존 메커니즘이고, 가짜 두려움은 가르침을 주는 중요한 도구로서 우리를 깨닫게 하려고 있는 것이다. 두려움은 누구에게나 영향을 미친다. 따라서 숨길 이유가 없다. 오히려 깊이 들여다보면, 두려움은 우리에게 더 나은 삶의 길, 즉 우리가 타고난 용기를 발휘하고 최상의 건강을 지키며 살 수 있는 길을 보여준다.

: 용기로 가는 길

그렇다면 용기란 무엇일까? 딕셔너리닷컴Dictionary.com에서는 용기를 "어려움, 위험, 고통 등에 두려움 없이 맞설 수 있도록 하는 마음 또는 정신의 속성"이라고 정의한다. 하지만 용기는 '두려움 없는fearless' 것을 말하는 게 아니다. 세상의 갈채를 받는 영웅여걸들 가운데 어떤 이들은 복슬복슬한 털 슬리퍼 차림으로 와들와들 떨면서도 굳센 용기를 행동으로 옮기는 것을 볼 수 있다. '메리엄 웹스터MerriamWebster' 사전에서는 용기를 "어렵거나 위험하다는 것을 아는 어떤 일을 해내는 능력"이라고 정의한다. 그러나 어렵고 위험한 일을 하는 데 용기가 필요할 수는 있겠지만, 어렵고 위험한 일을 피하는 것이 때로는 더 용기있는 행동일 때도 있다.

할리우드 영화가 우리에게 심어준 믿음과는 달리 용기가 꼭 그렇게 매력적이거나 섹시한 것은 아니다. 요란한 팡파르나 제복, 훈장, 혹은 관중석에서 환호하는 팬들이 필요한 것도 아니다. 무기나 자동차 추격전, 대담한 곡예와도 관련 없다. 때로 용기는 자기만의 내적 여정이다. 그리고 이 여정은 사람마다 다르다. 어떤 사람에게는 아침에 침대를 박차고 일어나는 것조차 이루 말할 수 없이 용감한 일이다.

용기는 무모함과도 상관없다. 용기는 저 아래 뾰족뾰족한 바위들이 있는데도 벼랑에서 낙하산을 타고 뛰어내리거나 폭풍 속에서 고층 건물 사이를 줄 타고 건너는 것이 아니다. 성폭행당할 수도 있다고 자신의 직관이 소리치는데도 한밤중에 여자 혼자 깜깜한 골목길로 걸어 들어가는 것도 아니다. 홀로 네 아이를 키우는 엄마가 이상적인 직장이 아니라며 일을 집어치우고 아이들과 함께 쫄쫄 굶는 것이 용기는 아니다. 용기란 뿔로 당신을 치받지 못해 씩씩거리고 있는 황소 우리 안으로 들어가는 그런 것이 아니다.

용기는 누군가가 떠밀어서 어떤 두려운 일을 마지못해 하는 것도 아니다. 총 든 군인이 자신의 양심에 위배되는 명령을 따르는 것은 용기가 아니다. 주식 중개인이 자기의 직감을 외면하고 상사의 지시에 따라 고객의 돈을 위험한 투자에 몽땅 쓸어 넣는 것도 아니다. 갱단의 신출내기가 신고식으로 은행을 터는 것도, 마약 밀매자가 조직의 두목을 위해 코카인을 5킬로그램이나 밀수하는 것도, 친구들에게 약골 소리를 듣지 않으려고 십대 아이가 고난도 스키 코스를 타는 것도 아니다.

용기는 또 자신의 약점이나 속마음을 무분별하게 드러내는 것도 아니다. 잘 알지도 못하는 여성에게 열렬한 사랑 고백을 하는 남자의 행동 같은 것이 아니다. 남들의 외로움을 달래주기 위해서가 아니라,

관계도 없는 사람들에게 자기 상처를 내보이고 관심을 끌기 위해서 블로거가 자신의 식이 장애나 약물 중독, 연애 이력에 대해 글을 올리는 것도 아니다. 친해지려는 방법으로 어린 시절 겪은 성적 학대에 대해 시시콜콜 털어놓는 여성의 행동도 용기와 상관없다. 리얼리티 TV 스타가 자기 집 안방까지 카메라를 끌어들여 아내와 싸우는 모습을 시청자들에게 보여주는 것도 용기와는 무관하다. 괴롭힘을 당했던 아이가 자라서 자기를 괴롭힌 사람들에게 앙갚음하는 것도 용기가 아니다. 학대받는 아내가 잠든 남편을 찌르는 행동도 용기가 아니다.

그렇다면 용기를 키운다는 것은 어떤 뜻일까? 나는 다음과 같이 정의하겠다.

"용기는 두려움 없는 것이 아니다. 그것은 두려움이 우리를 변화시킬 수 있도록 허용함으로써 삶의 불확실성을 받아들이고 그 유한함과 다투지 않게 되는 것, 그리하여 진정한 자신으로 깨어나는 것이다."

이러한 용기는 우리를 약하게가 아니라 더욱 강하게 하는 쪽으로 선택들을 해나가도록 도와준다. 가짜 두려움 그리고 그것과 죽이 잘 맞는 감정들—분노, 원망, 증오, 옹졸함, 우울, 불안, 끝나지 않은 슬픔—이 우리의 선택들을 좌우하도록 하지 않는다면, 내면의 평화로부터 용기가 흘러나와 우리 영혼의 가치에 맞게 살 수 있도록 우리에게 힘을 불어넣어 줄 것이다.

: 이 책을 쓰게 된 계기

내가 《치유 혁명》이란 책을 썼던 이유는, 자기가 앓는 병의 근본 원인을 기꺼이 들여다보고, 자신을 위한 처방을 내리고, 마침내 기적적으로 몸이 나은 용감한 환자들에게서 영감을 받은 덕분이었다. 스트레스 반응을 줄여 우리 몸의 자연 치유력을 활성화시키는 등 인생의 변화를 이루어낸 많은 환자들과 함께하면서, 나는 병이 저절로 사라지는 모습을 내 눈으로 확인하는 축복을 누렸다.

그러나 어떤 환자들에게서는 훨씬 걱정스런 패턴이 보이기도 했다. 두려움에 근거한 반응 방식이 워낙 뿌리 깊다 보니 무기력에 빠져 옴짝달싹 못하고, 건강을 회복하려면 그런 태도를 바꿔야 한다는 걸 알면서도 그러지 못했다. 그들은 영혼이 마치 두려움이라는 새장 속에 꼼짝없이 갇힌 듯 보였고, 위험 요소가 들어오지 못하게 영혼의 새장을 단속하느라 많은 시간과 힘을 쏟고 있었다. 그들은 영혼이 새장에서 풀려나기를 애타게 갈구한다는 것, 우리를 애당초 영혼의 새장에 가둔 그것―즉 두려움―이 우리를 거기서 나오게 하는 열쇠라는 걸 깨닫지 못했다. 두려움의 감옥에 갇힌 탓에 이들은 자기 치유의 여정을 떠나지도 못할 뿐더러, 오히려 그로 인해 더 아프게 되는 것 같았다.

나는 두려움과 질병 사이를 잇는 과학적 데이터가 혹시 있는지 궁금했다. 그래서 연구를 시작했는데, 이 둘 간의 관련성을 의심의 여지 없이 입증하는 방대한 데이터를 보고 무척 놀랐다. 동시에 뭔가 벽에 부딪친 느낌도 들었다. 두려움 때문에 병에 걸리기가 더 쉽고, 그래서 이런 진실을 조명하고자 한다 하더라도, 해결책도 없이 사람들이 더 겁만 먹게 놔둘 수는 없는 노릇이었다. 두려움과 질병 사이의 연관성을 보여주는 데이터를 사람들과 공유하려 한다면, 두려움의 손아귀에서 풀려날 수 있다는 희망도 주어야 했다. 그런데 내가 누구라고 이런 일을 할 수 있겠는가? 나는 심리 치료사도 심리학자도 아니고 그저 의사에 불과했다. 영적인 주제들로 간혹 글을 쓰기는 하지만, 그런 내용들을 가르치는 데 필요한 정규 교육을 받은 적도 없었다.

나는 이 책을 쓸 생각이 별로 없었지만, 우리 문화에서 질병을 낳는 중요한 요인 가운데 하나가 바로 두려움임을 보여주는 데이터들에 완전히 사로잡히고 말았다. 두려움이 나쁜 식습관이나 흡연 못지않게 건강에 해로운 요소가 될 수 있다면, 환자들이 이처럼 중요한 건강 문제를 해결하도록 돕는 것은 의사인 내 책임이 아닌가? 이런 생각이 들자, 나는 두려움과 용기에 관한 지식의 바다로 첨벙 뛰어들었다. 전문가로서가 아니라, 질병을 일으키는 두려움의 파괴적인 힘에서 용기를 키우는 해결책을 찾아내려면 무엇을 할 수 있는지에 관심을 가진 호기심 어린 학생으로서 말이다.

이 책을 쓰면서 나는 주류 심리학계에서 두려움에 관해 다룬 학술 논문 수백 편을 읽었다. 대중 서적도 수십 권을 읽었다. 수잔 제퍼스Susan Jeffers의 《도전하라, 한 번도 실패하지 않은 것처럼Feel the Fear and Do It Anyway》(한국어판 제목)과 해리엇 러너Harriet Lerner의 《무엇이 여성을 분노하게 하는가The Dance of Fear》(한국어판 제목) 같은 책들은 심리학의 관점에서 두려움을 다루면서 거기서 풀려나는 실용적인 팁들을 소개한다. 개빈 드 베커Gavin de Becker의 《두려움이라는 선물The Gift of Fear》 같은 책은 두려움이 왜 우리에게 좋은 것인지, 그리고 그것이 포악한 범죄자 앞이나 생명이 위협받는 상황에서 우리를 어떻게 보호해 주는지 입증해 준다. 페마 초드런Pema Chödrön의 《지금 여기에서 달아나지 않는 연습The Places that Scare You》(한국어판 제목), 아디야샨티Adyashanti의 《은총, 고통의 끝*Falling into Grace*》, 마이클 싱어Michael Singer의《상처받지 않는 영혼*The Untethered Soul*》(한국어판 제목), 메리앤 윌리엄슨Marianne Williamson의《사랑의 기적*A Return to Love*》(한국어판 제목)과 같은 책들은 영적인 관점에서 두려움을 다루고 있다.

나는 우리에게 용기를 북돋는 책과 문헌들도 찾아 읽었다. 브레네 브라운Brené Brown의《대담하게 맞서기*Daring Greatly*》(한국어판 제목), 데비 포드Debbie Ford의《좋은 여자 콤플렉스*Courage*》(한국어판 제목), 엘렌 베스 Ellen Bass와 로라 데이비스Laura Davis의《아주 특별한 용기*The Courage to Heal*》(한국어판 제목), 엘리자베스 레서Elizabeth Lesser의《부서져야 일어서는 인생이다*Broken Open*》(한국어판 제목)가 그런 책들이다. 공포증, 외상 후 스트레스 장애, 그리고 범불안 장애generalized anxiety disorder를 비롯하여 두려움과 불안에 관련된 특정 정신 질환을 다룬 책들도 많이 읽었다. 엘리자베스 길버트Elizabeth Gilbert의《먹고 기도하고 사랑하라*Eat, Pray, Love*》와 셰릴 스트레이드Cheryl Strayed의《와일드*Wild*》(한국어판 제목)처럼 두려움이 몰아가는 인생을 극복하고 용기 있는 선택을 내린 사람들의 회고록도 읽었다. 방대한 분량의 학술 논문과 책들 말고도, 백 명도 넘는 사람들을 인터뷰하면서 그들이 어떻게 두려움을 극복하고 용기를 선택했는지 들었다. 그 결과 나는 어떤 사람은 회복력이 있고 용감한 데 반해 어떤 사람은 두려움의 상태에 발 묶여 사는지 그 이유에 큰 흥미를 느끼게 되었다. 아니, 집착하게 되었다고 하는 편이 더 맞겠다.

나는 대부분의 사람들이 두려움을 깊은 그림자 속에 숨기고 있다는 걸 깨달았다. 우리는 두려움에 대해 잘 이야기하려 하지 않는다. 우리는 사람들과 함께 있는 곳에서 자신의 깊디깊은 곳에 있는 두려움을 입 밖에 내지 않는다. 저녁 만찬 자리에서 두려움에 대해 말을 꺼내면 사람들이 썩 좋아하지 않을 것이다. 그렇지만 우리는 누구나 두려움과 고투를 벌이고 있다. 나는 많은 사람들을 만나 그들이 어떻게 두려움을 마주하고 용감한 선택을 내릴 수 있었는지, 어떻게 역경을 헤쳐 나갔는지 이야기를 듣고 놀랐다. 대부분의 사람들은 이혼, 사랑하는 이의 죽음, 파산, 암 진단, 성적 학대 같은 원하지 않는 상황을 피하려고 안간힘을 쓴다. 그럼에도 내가 인터뷰했던, 누구보다 큰 용기를 지닌 사람들은 그런 사건이 자신에게 최고의 선물이었다고 거듭 말했다. 도무지 이해할 수가 없었다. 그런 트라우마에 어떻게 그렇게도 긍정적인 빛을 비출 수 있다는 말인가? 또 비슷한 역경을 겪은 다른 사람들이 의지를 잃고 무너질 때, 어떻게 이들은 그처럼 큰 변화를 이룰 수 있었을까? 왜 어떤 사람들은 아등바등 자신을 지키려고 애쓰다가 결국은 반쪽짜리 인생밖에 못 사는데, 어떤 사람들은 두려움을 영혼의 새장을 여는 열쇠로 사용하는 것일까? 가장 중요하게는, 잿더미에서 일어나 용기 있는 삶을 살기로 선택한 사람들에게서 우리는 무엇을 배울 것인가? 어떻게 해야 영혼의 새장을 열고 나갈 수 있는가?

　　나는 두려움이 축복일 수도 있다는 것을 알게 되었다. 단지 그것이 우리를 위험으로부터 지켜줘서만이 아니다. 그것이 우리를 흔들어 깨울 수도 있기 때문이다. 무섭고 불확실한 인생 경험들 한가운데서 깨어 있을 수만 있다면, 삶을 투명하게 보지 못하게 가로막는 눈가리개가 떨어져 나가서, 자신이 누구인지, 세상이 어떻게 움직이는지, 그리고 우리가 여기에 왜 있는지 그 진실을 아는 축복을 누릴지도 모른다. 두려움은 손가락으로 우리 삶에서 치유되어야 할 모든 것을 가리키고, 우리가 그것을 치유할 수 있을 만큼 용감하다면 마침내 용기가 꽃을 피우고 우리는 평화를 그 보상으로 받게 된다. 크리스토퍼 핸서드Christopher Hansard는《평온을 찾는 티베트의 지혜The Tibetan Art of Serenity》에서 "두려움이란 미처 인식하지 못한 평온일 뿐이다"라고 말한다. '두려움 치유The Fear Cure'라는 것이 두려움을 치유하는 것이기보다 두려움이 우리를 치유하게 하는 것이라고 말하는 이유가 여기에 있다.

그런데 이런 일은 어떻게 일어나는 걸까? 두려움이 어떤 사람은 움츠리게 하고 어떤 사람은 펴지게 한다면, 두려움이 독보다는 약이 되도록 도와줄 가르침이나 연습법은 어떤 것이 있을까? 두려움이 우리를 꽉 붙잡고 있을 때 우리가 불러낼 무언가가 있을까? 단지 건강을 지키는 방법만이 아니라, 더욱더 자기 모습대로, 더욱더 열정적으로, 더욱더 많이 기뻐하며 살 수 있는 방법이?

많은 연구 끝에 내가 내린 결론은, 우리를 영혼의 새장에 가두는 것이 아니라 거꾸로 새장을 열고 나오는 열쇠로서 두려움을 활용하게끔 도와줄 '만능 처방전' 같은 것은 없다는 점이다. 누구에게는 심리 치료가 해결책이고, 누구에게는 한 달 정도 조용히 피정을 하거나 순례를 떠나는 것이 해결책이다. 벨리 댄스나 스카이다이빙이, 혹은 미술 교실에 등록하는 것이 처방전이 될 수도 있다. 명상이나 기도가, 또는 EFT(Emotional Freedom Techniques. 동양의 경락 이론을 바탕으로 한 심리 치료법으로, 신체 에너지 시스템의 혼란으로 부정적 감정이 생긴다고 보고 특정 타점, 즉 경혈을 두드려 치유하는 기법—옮긴이)가 해결책일 수도 있다. 또 어떤 사람들에게는 이런 것이 다 필요할 수도 있다. 내가 인터뷰한 그 용기 있는 사람들에게서 한 가지 공통점은 '내면의 등불'이 속삭이는 목소리를 듣고, 해석하고, 그 안내를 실행해 옮기는 능력이었다. 그 목소리는 두려움을 성장의 촉진제로 쓰기 위해 무엇이 필요한지 처방했고, 그들은 그것을 온 마음으로 듣고 따랐다.

두려움이 우리를 치유할 수 있도록 '내면의 등불'이 처방하는 것들은 용기가 필요한 외적인 행동들로, 이를 통해 내적인 과정이 촉진된다. 두려움 치유는 근본적으로 내면의 작업이기 때문이다. 삶의 불확실성을 받아들이고 그 유한함과 다투지 않게 된다는 말이다. 그렇게 하려면 제한된 자아상과 그에 따른 생각, 믿음, 느낌과 자신을 동일시하던 것에서, 제한 없는 진정한 본성을 온전히 깨닫는 상태로 의식이 변화해야 한다. 이 책의 목적은 어떻게 하면 이런 변화를 이루어 자신을 자유롭게 할 수 있는지 깨닫게 하는 것이다. 두려움 치유는 궁극적으로 변형의 여정이다. 우리가 준비되고 기꺼이 걷겠다는 의지를 낸다면, 그것은 바로 우리의 것이 된다.

: 이 책을 활용하는 방법

이 책은 세 부분으로 이루어져 있고, 각각은 우리를 이루는 세 부분을 향해서 이야기한다. 1부는 우리가 과학적 증거가 있어야 마음이 움직이는 사람이라는 가정 아래, 우리의 이성 마음cognitive mind에 대고 다음과 같은 메시지를 건넨다. 즉 두려움이란 단지 우리를 불행하게 만드는 마음속의 고통스런 감정 정도가 아니라, 몸의 세포들 안에 살면서 우리를 죽음에 이르게 할 수도 있는 엄청난 힘이기도 하다는 점이다. 1부의 1장에서는 두려움의 신경과학과 생리학을 다루는데, 두려운 생각이 어떻게 온몸에 생리학적 변화를 가져오는지 그 메커니즘을 설명한다. 신경계가 어떻게 해서 두려움과 정신적 외상의 포로가 되는지도 다룰 것이다. 이 과정에서는 스트레스 반응이 자동으로 촉발되어 이성 마음을 건너뛰고 바로 대뇌 변연계를 사로잡는데, 이는 공포증과 외상 후 스트레스 장애, 그리고 전문적인 도움을 받아야 극복할 수 있는 여러 심리 장애로 이어진다.

1부의 2장에서는 두려움이 거의 모든 질병, 특히 오늘날 으뜸가는 살인자인 심장 질환의 위험을 더욱 키우고 있음을 입증하는 과학적 데이터들을 보여줄 것이다. 두려움을 그대로 두면 수명이 줄고 육체적 고통이 이어진다는 사실도 알게 될 것이다. 1부에서 보여주는 데이터들은 겁을 주기 위함이 아니다. 어찌할 수 없다고 생각하는 힘에 휘둘려 무기력에 빠지기보다는 자신의 건강을 스스로 책임지도록 가르치고 힘을 실어주려는 것이다. 두려움을 그대로 두면 우리를 질병으로 몰아간다는 사실을 알 때 우리는 그것을 몸과 마음, 영혼을 위한 약으로 변형시키는 건강한 선택을 해나갈 것이다.

1부의 목적은 왜 가짜 두려움이 우리 삶을 좌우하게끔 두지 말고 변형시키는 동력이 되게끔 하라고 하는지 이성 마음을 납득시키는 것이었다. 이제 2부에서는 뭔가 다르게 사는 방법이 있다는 것과 우리에게 그런 방식으로 살 힘이 있다는 것을, 이성 마음이 아닌 직관에 대고 이야기한다. 2부에서는 과학에서 영성의 영역으로 옮겨가 이 두 분야가 서로 겹치는 지점을 살펴볼 것이다. 여기서 '두려움의 네 가지 가정假定', 즉 수많은 가짜 두려움들의 근원에 자리 잡고 있는 네 가지 자기 제한적 믿음을 알게 될 것이다. 또 그와 같은 네 가지 자기 제한적 믿음을 '용기를 키우는 네 가지 진실'로 바꾸는 방법도 보게 될 것이다. 2부의 각 장 끝에는 이 진실들을 일상에서 실천하는 데 도움이 되도록 '용기 키우기 연습'을 실었다. '두려움의 네 가지 가정'에 지배받아 온 과거의 익숙한 관점을 버리고 '용기를 키우는 네 가지 진실'을 받아들일 때, 삶의 불확실성을 온전히 대하고 상실을 건강하게 받아들이는 길이 열린다. 불확실성이란 가능성으로 가득한 것이요 상실은 성장의 기회라고 받아들이게 되는 것이다. 바로 여기에 진짜 치료제가 있다.

3부에서는 이성 마음과 직관을 하나로 결합해서 이 변형의 여정을 시작하도록 여러분을 초대한다. 자신만의 두려움 치료제를 만들고, 자신만의 용기 키우기 과정을 표시한 지도를 만들며, '용기 키우기 6단계'를 배우고, 내면의 등불에 의지해 각자의 '용기 처방전'을 쓰게 될 것이다. 그러고 나면 이제 여러분의 영롱한 빛으로 세상에 은혜를 베풀 수 있을 것이다.

이해해야 할 중요한 점은 그런 자유로 가는 길은 많다는 것이다. 서양 심리학은 그중 한 가지 접근법을 제시한다. 동양 철학들에서도 여러 방법이 제시된다. 《기적 수업A Course in Miracles》(미국의 심리학자 헬렌 슈크만이 1965년부터 7년 동안 예수의 음성을 듣고 기록한 책으로 현대에 가장 널리 연구되는 영성 교과서—옮긴이)은 또 그만의 방법을 쓴다. 기성 종교들도 어떻게 하면 '두려움 없이' 살 수 있는지 신앙을 바탕으로 한 자신들만의 지침을 제시한다. 이 책이 특정 종교를 다루고 있는 건 아니지만, 나는 기독교 신비주의, 유대교 신비주의 전통인 카발라Kabbalah, 이슬람 신비주의 전통인 수피즘Sufism, 불교, 힌두교의 요가 전통 등에서 제시하는 두려움의 해결책 몇 가지는 끌어다 쓰려고 한다. 이 접근법들은 모두가 유용하고, 이 중 어떤 것은 여러분의 '용기 처방전'으로 활용될 수도 있을 것이다.

이 과정이 곧바로 효과를 가져다주는 것은 아니다. 이는 여러분 자신을 위해서나 여러분의 여정에서 만나게 될 아직 두려움에 차 있는 다른 사람들을 위해서나, 시간과 실천, 헌신, 지원, 용기, 믿음, 그리고 근본적인 자비행이 필요한 영적 여정이다. 하지만 이것으로 얻는 것은 그냥 임시 처방이 아니라 진짜 치유이다. 이 책을 다 읽고 나면 여러분이 두려움 너머를 보고 용기를 찾는 데 필요한 모든 것이 실은 언제나 자신 안에 있었음을 발견하게 될 것이다.

: 우리가 가야 할 길

솔직히 그렇지 않은 사람이 어디 있을까마는, 살면서 역경에 부딪친 적이 있다면, 그때 두려움이 당신을 내면의 등불이 속삭이는 목소리로부터 떼어내 자신의 진실과는 다른 행동을 하게 만들었을지도 모른다. 이런 '배신 행위'가 잘 드러나 보일 수도 있고 눈에 잘 띄지 않을 수도 있지만, 시간이 지나면서 그것은 영혼을 사포처럼 문질러 지울 것이다. 내가 그랬던 것처럼, 당신이 의료인인데, 진정한 치유자가 되려면 시간이 더 필요하다는 것을 알면서도 하루에 환자를 40명씩 보아야 할지도 모르겠다. 어쩌면 광고계에 몸담고 있는데, 자신이 전혀 신뢰하지 않는 상품을 팔기 위해 애써야 할 수도 있다. 교사인 당신이 따뜻하게 안아줄 필요가 있다고 여기는 아이를 안아주어서는 안 될지도 모른다. 당신이 은행 직원이고 대출을 못 받으면 사업에 실패할 영세 사업자가 있는데, 그 사람이 돈을 꼭 갚을 거라는 것을 '그냥 알지만' 은행 간부가 돈을 빌려주지 못하게 할지도 모른다. 당신이 변호사라면, 공정함을 옹호하기보다는 돈을 많이 주는 의뢰인을 변호해야 할지도 모른다. 사람들의 목소리를 대변하려고 정계에 입문한 정치인인데, 재선되지 않으면 사람들을 도울 수 없다면서 이익 집단에 양심을 팔았을지도 모른다.

단지 일에서만이 아니다. 어쩌면 누군가 순수한 사람인데도 자기네랑 안 어울리는 신발을 신는다거나 차를 탄다는 이유로 당신이 속한 집단에서 거부당할 때, 그를 두둔하지 않았을지도 모른다. 교회에서 사람들이 게이 목사를 반대하는 이유를 이야기할 때 당신은 침묵을 지켰을 수도 있다. 가족을 위해 희생을 요구받았을 때 당신은 자신의 욕구를 감히 내세우지 못했을지도 모른다. 내면의 등불이 "아니오"라고 말하라고 간절히 청하는데도 "네"라고 대답했을지도 모른다.

우리는 날마다 수도 없이 많은 방식으로 자신의 진실성을 시험받고, 또 날마다 선택을 한다. 그때마다 두려움은 온갖 구실을 늘어놓을 것이다. 보장과 안전, 확실성, 인정, 그리고 봉급이 필요하다며 합리화할 것이다. 하지만 날마다 고의로 자신의 진실을 배신할 때 우리는 얼마나 비싼 대가를 치르는가? 여기서 두려움은 하나의 축복이 될 수 있다. 왜냐하면 두려움은 우리가 자신의 진실에서 어긋나 있는지 아닌지를 늘 가리켜 보이고, 이는 우리가 주의 깊게 살필 필요가 있는 것이기 때문이다. 그 배신 행위가 눈에 잘 띄지 않는다 해도, 또 자기가 무얼 하고 있는지 전혀 의식하지 못하고 있다 해도, 그만큼 우리의 진실성은 훼손되고 내면의 등불은 희미해지기 시작한다. 우리를 이끄는 그 목소리를 듣기는 갈수록 어려워진다. 진정한 자아를 배신할 때마다 우리는 조금씩 시들어가고 건강과 생명력과 행복은 줄어든다.

내면의 등불을 따르려고 할 때는 틀림없이 도전적인 일, 두려운 일에 맞닥뜨리게 된다. 사랑하는 사람들이 당신 손을 들어주지 않을 수도 있다. 사람들이 서로를 통제하기 위해 사용하는 두려움에 당신이 더 이상 끌려 다니지 않고, 따라서 그들로서는 다음에 어떻게 행동할지 예측할 수 없는 당신의 새 모습에 긴장할 수밖에 없다. 당신을 아는 사람들, 특히 날마다 자신의 진실을 배반하는 이유를 합리화하던 사람들이 반응을 보이기 시작할 것이다. 당신은 이제 그런 사람들이 들여다볼 수 없는 거울이 된다.

하지만 내면의 등불을 따르며 살기를 열망하는 사람들은 당신 주변으로 모여들기 시작한다. 바뀐 당신의 진동이 진정한 영혼의 벗들을 끌어당기는 것이다. 그리고 당신이 진정한 자아를 따르기로 한 것에 대한 감사의 표현으로, 우주는 당신 삶에 참다운 기쁨, 무조건적인 사랑, 일의 활력, 몸의 건강, 그리고 신과 연결되어 있다는 느낌을 더 많이 끌어다놓는다. 당신이 편안하고 안전하다고 느끼던 것들을 많게든 적게든 잃어버릴 수도 있다. 그렇지만 이 여정에 자신을 던질 때 얻는 것은 '헤아릴 수 없을 만큼 값질' 것이다. 그 보상은 바로 자유이다.

기꺼이 두려움이 당신을 치유하도록 하겠는가? 자신이 정말 얼마나 용기 있는 사람인지 탐험해 보겠는가?

해보길 바란다.

제 1 부

당신을
아프게 하는
두려움

1. 두려움의 생리학

우리가 두려워할 것은 두려움 그 자체뿐이다.
—프랭클린 D. 루즈벨트Franklin D. Roosevelt

여덟 살 먹은 에이프릴은 비좁은 트레일러하우스 입구 쪽에서 유리잔 깨지는 소리를 들었다. 엄마가 정신을 놓아버리는 그런 밤이 또다시 시작되고 있었다. 엄마가 함께 술을 마시는 남자들도 그랬다. 에이프릴은 집 앞 숲으로 뛰쳐나가려고 했다. 그러나 내달리기도 전에 허파가 옥죄어 오면서 숨을 제대로 쉴 수 없었다. 아이는 이미 뭘 어떻게 해볼 수 없는 상황임을 알았다. 다음에 일어날 일도 알고 있었다. 낯선 남자가 다가오고 있었고, 아이는 고통에 몸부림쳤다.

에이프릴은 그날 밤 이후의 다른 일은 하나도 기억하지 못한다. 하지만 그 뒤로 얼마 안 돼 엄마가 사라져버린 일은 기억한다. 설명도, 사과도, 작별 인사도 없었다. 에이프릴은 엄마가 돌아오지 않을 거라는 사실을 어린 남동생에게 납득시키려 했다. 하지만 동생은 몇 주가 지나도록 현관 안쪽에 서서 문만 바라보았다.

엄마가 집을 나간 뒤로, 두려움이 에이프릴의 인생을 더욱 단단히 사로잡기 시작했다. 도움을 주려고 손을 내미는 친한 친구나 사회복지사들마저도 믿지 않았다. 누군가 자기랑 동생을 떼어놓을까 무서워 밤에도 깨어 있었다. 잠을 이룰 수가 없었다. 어쩌다가 잠이 들라치면 꿈속에서 모르는 남자들이 쫓아왔다. 아무리 꼭꼭 숨어도 꿈속의 침입자들은 어김없이 자신을 찾아냈다.

곧 에이프릴의 몸에 대상부전(심장에 부담이 과중하거나 장기간 지속돼 혈액을 공급하는 기능이 떨어지는 상태―옮긴이)이 오기 시작했다. 곧잘 의식을 잃고 심하게 떨었다. 꼭 발작이 온 것처럼 보였다. 전문의들이 검사를 하고, 신경과 의사들은 뇌 스캐닝과 뇌전도 검사를 했다. 심장 전문의는 에이프릴의 증상을 심장잡음으로 진단하고 하루 24시간 휴대용 심전도 측정기를 달게 했다. 에이프릴에게 붙은 공식 진단명은 천식의 한 형태인 '반응성 기도 질환'이었고, 어지럼증을 완화할 호흡 치료제 대여섯 가지를 처방받았다. 그러나 갖은 진단과 처치에도 에이프릴의 증상은 호전되지 않았다.

나이가 들어가면서도 에이프릴은 계속 두려움 속에서 살았다. 그녀는 어떻게든 스스로를 보호하고 싶어서 무술을 일곱 가지나 배웠다. 심지어는 전문 기관을 찾아가 특별 방어 훈련까지 받았다. 무기 사용법과 철수 각본 짜기, 격투기를 집중적으로 배우는 훈련이었다. 위험인물들의 심리를 읽는 법도 배웠고, 그 덕분에 에이프릴은 고도의 보안을 담당하는 경호원이 되었다.

날마다 그녀는 총을 차고 일을 나갔고, 의뢰인들을 지키려 기꺼이 사선 앞으로 나섰다. 하지만 고도로 숙련된 '특수 경호 요원'이 되었어도 두려움은 사라지지 않았다. 오히려 더 심해졌다. 어딜 가든 위험한 일이 벌어질 것 같은 느낌이 들었으며, 등을 보이기가 두려워 자꾸 뒤를 돌아보았다.

에이프릴은 침대 밑에 총을 두고 자기 시작했다. 아직도 과거의 정체모를 남자들이 나오는 악몽에 시달렸다. 거의 매일 밤 총에 맞는 꿈을 꾸었다. 수없이 많은 공포증도 생겼다. 어둠, 그림자, 거미, 등 뒤에 서 있는 사람이 두려웠고, 사람들의 손이 보이지 않는 것도 두려웠다. 밖에 나갈 일이 생길 때마다 그녀는 공포에 싸여, 어떤 식으로 공격을 받을 수 있는지, 어떻게 하면 안전할지를 강박적으로 헤아렸다. 온갖 기술을 다 배웠는데도 다시 누군가가 자신을 공격하면 여전히 막을 수 없을 것 같아 겁이 났다.

두려워할수록 몸은 더 아팠다. 실신 증상은 갈수록 더 심해졌고, 결국 의사들은 에이프릴이 지금까지 본 적 없는 희귀성 혈액 질환을 앓고 있다고 추정했다. 출혈이 없음에도 무슨 이유 때문인지 혈액이 줄어들어서 거의 언제나 빈혈 상태였다. 이런 증상을 잡아보려고 의사들은 6주에서 8주 동안 일주일에 세 번씩, 그것도 한 번에 몇 시간씩 정맥 주사를 맞아야 한다는 수혈 처치를 지시했다.

에이프릴은 간호사가 자신의 멍들고 야윈 팔에서 혈관을 찾느라 바늘을 세 번이나 찌를 때까지 창밖만 바라보고 있던 일을 기억한다. 간호사들은 정맥 주사를 여섯 번까지 시도하고 실패하면 바로 전문 정맥 주사팀을 호출하도록 되어 있다. 6년 동안 이런 일은 다반사였고, 에이프릴은 시간이 흐를수록 수혈을 더 자주 받아야 했다. 상태는 갈수록 나빠졌지만, 이유가 무엇인지 아무도 찾아내지 못했다.

한편 그렇게 힘든 시간을 보내는 동안, 에이프릴을 정말로 아프게 하는 게 무엇인지 물어본 사람은 아무도 없었다. 에이프릴도 몸이 아픈 것과 두려움, 그리고 과거 사이에 아무 관련도 없다고 생각했다. 그래서 밤에 악몽으로 몸서리를 치며 식은땀을 흘린다는 것, 잔인한 기억들이 섬광처럼 떠오르면서 부들부들 떤다는 것, 두려움이 올라올 때마다 온몸에 아드레날린이 치솟는다는 걸 입 밖에 낼 생각은 하지도 못했다. 어떤 생각이나 느낌이 일어날 때 몸에서 나타나는 일련의 생리 반응의 결과로 아드레날린이 치솟게 된다는 사실을 그녀는 알지 못했다. 두려운 생각이나 불안하게 만드는 기억이 마음속에 떠오를 때마다, 질병을 초래하는 호르몬 반응이 일어나고, 이런 반응이 반복해서 일어나다 보니 몸에 끔찍한 타격을 주었다는 것을 이해할 만큼 몸의 생리학을 알지 못했던 것이다.

: 스트레스 반응

몸은 '스트레스 반응'이라고 하는 타고난 메커니즘을 갖추고 있는데, 이를 '투쟁 또는 도피' 반응이라고도 한다. 하버드대의 월터 캐넌이 처음 쓴 말이지만, 나중에 헝가리의 내분비학자 한스 셀리에Hans Selye가 몸이 스트레스를 받을 때 시상하부-뇌하수체-부신피질HPA 축이 하는 역할을 기술하면서 그 개념을 확장시켜 이를 '일반 적응 반응general adaptation response'(GAS)이라고 불렀다.[1] 셀리에가《삶의 스트레스The Stress of Life》라는 책에서 설명하듯이, 그는 두려움이나 분노 같은 부정적 감정이든, 결혼이나 아기의 탄생 같은 긍정적 변화든, 어떤 정신적 요구에 몸이 보이는 생물학적 반응이라는 뜻으로 '스트레스'라는 용어를 썼다.

에이프릴이 성적 학대자들로부터 달아나려 할 때처럼 어떤 위협에 직면하면, 뇌의 편도체는 두려운 감정을 경험한다. 그러면 뇌는 이 감정을 시상하부로 전달하는데, 여기서 신경계로 부신피질 자극 호르몬 방출 인자CRF가 분비된다. CRF는 다시 뇌하수체를 자극해서 프로락틴과 성장 호르몬, 부신피질 자극 호르몬ACTH을 분비하게 한다. ACTH는 부신에 스트레스 호르몬인 코르티솔을 분비하라는 신호를 보내 몸이 위협에 대처하도록 돕는다.

시상하부가 활성화되면 교감 신경계를 작동시켜서 부신이 에피네프린epinephrine('아드레날린'이라고도 한다)과 노르에피네프린norepinephrine을 방출하게 한다. 차가 충돌할 뻔하거나 어둠 속에서 누가 뛰쳐나와 놀라게 할 때 가슴이 철렁 내려앉는 것은 이 신경 전달 물질들 때문이다. 이것들은 온몸에서 다양한 대사 변화를 일으키는 한편, 심박동과 혈압도 증가시킨다. 혈액에 산소 공급이 더 원활히 이루어지도록 호흡수가 증가하고 기관지가 확장된다.

교감 신경계가 활성화되면 몸의 신경들이 더 빨리 자극되어 신호가 훨씬 잘 전달된다. 위협에 직면했을 때는 피부를 따뜻하게 하는 것이 우선이 아니므로 피부가 차가워지고 소름이 돋는다. 생명을 위협받는 위기 상황에서 몸은 소화나 생식에 신경 쓸 틈이 없기 때문에, 위장과 생식 계통으로 가는 혈관들이 수축되고 혈액은 방향을 바꿔 심장과 대근육군large muscle groups, 뇌에 우선적으로 간다. 심장은 더 부지런히 뛰고, 허벅다리는 더 빨리 달리고, 뇌는 더 민첩하게 생각을 하게 된다. 동공은 확장돼 공격자나 대피 경로를 더 잘 찾아낼 수 있다. 신진대사가 빨라지고, 저장된 지방과 같은 에너지원들이 분해되어 혈류로 포도당을 방출하면, 에너지가 불끈 솟아 위협에 맞서 싸우거나 달아날 수 있다.

위산은 늘어나고 소화 효소는 줄어든다. 신체 공격으로 입을 수 있는 부상의 염증 반응을 줄이려고 코르티솔이 면역계를 억제한다. 또 몸을 유지하기 위해 일상적으로 작동하는 과정들, 즉 감염과 싸우고, 암을 예방하고, 파괴된 단백질을 복구하고, 그 밖의 일반 질병을 차단하는 등의 타고난 자기 교정 메커니즘들이 꺼진다. 이치에 맞는 이야기다. 만일 총구가 머리를 겨누고 있거나 퓨마에게 쫓기고 있어서 언제 죽을지 모르는 상황이라면, 질병을 예방하거나 이미 앓고 있는 질환을 치유하는 데 몸의 소중한 에너지를 허비할 틈이 없다.

두려움이 일으키는 이런 온갖 생리 반응들은 생명이 실제로 위험에 처했을 때 그 상황에 적응해 우리를 보호하기 위함이다. 하지만 여기에 뜻밖의 문제가 있다. 사실 우리 몸은 그렇게 자주 놀라도록 만들어지지 않았다는 것이다. 절대로.

에피네프린은 양이 많아지면 유독해져서 심장, 허파, 간, 콩팥 같은 내장 기관들에 손상을 입힌다. 위산과 소화 효소들의 변화는 식도 위축, 설사 또는 변비를 일으킨다. 그리고 스트레스 반응이 되풀이해서 일어나면, 에이프릴의 경우처럼 숨을 쉴 때 기관지가 확장되지 않고 경련을 일으키면서 쌕쌕거림과 호흡 곤란, 가슴 통증 등의 증상이 생길 수 있다. 몸이 진짜 위험에 처했을 때 옛날 원시인들에게는 투쟁-도피 메커니즘이 보호 기제가 되었지만, 현대 사회에서는 대부분 그와 정반대이다. 우리 몸은 만성적인 두려움과 스트레스의 영향을 견디도록 만들어지지 않았다. 그런데도 사람들은 금전적 손실, 관계의 파탄, 안정이나 건강의 위협, 사랑하는 이의 죽음 등 대부분 실제로 실현되지 않는 상상 속의 위험들을 두려워하면서 많은 시간 몸을 과부하 상태에 둔다.

이는 악순환으로 이어진다. 당신은 병들고 늙고 죽어가는 것을 두려워하지만, 이 두려움이야말로 말 그대로 당신을 아프게 하고 늙게 하고 또 죽게도 할 수 있다. 이 글을 읽는 지금, 어쩌면 당신은 두려움 자체마저도 두려워하고 있을지 모른다! 하지만 걱정하지 말라. 스트레스 반응을 줄이고 거꾸로 이완 반응을 활성화하는 쪽으로 두려움을 이용하는 방법을 이 책이 알려줄 것이다. 두려움이 당신을 병들게 하는 대신 성장하도록 도울 수 있다.

: 만성 두려움의 신경과학

《느끼는 뇌 *The Emotional Brain*》(한국어판 제목)라는 책에서 뇌가 감정을 어떻게 처리하는지 쓴 조지프 르두Joseph LeDoux는 두려움의 생리학을 폭 넓게 연구해 온 신경과학자이다. 르두는 편도체를 "두려움의 수레바퀴를 돌리는 뇌 중추"라고 표현한다. 두려움, 증오, 사랑, 분노, 용기와 같은 원초적 감정들은 모두 원시적이고 동물적인 부분인 변연계의 편도체에서 일어난다. 이 두려움 중추는 정보를 받아들이는 시상視床, 추리를 담당하는 대뇌피질, 그리고 기억을 맡은 해마와 함께 일한다.

스트레스 반응이 반복해서 유발되면 편도체는 위협으로 보이는 것들에 한결 잘 반응한다. 두려움은 스트레스 반응을 불러일으키고, 이것은 편도체를 작동시킨다. 이 과정이 계속 되풀이되면 우리의 의식 밑에 가라앉아 있는 과거 경험의 조각들, 즉 '내포적 기억implicit memories'의 형성에 일조하는 편도체가 갈수록 예민해지며, 결국 편도체는 그런 기억들을 고조된 상태로 남아 있는 두려움으로 물들인다. 그 결과 객관적으로 두려운 경험을 하지 않았는데도 두려운 느낌들이 불안감의 형태로 나타난다.

이와 동시에 실제로 일어난 일을 떠올리는 또렷하고 의식적인 기억인 '명시적 기억explicit memory'을 빚어내는 데 아주 중요한 역할을 하는 해마는 몸의 거듭되는 스트레스 반응으로 녹초가 된다. 코르티솔 같은 스트레스 호르몬들은 뇌 속 신경 시냅스를 약하게 하고 새로운 시냅스 형성을 방해한다. 이런 식으로 해마가 약해지면 새 뉴런들을 만들어내기가 훨씬 어려워지고, 따라서 새로운 기억들도 저장되기가 어렵다. 그 결과 예민해진 편도체가 늘 고통스럽고 두려운 것으로 기록하는 경험들이 내포적 기억에 프로그래밍되는 반면, 약해진 해마는 새로운 명시적 기억들을 기록하지 못한다.

이런 일이 생길 경우 시간이 지나면서 결국 만성적으로 두렵고 불안해질 수도 있다. 왜 두려운지 그 이유가 생각나지 않는데도 말이다. 남들 눈에는 안전해 보이는데도, 뭔가 나쁜 것에, 그것도 아주 나쁜 것에게 위협받고 있는 듯한 심정에 휘감길 수도 있다. 심지어 위협이 사라진 지 한참 뒤라도 이 두려움 반응을 들쑤시는 것이면 무엇이건—의식하든 의식하지 못하든 간에—시상을 자극하고, 시상은 편도체를 자극해서 해마로부터 그 두려운 기억을 다시 떠올리게 한다. 그러면 갑자기 덜컥! 몸은 비상 상황으로 돌입한다. 두려움 반응을 일으키는 그 자극은 애초의 경험과 직접 연관이 없을 수도 있다. 그것은 그냥 목까지 감싸는 터틀넥 스웨터의 느낌이나, 무의식적으로 옛 기억을 자극하는 향수 냄새처럼 단순한 것일 수도 있다. 하지만 이 과정이 일단 촉발되고 나면, 여기에 뒤따르는 몸의 반응은 마치 오작동하는 경고 시스템처럼 울려댄다. 진짜로 우리를 위협하지도 않는 위험에 경보를 울려대는 것이다. 이 가짜 두려움은 한갓 생각에 지나지 않는데도 강한 스트레스 반응으로 이어져 마음만이 아니라 몸에까지 영향을 미친다.

경고 시스템이 이렇게 오작동하게 되면 가짜 두려움이 신경계를 장악해서 공포증, 외상 후 스트레스 반응, 불안 장애, 우울증 등 여러 가지 정신 장애를 부추긴다. 의지력이 아무리 강해도, 치유받으려는 의욕이 아무리 넘쳐도, 이 같은 두려움에서 풀려날 가망은 없다. 그 두려움이 무의식의 과정들에서 올라와 신경계의 가장 원초적인 부분을 휘어잡기 때문이다. 설령 그 두려움이 도무지 말도 안 된다는 걸 안다 해도 어쩔 수가 없다. 사고 기능을 하는 합리적인 전뇌前腦가 끼어들 틈도 없이 그 두려움 반응이 이성 마음을 우회하여 곧바로 원초적 신경계에 공포를 전달하기 때문이다. 라디오에서 흘러나오는 노래처럼 아무런 해를 끼칠 것 같지 않은 무언가도 신경계를 과거의 정신적 외상에 연결시키고, 심지어는 더없이 따스한 경험마저 두려움의 물을 들여 스트레스 반응으로 이어지게 만들 수 있다. 여기서 중요한 것은 그런 반응들이 어디까지나 무의식적으로 일어난다는 사실이다. 이와 같은 두려운 반응들에 휘둘린다고 해서 당신이 뭔가 잘못한 것은 아니다. 그냥 신경계의 오작동 상황에 빠진 것뿐이다. 그것을 바로잡으려면 전문적인 도움이 필요할 수도 있다.

: 이완 반응

다행스럽게도 우리 몸에는 두려움이 일으키는 스트레스 반응에 대한 천연 해독제가 있다. 하버드대의 허버트 벤슨Herbert Benson 교수는 이를 '이완 반응relaxation response'이라고 불렀다. 이완 반응은 교감 신경계의 작동을 끄고 신경계의 이완 상태, 즉 부교감 신경계를 작동시켜 투쟁-도피 스트레스 반응을 진정시킨다.

이 자연스러운 이완 상태에서 몸은 스스로를 교정하도록 만들어졌다. 몸은 늘 조금씩 고장이 나게 마련이다. 세포들이 뒤얽히고, 독소들이 만들어진다. 장기는 손상된다. 우리는 암세포를 만들고, 병원균과 이물질에 노출된다. 하지만 몸은 그런 일상적인 문제들을 어떻게 처리해야 하는지 안다. 몸이 이완되어 있고, 위협을 피하려고 온 신경을 집중하고 있지 않다면, 우리의 자기 교정 메커니즘이 가동되어 자연스럽게 질병을 막는다. 그러나 앞에서 보았듯이, 두려움을 내버려두면 몸의 자기 교정 메커니즘은 기능을 멈춘다. 몸과 마음이 이완될 때만 몸은 스스로를 치유할 수 있다.

두려움이 사라지고, 의식하는 전뇌가 사랑과 유대감, 친밀감, 즐거움, 믿음, 의미, 희망을 경험할 때 보이듯이 긍정적인 감정이 부정적인 감정을 대체하면, 시상하부가 스트레스 반응을 일으키기를 멈춘다. 코르티솔과 에피네프린 수치가 떨어지고 교감 신경계가 활동을 멈추며, 부교감 신경계가 몸을 꾸려가기 시작한다. 이렇게 되면 심박수와 혈압이 떨어지고, 소화와 생식처럼 좀 덜 필수적인 쪽으로 혈액이 다시 돌려지며, 면역계가 활짝 살아난다. 이렇게 이완된 상태에서 심장은 스트레스를 덜 받고, 위장은 산을 덜 분비하며, 이제 몸은 치유 작업을 본격적으로 시작해 최상의 건강 상태, 곧 항상성 상태를 회복한다.

《치유 혁명》에서 나는 외로움, 일 스트레스, 비관주의, 두려움, 우울, 불안과 같은 정서 상태들이 모두 스트레스 반응을 일으키는 반면, 긍정적 신념, 사랑으로 맺어진 유대 관계, 건강한 성생활, 창조적 표현, 영성 공동체에의 참여, 명상 등은 이완 반응을 불러일으킨다는 것을 입증하는 과학적 데이터를 소개한 바 있다. 마음이 두려움에서 사랑으로 옮아갈 때 마음은 몸을 치유할 수 있는데, 이것은 뉴에이지 쪽에서 말하는 모호한 형이상학적 이야기가 아니다. 그냥 단순한 생리학이다.

진짜 두려움은 늘 우리를 보호하려고 있는 것이므로 버려서는 안 되는 것이지만, 가짜 두려움은 건강한 방식으로 다룰 줄 모르면 우리 몸을 아프게 할 수 있다. 하지만 가짜 두려움과 관계를 다시 설정하는 법을 배우면, 두려움에 따라오는 스트레스 반응을 바로 멈추고 오히려 이완 반응을 하면서 스스로를 치유해 가는 쪽으로 몸을 길들일 수 있다. 두려움이 당신 삶에서 치유가 필요한 문제들을 가리켜 보이는 손가락이 될 때, 두려움을 이용해 자신을 변형시킬 수 있을 만큼 당신이 용감할 때, 두려움은 신경계를 이완시키는 잠재력을 갖게 되고 마음은 암담함에 빠지는 대신 치유에 초점을 맞추게 된다.

두려움의 상태에서 사랑의 상태로 더 빨리 변화하기 위해서는 자기 제한적인 믿음을 버리고 용기를 북돋아주는 진리를 받아들일 필요가 있는데, 이 같은 변형에 도움이 될 구체적인 도구들을 이 책의 2부에서 배울 것이다. 그리고 3부에서는 '용기 키우기 6단계'를 실천에 옮기는 연습을 따라해 볼 것이다. 그렇게 하면 마음만 평온해지는 게 아

니라 정신도 되살아나고, 당신 몸에서는 기적의 열매들이 자랄 것이다. ·

: 두려움, 걱정, 불안과 스트레스

미국 질병통제예방센터는 병원을 찾는 환자들의 80퍼센트가 스트레스와 관련이 있다고 말한다. 그렇지만 앞의 '들어가는 글'에서 살펴보았듯이 '스트레스'란 두려움과 불안, 걱정을 사회적으로 받아들이기 더 편한 옷으로 갈아입혀 놓은 것에 불과하다.

걱정worry은 뭔가 그 정체를 알아내려고 마음속으로 곰곰이 생각하는 능력에서 비롯된다. 두려움을 낳는 생각들을 불러들이지 않고 문제 해결에만 초점을 모은다면 이런 능력은 건강한 것이다. 그러나 문제를 해결하려다 마음속으로 부정적인 결과들을 떠올리기 시작하는 순간, 문제를 해결하는 게 아니라 문제를 만들어내게 된다. 불안anxiety은 신경과민, 근심, 두려움 혹은 우려를 느끼는 감정 상태이다. 이는 누구라도 "아, 안 돼. 그러면 안 되는데"라고 할 때 갖게 되는 맥이 풀리는 듯한 느낌이다. 스트레스에 걱정이나 불안이 동반될 수는 있지만, 이는 몸이 진짜 혹은 감지된 위험에 반응하면서 생기는 물리적 반응을 말한다. 두려움은 "누군가 혹은 무언가가 위험에 빠져 고통을 겪을 것 같거나 나의 안전과 보장 또는 행복을 위협할 것이라는 믿음에서 나오는 불쾌한 감정"으로 정의된다. 두려움, 불안, 걱정과 스트레스가 사전상의 정의로는 서로 다를 수 있겠지만, 몸과 관련해서는 걱정과 불안, 두려움 모두 육체적인 스트레스 반응을 일으킨다.

두려움이 우리 문화를 지배하고 있으며, 따라서 그 영향을 받지 않는 사람은 없다. 우리는 원치 않는 임신이나 데이트 성폭행, 불임을 두려워한다. 동성애자 간의 결혼이나 사회 의료 보장 제도를 두려워하고 대통령을 잘못 뽑을까봐 두려워한다. 실패, 성공, 사람들의 기억에서 잊히는 것, 인생의 참된 목적을 찾아내지 못하는 것도 두려워한다. 경제적 파탄도 두려워하지만, 돈을 너무 많이 버는 것도 두려워한다. 큰 꿈을 꾸는 것도 두려워하지만, 주목받지 못할까봐 두려워하기도 한다. 잣대질당하거나 실수할까봐 자신의 창조성을 표현하기를 두려워하면서도, 노래를 가슴에만 담아놓고 부르지 못하게 될까봐도 두렵다. 죽는 것도 두려워하지만, 사는 건 훨씬 더 두려워한다.

꼭 정신 질환이 있어야 두려운 감정을 느끼는 것은 아니다. 인간은 누구나 두려움을 생존 메커니즘으로서 자연스럽게 경험한다. 그렇지만 어떤 사람들한테는 두려움이 정신 질환으로 발전하기도 한다. 미국인의 28퍼센트가 불안 장애에 시달리는데, 이는 사람이 죽거나 부상당할 어떤 외부 위협이 없는데도 두려움을 느끼고 그 생리적 영향을 경험할 때 나타난다.[2] 게다가 우리는 우리를 죽게 할 수 있는 것만 두려워하는 게 아니다. 우리는 대중 앞에서 연설하는 것, 높은 곳에 올라가는 것, 사람들 앞에 나서는 것, 그리고 바늘과 거미조차도 두려워한다. 실제로 1986년 미국 국립정신보건원이 실시한 연구에서는 6개월 동안 조사 대상자의 5~12퍼센트가 공포증phobia을 겪은 것으로 나타났다. 지금까지 기록된 공포증의 종류만 해도 530가지나 된다. 연구 결과 평생 공포증을 경험하리라 추정되는 미국인의 수가 2,400만 명이다.

여성이 남성보다 불안을 두세 배 더 많이 경험하지만, 공포 장애는 남성과 여성이 동일하게 나타난다.[3] 가장 흔하게 나타나는 공포증

열 가지를 들면 거미 공포증, 뱀 공포증, 고소 공포증, 광장 공포증(빠져나가기가 어려운 상황에 있을 때 느끼는 두려움), 개 공포증, 천둥번개 공포증, 주사 공포증, 사회 공포증(사회적 상황에 대한 두려움), 비행 공포증, 불결 공포증이다.[4] 심지어 공포증 자체를 두려워하는 공포 공포증에 시달리는 사람도 있다![5] 이밖에도 흔하게 나타나는 불안 장애에는 범불안 장애, 외상 후 스트레스 장애, 공황 장애, 강박 장애, 사회 불안 장애가 있다.

두려움이 완전히 진행된 정신 장애로 이어지면, 이는 단지 치유가 필요한 곳을 가리키는 손가락 정도에 그치지 않는다. 그것은 당신의 삶 한복판에 떨어져 평정을 깨뜨리고 급기야 전문가의 도움을 받게 만드는 폭탄이 될 수도 있다. 이와 같은 정신 질환에 대한 구체적인 치료법은 이 책의 범위를 벗어난다. 혹시라도 당신이나 당신이 사랑하는 사람이 그런 장애로 고통받고 있다면 전문적인 도움을 구하기 바란다. 치료사의 도움과 함께, 이러한 정신 질환을 하나하나 세세히 다룬 전문가들의 훌륭한 책도 많이 있으니 아울러 읽어보길 바란다. 두려움이 당신을 어떻게 치료하는지 보여주는 하나의 예로 이것을 당신의 '용기 처방전'에 덧붙여도 좋을 것이다. 내가 보기에 우리는 모두 필요한 도구들을 가지고 있고, 우리가 '용기 처방전'에 도구들을 추가하면 할수록 두려움이 아닌 영혼의 지혜가 우리 삶을 끌어가게 될 것이다.

다음 장에서는 두려움이 심리적 혼란을 초래하는 고통스런 감정이기만 한 것이 아니라, 적절히 방향을 틀지 않으면 질병의 심각한 위험 요소가 되기도 한다는 걸 입증하는 데이터를 보여줄 것이다. 당신을 겁주기 위해서가 아니다. 두려운 생각이 몸을 위태롭게 하는 스트레스 반응을 일으킨다는 사실을 깨닫고 생각을 바꾸도록 하기 위해서이다. 그러면 자기도 몰래 두려움의 희생자가 되기는커녕, 자신의 '용기 처방전'을 작성하고 실천하면서 두려움을 성장의 도구로 활용하고 싶어질 것이다.

　　2장의 목적은, 우리네 삶에 두려움이 만연해 있다는 사실을 밝히고, 우리가 오래도록 건강한 삶을 살고 싶다면 어떤 음식을 먹는지, 운동을 하는지, 비타민을 얼마나 섭취하는지, 나쁜 습관을 얼마나 가졌는지 하는 것보다도, 우리가 가진 두려움을 다루는 것이 가장 중요하다는 사실을 인정하는 쪽으로 패러다임의 변화를 제안하는 것이다. 두려움을 치유하지 않고 놔두는 데서 수많은 질병이 비롯될 수 있다고 하면 너무 급진적인 주장이라고 할지도 모르겠다. 내 말은 이런 질병들이 생화학적 원인과 상관없이 두려움에서만 비롯된다는 것이 아니다. 두려움이 오히려 그런 유해한 생화학적 영향을 잘 받게 한다는 말이다. 더욱 중요한 것은 이런 점과 관련해 당신이 뭔가를 할 수 있다는 사실이다. 두려움의 손에 당신을 내맡기지 않아도 된다. 두려움 앞에서 무력감을 느낄 필요가 없다. 기억하기 바란다. 두려움에는 당신을 괴로움에서 풀어줄 힘이 들어 있음을, 그리고 두려움이 당신을 돕도록 할 때 당신의 몸이 고마워하리라는 것을.

2. 두려움이 병을 낳는다는 과학적 증거

마음이 몸을 지배한다는 사실은 비록 생물학이나 의학에서 무시되고는
있지만, 생명 과정과 관련해서 우리가 아는 가장 근본적인 사실이다.
— 프란츠 알렉산더Franz Alexander(정신분석학자)

과학 문헌에 소개된 사례 연구 중 '볼티모어 사례 연구 469861
번'이라고 지칭되는 한 연구 대상자가 있다. 그녀는 아프리카계 미국인
여성으로, 조지아 주와 플로리다 주의 경계에 있는 오키페노키 습지대
에서 13일의 금요일에 태어났다. 이 여성은 그날 산파가 받은 세 여자
아이 중 세 번째로 태어났는데, 산파는 그런 운명의 날에 태어난 세 아
이가 모두 불길하다고 공공연히 말을 했다. 첫 번째 아이는 열여섯 번
째 생일을 맞기 전에 죽을 것이고, 두 번째 아이는 스물한 살을 넘기지
못하고 죽을 거라고 했다. 문제의 이 세 번째 여성도 스물셋이 되기 전
에 죽는다는 말을 들었다.

앞의 두 여자아이는 각각 열여섯 번째와 스물한 번째 생일 전날
죽었다. 자기도 스물세 번째 생일에 죽게 될까봐 무서워 떨던 세 번째
여성이 생일 전날 가쁜 숨을 몰아쉬며 병원에 나타났다. 그리고 이내

스물세 살이 되기 전 숨을 거두었다. 그 산파의 예언이 맞았음을 증명한 셈이다.[1]

그 여성은 정말로 부검에서 발견된 심장과 허파 이상으로 죽은 것일까? 아니면 산파가 건 주술 때문에 말 그대로 무서워 죽은 것일까? 이 모든 일이 거대한 노시보nocebo 효과(플라시보 효과의 반대로, 몸을 치유하기보다는 해를 끼치는 것)였던 걸까? 그 산파의 주술은 원시 문화에서 종종 보고되는 '부두 죽음voodoo death'(호주 원주민들은 마법사의 저주를 받으면 시름시름 앓다가 며칠 뒤 죽는다고 믿었는데, '투쟁-도피 반응'이란 개념을 처음 쓴 월터 캐넌이 이러한 현상을 '부두 죽음'이라고 명명했다. '부두'는 원래 아이티의 원시 종교 이름이다.—옮긴이)과 비슷한 것이었을까? 사악한 치료사가 마을 사람에게 저주를 내리면 결국 그 사람이 죽고 만다는?

두려움 때문에 죽었다고 하는 사람들이 이 셋만은 아니다. 같은 일이 어쩌다 스무 살짜리 래리 휘트필드와 마주친 메리 파넬이라는 할머니에게도 일어났다. 휘트필드는 노스캐롤라이나 개스토니아에 있는 포트 금융신용조합에 들어가 막 강도짓을 하려다 실패한 상태였다. 두 남자가 반자동 소총을 들고 들어오는 모습을 본 은행 직원이 보안문을 잠그고 경찰을 부른 모양이었다. 휘트필드와 공범은 장전된 총을 들고 길가에 어정쩡하게 서 있고 경찰이 다가오고 있었다.

두 은행 강도는 차에 올라타 85번 고속도로를 내달리다가 운전 미숙으로 그만 차를 망가뜨리고 오도 가도 못하게 되었다. 이제 두 발로 뛰어 숨을 곳을 찾던 휘트필드가 불쑥 들이닥친 곳이 파넬의 집이었다. 손자 다섯을 둔 79세의 파넬은 괴한의 침입에 기겁을 했다.

휘트필드는 해치지 않을 거라면서 파넬에게 침실로 들어가 의자에 앉으라고 명령했다. 이 말이 사실일 수도 있겠지만, 파넬에게는 모든 증거가 그 반대로 보였다. 겁에 질려 눈이 휘둥그레진 파넬은 그 자리에서 심장마비로 숨졌다. 네 시간 뒤 남편이 돌아와 휘트필드가 앉으라고 명령했던 의자에 축 늘어져 있는 아내를 발견했다. 의사들은 "가택 침입에 따른 스트레스로 생긴 심장마비"라고 사인을 적었다.

: 무서워 죽게 하는

무서워서 정말 죽을 수도 있는 것일까? 그렇다. 의학 문헌에는 겁에 질리거나 공포에 떨다가 그 자리에서 죽은 사람들의 사례가 수도 없이 보고된다. 1971년 《내과학회보 *Annals of Internal Medicine*》에 실린 한 보고서에서 조지 엥겔George Engel은 "가슴을 찢는 듯한 인생사" 때문에 죽음에 이른 사례 170가지를 소개했다. 극심한 슬픔에서부터 신변의 위험, 그리고 지위나 자존심의 상실까지 그 유형이 실로 다양했다.

엥겔이 연구한 사람들 일부는 순전히 두려움 때문에 죽었다. 43세의 한 남자는 열다섯 살짜리 아들이 거짓으로 꾸민 유괴 전화를 받고 사망했다. 아들은 아버지에게 이렇게 말했다. "아들을 살리고 싶으면 경찰에 전화하지 않는 게 좋을 거요." 세 살짜리 어떤 아이는 치과에서 젖니를 빼다가 겁에 질려 죽었다. 비를 무서워하는 다섯 살짜리 한 아이는 억수처럼 쏟아지는 빗속에서 죽었다.

63세의 한 경비원은 강도들에게 붙들려 묶여 있다가 숨을 거뒀다. 한 여성은 아파트 밖에서 십대 아이들이 버스 기사를 때리고 강도짓을 하는 모습을 보고 경찰에 전화하다 숨졌다. 강도범으로 기소된 35세 남자는 변호사에게 "무서워 죽겠어요!"라는 말을 하고 나서 쓰러져 죽었다. 45세의 한 남자는 연설을 준비하던 중 무대공포증으로 사망했다. 72세의 어느 여성은 지갑을 날치기당하고 난 뒤 숨졌다.

죽을 뻔한 고비를 넘기고 나서 곧바로 세상을 떠난 사람들도 있다. 자동차 사고를 당했으나 아무런 부상도 입지 않았던 남자 넷이 각기 사고 직후에 죽었다. 71세의 한 노인은 집에 소방관들이 들이닥친 뒤 숨을 거뒀는데, 알고 보니 거짓 신고로 소방관들이 출동한 것이었다. 철도 사고로 전복한 열차에서 멀쩡히 빠져나온 55세 남자는 철로 바로 옆에서 숨졌다.

엥겔의 보고서에는 극심한 충격과 슬픔으로 죽은 사람들도 나온다. 열네 살짜리 한 소녀는 세 살 위인 오빠의 갑작스런 사망 소식을 듣고 급사했다. 자신을 키워준 할아버지가 80세를 일기로 돌아가셨다는 소식을 듣고 숨진 열여덟 살 소녀도 있다. 마틴 루터 킹 주니어가 암살당했던 모텔의 소유자들 중 한 명은 킹 목사가 암살당했다는 소식을 듣고 쓰러져 뇌출혈로 숨졌다. 한 주 전 쌍둥이 형제를 잃은 39세의 건강한 남자도 느닷없이 죽었다. 오토바이 충돌로 부상당한 아들의 머리를 껴안던 40세의 아버지도 그대로 쓰러져 세상을 떴다.

삶을 뒤흔든 사건 뒤의 돌연사 현상을 연구해 온 전문가로 하버드대 교수인 마틴 새뮤얼스Martin A. Samuels 박사도 충격을 받거나 흥분해서 죽은 것으로 보이는 사람들의 이야기를 수집해 왔다. 그가 모은 자료들은 아직 발표된 게 없어서 나는 그에게 지금까지 모은 미공개 이야기들을 좀 알려달라고 부탁했다. 그에게서 들은 것 몇 가지를 소개하면, 놀이 기구를 타다가 죽은 경우, 악랄한 공격을 받고 나서 죽은 경우, 영안실 직원이 시신 안치대에 누운 살아있는 사람을 보고 죽은 경우, 영화 〈패션 오브 크라이스트〉(2004년 개봉한 멜 깁슨 감독의 영화로 예수 생애의 마지막 12시간을 담았다. 예수의 수난을 끔찍하고 적나라한 영상으로 표현하여 찬사와 혹평을 함께 받은 작품이다.─옮긴이)를 보다가 죽은 경우도 있었다. 분명 극단적인 감정 때문에 죽음에 이를 수도 있겠지만, 과연 이런 일이 어떻게 일어나는 것일까?

전문가들은 이런 경우 보통 심장 기능부전이 주범이라고 주장한다. 그렇다면 이제 두려움과 심장 간의 관계를 살펴보도록 하자.

: 두려움이 심장에 꽂힐 때

시카고에 사는 56세의 크리스토퍼는 자칫 생명을 앗아갈 수도 있는 부정맥으로 심장마비를 앓은 이력이 있었다. 심장이 멎어 의식을 잃었을 때 크리스토퍼는 한 쇼핑몰에 있었다. 다행히 그곳에는 제세동기除細動器(심장 박동을 정상화시키기 위해 전기 충격을 가하는 의료 장비─옮긴이)가 비치되어 있었고, 사용법을 아는 사람도 있었다. 구급대원이 도착했을 때는 누군가가 이미 그의 생명을 구한 다음이었다.

하지만 병원의 심장집중치료실에서 크리스토퍼의 심장 박동이 또다시 멈춰 비상 상황이 되었다. 심전도 검사 결과, 심실心室이 혈액을 제대로 펌프질하지 못하고 미세하게 움직이는 심실 세동細動 증상이 보였다. 보통 그런 박동은 죽음으로 이어지지만 크리스토퍼는 소생했고, 의사들은 만약의 경우를 대비해 크리스토퍼의 몸에 제세동기를 이식했다. 심장 박동을 분석해서 치명적인 기능부전을 감지하면 전기 충격을 주어 박동을 안정시키는 장치였다.

퇴원한 크리스토퍼는 여느 때처럼 살기 위해 다시 시카고의 거리들로 나섰다. 설령 심장에 기능부전이 발생해 저녁 약속은 엉망이 될지라도 전기 충격이 가해져 생명은 구해주리라 기대했다. 어느 날 사무실에 출근한 크리스토퍼가 모든 사람이 텔레비전 주위에 모여 있는 모습을 보았을 때, 그의 심장 상태가 바로 그렇게 되었다. 화면 속에서는 CNN 방송이 세계무역센터가 있는 쌍둥이 타워의 붕괴 모습을 반복해서 보여주고 있었다.

두 번째 타워가 무너지자 크리스토퍼는 두려움을 느꼈고 가슴이 두근거리기 시작했다. 몸 속의 제세동기가 막 작동하려는 상황에서 그는 전기 충격으로 쓰러지면 부상을 입을까봐 바닥에 주저앉았다. 하지만 전기 충격은 그날 아침에는 일어나지 않았다. 마침내 제세동기가 작동한 것은 9월 14일 크리스토퍼가 집에서 소파에 누워 뉴스를 보고 있을 때였다. 제세동기가 전기 충격을 가한 덕분에 다행히 크리스토퍼는 목숨을 건졌다.

9월 11일 아침 뉴스를 본 바로 뒤에 자칫 심장이 멎을 수 있을 정도로 약하게 뛰기 시작했다는 사실이 단순한 우연의 일치였을까? 연구자들은 아니라고 말한다.

《미국심장병학회지*Journal of the American College of Cardiology*》에 발표된 한 연구에서는 9·11 테러 공격이 일으킨 두려움과 불안이 과연 심장 부정맥 위험이 있는 환자들의 돌연사 빈도를 증가시켰는지 여부를 확인하는 작업을 했다. 특히 이전에 심각한 심장 질환으로 몸에 제세동기를 끼워 넣은 환자들이 대상이었다. 연구자들은 그날 충격을 받기 전과 후의 환자들의 심전도 기록을 검토해, 9·11 사건이 터지기 30일 전에는 심실 부정맥을 일으킨 환자들의 비율이 3.5퍼센트였다는 사실을 알아냈다. 그러나 9·11 사건 이후에는 그 비율이 8퍼센트였다. 위험 환자가 2.3배나 늘어난 것이다. 이 환자들은 모두 뉴욕 시민이었지만, 비단 9·11 사건이 벌어진 지역의 사람들만 그 영향을 받은 것은 아니었다. 플로리다 주에서 제세동기를 이식한 사람들을 대상으로 이루어진 비슷한 연구에서도, 그 재앙이 벌어진 현장에서 멀리 떨어진 곳에서도 심실 부정맥 환자가 증가했음이 밝혀졌다.

이보다 20년 전에도 두려움이 심장을 덮칠 때 어떤 일이 일어나는지 비슷하게 연구한 사례가 있다. 1991년 1월 18일, 미국이 제1차 걸프전에서 '사막의 폭풍 작전'을 개시하자 사담 후세인은 스커드미사일 18발을 이스라엘에 쏟아 부으라는 명령을 내렸다. 이스라엘 국민들이 아무것도 모르고 잠들어 있던 시간이었다. 전격적인 기습 작전이었다. 이는 이스라엘 역사상 텔아비브에 가해진 첫 번째 공격으로, 이스라엘의 국가 안보에 커다란 구멍이 뚫렸음을 보여준 사건이었다.

폭발로 직접 사망한 사람은 없었지만, 폭연이 가시자 이스라엘 국민들은 공포에 빠졌다. 두려움과 불안이 고조되었고, 신경 안정제인 바륨의 판매량이 급증했다.

이스라엘의 하다샤 의료센터Hadassah Medical Center의 연구진은 공포가 사망률에 미치는 결과에 관심을 갖고 그 끔찍한 미사일 공격 직후인 1991년 1월과 2월의 사망률을 추적했다.《미국의학협회지Journal of the American Medical Association》에 발표된 이들의 연구 결과는, 폭발로 인한 부상자들과는 무관하게, 공격 이후로 사망률이 58퍼센트—여성은 77

퍼센트, 남성은 41퍼센트—나 증가했음을 보여주고 있다.[2] 이 같은 증가 요인 중에는 사람들이 미사일을 피해 달아날 때 생긴 육체적 소진, 평상시 복용하던 약의 분실, 방독면 착용으로 인한 호흡 곤란, 밀폐된 공간에서의 장시간 피신으로 인한 산소 공급 부족 등이 있을 수 있으나, 일차적인 요인은 두려움이 몸의 생리 작용에 좋지 않은 영향을 미친 데서 찾을 수 있다고 연구자들은 결론을 내렸다.[3]

의학 잡지 《란셋Lancet》에 발표된 또 다른 이스라엘 연구자들의 연구도 이라크의 이스라엘 공격 후 나타난 결과들을 검토한 뒤, 다섯 차례의 평화 시기와 비교했을 때 공격을 받고 난 후 심장마비와 돌연사 발생 비율이 급격히 치솟았음을 확인했다.[4] 이와 비슷하게, 《국제역학회지International Journal of Epidemiology》에 발표된 한 연구물을 보면 1978년 두 차례에 걸친 강력한 지진이 그리스를 뒤흔들고 간 뒤 사망률이 크게 증가했음을 보여주고 있다. 지진에 따른 부상 때문이 아니라 심장 질환을 비롯한 "다른 온갖 병리적 원인들" 때문이었다.[5]

: 불안, 공포, 공황 장애와 심장 질환

켄은 늘 등 뒤를 조심해야 살 수 있다고 믿는 아버지 밑에서 자랐다. 행여나 켄이 방심하고 있으면, 버번 위스크를 반병쯤 마신 아버지가 몰래 뒤로 다가와서 켄을 심하게 두들겨 팼다. 켄이 흠씬 두들겨 맞고 나면 이제 켄의 여동생들이나 어머니 차례가 되었다. 어린 켄은 잠을 자든 놀든 뭘 하든 간에 경계를 풀어선 안 된다는 것을 배웠다.

그런 켄이 십대가 되어 공황 발작을 겪기 시작한 건 놀랄 일도 아니었다. 켄의 발작은 뭔가 안 좋은 일이 닥칠 것 같다는 무서운 느낌과 함께 시작되었다. 이어서 가슴이 옥조이고 심장이 쿵쾅거리고 배 속이 메스껍고 목이 죄어오는 듯한 증상이 뒤따랐으며, 온몸은 식은땀으로 축축이 젖었다. 그 느낌이 어찌나 두려운지 그만 몸에서 빠져나오고 싶을 정도였다. 이런 증상은 아무런 조짐도 없이 갑자기 일어났다. 그럴 때마다 켄은 곧 죽겠구나 싶은 기분이 들었다.

언제 발작이 일어날지 몰라 두려워 켄은 외출마저 꺼리게 되었다. 어딘가 벗어날 수 없는 곳에 갇혀 오도 가도 못하다가 발작이 일어날까봐 가장 두려웠다. 결국 켄은 비행기나 지하철은 물론이고 빠져나갈 곳이 많지 않은 고속도로도 꺼렸다. 안전하다고 느끼는 유일한 곳은 자신이 사는 아파트였고, 그러니 갈수록 집 안에만 틀어박히게 되었다.

하지만 집에서도 발작과 마비가 왔다. 그래서 사람들을 집에 부르는 것도 점점 더 꺼리게 되었다. 공황 발작을 일으키는 모습을 보일까봐 두려웠다. 끔찍스러울 정도로 외로웠지만 더는 사람들을 부르지 않았다. 마흔 살로 접어들 무렵, 켄은 스스로 만든 감옥 안에 들어가 있는 것이나 진배없는 삶을 살고 있었다. 두려움, 거의 모든 것들에 대한 두려움으로 유지되는 감옥에……

이 같은 공포 불안은 정서적 고통으로만 이어지는 것이 아니다. 질병과 조기 사망으로도 이어질 수 있다. 두려움이 자연스러운 현상이고 또 누구나 두려운 순간을 경험하게 마련이지만, 켄과 같은 사람들은 일상적인 일들에서조차 두려움을 느낀다. 이처럼 두려움과 불안에 시달리는 사람들에 대한 연구는 많이 되어 있다. 불안, 공포증, 공황 장애가 심장 질환과 관련이 있다는 연구도 셀 수 없을 정도로 많다. '미국 건강전문가 추적 연구The U.S. Health Professionals Followup Study'에서는 2년 이상 고도의 공포 불안을 겪은 남성 3만 3,999명을 조사한 결과, 이들이 돌연 심장사가 여섯 배나 높게 나타나고 관상동맥 심장 질환에 걸릴 위험도 2.5배나 더 높다는 사실을 발견했다.

'표준 노화 연구Normative Aging Study'에서도 비슷한 결과가 나왔는데, 불안 증세가 아주 심한 환자들에게서 심장마비와 돌연 심장사로 사망할 위험이 3~6배 더 높게 나왔다고 보고했다.[6] 한편《영국의학회지 British Medical Journal》에 발표된 '영국 노스윅 파크 심장 연구British Northwick Park Heart Study'에서는 공포 불안을 가진 남성 1,457명을 6년 동안 추적 조사한 결과, 불안 증세가 가장 심한 남성들이 심장 질환에 걸릴 위험, 특히 돌연사할 위험이 3.8배 더 높게 나왔다.[7] 또 2년 동안 4만 명에 가까운 남성들을 조사한 하버드 보건대학원의 연구자들은 공포 불안에 시달리는 남성들에게서 돌연 심장사 위험이 여섯 배나 더 높다는 사실을 알아냈다. 많은 연구 사례들에서 희생자들은 심리적 스트레스를 겪은 직후에 오는 치명적인 심장마비로, 즉 공포증의 결과로 죽었다. 그들 대부분은 이전에 심장 질환을 앓은 적이 없는 사람들이었다.[8]

불안과 심장 질환 간의 관계를 다룬 연구들 상당수가 남성을 대상으로 이루어진 까닭에, 하버드의 또 다른 연구진은 저 유명한 '간호사 건강 연구Nurses' Health Study'를 통해 12년 동안 7만 2,359명의 여성을 조사해 보기로 했다. 모두 심장 질환과는 무관한 사람들이었다. 이 연구 결과는 미국심장학회의《순환계Circulation》지에 발표되었는데, 심한 공포 불안이 있는 여성들이 무서움을 덜 타는 여성들보다 돌연 심장사 위험이 52퍼센트, 관상심장 질환의 위험이 30퍼센트 더 높게 나왔다면서 남성들만 두려움으로 죽는 것이 아님을 확인해 주었다.[9] 심장 질환이 있는 사람들이 불안해하는 것은 절대 좋은 일이 아니다. 심장마비를 겪은 뒤 불안하게 되면, 사망률은 전반적으로 세 배가, 심장마비 재발률은 두 배가, 그리고 돌연 심장사의 위험은 여섯 배가 더 높아진다.[10]

이런 자료는 차고 넘친다. 두려움과 불안이 심장 질환과 사망 위험을 크게 높인다는 사실은 이제 더없이 명백하다.[11] 하지만 이런 일이 어떻게 일어나는 걸까? 마음에서 일어난 감정이 어떻게 몸에서 심장 질환으로 바뀌는 것일까?

: 두려움과 심장의 생리학

스트레스 반응이 어떻게 해서 시작되는지는 이미 알 것이다. 당신이 이런 생각을 한다고 해보자. '직장을 잃을 것 같아.' '우리 아이가 죽을 것 같아.' '집을 나설 수가 없어. 밖이 너무 무서워.' 그러면 갑자기 복잡하기 그지없는 당신의 뇌가 씽 하며 돌아가기 시작한다. 뇌 속의 두려움 중추인 편도체에 불이 들어온다. 그리고 팡! 스트레스 반응이 터진다.

그러면 스트레스 반응이 어떻게 돌연사로 이어질까? 사람이 어떻게 무서워서 죽을 수 있는지를 놓고는 지금까지 두 가지 이론이 맞서 왔다. 투쟁-도피 반응을 처음 이야기한 월터 캐넌은 1942년 〈'부두' 죽음'Voodoo' Death〉이라는 제목의 논문을 발표했는데, 그는 여기서 부두 주술로 인한 죽음이 "교감-부신계sympathico-adrenal system의 지속적이고 강렬한 활동" 때문이라고 보았다.[12] 그러니까 저주를 받아서 죽게 될 거라는 두려움이 교감 신경계를 자극해서, 말 그대로 심장을 녹초가 되도록 만드는 장기간의 스트레스 반응을 일으킨다는 것이다.

1957년, 카를 리히터Carl Richter는 쥐를 가지고 한 연구를 바탕으로 이와 정반대되는 의견을 내놓았다. 리히터는 탈출구가 없는 유리 물통 안에 쥐들을 넣고 수영을 하게 했다. 그릇에 갇힌 쥐들은 갑작스레 죽는 경우가 종종 있었다. 수영하는 동안 쥐들의 심전도 수치를 보면 죽기 전 심장 박동수가 올라가기는커녕 오히려 떨어진 것으로 나타났고, 부신을 제거해도 쥐들은 살아남지 못했다. 이는 교감 신경계의 지나친 활동이 갑작스런 죽음의 원인이 아니라는 증거로 받아들여졌다. 리히터는 부교감 신경계의 지배를 받는 미주 신경의 자극 증가가 그 원인이라고 보았다. 미주 신경이 활성화되면 심박동수, 혈압, 호흡수, 대사율이 모두 떨어진다. 이렇게 모든 활동이 지나치게 둔화되면 우리는 의식을 잃고, 드물지만 죽기도 한다.[13]

누가 맞을까? 교감 신경계가 범인일까? 아니면 부교감 신경계일까?

이것은 딱 잘라 말할 수가 없다. 지금 우리는 이 두 이론이 서로 배타적이지 않다는 것과, 몸은 어떤 위협을 감지하면 설령 그것이 상상일 뿐이라 해도 온 신경계가 걷잡을 수 없이 반응한다는 사실을 알고 있다. 많은 연구 결과들은 감정적으로 소모가 가장 큰 경험들이 맨 처음 교감 신경계를 자극하고 이것이 스트레스 반응을 유발한다고 이야기한다. 그러나 물통에 갇힌 쥐들이 그랬듯이, 시간이 지나도 스트레스 요인이 지속되면 부교감 신경계가 이 상황을 넘겨받아 심장 박동과 호흡이 느려지고 혈압이 떨어지는 위험한 상황으로까지 치닫게 된다. 신경계의 두 극단이 모두 심장 부정맥과 돌연 심장사를 가져올 수 있는 것이다.

두려움이 심장을 타격하는 다른 방식들도 있다. 불안증 환자들은 에피네프린과 노르에피네프린 같은 카테콜라민(신경 세포에 작용하는 호르몬—옮긴이)의 생산이 과다한 것으로 일관성 있게 나타났다.[14] 그들은 또한 스트레스 호르몬 수치가 높고 스트레스에 과다한 반응을 보이는데, 이는 심장 박동수와 혈압을 상승시켜 심장에 부담을 준다.[15] 심장에 너무 많은 에피네프린이 몰리면 어떤 일이 일어날까? 에피네프린은 심근 세포의 수용체와 결합해서 세포벽의 칼슘이온 통로가 열리게 한다. 심근 세포로 칼슘이온이 몰리면 심근이 위축되는데, 만일 대량의 에피네프린이 심장 세포들과 결합하면, 칼슘이 세포들 속으로 계속 공급됨으로 해서 심근이 이완하지 못하고 위축된 상태로 있게 된다. 이런 일이 생길 때는 심장의 신경 조직들, 구체적으로 동방 결절과 방실 결절, 그리고 퍼킨제 섬유Purkinje fibers가 심장에 손상을 입히기 시작해 심하면 죽음에 이를 수도 있는 심장 부정맥을 일으킨다. 심장 질환 병력이 없는 사람도 급사할 수 있다. 또한 두려움이나 불안은 과호흡을 유발해 돌연 심장사를 낳기도 한다고 여겨지는데, 과호흡은 관동맥 연축coronary spasm을 유도해 심장마비를 일으킬 수 있다.[16]

설명이 복잡하게 들릴지 모르겠지만 실은 아주 단순하다. 어떤 생각이 마음에서 일어나 신경계에 영향을 미치고, 나아가 심장에 손상을 끼친다는 것이다. 이것은 몸과 마음의 상관 관계로 나타나는 강력하고 위험한 사례 중 하나일 뿐이다. 그리고 두려움이 비단 심장만 타격하는 것도 아니다.

: 두려움이 암을 일으키는가?

재닛은 늘 암을 두려워했다. 그래서 오랫동안 비타민 D 보조제를 먹고 자외선 차단제를 바르고 브로콜리를 먹는 등 온갖 '항암 의례'를 했다. 두려움이 다가오지 못하도록 거의 신과 흥정을 하는 수준이었다. 하지만 재닛이 두려워한 것은 암뿐만이 아니었다. 아주 어렸을 때 오빠에게 떠밀려 계단 아래로 떨어진 뒤로 재닛은 세상이 안전하다고 느낀 적이 한 번도 없었다. 질병, 통증, 암을 일으킬 수 있는 것, 독이 있는 것, 잠기지 않은 문과 창문, 침입자, 그리고 아직 드러나지 않은 수많은 위험들이 무서웠다. 잘못을 저지를까봐 두려웠고, 자신의 불완전함 때문에 부끄럽고 무안한 일이 벌어질까봐 두려웠다.

재닛의 두려움은 몸에, 특히 위장과 골반 부위에 습관적으로 힘이 들어가는 만성적 긴장으로 나타났다. 그런 식으로 힘을 주면 마치 두려움을 떨치고 자기 세계를 통제할 수 있을 것처럼 말이다. '건강에 문제가 생긴다면, 분명 위장과 골반 쪽에서 생길 거야' 하고 생각한 적도 있을 정도였다.

아니나 다를까, 재닛이 아프게 된 곳이 바로 거기였다. 맹장의 파열과 괴사가 시작이었다. 그러던 중 이미 폐경기도 몇 해나 지난 어느 날 질 출혈이 시작되었다. 마음 깊은 곳에서 그녀는 혹시라도 깨울까봐 평생 조심조심하던 그 잠자는 야수가 마침내 깨어났다는 것을 알았다.

자궁암 진단을 받기 바로 전에 재닛은 없으면 죽고 못 살 것 같은 사람과 결혼을 했었다. 결혼을 한다는 사실이 무척 짜릿하기는 했지만, 내심 엄청나게 불안했다. 이제 사랑하는 남자를 잃을지도 모른다는 두려움과 함께 재닛의 완벽주의 경향이 머리를 들고 일어났다. 머릿속에서 두려움의 목소리가 끝도 없이 만트라를 읊어댔다. '조심해.'

재닛은 면역계가 약해지고 자궁암에 걸린 게 두려움 때문이 아닐까 강한 의심이 들긴 했지만, 그런 깨달음도 점점 더 커지는 두려움을 멈추게 하지는 못했다. 의사와 병원, 주사바늘, 통증이 그리도 두려웠건만 이젠 이런 것들이 일상사가 되어 있었다. 그래서 공격적 치료를 받은 지 1년 만에 암이 재발했을 때는 그리 놀라지도 않았다. 몸의 어느 부위가 늘 긴장해 있으면, 그 부분으로 들어가는 에너지와 산소, 혈액의 순환이 막혀 질병에 취약해진다는 사실이 재닛에게는 그대로 드러났다.

재닛은 만일 두려움을 다루는 방법을 알지 못하면 암에게 질지도 모른다는 생각이 들었다. 두려움이 친구가 될 수도 있다는 것을 이미 직관적으로 안 덕분에, 그녀는 '두려움FEAR'이라는 단어가 '오롯이 느끼고 회복하기Feel Everything And Recover'의 약어라고 생각하기로 했다. 암 투병의 여정은 자신이 가진 최악의 두려움들과 맞서는 여정이었다. 한 번에 한 호흡, 떨리는 다리로 한 걸음 한 걸음 떼어 걷는 여정이었다. 이제 그녀는 더 이상 두려움으로 몸에 힘이 들어가지 않는다. 그 대신 두려움을 껴안으며 온전히 그것과 함께하게 되었고 또 그것에서 배우고 있다. 지금 재닛에게는 암이 없다.

재닛은 두려움이 암을 일으켰고 자신의 용기가 그 암을 치유하는 데 도움이 되고 있다고 믿는다. 그런데 두려움과 불안, 암 사이에 관계가 있다는 걸 뒷받침하는 데이터가 있는 것일까?

이런 의문이 들어 다시 의학 학술지들을 뒤져보던 중 나는 노르웨이의 베르겐대학교University of Bergen에서 이루어진 연구물을 하나 찾왔다. '국가 암 등록부Norway National Cancer Registry' 작성을 위해 1995년부터 1997년까지 노르웨이에서 실시한 의료 조사에 참여한 사람 중 한 주州의 주민 6만 2,591명을 추적한 연구였다. 국가 암 등록부는 암이 진행되었거나 내버려두면 암으로 발전할 수 있는 전암前癌 상태의 사람들의 명단을 정리한 것이다. 연구진은 이들이 불안증이 있었는지 알아내기 위한 심리 검사도 했다. 그 결과 연구자들은 조사 대상자 중 불안증이 가장 심한 사람들한테서 암으로 발전할 수 있는 비정상 세포가 생길 가능성이 25퍼센트나 더 높게 나왔다는 사실을 발견했다.[17]

암의 발병에 두려움과 불안이 어떤 영향을 미치는지 구체적으로 조명한 자료는 많지 않지만, '스트레스'와 암을 검토한 연구들은 의학 문헌에 넘쳐난다. 그러나 이미 살펴보았듯이 편도체는 스트레스와 두려움을 구분하지 못한다. 일에서 오는 스트레스든, 사랑하는 사람을 잃은 데서 오는 스트레스든, 이혼으로 인한 스트레스든, 빈 둥지 스트레스(성장한 자식이 떠난 후 겪게 되는 우울증 같은─옮긴이)든, 외로움으로 인한 스트레스든, 경제적 스트레스든, 질병 진단을 받고 생긴 스트레스든, 혹은 곰에게 쫓겨서 받는 스트레스든, 원시 뇌는 그것을 모두 '위협!'으로 해석한다. 그리고 스트레스 반응이 촉발된다.

유방암 진단을 받은 환자들이 스트레스 때문에 암에 걸렸다고 확신하는 경우가 무척 많아서, 연구자들이 특히 이들 간의 연결고리에 관심을 갖고 암과 스트레스 인자들의 상관 관계를 찾아 나섰다.《정신치료와 심신의학Psychotherapy and Psychosomatics》에 실린 핀란드의 한 환자−대조군 연구에서는 87명의 유방암 환자들의 생활을 검토한 뒤, 이들이 발병 전 6년 동안 대조군보다 훨씬 힘든 사건과 상실, 곤경을 겪었다는 결론을 내렸다. 이 연구에서는 암 진단을 받기 전에 스트레스를 덜 받고 생활한 유방암 환자들이 더 오래 생존한다는 사실을 발견했다. 하지만 이 연구는 소규모로 이루어져서 일반화하기에는 한계가 있었다.[18]

《암 검진과 예방Cancer Detection and Prevention》에 발표된 폴란드의 한 연구에서는, 1993년에서 1998년 사이에 수술을 받은 유방암 환자 257명을 면담하고 이들을 암에 걸리지 않은 565명의 대조군과 비교했다. 연구 결과 아주 힘든 사건을 겪은 환자들이 그렇지 않은 사람들보다 유방암에 걸릴 가능성이 3.7배 높은 것으로 나타났다.[19]

훨씬 큰 규모의 연구에서도 이런 상관 관계가 나타나는 것 같다. 《미국역학회지American Journal of Epidemiology》에 발표된 연구에서는 '핀란드 트윈 코호트Finnish Twin Cohort'(만성 장애를 일으키는 유전적·환경적 위험 인자를 연구하기 위해 1974년에 구성된 집단으로 쌍둥이와 그 가족들이 조사 대상이다—옮긴이) 내 여성들 1만 808명을 대상으로 인생의 힘든 사건과 유방암 발병 사이의 관련성을 조사했다. 그 결과 첫 평가를 하기 전 5년 동안 삶에서 스트레스를 많이 겪은 사람들이 이후 15년의 추적 조사 기간 동안 더 쉽게 유방암에 걸리는 것으로 나타났다. 특히 배우자나 가까운 가족 또는 친구의 죽음이 스트레스 요인으로 작용한 경우에 더 그랬다. 또한 이혼이나 별거도 유방암 발병과 서로 상관이 있었다.[20]

스트레스가 사람들을 암에 잘 걸리게 하는지 여부에 대해 과학계의 의견이 완전히 일치하는 것은 아니다. 어떤 자료는 이 가설을 뒷받침하지만, 어떤 자료는 반박한다. 시애틀의 프레드 허친슨 암 연구센터Fred Hutchinson Cancer Research Center에서 암 예방 프로그램을 이끌고 있는 폴리 뉴콤Polly Newcomb 박사는 이 의문에 명확한 답을 내놓는 작업을 시작했다. 뉴콤은 훈련된 인터뷰 진행자들을 동원해 대조군인 건강한 여성들은 물론 현재 암을 앓고 있는 여성들 거의 1천여 명에게 암 진단을 받기 전 겪은 힘든 인생사에 대해 물었다. 사랑하는 사람을 잃었는가? 결혼 혹은 이혼을 했는가? 직업을 잃었거나 퇴직했는가? 파산했는가?

결과는 명확했다. 지난 5년 동안 스스로 힘들었다고 말한 사건들과 유방암 진단 사이에는 아무런 관련이 없었다.[21]

하지만 비판론자들은 이를 받아들이지 않았다. 그들은 뉴콤의 연구가 스트레스 요인들을 측정한 것이지 스트레스 자체는 측정하지 않았다고 주장했다. 뉴콤도 그들의 주장이 일리가 있다고 수긍했다. 그녀는 인생의 힘든 사건이 바로 스트레스의 생리적 경험, 즉 투쟁-도피 스트레스 반응과 같은 것이라는 그럼직한 가정을 했었다. 몸에서 일어나는 일을 대신해서 인생의 힘든 사건을 분석했던 것이지만, 실제로 몸에서 일어나는 일을 측정하지는 않았다.

우리는 어떤 사람이 스트레스 요인을 경험한다면, 이는 더 큰 두려움과 더 많은 스트레스 반응으로 이어지고, 결국 그 사람이 암에 취약해질 거라고 논리적으로 추론할 수 있다. 그러나 스트레스를 처리하는 방식은 사람마다 아주 다르다. 두려움을 삶에서 치유가 필요한 것들이 무엇인지 드러내주는 스승으로 삼는다면, 인생의 힘든 사건들은 오히려 신경계를 이완시키는 작용을 할 수도 있다. 깊은 수준에서 자신이 성장하고 있다는 걸 알기 때문이다. 연구를 통해 이런 종류의 적응 반응을 다 밝혀내기는 어렵다. 어떤 사람은 이완 반응이 몸을 지배하면서 생리적으로 편안한 상태에 머무는 반면, 어떤 사람들은 남들이 스트레스를 전혀 못 느끼는 사건을 가지고도 엄청난 스트레스를 받고 흥분할지 모른다.

결국, 연구에 참여하기 전 환자가 받아온 스트레스 요인들을 평가할 때 스트레스가 주는 생리적 경험을 측정하기는 쉽지 않다. 임상 시험에서 암이 없는 환자들을 미리 등록해 지속적으로 모니터링하고, 그들에게서 암이 진행되는지 장기간 추적 조사하지 않는 한, "인생의 스트레스 요인들이 암을 일으킨다"고 일반화할 수 있는 순수 데이터를 모으기란 어려운 일이다. 그래도 우리가 결론지을 수 있는 것은, 실제 스트레스 경험이 우리를 정말로 질병의 위험에 빠뜨릴 수 있다는 것이다. 비록 인생의 힘든 사건을 경험하는 방식이 그런 힘든 사건 자체보다도 몸의 생리적 반응을 훨씬 많이 결정할지도 모르겠지만 말이다. 만일 두려움이 감정적으로, 정신적으로, 또 영적으로 당신을 돕게 할 수만 있다면, 힘든 일이라 해서 꼭 건강 문제를 일으키지는 않을 것이다. 그런 사건들은 우리를 병들게 하기보다는 오히려 닫혀 있는 우리를 부수어 열게 할 수 있고, 그렇게 된다면 우리는 더 건강해질 수 있다. 두려움 그리고 암과 관련된 데이터들이 왜 서로 겹치는지를 설명해 줄 변수들을 연구 상황에서 시험하기가 쉽지 않을 뿐이다.

: 면역계와 암

레너드의 아내는 마흔둘의 나이에 출산을 하다가, 세 살짜리 아이와 갓 태어난 아이, 그리고 레너드를 남기고 세상을 떠났다. 화요일만 해도 결혼 생활을 행복해하며 두 아이의 아빠가 된다는 생각에 설레던 레너드가, 수요일에는 슬퍼할 겨를도, 아이들을 돌볼 여력도 없이 온종일 일해야 하는 홀아비에 편부가 되어 있었다. 어찌할 바를 모르던 레너드는 집에 함께 살면서 온종일 아이들을 돌봐줄 유모를 고용했다. 직장에서는 일에 치어 허우적거렸다.

처음에 회사 사장은 동정심을 베풀어 레너드에게 충격에서 벗어나기 위해 뭐든 해보라면서, 회복이 될 때까지 시간을 주겠다고 했다. 그러나 직장에 복귀한 레너드는 회사가 자신에게 거는 기대에 중압감을 느끼고, 자신이 기대에 그리 부응하지 못한다는 것을 알았다. 경제 형편도 전보다 좋지가 않았고, 일에 집중도 잘 안 되었다. 회사에는 자신의 자리를 놓고 경쟁하는 더 젊고 똑똑하고 유능한 사람들이 있었다. 레너드는 직감적으로 일자리를 잃을지 모른다는 위기감을 느꼈고, 그 직감은 맞아떨어지고야 말았다.

아내가 세상을 떠난 뒤 여섯 달 만에 레너드는 직장을 잃었다. 그로부터 다시 여섯 달 뒤에는 폐암 진단을 받았다. 레너드는 아내를 잃고 홀로 아이들을 키워야 한다는 부담감과, 실직과 경제적 안정에 대한 스트레스가 암을 키웠다고 확신했다.

내가 만난 암 환자 중 이렇게 느끼는 사람이 레너드만은 아니었다. 하지만 실제로 스트레스와 두려움, 불안이 암을 일으키는 것일까? 그런 것들이 암의 원인이 된다고 이야기하려면, 두려움과 불안 같은 감정이 어떻게 누군가를 암에 걸리게 할 수 있는지 설명해 주는 그럴듯한 생물학적 메커니즘이 있어야 한다. 과학자들이 가장 많이 이야기하는 메커니즘은 두려움이나 불안이 일으킨 스트레스 반응의 자극으로 면역계가 억제된다는 것이다. 그런 감정 상태에 있으면 교감 신경계가 자극을 받아 암과 싸우는 림프 조직에 부정적인 영향을 미치고, 암세포를 파괴하는 자연 살해 세포의 활동이 억제된다.[22]

스트레스 요인에 감정적으로 두려움과 불안을 느끼면, 뇌는 재까닥 스트레스 반응을 보이고, 따라서 면역계가 약해진다. 이렇게 되면 몸의 종양 방어 체계도 잇따라 약해진다. 그 결과로 우리 몸은 날마다 주변 환경의 발암 물질들에 노출이 되고, 길을 잃은 암세포들이 어김없이 자라난다. 면역계가 건강하면 이런 변이된 암세포들은 종양으로 발전하기 훨씬 전에 바로 감지되어 파괴된다. 면역계가 몸을 지키는 세 가지 방식 중 하나다. 맨 먼저 면역 세포들은 병원체들이 몸 안으로 침투하지 못하게 막는다. 만일 암을 유발하는 병원체가 뚫고 들어오면, 면역계가 비정상 세포들을 교정할 수도 있고, T 살해 세포들이 암세포를 제거할 수도 있다.[23]

단순해 보이지 않는가? 확인되지 않거나 치유되지 않은 두려움과 불안은 면역계를 약하게 만들고 몸의 자가 치유 능력을 방해한다.

혹은 그렇지 않을 수도 있다. 과학자들은 오랫동안 이런 설명을 믿어왔지만, 새로운 데이터들은 이 문제가 그다지 명쾌하지 않을 수 있다고 시사한다. 스트레스를 주는 사건들이 면역계를 약하게 한다는 증거는 풍부하지만,[24] 스트레스와 암 사이의 연관성은 사실 논란의 여지가 아주 많다. 미국 국립암연구소는 이렇게 보고한다. "배우자의 죽음과 사회적 고립, 의대 시험 같은 스트레스 요인들이 면역계의 작동 방식을 바꾼다는 연구 결과들이 있기는 하지만, 그런 연구들이 이 같은 면역계의 변화와 암의 진행 사이에 직접적 인과 관계가 있다는 과학적 증거를 내놓지는 못했다."

감정적 스트레스와 암 사이의 관련성은 생물학 원리상 충분히 가능한 이야기이다. 다만 스트레스가 어떻게 암으로 바로 이어질 수 있는지 명징하게 보여주는 연구가 부족할 뿐이다. 스트레스를 주는 힘든 사건들이 실제로 면역 기능을 변화시킨다는 탄탄한 증거는 있다.[25] 그러나 면역력의 억제가 실제로 질병에 잘 걸리게 하는지는 아직 논란의 여지가 있다.[26]

그렇긴 해도 수많은 연구자들은 여전히 어떻게 스트레스가 사람들을 암에 더 잘 걸리게 하는지 설명하는 여러 가지 면역 메커니즘들을 제시하고 있다.[27] 면역계가 건강해야 암을 물리칠 수 있다고 한다면, 면역계가 억눌린 사람이 암에 걸릴 위험이 훨씬 높다는 건 이치에도 맞고 증거로 보아도 맞다는 걸 알 수 있다.

장기를 이식받은 뒤 거부 반응을 줄이려고 면역 억제제를 복용하는 환자들의 경우엔 의도적으로 면역 체계를 억제하는데, 이들은 일반인들에 비해 암에 걸릴 위험이 크게 높아진다.《미국콩팥학회지Journal of the American Society of Nephrology》에 발표된 오스트레일리아의 한 연구에서는 '오스트레일리아 사이클로스포린 투여 중단 다기관 임상 시험Australian Multicenter Trial of Cyclosporine Withdrawal' 대상자인 481명의 콩팥 이식자들을 평가했다. 이들은 각기 면역 억제 처치법 세 가지 중 한 가지를 받고 있었다. 연구 결과 총 226명의 환자에게서 한 가지 이상의 암이 일반인보다 훨씬 높은 비율로 생겼다. 이식 후 20년이 지나서는 27퍼센트의 환자들이 피부암 이외의 암에 걸렸고, 48퍼센트의 환자들이 피부암에 걸렸다.[28]

다른 자료를 보면 콩팥 이식 후 평생 피부암 이외의 암이 생기는 비율은 10년 뒤에 20퍼센트에서 20년 뒤에는 30퍼센트까지 느는 것으로 나온다. 피부암까지 합치면 이 수치는 65퍼센트로 치솟는다. 신부전증과 위험한 이식 수술에서 살아남는다 해도, 피부암 이외의 암을 진단받은 이식 환자의 70퍼센트를 죽음에 이르게 하는 원인이 암이고, 이들이 약해진 면역 체계로 암과 싸우기란 힘든 일일 수 있다.

콩팥 이식 환자들은 장기를 이식하지 않은 사람에 비해 카포시 육종, 림프종, 피부암, 콩팥암이 생길 위험이 15배나 높아지고, 흑색종, 백혈병, 간담肝膽과 여성 생식기 암의 발병 가능성이 5배나 높아진다. 위장관 암, 전립선암, 췌장암, 유방암처럼 일반인들에게 흔한 암도 비율은 작지만 역시 증가했다.[29]

에이즈 환자와 같이 면역력이 떨어져 있는 환자들에게서도 암은 높은 비율로 나타난다. 대부분 감염과 관계가 있는 것으로 알려진 유형의 암들인데, 헬리코박터 파이로리 박테리아와 관련된 위암, B형과 C형 간염 바이러스 감염과 관련된 간암, 헤르페스 바이러스 8 감염과 관련된 카포시 육종, 엡스타인-바Epstein-Barr 바이러스와 관련된 림프종, 인유두종 바이러스human papillomavirus와 관련된 자궁경부암이 그런 암들이다.

이런 자료들이 강력하게 시사하는 바는 암과 싸워 이기려면 면역계가 건강하게 제 기능을 다해야 한다는 것이다. 물론 이런 결론을 흐리게 하는 다른 데이터들도 있다.

감정적 스트레스가 면역 반응을 억제해서 암을 일으킨다면, 아이를 잃거나 아이가 큰 병에 걸리는 등 힘든 사건을 겪은 사람들이 훨씬 큰 위험에 처하게 될 것이라는 추정은 일리가 있다. 이렇게 생각하는 연구자들이 그런 사람들을 연구했다.《뉴잉글랜드의학회지New England Journal of Medicine》에 실린 덴마크의 한 연구에서는 아이가 암에 걸린 부모 1만 1,380명을 상대로 암 발생률을 조사했다. 연구자들은 이 부모들이 틀림없이 생리적 스트레스를 겪었을 것이고, 이는 당연히 높은 암 발병률로 나타나리라고 보았다. 그러나 연구 대상 부모들의 암 발병 가능성은 일반인과 별로 다를 바가 없었다.[30]

《암Cancer》지에 발표된 두 번째 연구는 아이를 잃은 2만 1,062명의 부모들에게서 암 발병률을 조사했다. 그 뒤로 최장 18년까지 이들을 추적 조사한 연구진은 어머니들에게서는 암 발병 위험이 약간 증가했지만 그런 비극을 겪은 아버지들한테서는 차이를 찾아내지 못했다.[31]

따라서 스트레스와 두려움 또는 불안이 암을 일으킨다고 단정적으로 말할 수는 없다. 하지만 그런 것들이 암의 진행에 일조한다는 증거는 있다. 《임상연구학회지Journal of Clinical Investigation》에 실린 한 연구는 그런 감정들과 관련 있다고 알려진 에피네프린 같은 스트레스 호르몬이 종양의 성장과 확산에 직접적으로 도움을 줄 수 있다는 것을 보여준다. 정상 세포는 몸에서 잘 살아가려면 인접 세포들에 붙어 있어야 한다. 주위 환경에서 떨어져나간 세포는 프로그래밍된 대로 죽음을 맞게 된다. 그러나 암세포는 이런 프로그래밍된 세포사細胞死 과정을 건너뛸 수 있다. 종양에서 떨어져 나와 혈액이나 림프계를 통해 온몸을 떠다니며 암 전이를 일으키는 것이다.

스트레스 호르몬에 노출된 세포를 연구하는 텍사스대학교 엠디 앤더슨 암센터MD Anderson Cancer Center의 의사 애닐 수드Anil Sood는 이 스트레스 호르몬에 노출된 세포들도 프로그래밍된 세포사를 겪지 않으며, 따라서 인접 세포들에 붙어 있지 않고도 생존할 수 있다는 사실을 발견했다. 수드는 이 때문에 종양이 퍼질 수 있는 기회가 늘어날 것이라는 가설을 세웠다. 이 가설을 시험하기 위해 수드와 연구진은 쥐에 난소암 세포를 이식하고 가두어두었다. 두려움과 불안을 느끼게 하기 위해서였다. 이에 대한 반응으로 쥐들의 종양은 그런 감정적 스트레스를 받지 않은 쥐들의 종양보다 더 빨리 자랐다.[32]

그렇다면 스트레스가 암을 일으키는 것일까, 아니면 암이 더 잘 퍼지도록 만드는 것일까? 우리가 가진 자료로는 두려움과 암의 인과 관계를 두려움과 심장 질환의 인과 관계처럼 분명히 할 수가 없다. 하지만 한 가지는 이론의 여지가 없다. 두려움이 당신의 스승이 되게 하는 법을 배우지 않으면, 그것이 당신의 면역계를 약하게 만들고 암에 걸릴 가능성을 키울 수 있다는 것이다. 하지만 두려움의 도움을 받아 당신이 누구인지 그 진실에 대한 돌파구를 찾을 수 있다면, 그것이야말로 두려움이 바라는 바로 그것이 될 것이다.

: 스트레스와 호흡기 감염

두려움과 질병 간의 다른 상관 관계들은 더 쉽게 끌어낼 수 있다. 감정적 스트레스가 면역계를 약하게 한다는 사실을 이제 알기 때문에, 우리는 면역계가 건강할 때는 쉽게 퇴치되는 감염 질환도 스트레스가 많을 때는 잘 걸린다는 걸 이해할 수 있다. 이런 상황은 누구에게나 생긴다. 하는 일이 불안하거나, 심장마비로 막 쓰러진 아버지가 돌아가실까봐 두렵거나, 결혼 생활이 걱정되거나 하면, 여지없이 감기나 축농증 또는 폐렴에 걸린다.

《심신의학*Psychosomatic Medicine*》에 발표된 오스트레일리아의 한 연구에서는 오스트레일리아 남부 애들레이드 교외에 있는 가족 주치의 세 사람과 친분이 있는 14세에서 57세 사이의 235명을 조사했다. 연구진은 설문조사를 토대로 이들을 고스트레스군과 저스트레스군으로 나누고 6개월 동안 누가 병에 걸리는지 추적했다. 당연하게도 고스트레스군이 저스트레스군보다 아픈 횟수가 거의 두 배(2.71회 대 1.56회)였고, 증상을 보인 날수도 거의 두 배(29.43일 대 15.42일)에 이르렀다.[33]

카네기멜론대학교Carnegie Mellon University의 연구진은 스트레스가 감기를 유발하는지 연구하고 그 결과를 《뉴잉글랜드의학회지》에 보고했다. 연구진은 420명의 건강한 사람들을 대상으로 과거에 힘든 사건을 겪었는지 여부와 함께 '무섭다' '불안하다' '화가 난다' '울적하다' 같은 현재의 감정 상태 및 스트레스 지수를 분석했다. 다음으로 연구진은 참여자 중 394명을 다섯 가지 감기 바이러스 가운데 한 가지에 노출시켰고, 26명에게는 플라시보를 투여했다. 그렇게 해서 감기에 걸린 사람과 그렇지 않은 사람을 평가한 결과, 스트레스가 많은 사람들은 그렇지 않은 사람들보다 감기에 걸릴 가능성이 두 배가 넘는 것으로 나타났다.[34]

: 스트레스와 만성 질환

보통의 미국인들은 매일 50번 정도 스트레스 반응을 일으키는 일들을 경험한다고 한다. 이런 반응이 일어날 때는 우리 몸의 타고난 자가 치유 메커니즘이 멈추게 돼 몸은 시간이 갈수록 더 타격을 입게 된다. 혈압이 자주 상승하면 결국 혈관 벽이 두꺼워지고 파열하게 되는

데, 이는 장기의 손상으로 이어질 수 있다. 코르티솔은 지방산과 포도당을 과다 생산하게 만들고, 그러면 혈당이 높아져 당뇨와 실명, 신부전 같은 합병증으로 이어질 수 있다. 만성적인 스트레스 반응은 코르티솔 수치를 높아지게 해, 적절한 체중을 유지하기가 매우 어려워지고 비만의 위험이 커진다. 그러면 다른 많은 건강 문제들이 생길 가능성이 커진다. 만성 스트레스 반응은 또 다양한 만성 통증과 근골격 장애를 낳는 근육의 긴장과 염증으로 이어질 수도 있다.[35] 또한 갑상선 질환, 궤양, 자가 면역 질환, 성기능 장애, 우울증, 식욕부진증, 쿠싱 증후군, 염증성 질환의 위험을 높인다.[36]

스트레스 반응이 되풀이되면 노화 과정에도 영향을 미친다. '간호사 건강 연구'에 참여하는 간호사 12만 1,700명의 데이터를 조사해 온 하버드대 연구에서는, 이들에게 공황 장애와 광장 공포증 같은 공포 불안이 있는지를 분석했다. 하버드 의대 브리검 여성병원Brigham and Women's Hospital의 연구자들은 42세에서 69세 사이의 여성 5,243명에게서 얻은 혈액 샘플과 조사 결과를 분석하고 나서, 강렬한 공포 불안이 생물학적 노화를 촉진한다는 사실을 알아냈다. 백혈구의 텔로미어telomere(노화의 생물학적 표지라고 여겨지는 염색체 말단의 DNA 단백질 복합체) 길이를 보고 판단한 결과였다.[37]

충분히 연구되지 않은 질병도 있지만, 만성 스트레스 반응은 모든 만성 질환을 악화시킬 가능성이 크다. 유전적 장애처럼 생화학적으로 명쾌하게 설명되는 것들도 마찬가지다. 몸이 최상의 건강을 유지하려면, 질병을 물리치는 타고난 메커니즘들이 적절히 작동하도록 대부분의 시간 이완 반응 상태에 있어야 한다.

: 스트레스와 그 밖의 증상들

감정적 스트레스에 영향을 받는 것은 앞에서 말한 심장 질환과 암, 만성 질환뿐만이 아니다. 스트레스를 받으면 몸은 소리를 지르기 전에 먼저 속삭임으로 경고한다. 스트레스는 대개 당장 생명을 위협하지는 않는 육체 증상, 즉 요통, 두통, 눈의 피로, 불면, 피로, 어지러움, 식욕 이상, 위장 장애 등으로 나타난다. 다음 표에 정리한 육체 증상은 모두 만성적으로 반복되는 스트레스 반응의 부작용일 가능성이 있으니 잘 생각해 보라. 이것들은 더 큰 병이 생기고 있을지도 모른다고 신호를 보내는 몸의 속삭임일 수 있다.

스트레스 호르몬이 너무 많다는 신호들

1. 잠을 잘 못 잔다.
   코르티솔의 수치는 몸이 이완하고 재충전될 수 있도록 밤에는 떨어지게 되어 있다. 그러나 이 수치가 너무 높으면 설사 온종일 피곤했더라도 잠이 안 오고 정신이 말똥말똥해질 것이다. 그러면 밤새 뒤척이느라 다음날 다시 피곤해진다. 과학자들은 스트레스 반응 때문에 부신피질 자극 호르몬과 코르티솔 수치가 높아지면, 이 또한 밤에 분비되는 멜라토닌 수치를 떨어뜨려 결국 불면을 부추긴다는 이론을 내놓는다.

2. 잠을 잘 자도 피곤하다.
   스트레스는 다음날 피곤하게 하는 불면증만 가져오는 것이 아니

다. 코르티솔 수치가 높으면 시간이 지나면서 부신을 고갈시키고 '부신피로증후군adrenal fatigue syndrome'을 초래할 수 있다. 기존 의학계가 좀처럼 인정하지 않는 스트레스 관련 건강 문제이다. 만성 스트레스는 충분히 잤는데도 기진맥진한 느낌을 갖게 할 수 있다.

3. 잘 먹고 운동을 하는데도 특히 복부 주위로 살이 찐다.

코르티솔은 당신이 모든 면에서 '바르게' 사는데도 배불뚝이가 되게 하기 쉽다. 코르티솔은 혈당을 올리므로 당뇨의 위험이 커진다. 포도당 수치가 높아지면 인슐린 수치가 올라가고, 그러면 차례로 혈당이 떨어진다. 이제 갑자기 단 음식이 엄청 당긴다. 교감 신경계가 자극을 받으면 위에서 아미노산 그렐린도 분비되는데, 이것은 자꾸 배가 고프다고 느끼게 해서 결국 몸무게를 늘린다. 만일 부정적인 감정을 가라앉히려고 자꾸 먹을 것을 찾으면 특히 더 그렇다.[38]

4. 감기나 다른 감염에 쉽게 걸린다.

코르티솔은 몸의 타고난 자기 교정 메커니즘을 꺼버린다. 그러니까 당신을 건강하게 하려고 자연이 완벽하게 설계해 놓은 면역계가 망가져 몸에 들어오는 모든 병원체에 취약해진다는 뜻이다.

5. 별 이유도 없이 어지럽다.

스트레스는 때때로 어지러움이나 심하면 만성적인 현기증 증상으로 나타나기도 한다. 이는 스트레스 반응이 일어나는 사이 자극받은 자율 신경계의 변화에 대한 반응이기가 쉽다.[39] 활력 징후vital sign의 변화, 특히 호흡수의 상승은 과호흡증으로 이어질 수 있다. 그러면 몸의 산-염기 균형이 깨지고, 소뇌와 제8 뇌신경을 통한

균형과 조정력에 신경계가 반응하는 데 영향을 미칠 수 있다.[40]

6. 요통 아니면 두통, 또는 둘 다가 생긴다.

코르티솔 수치가 오랜 기간 높게 유지되면 부신이 고갈되기 시작한다. 그러면 젖 분비 호르몬인 프로락틴 수치가 높아져 요통과 근육통 같은 통증에 몸이 더욱 민감하게 반응한다. 또 코르티솔이 지나치게 많으면 뇌가 통증에 과민 반응하게 되는데, 아주 약한 동통에도 뇌신경이 흥분해서 두통을 일으킨다.

7. 성욕이 없어진다.

코르티솔은 안티비아그라라고 생각하면 된다. 스트레스 호르몬이 많으면 테스토스테론처럼 성욕을 일으키는 호르몬들의 수치가 떨어진다.

8. 장 기능이 떨어진다.

위장 계통은 코르티솔 같은 스트레스 호르몬에 무척 예민하다. 스트레스는 메스꺼움, 속 쓰림, 복통, 설사 등의 형태로 위장에 문제를 일으키기가 쉽다. 이는 스트레스 반응이 일어나는 동안 분비되는 부신피질 자극 호르몬의 양이 늘어나면서 위장 계통에 영향을 미치기 때문인 것으로 보인다. 즉 위가 부신피질 자극 호르몬에 반응해 잘 비워내지 못함으로 해서 위통과 복통이 생기는 식이다. 속 쓰림은 위산의 양이 늘어서 생기기도 하지만, 교감 신경계가 활성화되면 위장이 통증을 느끼는 임계점이 낮아져서 생기기도 한다. 이렇게 되면 속 쓰림에 대한 반응으로 통증을 더 많이 느끼게 되고, 결국 위궤양에 걸릴 가능성이 커진다.[41] 스트레스 반응은 위의 팽창 능력도 제한한다. 그렇게 되면 결장 근육을 수축시켜 설사와 장 경련을 일으킬 수 있다.

9. 불안하다.
   코르티솔과 에피네프린은 초조함과 위 경직, 공포감을 일으킬 수 있다. 심하면 편집증이 생기기도 한다.

10. 우울하다.
   코르티솔 수치가 높으면 세로토닌의 분비를 억제하고, 그 결과 슬픈 기분에 깊이 빠진다. 이런 상태가 지속되면 병적 우울증이 될 수 있다.

두려움이 우리를 도울 수 있다고 할 때와 마찬가지로, 우리가 스트레스를 어떻게 느끼고 생각하느냐는 스트레스가 우리에게 생리적으로 어떻게 영향을 미치느냐와 크게 관련된다. 건강심리학자 켈리 맥고니걸Kelly McGonigal은 2013년 TED 강연에서, 전 해에 힘든 사건을 많이 겪은 사람들의 사망률이 43퍼센트가 더 높았지만 이런 결과는 스트레스가 건강에 해롭다고 '믿는' 사람들에게만 해당되는 것으로 나타났다는 연구 결과를 소개했다. 실제로 많은 스트레스 요인을 경험함에도 스트레스를 해로운 것으로 여기지 않은 사람들은, 상대적으로 스트레스가 덜한 환경에서 사는 사람들과 사망률이 비슷했다. 그뿐 아니라 스트레스를 받았어도 그것을 걱정하지 않은 사람들은 이 연구에서 사망 위험이 가장 낮게 나왔다![42] 이는 우리를 병에 걸리고 비참하게 하는 것은 인생의 스트레스 요인 자체가 아니라는 말이다. 문제는 그런 사건들을 놓고 우리가 지어내는 이야기에 있다. 바로 그런 이야기를 통해 만들어진 부정적인 믿음이 만성적인 스트레스 반응을 일으키고 기대 수명을 단축시키며 우리를 절망으로 몰아넣는다.

이러한 자료를 바탕으로 연구자들은 사망자들을 추적해 온 8년 동안 18만 2천 명의 미국인이 제 수명을 다하지 못하고 죽은 것으로 추산했다. 스트레스 자체보다는 스트레스가 해롭다는 믿음 때문이었다. 이 추산이 맞다면 해마다 2만 명 이상이 스트레스가 해롭다는 믿음 때문에 죽는다고 할 수 있다. 이는 2013년에 미국에서 사망 원인의 열다섯 번째에 해당한다. 믿음이 몸에 얼마나 강력하게 영향을 미치는지 이것으로 알 수 있다. 달리 말해 우리를 병들게 하는 것은 두려움을 일으키는 스트레스 요인 자체가 아니라 바로 우리의 생각과 믿음이다. 이 자료에 비추어보건대, 두려움을 우리를 흔들어 깨워서 성장하도록 돕는 것으로 볼 수 있다면 이는 우리의 수명을 늘리는 데 훨씬 유익할 것이다. 이 같은 '두려움 치료제'의 중요한 측면은 이 책의 3부에서 더 다룰 것이다.

: 두려움과 건강 관리

두려움을 제멋대로 날뛰도록 내버려두면 질병의 원인만 되는 것이 아니다. 두려움은 환자들로 하여금 수많은 의료 처치를 찾게 할 뿐더러, 의사들에게도 너무 지나친 처치를 하도록 만든다. 길버트 웰치 H. Gilbert Welch, 리사 슈월츠Lisa M. Schwartz, 스티븐 울로신Steve Woloshin 이 세 의사는 《과잉 진단Overdiagnosed: Making People Sick in the Pursuit of Health》(한국어판 제목)이라는 책에서 하나라도 놓칠세라 눈을 부릅뜨고 진단하는 의료 관행을 최신 자동차 계기판의 경고등에 빗댄다. 요즘은 워낙 기술이 발전한 덕분에 이 정교한 감지기들이 자동차에 문제가 생기기도 훨씬 전에 비정상적인 부분들을 찾아낸다. 실질적으로 차의 경고등은 조기 진단을 하고 있는 셈이다.

이는 때때로 큰 고장을 막아주기도 한다. 문제를 조기에 진단하면 길가에서 긴급 출동차를 기다리는 일을 피할 수 있다. 길가에 발이 묶이는 상황을 다른 무엇보다도 싫어하는 나로서는 그 작은 등 하나가 재앙을 피하도록 도와주곤 해서 얼마나 고마운지 모른다.

그렇지만 내 차를 수리한 정비사의 말로는 조기 진단이 항상 좋은 것만은 아니라고 한다. 차에 경고등이 들어올 때마다 그가 와서 차를 들여다보곤 했는데, 그 경고가 '과잉 진단'이라고 했던 적이 여러 번이었다. 그는 내가 1천 퍼센트 완벽하게 안전하기를 바란다면, 혹시 앞으로 생길지도 모를 문제들을 미연에 방지해 주는 정비를 받아 보라고 했다. 그렇지만 경고등에 표시된 원인이 진짜 위험으로 닥치려면 앞으로 2, 3년은 더 타야 할 거라고 했다. 행여 그런 일이 생길런지나 모르겠지만.

건강 관리에 있어서도 우리는 이와 비슷한 선택 상황에 맞닥뜨린다. 《과잉 진단》의 저자들이 말하듯이, "우리 의사들이 당신을 아주 꼼꼼하게 들여다본다면, 엔진 점검등 하나 정도 불이 들어와 있는 걸 찾아내기는 어렵지 않을 것이다." 꼼꼼하게 들여다보면 볼수록, 특히 암 검진을 할 경우 앞으로 문제를 일으킬 수도 있고 일으키지 않을 수도 있는 무언가를 진단받을 가능성은 그만큼 더 높아진다.

예전에는 증상이 있을 때에만 의사의 치료를 받았다. 정기 건강 진단이니 선별 검사니 하는 것은 비교적 새롭게 나타난 현상이다. 조기 진단과 예방적 개입을 위한 노력은 모두 고혈압에서 시작되었다. 의사들이 고혈압과 심장 질환, 뇌졸중 사이의 연관성을 찾아내면서, 당장 고혈압 증상이 없는 사람들을 걸러내 이들을 환자로 바꿔놓는 조치들이 시작된 것이다. 말할 필요도 없이 그런 조치들이 소중한 생명을 구한 것은 사실이다. 고혈압이 심한 사람들은 비록 자각 증상이 없다 해도 불행을 겪을 가능성이 아주 높다. 치료가 조기 사망을 막을 수 있다.

그러나 고혈압과 같은 진단은 수치를 바탕으로 한다. 과거에는 고혈압이 심할 경우에만, 즉 수축기 혈압이 160 이상이거나 이완기 혈압이 100 이상인 경우에만, 혹은 눈이나 콩팥, 심장 같은 '말단 기관 손상'의 증거가 있는 경우에만 치료를 받았다. 그러던 것이 1997년, 미국의 '고혈압 관련 국가합동위원회Joint National Committee on High Blood Pressure'에서 의사들에게 가벼운 고혈압이 있는 사람들도 치료하라고 강력히 권고하는 강경한 입장을 취했다. 혈압이 140/90을 조금 넘지만 말단 기관 손상의 증거가 없는 사람들이었다. 그로 인해 1,300만 명의 미국인이 졸지에 고혈압 치료를 받아야 하는 환자로 추가되었다.[43]

정상과 비정상을 나누는 수치는 누가 정하는가? 조금은 제멋대로인 데가 바로 여기이다. 이는 위험할 수도 있다. 망치를 든 의사들의 눈에는 모든 게 다 못으로 보이기 십상이므로, 고혈압, 당뇨, 고콜레스테롤혈증, 골다공증처럼 수치를 보고 내리는 진단들의 한계치는 계속해서 내려가는 경향이 있다. 그 결과 자각 증상이 없어도 그런 병을 진단받고 치료를 받는 사람들의 수가 늘어나고 있다. 그 질병들로 죽는 사람들의 수는 큰 폭으로 줄지 않는데도 말이다. 많은 환자들은 불행한 일을 미연에 방지하기 위해 만들어진 조기 진단과 조기 개입이 자신을 병에서 안전하게 지켜준다고, 심지어는 보살펴주기까지 한다고 느낀다. 그렇지만 더 많은 진단이란 곧 더 많은 치료를 받아야 한다는 뜻이고, 더 많은 치료는 곧 치료 때문에 합병증이 더 많이 생긴다는 뜻이며, 더 많은 합병증은 의원성醫原性 건강 문제, 즉 환자들을 돕는 바로 그 의료 행위 때문에 문제를 더 많이 일으킨다는 뜻이다.

환자의 입장이 되어 의료 행위를 한다는 것은, 의료 과실의 위험을 고려할 때 결코 좋은 일만은 아니다. 누구도 그렇게 말하고 싶지 않겠지만, 만일 의료 과실을 별개의 사망 원인으로 친다면 이는 미국에서 심장 질환과 암에 이어 세 번째로 많은 사망 원인이 될 것이다. 2010년, 미국 '건강복지 감찰관실Office of Inspector General for Health and Human Services'은 매년 18만 명에 이르는 사람들이 의료 과실로 사망한다고 보고했다.[44] 의학연구소Institute of Medicine가 1999년에 펴내 널리 회자되어 온 보고서 〈실수는 인간의 몫To Err Is Human〉에서는 병원의 실수로 매년 9만 8천 명에 이르는 사람들이 죽는다고 보고하고 있다. 이는 매우 보수적으로 평가한 수치인데, 이 수치만으로도 미국에서 여섯 번째로 흔한 사망 원인이 된다.[45] 최근인 2013년,《환자안전학회지Journal of Patient Safety》는 예방할 수 있는 의료 과실로 21만 명에서 40만 명의 사람들이 조기 사망한다고 보고했다.[46] 만일 병원 밖에서 일어나서 보고되지 않는 경우들까지 포함한다면 이 숫자는 훨씬 더 늘어날 것이다. 아주 간단히 말하자면, 건강을 공격적으로라도 지키고 싶게 만드는 그 두려움이 바로 우리를 더 아프게 할 수 있다는 얘기이다.

두려움은 우리가 암을 이야기할 때 특히 큰 비중을 차지하는데, 미국에서 사람들이 가장 두려워하는 질병이 바로 암이라는 연구 결과가 있다.[47] 비교적 새로운 현상이라 할 이 '암 공포증carcinophobia' 덕분에 몇몇 암 치료법 연구가 추진되는 등 의학의 놀라운 진전이 이루어졌다. 하지만 암의 진단과 치료에 있어 그 같은 진척에 그늘을 드리운 것이 바로 과잉 진단과 과잉 치료라는 어두운 구석이다.

《국립암연구소저널Journal of the National Cancer Institute》에 발표된 한 연구에서는 유방 촬영술로 찾아낸 유방암의 25퍼센트, 흉부 X선 촬영과 가래 분석으로 진단한 폐암의 50퍼센트, 전립선 특이 항원PSA으로 진단한 전립선암의 60퍼센트가 '과잉 진단'인 것으로 추정한다. 이 논문의 저자들은 "찾아내지 않았으면 증상을 느끼거나 죽음을 초래하지도 않았을 '암'을 진단하는 것"이 '과잉 진단'이라고 정의한다. 이것은 병리학자들이 현미경으로 표본을 실수로 잘못 보았음을 암시하는 오진과는 다르다. 과잉 진단이라는 말에는, 암은 존재하지만, 내버려두면 저절로 사라지거나(이런 일은 일어난다), 아니면 환자가 다른 뭔가로 죽기 전까지 암이 해를 끼치지 않거나 둘 중 하나라는 뜻이 담겨 있다. 이런 과잉 진단을 받고 나면 대부분, 암세포의 근본적인 절제 수술과 함께 나중에 다른 암들에도 취약해지게 만드는 화학 요법이나 방사선 치료 등 환자의 삶의 질을 떨어뜨리는, 의학적으로 불필요한 과정들을 밟게 된다. 논문의 저자들은 "조기 발견이 일부 환자들에게는 도움이 될 수 있지만, 나머지 환자들에게는 명백히 해를 입힌다"[48]고 결론을 내리고 있다.

이보다 앞서 1980년대에 이루어진 연구들에서는 유방 촬영술이

유방암으로 인한 사망률을 25퍼센트까지 줄여준다고 보았다. 그 후 미국질병예방특별위원회U.S. Preventive Services Task Force는 15퍼센트 가량을 줄여준다고 추정했다.[49] 하지만 이 수치들은 질병의 진행에 관한 낡은 가정들을 전제로 하고 있었다. 실제로《과잉 진단》의 저자들은, 10년 동안 유방암 검진에 응한 여성 중 2천 명에 한 명씩은 유방암으로 인한 사망을 막겠지만, 그 가운데 증상도 없고 이 병으로는 죽을 일이 없는 건강한 여성 열 명씩은 결국 암 진단을 받고 불필요한 치료를 받게 될 것이라고 보고했다.[50]

노르웨이의 한 연구진은 6년에 단 한 번 검진을 받은 여성 10만 9,784명과 2년마다 검진을 받은 여성 11만 9,472명을 비교해, 유방 촬영을 더 자주 한 집단이 한 번만 촬영한 집단보다 침윤성 유방암(암이 발생 구역을 벗어나 주변 유방 조직으로 침범한 경우—옮긴이) 진단을 22퍼센트나 더 많이 받았다는 사실을 알아냈다. 노르웨이의 연구자들은 그냥 놔뒀으면 사라졌을 일부 침윤성 유방암을 더 빈번한 유방 촬영으로 인해 찾아냈다는 결론을 내렸다. 다시 말해 일부 침윤성 유방암은 찾아내지만 않았어도 저절로 사라졌을 것이라는 말이다.[51] 미국질병예방특별위원회는 과잉 진단과 과잉 치료에 사람들의 관심이 높아지자 2009년 11월에 권고 사항을 바꾸게 된다. 새 지침에서는 유방암 위험도가 낮은 50세 미만 또는 75세 이상의 여성들에게 더 이상 검진을 권하지 않고, 50세에서 74세 사이의 여성들에게는 매년이 아니라 격년으로 유방 촬영을 권하고 있다. 지침에는 또 환자들에게 유방암 자가 진단 교육을 하지 말라는 내용도 담겨 있다.[52]

전립선암과 관련한 자료들을 보면 더더욱 충격적이다. 전립선암은 하도 흔해서 자신에게 그것이 있는지도 모르는 남성들이 많다. 디트로이트의 병리학자들은 전립선암이 아닌 사고로 죽은 남성 525명의 전립선을 검사했다. 이들 중 생전에 전립선암 진단을 받은 사람은 한 명도 없었다. 하지만 검사를 해보니 20대 남성들 가운데 거의 10퍼센트에게 전립선암이 있었고, 70대 가운데서는 80퍼센트 이상이 전립선암을 갖고 있는 것으로 나왔다.[53] 이처럼 상당수 고령자들에게 전립선암이 있지만 이것으로 죽는 남성이 단지 3퍼센트밖에 안 된다면 이건 도무지 앞뒤가 맞지 않는다.

유방암 조기 진단의 경우처럼, PSA(전립선 특이 항원)로 전립선암을 조기 진단해 봐야 말기암으로 인한 사망률을 바꾸지는 못했다. 오히려 PSA 검진이 시작된 1975년 이후로 200만 명의 남성이 추가로 전립선암 진단을 받았다.[54] 《과잉 진단》에서 길버트 웰치는 이렇게 결론을 내린다. "데이터를 바탕으로 최선을 다해 추정컨대, 설령 검진을 받아 전립선암으로 인한 죽음을 피했을지라도, 모든 남자는 30세에서 100세 사이에 과잉 진단으로 피해를 입고 불필요한 치료를 받는다. 남는 도박이라는 느낌이 별로 안 든다." PSA 검사법을 발견한 리처드 앨빈Richard Albin은 〈전립선에 대한 엄청난 오해〉라는 제목으로 《뉴욕타임스》지에 쓴 글에서 비슷한 견해를 내놓는다. "이 검사는 동전 던지기보다 더 낫다고 할 게 없다. 내가 지금까지 오랫동안 밝히려 애썼지만 PSA 검사로는 전립선암을 찾아낼 수 없다. 더 중요한 것은 이 검사가 사람을 죽이는 전립선암과 그렇지 않은 전립선암을 구분하지 못한다는 것이다."[55] 다행히도 의료계는 마침내 전립선에 대한 엄청난 오해를 깨달았고, 2012년 5월 미국질병예방특별위원회는 자각 증상이 없는 남성들에게는 정기 PSA 검진을 하지 않도록 권고하기에 이른다.

자료들을 살피다 보면, 우리는 건강에 미칠 숨은 위험들을 행여 놓치기라도 할까봐 두려운 나머지 건강을 지키려 너무 많은 것을 하고 있는 건 아닌가 의문이 든다. 물론 우리가 가진 기술들은 정말 경이롭다. 생명을 위태롭게 할 수도 있는 질병을 선별 검사로 조기에 잡아내 어쩌면 한 생명을 구했을지도 모른다는 이야기를 내가 아는 의사들 한 사람 한 사람이 다 가지고 있다. 만일 그 환자가 당신 또는 당신이 사랑하는 사람이라면 이 온갖 검진이 가치 있어 보일 것이다. 하지만 우리가 그런 선별 검사의 위험과 편익, 잠재적 결과를 객관적으로 검토할 수 있는 눈이 없다면, 치유하고 보호한다는 좋은 취지에도 불구하고 우리의 두려움은 그 해로운 의료 행위를 하고 또 받게 만드는 원인이 될 수 있다.

많은 환자들이 병에 걸려 죽는 것이 두려워, 생명을 앗을 수도 있는 질병, 혹은 고혈압이나 당뇨, 고콜레스테롤처럼 큰 병으로 이어질 수 있는 건강 상태를 검진할 기회를 의사가 주면 선뜻 달려든다. 더 많은 의료 행위가 좋은 의료로 여겨진다. 대다수 의사들도 비슷하게 생각한다. 의사인 우리는 세상을 치유하고 싶다는 의욕으로 일한다. 우리의 의도는 순수하다. 하지만 실수를 저지를까봐 너무 두려워 종종 그 두려움에 떠밀린다. 그래서 너무 많은 검사를 하고, 너무 많은 약을 처방하고, 너무 많은 수술을 하며, 그냥 '기다리며 지켜보는' 쪽이 더 나을 경우에도 개입을 한다. 그리고 언제 포기해야 할지 혹은 언제 환자가 세상을 떠나도록 놔둬야 할지 몰라서 자꾸만 살려내려고 애를 쓴다.

의사건 환자건 죽음에 대한 두려움이 이 모든 것들을 하게끔 부추긴다. 우리는 죽음, 특히 때 이른 죽음이나 예기치 못한 죽음을 잘 받아들이지 못한다. 오히려 죽음을 받아들여야 할 것이 아니라 맞서 싸워야 할 어떤 것쯤으로 생각한다. 이 강력한 두려움이 우리의 건강 관리 시스템 전체를 움직이고 있다. 이는 비교적 최근에 생긴 현상이다. 역사적으로 봤을 때 의사들이 쓸 수 있는 기술은 그다지 많지 않았다. 이 말은 대부분의 질병이 단지 보약이나 희망, 또는 곁에 앉아 열로 달아오른 이마를 닦아주는 사랑 말고는 대처할 방법이 없었다는 뜻이다. 그러나 기술의 시대인 오늘날 우리는 심지어 가망 없는 아흔 살 노인에게까지 생명 유지 장치를 연결해 끊임없이 치료를 하려 든다. 사그라지지 않은 두려움은 우리 안과 밖 양쪽에서 말 그대로 건강을 해치고 있는 것이다.

: 그래도 희망은 있다

이제 숨을 깊이 들이쉬어 보자.

위에 소개한 연구 자료들 때문에 무서워하지는 말라. 다만 그런 자료가 당신을 화들짝 깨우는 계기가 되었으면 좋겠다. 두려움을 느낄 때 무기력해질 필요는 없다. 그 두려움이 당신의 성장과 치유를 돕게끔 할 수 있기 때문이다. 여러 가지 모습의 두려움이 흡연이나 단 과자, 운동 부족만큼이나 건강에 위험할 수 있다는 걸 이해하는 것도 중요하지만, 그 두려움이 피해야 할 것이 아니라 껴안아야 할 것임을 깨닫는 것도 중요하다. 우리 문화는 두려움을 완전히 새로운 방식으로 대할 필요가 있다. 바로 두려움을 깨어남의 기회로 삼는 것이다. 그럴 때 우리는 삶의 불확실성과 바른 관계를 맺고, 삶이 영원하지 않다는 사실을 평화로이 받아들이며, 역경 속에서도 신경을 편안히 이완시킬 수 있다. 이렇게 할 때 몸은 자기 교정 능력을 한껏 발휘한다.

　이 책의 2부에는 두려움과의 관계를 변화시켜 두려움이 더 이상 당신을 지배하지 않고 당신을 흔들어 깨울 수 있도록 하려면 이제 그 첫걸음을 어떻게 떼어야 하는지 도움이 되는 내용을 담았다. 우리는 먼저 우리를 보호하는 두려움이 어떤 것인지 분간하는 법, 두려움의 근원, 영적인 성장을 위해 두려움을 활용하는 법 등 두려움의 본성에 대해 이야기하려고 한다. 그 다음으로 우리가 가진 대다수 두려움의 바탕을 이루는 네 가지 문화적 믿음을 다루고, 이 믿음들을 용기의 원료로 변형시키는 방법을 알아보려 한다. 2부를 읽고 나서, 두려움을 당신의 진정한 목적으로 이끌어주는 인생의 안내판으로 삼아 세상을 새로운 눈으로 바라보게 된다면 좋겠다.

제 2 부

두려움에
관한 진실

3. 두려움 바로 알기

뭔가 비범한 것을 새로이 창조해 내려 애쓰는 모든 사람의
배 속에 사는 나비, 그 나비를 잡아타서 나는 법을
배우기만 했더라면…… 붙잡아 죽이지 말고.
—조나단 필즈Jonathan Fields

2013년 6월, 나는《치유 혁명》북 투어를 하느라 시카고에서 인디애나 주의 행사장까지 미니밴을 빌려서 운전해 가고 있었다. 그곳에서 암 환자 300명을 대상으로 한 강연이 잡혀 있었다. 나는 시속 100킬로미터로 고속도로를 달렸다. 음악을 들으며 행복감과 평온함을 느끼고, 내가 좋아하는 일을 할 기회가 주어진 데 감사하면서 현재 순간을 즐기고 있었다. 내가 만일 내 신경계를 모니터할 수 있었다면, 그 순간은 분명 이완 반응이 일어나고 있었을 것이고, 부교감 신경이 지배하면서 타고난 자가 치유 메커니즘이 제 역할을 다하고 있었을 것이다.

그때, 아주 순식간에 어떤 차에선가 떨어져 나온 알 수 없는 쇳조각이 난데없이 미니밴으로 날아왔다. 생각도 못한 도로 위의 잔해가 자동차 왼쪽의 두 타이어에 펑크를 냈고, 차는 마치 뒤집힐 듯 왼쪽으로 쏠렸다.

두려움이 온몸을 휘감았고, 투쟁-도피 반응이 일어나면서 전기가 찌릿 하고 몸을 훑고 지나가는 듯했다. 그때 만일 내가 모니터 장비에 연결되어 있었다면, 틀림없이 연구자들은 높은 수치의 코르티솔과 에피네프린, 노르에피네프린을 측정했을 것이고, 내 심박수와 호흡수가 증가하고, 동공이 열리고, 혈당 수치가 치솟고, 대근육군으로 피가 몰리는 것을 알아챘을 것이다. 붐비는 고속도로에서 통제를 벗어난 미니밴을 재빨리 조종할 수 있도록 힘을 주려는 것이었다. 생명이 정말로 위태로운 상황이었다.

에너지가 치솟고 주의가 집중되면서 나는 무사히 운전대를 붙들어 잡고 차를 갓길에 세울 수 있었다. 다행히 다른 차를 들이받거나 다른 차에 받지 않았다. 그 시점에서 내 몸은 위험을 벗어났다. 따라서 이상적인 경우라면, 나를 모니터하던 연구자들은 90초 뒤에 내 스트레스 호르몬 수치가 떨어지기 시작하고, 활력 징후가 안정을 보이며, 부교감 신경계가 역할을 넘겨받으면서 신경계가 항상성 상태로 돌아가는 것을 보았을 것이다.

하지만 아, 그런 일은 일어나지 않았다. 온몸으로 내뿜는 에피네프린의 영향으로 나는 운전석에 앉아 벌벌 떨고 있었고, 상상력이 작렬하면서 내 마음은 이제 잘못될 수 있는 온갖 것들을 만들어내기 시작했다.

그때 내 마음속에 떠올랐던 생각들은 이랬다.

'강의 시간을 놓칠 거고, 사람들이 다 내게 화를 낼 거야. 행사 기획자는 물론이고 내가 무대에 나타나기를 기다리는 암 환자들까지 모두 실망시킬 거야. 차를 빌려준 친구도 타이어 펑크를 내고 차를 오도 가도 못하게 만들어버린 내게 화를 낼 거야. 사람들이 다 나를 믿을 수 없는 사람이라고 생각할 거야. 마이애미에서 지갑을 도둑맞는 바람에 그 안에 있던 AAA 카드(미국자동차협회에서 발행한 카드로 비상시 수신자 부담 번호로 전화하면 서비스를 받는 등 다양한 혜택을 받을 수 있다—옮긴이)까지 잃어버려서 어디에 전화해야 할지도 몰라. 이 난방도 안 되는 고속 도로에서 밤새 꼼짝도 못하고 추위에 벌벌 떨게 될 거야. 어쩌면 속수 무책인 나를 어떤 미친놈이 덮칠지도 몰라. 그것만이 아니야. 이제 이런 행사에 강연 요청이 다시는 안 들어올 거야.'

처음 밀려든 두려움의 물결은 내가 '진짜 두려움'이라고 정의하는 그런 두려움이었다. 어떤 행동을 요구해서 내 생명을 구할 수 있는 두려움인 것이다. 통제를 벗어난 차를 길가에 무사히 대려고 안간힘을 쓰고 있을 때, 내 생명은 정말 위험했고 내가 보인 스트레스 반응은 적절한 것이었다. 그러나 일단 안전해지고 난 뒤 닥친 두 번째 두려움은 내가 '가짜 두려움'이라고 부르는 두려움이었다. 이 두려움은 단지 내가 마음속으로 지어낸 이야기들, 실제로 일어날 수도 있고 일어나지 않을 수도 있는, 걱정에서 나온 가상의 이야기들을 끊임없이 해댔다.

이런 가상의 두려움들이 어쨌거나 도움이 되었을까? 아니, 되지 않았다. 80킬로미터 떨어진 강당에서 내가 오기만 애타게 기다리는 사람들이 300명인데, 내가 도로에서 오도 가도 못하게 되었다는 사실을 바꾸기 위해 내가 할 수 있는 일은 아무것도 없었다. 고속도로에서 갓길로 안전하게 빠져나가도록 거들어준 진짜 두려움은 나를 지켜준 반면, 가짜 두려움은 나를 계속 스트레스 반응에 빠져 있게 했다. 그런 상태에 있을 때는 창조적으로 문제를 해결하기가 거의 불가능하다. 위험에서 빠져나가는 데만 너무 몰두해 있기 때문에, 앞으로 생길 수 있는 난관들을 예측해서 차분하게 해결책을 떠올릴 수가 없다. 게다가 되풀이되는 스트레스 반응이 다양한 방식으로 건강을 해칠 수 있다는 사실을 우리는 이미 보았다.

내가 경험한 것처럼 가짜 두려움의 소용돌이는 대개 무의식적으로 일어나기 때문에, 나는 내 목숨을 건져준 진짜 두려움 하나가 어떻게 열 가지도 넘는 가짜 두려움들을 일으켰는지 처음에는 알아차리지도 못했다. 그러다 문득 무슨 일이 일어났는지 깨닫고 비로소 간단한 이완 명상을 통해 신경을 가라앉혔다가 재시동할 수 있었다. 그러느라 시간이 더 걸렸는데, 이는 곧 강연회를 망치게 될 시간이 더 가까워졌다는 뜻이었다. 하지만 내가 상황을 냉철하게 뜯어보고, 부정적 결과들을 공상하기보다 창조적 해결책을 떠올리는 데 상상력을 발휘하려면, 무엇보다 신경을 가라앉히는 것이 급선무였다.

이렇게 긴장을 푼 상태에서 나는 가까스로 AAA 전화번호를 기억해 내 견인차를 불렀다. 내 친구나 행사 기획자에게 전화해 나를 도와줄 수 있는지 알아봐야겠다는 생각도 떠올랐다. 친구는 남편에게 전화를 걸었고, 친구 남편은 인디애나까지 달려와 내가 무사히 강연장까지 가는 동안 자동차 수리 과정을 지켜봐 주기로 했다. 이리저리 전화를 걸고 나서 보니 견인차가 오려면 한 시간도 더 남아 있었다. 달리 내가 할 수 있는 일은 없었다. 마음을 차분히 가라앉히며 명상할 시간이 더 남은 셈이었다. 호흡을 계속하면서 지금 순간에 집중한다면 가짜 두려움을 물리칠 수 있었을 것이다. 그러나 앞일에 대해 생각하기 시작하는 순간 나는 다시 무서워졌다. 제시간에 강연장에 도착하기 위해 내가 할 수 있는 일은 이미 다 했다는 걸 알고 있었으므로, 이젠 마음을 가라앉혀야 한다고 계속 되뇌어야 했다. 마음을 모아 순간에 머물 수 있게 되고 나보다 더 큰 무언가에 상황의 통제권을 내맡기게 되면서 두려움이 덜해지는 것이 느껴졌다.

드디어 견인차가 도착했다. 견인차 기사는 다정하고 건장한 사람이었다. 아까 있었던 일을 계속 지껄이는데 상냥한 눈으로 웃으며 얘기를 듣더니 내게 말했다. "타세요, 귀여운 분."

친구 남편이 기다리고 있는 정비소에 펑크 난 차를 내려놓고 그 기사가 다시 물었다. "강연장에 가야 하지 않나요?" 그는 웃으며 자기 근무 시간도 끝났으니 강연장까지 태워다주겠다고 했다. 가는 길에 30분만 더 돌아가면 되는 거리라고 했다. 비로소 안도감이 밀려들었다.

강연장으로 가는 길에, 내가 '견인차 천사'라는 별명을 붙인 그가 내게 어떤 강연을 하느냐고 물었다. 나는 암 환자들에게 어떻게 하면 치료 기회를 잘 활용할 수 있는지 얘기할 거라고 대답했다. '견인차 천사'는 눈시울이 붉어지더니 자신의 아버지, 이른바 '최고의 친구'에 대해 이야기를 털어놓기 시작했다. 전이성 암으로 5년 전에 돌아가실 때까지 단 하루도 거르지 않고 찾아가 뵈었다고 했다. '견인차 천사'는 아버지가 돌아가시기 전에 함께 조립한 포드 무스탕 사진들이 가득한 클립보드를 보여주었다. "아버지를 정말 사랑했어요."

그는 강연장 문 바로 앞에 나를 내려주었다. 무대에 오르기 전 머리를 매만지고 긴장을 풀기에 딱 알맞은 시간이었다. 가짜 두려움들은 어느 것 하나 현실이 되지 않았다. 나는 청중에게 이 이야기를 하지 않을 수가 없었다. 그곳에 가는 동안 겪은 일은 내가 강연에서 말하려던 요지, 즉 생명이 위태로운 순간 일어난 스트레스 반응은 나를 지키기 위한 것이었지만 가짜 두려움이 일으킨 온갖 스트레스 반응은 불필요한 괴로움을 주고 병에 걸릴 위험만 키울 뿐이라는 메시지를 전달하는 데 도움이 되었다. 하지만 그것들 역시 내게 치유가 필요한 것들이 무엇인지 가리켜 보이는 두려움들이었다.

: 진짜 두려움과 가짜 두려움

진짜 두려움은 우리를 보호하기 위한 생존 메커니즘이다. 동물이 포식자에게 쫓길 때 투쟁-도피 반응을 일으켜 생명을 건질 수 있도록 하는 바로 그런 두려움이다. 진짜 두려움은 당신이 탄 차가 고속도로를 달리다 갑자기 통제할 수 없는 상황에 부딪쳤을 때 경험하는 두려움이다. 반면에 가짜 두려움은 아직 오지 않은 미래에 혹시 잘못될 수도 있는 온갖 것들을 걱정하고 불안해하고 자꾸 생각할 때 나타난다. 이것은 항상 당신 마음에서 치유가 필요한 무언가를 가리키는 손가락과 같다. 진짜 두려움과 가짜 두려움 둘 다 이런 식으로 당신을 도울 수 있다. 그것들을 건강한 방식으로 해석할 줄만 안다면 말이다.

만일 누군가 당신에게 마법의 지팡이를 휘둘러 두려워할 줄 모르게 만들어준다면, 당신은 아마도 그리 오래 살아남지 못할 것이다. 반사회적 인격 장애라는 진단을 받은 사람들은 대개 아이들처럼 두려움이 없는데, 그처럼 두려움이 없기 때문에 큰 위험에 빠진다. 두려움은 우리의 안전과 생존에 몹시 중요한 것이다. 그러나 우리를 보호하는 바로 그것이 문제를 일으키기도 한다. 우리 삶에서 주의가 필요한 부분이 어디인지 가짜 두려움이 드러내 보여주기는 하지만, 적절한 행동으로 이어지는 건강한 결정들은 가짜 두려움에서는 절대로 나오지 않는다. 건강한 결정은 직관intuition과 진실성integrity에서 나온다. 진짜 두려움과 가짜 두려움을 분간하는 법을 배워야 마음속에서 속삭이는 목소리 중 어떤 것을 믿고 따를 수 있는지 알게 될 것이다.

진짜 두려움은 절벽 위에 간신히 기대서서 한 발짝만 헛디디면 죽겠구나 하는 생각이 들 때 느끼는 두려움이다. 트레킹을 하다 사자를 만났을 때, 누군가 뒤통수에 총구를 들이밀 때 느끼는 두려움이 진짜 두려움이다. 머릿속에서 '이 사람은 위험해' '아기가 괜찮은지 지금 확인해 봐야겠어' 하고 들려오는 침착하고 신중한 목소리가 진짜 두려움이다. 진짜 두려움의 목소리는 당신을 안전하게 지켜주려는 것이다.

가짜 두려움도 당신을 안전하게 지켜준다고 생각할지 모르겠다. 어쩌면 재정 상태를 걱정하는 것이 당신을 경제적으로 안전하게 해준다고 생각할 수 있다. 아이가 유괴를 당할지 모른다는 두려움이 있어야 아이를 더 잘 보살필 수 있다고 생각할 수도 있다. 병에 걸리는 것을 두려워해야 분별없이 행동하지 않는다고 생각할 수도 있다. 건강을 해칠 것 같아 두려우니까 담배를 끊거나 유기농 식품을 먹어야겠다는 생각이 더 들 수도 있다. 오로지 두려움만이 자신의 경력, 경제적 안정, 결혼 생활, 명성, 평판, 건강, 그리고 사랑하는 사람들의 안전을 위협할 수 있는 무모한 행동을 막아준다고 생각하는 사람들이 많다.

그런데 정말로 가짜 두려움이 우리로 하여금 더욱 책임 있게 행동하게 할까? 만약 두렵지 않다면, 당신은 돈을 허비하고, 아이를 보살피지 않고, 설탕을 마구 먹어댈 것인가? 좋은 결정을 하도록 동기를 제공하는 것이 가짜 두려움인가? 그리고 그런 두려움 때문에 생기는 스트레스 반응이 그로 인해 당신 몸이 병을 앓아도 될 만큼 가치 있는 것인가? 아니, 그렇지 않다!

가짜 두려움은 치유가 필요한 것들에 빛을 비춰줌으로써, 우리의 금전 문제나 나쁜 습관, 잘못된 자녀 양육 방식, 문제가 있는 인간 관계 등을 들여다보는 데 중요한 역할을 한다. 가짜 두려움은 또 창조적인 방식으로 문제를 해결해야 할 때가 언제인지 알려주기도 한다. 스트레스를 받아 미친 듯이 반응하지 말고 침착하고 느긋하게 직관적인 방식으로 상황을 더 파고들어 보라는 신호로 가짜 두려움을 인지할 수 있다면, 여기에는 뭔가 배울 게 있을 수 있다. 가령 의사로부터 막 건강하다는 진단 결과를 받고서도 당신은 암에 걸릴까봐 두려워할지 모른다. 어쩌면 그 두려움은, 설령 지금은 암이 없다 해도 건강하지 않은 생활 방식을 바꾸지 않으면 그런 위험에 처할 수 있다고 신호를 보내는 일종의 직관적 앎에서 비롯한 것일 수 있다. 어쩌면 당신의 본능이 당신에게 가공 식품을 너무 많이 먹지 말라고, 담배를 쓰레기통에 던져버리라고, 명상을 시작하라고, 그러면 면역계가 항상성을 잘 유지해 건강할 수 있을 거라고 말하는지도 모른다. 또 당신은 은행 계좌에 돈이 충분히 들어 있는데도 돈이 떨어질까봐 두려워할 수도 있다. 아마도 이것은 무분별하게 쓰는 습관을 버리면 예상치 못한 일로 수입이 끊겨도 그 충격을 잘 견뎌낼 수 있다는 당신의 직관에서 오는 경고일 것이다.

당신이 들여다볼 필요가 있는 문제를 두려움이 가리킬 수 있고,

그래서 그 두려움이 주의를 기울일 가치가 있는 것이긴 하지만, 여기에서 핵심은 건강하고 책임 있는 행동을 하도록 하는 데 두려움이 꼭 필요한 것은 아니라는 점을 이해하는 것이다. 가짜 두려움에 사로잡힐 때 당신의 마음은 오그라든다. 창조적인 문제 해결 능력이 제약을 받는다. 몸이 굳어서 아무것도 할 수가 없다. 그렇지만 두려움을 활용해 당신의 의식을 넓힐 수 있다면, 막혀 있던 길이 활짝 열리면서 더 나은 결정을 내릴 수 있을 것이다.

: 진짜 두려움의 목소리

치유가 필요한 부분에 빛을 비춰주는 역할을 가짜 두려움이 하기는 하지만, 책임 있는 결정을 하도록 동기를 부여하는 것은 가짜 두려움이 아니다. 그것은 진실성과 직관이다. 이 두 가지에 힘입어 아이들을 잘 보살피고, 일을 잘 처리하고, 사람들과 건강한 관계를 맺고, 경제적으로 건전한 결정을 내리고, 또 몸을 잘 돌보게 되는 것이다. 직관이 말하는 목소리는 내가 '내면의 등불'이라 부르는 당신의 일부가 내는 목소리이다. 내면의 이 안내 시스템에 다가갈 때, 이것은 당신의 진실에 일치하는 결정을 내리도록 당신을 이끌 것이다. 다행스런 것은 두려움이 당신을 '내면의 등불' 쪽으로 돌려놓을 수 있다는 점이다. 이 둘 사이에 다리를 놓는 법을 배운다면 말이다.

예를 들어 슈퍼마켓에서 당신이 다른 사람의 지갑을 주웠다고 하자. 가난에 대해 두려움이 있다면 당신은 얼른 그 지갑을 주머니에 집어넣어야 한다고 생각할 수도 있다. 그러나 두려움을 의식적으로 들여다보는 법을 배운다면 그런 두려움이 내가 어디까지 성장할 수 있는지 가리켜 보여준다는 사실을 알게 될 것이다. 돈에 대한 두려움이 너무 진실하게 살려고만 하지 말고 좀 굽힐 줄도 알아야 한다고 속삭인다는 것을 당신이 알아차릴 수도 있다. 하지만 '내면의 등불'의 목소리에 따라 살 때 당신이 지갑을 주인에게 돌려달라고 슈퍼마켓 측에 맡길 가능성은 더 커진다. 반면에 '내면의 등불'에서 멀어지고 경제적 궁핍에 대한 두려움이 당신을 이끌고 있다면, 당신은 지갑을 슬쩍해서 돈을 챙길 수밖에 없는 이유를 합리화할지도 모른다. '내면의 등불'을 따를 때 이 내면의 안내 시스템은 당신이 옳은 일을 하도록 도울 것이다.

이 '옳은 일'이라는 것은 꼭 사회의 규범과 일치하지 않을 수 있다. 당신의 '내면의 등불'은 당신 영혼의 가치들을 따르라고 하지 사회의 가치들을 따르라고 하지는 않는다. 법률은 걸인에게 돈을 주어선 안 된다고 말할 수 있지만, 당신의 영혼은 돈을 주어야 한다고 말할 수 있다. 사회는 죽음이 갈라놓을 때까지 결혼 생활을 지켜야 한다고 말할지 모르지만, '내면의 등불'은 당신을 그 반대로 이끌 수도 있다.

그렇다면 당신이 '내면의 등불'의 안내를 받고 있는지 어떻게 알 수 있는가? 그것은 느낌이 좋은지 안 좋은지를 보고 알 수 있다. 내면의 등불을 따를 때는 느낌이 좋다. 그 느낌은 얼마 안 가서 사라지거나 쾌락적이거나 에고를 만족시키는 느낌이 아니라, 깊고 영혼을 키워주는 느낌이다. '내면의 등불'의 목소리를 따를 때는 자신은 물론 다른 사람들도 존중하게 되므로 그 차이를 알 수 있을 것이다. '내면의 등불'이 당신을 지켜준다는 건 믿어 의심할 바가 없다. 그러니 당신의 이 지혜로운 부분은 당신 자신은 물론 사랑하는 사람들의 안전을 위해 꼭 필요한 것이라면 어떤 일이든 할 수 있도록 당신을 이끌어줄 것이다. 좋은 소식은 이런 안내가 당신의 건강을 위협하는 게 아니라 증진시켜 준다는 점이다.

그러나 '내면의 등불'을 믿고 따르려면, 머릿속에서 틈만 나면 목청을 높이는 '작은 나Small Self'의 목소리를 알아차리는 법을 배워야 할 것이다. 우리의 이 부분을 우리 안의 '그렘린Gremlin'(기계에 장난을 치는 것으로 알려져 있는 요정—옮긴이), '내면의 도마뱀', 에고, 혹은 두려움 자체의 목소리라 부를 수도 있다. 나는 그것을 '작은 나'라 부르는 것을 더 좋아한다. 왜냐하면 그것은 마치 어린아이처럼 실제로 작기도 하거니와, 건강하고 분별력 있고 어른스런 결정을 내리지도 못하기 때문이다. 이것은 두려움이 상황을 이끌 때 한껏 큰 소리로 말하는 목소리이고, 두려움이 당신을 위해 준비한 유용한 메시지들을 듣지 못하게 막는 목소리이다.

: 당신의 '작은 나'

당신의 '작은 나'는 당신의 판단을 필요로 하지 않는다. 그것은 거부나 묵살이 아닌 인정과 보살핌을 받아서 당신의 더 큰 '나'가 되려고 한다. '작은 나'는 겁이 아주 많고, 종종 어린 시절 당신에게 일어났던 일들에 무의식적으로 반응한다. 그러나 이 '작은 나'는 사회의 영향, 어른이 되어 겪은 트라우마들, 그리고 자신의 자아상이라든지 자기 제한적인 믿음, 대인 관계, 안전, 세계관 등을 지키려는 온갖 방식들에 반응하면서 발전해 간다. 과거의 치유되지 않은 트라우마들은 지금에 와서 가짜 두려움들을 일으키고, '작은 나'는 자기가 가치 있게 여기는 것을 당신이 잘 지켜내기를 바란다. 우리의 이 측면은 분별력도 없고 심리적으로도 미숙하기가 쉽다. 그래서 시도 때도 없이 종알거리면서 가짜 두려움의 생각들로 우리 마음을 가득 채운다. 그것이 못되어서가 아니다. 그냥 어린애 같고, 상처가 많고, 무서워 떨고 있으며, 자신을 보호하려는 마음이 너무 크기 때문이다. '작은 나'가 안전을 확보하려 몸부림치면서 우리가 두려워하지 않으면 안 되는 온갖 '이유들'을 갖다 붙일 때, 당신은 이 목소리에서 터져 나오는 가짜 두려움의 세례를 고스란히 받는다.

'작은 나'에게는 가능한 모든 재앙들을 상상하는 재주가 있다. 그래서 '작은 나'는 또다시 상처받지 않기 위해 당신이 예상하고 있어야 할 코앞의 온갖 끔찍한 일들을 경고해 주면서 자신이 당신을 보호한다고 생각한다. 당신은 '작은 나'가 충고하기 전 문제들이 생길 때까지 기다릴 필요도 없다. 그것은 나쁜 일이 일어나기 전에 잘못될 가능성이 있는 모든 것을 벌써 내다보고 있다.

예컨대 나는 사랑이 넘치는 부모님 밑에서 행복하게 자랐지만, 자신이 얼마나 많은 것을 성취했건 간에 내 '작은 나'는 늘 인정받으려 애를 쓰면서 그걸로는 절대 어림없다고 느꼈다. 부모님은 내가 뭘 하든 상관없이 나를 사랑한다고 다독여주시곤 했다. 그런 말씀에도 불구하고 내 '작은 나'는 더 열심히, 더 열심히, 더 열심히 하라고 채찍질했다. 나는 줄곧 A학점을 받고, 착한 딸이 되고, 의대에 가서 우등생으로 졸업하고, 성공한 저자가 되었다. 그렇지만 오랫동안 그것으로도 흡족하지 않았다. 나는 여전히 내가 사랑하는 사람들은 물론이고 모르는 사람들한테까지도 인정을 받으려 더 열심히 노력했다. 직업을 가진 후에도 이런 건강하지 못한 패턴을 반복하고 있다는 걸 알게 되었고, 그래서 버릴 수도 있었지만, 내 삶은 계속해서 '작은 나'에 휘둘렸다. 내 삶에 들어온 남자들의 인정을 받으려 열심히 더 열심히 노력하고 희생에 헌신을 다해도 내가 준 만큼 사랑을 받는다는 느낌은 들지 않았다. 그 남자들의 잘못은 아니었다. 그들은 최선을 다해 나를 사랑해 주었다. 하지만 누구도 내 어린 시절의 상처를 치유해 주지는 못했다.

결국 심리치료사의 도움을 받아 나는 유년기 초기까지 거슬러 올라가 그 고통의 원인을 짚을 수 있었다. 남자들과의 관계 대부분을 내 '작은 나'가 끌어가고 있었다는 걸 알게 되었는데, 그것은 가짜 두려움이 '나'를 몰아가고 있었기 때문이었다. 한 남자를 기쁘게 하려고 한껏 노력했지만 인정받지 않는다는 느낌이 들 때마다, 나는 내 '작은 나'에게 운전대를 맡기고 남자 친구들이 내가 분별력이 없다고 느낄 만한 행동을 하게 했다. 그들이 옳았다. 내 '작은 나'가 그 순간에만이 아니라 오래되고 깊은 상처에도 반응하고 있었기에, 내가 보인 행동들은 그 당시 상황에서는 생뚱맞았고, 그 결과 불필요한 스트레스 반응들을 불러일으켰다.

두려움이 내 관계를 망치고 있다는 사실을 알고 나자, 나는 비로소 두려움이 내게 준 깨달음을 오래된 패턴들을 깨는 데 이용할 수 있었다. 나는 대인 관계에서 내 '작은 나'가 불안감을 느낄 때면, 거부당할지 모른다는 어린 시절의 두려움이 살아나 그들을 꽉 붙잡고 매달렸으며, 결국 건강한 사람들을 밀쳐내기만 했다는 사실을 깨달았다. 그런 패턴을 깨닫고 그것이 어디서 왔는지를 알면서, 나는 그 어린 시절의 상처들을 치유할 수 있었다.

　지금의 내 목표는 '내면의 등불'이 나의 관계들을 이끌도록 주도권을 주는 것이다. 이렇게 보면 두려움은 나에게 축복이었다. 그것은 내가 어떻게 괴로움을 지어내고 있는지, 어떻게 하면 그런 건강하지 못한 패턴들을 바꿀 수 있는지 알려주는 안내판과도 같았다. 지금도 여전히 나는 내 '작은 나'와 씨름하고 있지만, 나는 이제 훨씬 건강한 방식으로 관계를 맺고 있으며, 따라서 스트레스 반응은 훨씬 덜 겪는 반면 훨씬 더 용기 있는 결정을 내릴 수 있다.

　당신도 나처럼 심리 치료를 받지 않았다면, 아니 받았다 하더라도, 당신의 '작은 나'는 무서울 때마다 운전대를 움켜쥐며 당신 행동을 쥐락펴락하고 있을지 모른다. '작은 나'는 자기가 즐겨 읊는 대본이 있어서 그것을 하염없이 되풀이한다. '작은 나'는 관심받지 못할까봐, 거부당할까봐 언제나 걱정한다. 대부분의 사람들이 부모가 어떤 사람이냐에 상관없이 자기가 부모의 사랑 속에서 안전하게 머물고 있다고 느끼지 못했기 때문이다. '작은 나'는 또 은행에 아무리 많은 돈이 들어 있어도 늘 돈 걱정을 한다. 대다수 사람들에게 경제적 안정과 관련해 어린 시절 치유되지 못한 문제들이 있기 때문이다. 설사 부유하게 자랐다 해도 우리는 어릴 때부터 경제적으로 손실을 입지 않도록 조심해야 한다고 배웠을 것이다. 당신의 '작은 나'는 당신에게 연약한 모습을 보여서는 안 된다고 자꾸 말한다. 사람들을 믿으면 상처를 받을 수 있기 때문이다. '작은 나'는 불안정하고 자의식이 강하며 자기에게만 몰두해 있어서, 어릴 때 배운 두려움의 규칙들을 계속해서 강요하려고 안달이다. '작은 나'가 지혜로운 조언자라고 할 수 없는데도, 많은 사람들은 한 번도 의심하지 않고 이 목소리가 자기 삶을 지배하도록 내버려둔다.

이 모든 경우가 두려움을 통해 우리 삶에서 치유가 필요한 부분이 어디인지 알 수 있는 기회이지만, '작은 나'가 언제 운전대를 움켜쥐는지 알아차리는 것도, 또 그것에 결정권을 맡겨선 안 된다는 걸 인정하는 것도 쉽지는 않을 것이다. 만약 '작은 나'가 당신의 행동을 이끌고 있다면, 당신은 믿을 수 없는 조언자에게 힘을 넘겨준 것이다. 설상가상으로 '작은 나'는 자신의 한계를 모른다. '작은 나'는 당신의 중요한 결정들을 혼자 몽땅 처리할 수 있다고 생각하고, 당신의 주의를 끌어당기기 위해 시도 때도 없이 속삭인다. 더더욱 헷갈리는 것은 이 목소리가 이랬다저랬다 오락가락한다는 점이다. 그래서 처음에는 당신을 이쪽으로 이끌다가 다음에는 저쪽으로 이끈다. 당신의 '작은 나'는 안전과 확실성을 보장받으려고 끊임없이 딴지를 건다.

《상처받지 않는 영혼》에서 마이클 싱어는 이렇게 말한다. "당신이 마음에게 말했다. '모든 사람이 날 좋아하면 좋겠어. 누구도 나를 나쁘게 말하지 않았으면 좋겠어. 내가 하는 말, 내가 하는 행동 하나하나를 누구나 받아주고 기뻐했으면 좋겠어. 누구도 내게 상처를 주지 않았으면 좋겠어. 내가 싫어하는 일은 어느 것도 일어나지 않았으면 좋겠어. 그리고 내가 좋아하는 일은 모두 다 일어나면 좋겠어.' 그런 다음 당신은 말했다. '어이! 마음아, 이런 일들이 어떻게 하면 다 현실이 될지 생각해 봐. 밤낮으로 생각해야 할 거야.' 당연히 당신의 마음은 이렇게 말했다. '지금 하고 있어. 쉴 새 없이 일할 거야.'" 마음에게 이 숙제를 내준 것은 당신의 '작은 나'이다. 그 결과로 나오는 것은 끝없이 계속되는 가짜 두려움의 말들이고.

'작은 나'가 말하고 있다는 것을 당신은 알지 못하므로, 그 조언은 이치도 그럴듯하고 내용도 똑 부러지며 나를 지키는 데도 도움이 되는, 한번 실행해 볼 만한 말처럼 들릴 수 있다. 그러나 누군가 당신의 '작은 나'가 말하는 내용을 받아 적는다면 어떨까? 아마도 그 말은 다음과 같이 들릴 것이다.

'이건 형편없는 직업이야. 그만두어야 해. 부장은 날 존중하지 않고 내 아이디어를 훔치기만 해. 난 승진할 자격이 있는데, 나 대신 밥이 승진했어. 밥은 출세하려고 아부나 떠는 얼간이야. 그런데 말이야, 그게 효과가 있었어. 승진하려면 너도 아부를 해야 할 거야. 아니야, 그러면 나도 밥하고 다를 바 없는 얼간이가 될 거야. 난 얼간이가 되고 싶지 않아. 그냥 때려치워야 해. 하지만 넌 일을 그만둘 수가 없어. 고지서는 어떻게 치를래, 이 바보야! 게다가 이렇게 경기가 안 좋은데 직장을 그만두는 건 미친 짓이야. 실업률이 이렇게 높을 때 어쨌거나 직장이 있다는 게 얼마나 다행인지 알기나 하는 거야? 차라리 밥처럼 아부라도 해서 승진하려고 애쓴다면, 널 우습게 아는 저런 엿 같은 상사하고 일 안 해도 돼. 그런데 밥은 머저리야. 내가 여기서 그런 존중이나 받으려고 머저리가 되어야 하나? 난 실은 뮤지션이 정말 되고 싶어. 기타를 연주하면서 그걸로 돈을 벌 수 있다면 어떨까? 이제 넌 아예 정신 나간 소릴 하는군. 기타를 연주해서 돈을 버는 사람은 없어. 네가 느닷없이 카를로스 산타나(미국의 록그룹 산타나에서 기타와 보컬을 맡은 뮤지션―옮긴이)라도 된다고 생각하는 거야? 넌 괜찮고 안정적이고 보수도 괜찮은 직업을 가진 것에 감사해야 해. 하지만 내 일이 싫어. 때려치워야 해……'

그렇지만 이렇게 떠벌이는 당신의 '작은 나'는 뒤에서 사실 훨씬 단순한 것을 말하고 있다. 그리고 귀만 기울이면 그 두려움을 또렷이 들을 수 있다.

'내가 어렸을 땐 모든 게 늘 바뀌어서 자신을 지킬 수 없었어. 그래서 상처받고 무섭고 불안했어. 그러니 네가 나를 안전하게 지켜준다고 약속해 줘. 네가 변화할 생각을 하고 있을 땐 널 믿을 수가 없어. 내 안전이 위협받는 느낌이야. 이게 날 무섭게 한다고. 네가 직장을 그만두면 나는 안전하다고 느끼지 못할 거야. 그러니 설사 네가 불행하다 해도 제발 아무것도 바꾸지 마. 그냥 내 말을 듣고 내가 하라는 대로 해.'

'작은 나'가 정말로 무엇을 말하고 있는지 알고 나면, 당신은 이런 가짜 두려움을 넘어서기 위해 어떤 것을 치유해야 하는지 스스로 물을 수 있다. 어쩌면 당신은 변화 속에서도 평화를 맛볼 수 있도록, 안정에 집착하는 성향을 치유할 필요가 있는지 모른다. 무엇이 되었든 간에 '내면의 등불'은 당신이 두려움을 넘어 평화를 찾을 수 있도록 당신의 의식을 이끌 것이다.

'작은 나'가 어떻게 작동하는지 보여주는 다른 예로, 그 '작은 나'가 당신이 맺고 있는 관계들에 대해 떠들어댄다고 해보자. 다음은 이 문제에 대한 당신의 생각을 받아쓴 것이다.

'마크는 날 사랑하지 않아. 나를 사랑한다면 오늘밤 내가 영화를 얼마나 보러 가고 싶은지 알 거야. 그런데 마크는 영화를 보러 가자고 하지 않았어. 그 대신 친구들과 놀러 간 거야. 나보다 친구들을 더 좋아해. 날 사랑한다면 나랑 영화를 보러 갔겠지. 어쩌면 내가 별로 예쁘지 않은 걸 거야. 내가 더 예쁘다면 오늘밤 나를 택했겠지. 머리 염색을 해야겠어. 금발로 바꾸면 더 예뻐 보일 거야. 그렇기는 하지만 모근이 보기 흉해질 거야. 가짜 금발에 검은 모근이 있는 건 싫어. 내게 검은 모근이 있으면 마크는 절대로 나를 사랑하지 않을걸. 금발로 염색하면 안 되겠어. 운동을 더 많이 해서 체중을 줄여야 해. 운동을 해서 날씬해지면 앨리샤처럼 보일 테니까 마크가 나랑 같이 영화관에 갈 거야. 마크는 나보다 앨리샤를 더 좋아하는지도 몰라. 틀림없이 마크는 오늘밤 친구들하고 있는 것보다 앨리샤랑 영화관에 가고 싶을 거야. 영화가 끝나고 보나마나 앨리샤네 집에 들를 거야. 둘이서 일을 벌이고 있을지도 몰라. 아니야, 마크가 내게 그러지는 않을 거야. 그는 날 사랑해. 하지만 날 사랑한다면 날 영화관에 데려갔을 거야. 정말로 마크가 앨리샤와 사랑을 나누고 있을지도 몰라. 지금 친구들과도 함께 있지 않을 거야. 전화해 봐야겠어. 아냐, 마크는 친구들이랑 있는데 괜히 그랬다가 나만 성가신 편집증 여친이 되는 거야. 냉정하게 행동해야 해. 정말로 영화를 보러 가고 싶은 건 아닌 척하라고. 앨런에게 전화해. 앨런은 재깍 널 영화관에 데려갈 테니. 그런데 난 앨런을 사랑하지 않잖아. 맞아, 하지만 그렇게 하면 마크가 너 대신 친구들과 놀기로 했던 걸 다시 생각할 수도 있어. 그래도 난 앨런이 아니라 마크를 사랑해. 하지만 앨런은 널 정말 좋아해. 오늘밤 관심을 좀 끄는 것도 괜찮지 않아? 앨런에게 전화해야 해.'

당신의 '작은 나'가 정말로 말하려는 것은 이런 내용일 수 있다.

'아빠는 항상 내 외모를 흠 잡으셨어. 그래서 난 내가 사랑스럽지 않다고 느꼈지. 남자들이 다른 여자를 바라볼 때마다, 나는 사랑받지도 못하고 사랑스럽지도 않다는 느낌이 들어. 아빠는 나한테는 관심도 없고 언제나 친구들과 어울리셨어. 마크가 친구들과 나갈 때마다 나는 거부당하는 느낌이야.'

여기서 치유되어야 할 것은 무엇일까? 잘 모르겠더라도 걱정할 필요는 없다. 당신의 '내면의 등불'은 알고 있다. 그리고 어떻게 하면 이 목소리를 듣고 해석하고 신뢰할 수 있는지에 대해 더 이야기를 해줄 것이다.

'작은 나'의 목소리를 무시하는 것은 도움이 되지 않는다는 점을 명심하기 바란다. 듣지 않는 척해봐야 더 큰 비명만 지르게 될 뿐이다. 그리고 '작은 나'가 늘 집착해마지 않는 두려움들로부터 배우는 것과, 이런 두려움들이 당신을 제멋대로 조종하도록 내버려두는 것은 전혀 다른 문제이다. 이 상처 많고 어린 목소리가 말하는 미숙하고 분별없는 조언에 따라 행동한다는 것이 왜 말이 되지 않는지 알 수 있을 것이다.

만일 당신이 '작은 나'의 명령을 따르며 가짜 두려움의 지시를 받아 행동해 왔더라도, 부디 자신을 들볶지는 말기 바란다. '작은 나'가 당신을 이끌게 해왔더라도 당신으로서는 어쩔 수가 없었다. 더 나은 방법을 몰랐던 것이다. 하지만 이제는 안다. 그리고 믿고 따를 목소리를 바꾸기로 선택할 수 있다. 이 미숙한 조언자를 듬직하고 성숙한 조언자로 바꾸기에 아직 늦지 않았다. 당신의 '내면의 등불'은 당신이 알아온 그 누구보다도 뛰어난 안내자요 조언자가 될 준비를 하고 언제나 곁에 있어왔다.

'내면의 등불'이 '작은 나'를 돌보게 하기

1. 당신의 '작은 나'가 두려움에 빠져 폭발하기 직전임을 인식하거든, 잠시 하던 일을 멈춘다. 다른 사람들과 함께 있는 경우에는 잠깐 양해를 구하고, 가능하면 혼자 있을 수 있는 화장실 같은 곳을 찾아보라. 필요하다면 울어도 좋다. 당신의 '작은 나'가 분노나 실망, 배신감을 느끼도록 놔두라. 그런 다음 자상한 할머니라든지 수호천사, 혹은 두 팔로 당신을 품어주는 '어머니 지구' 등 당신의 '작은 나'를 다독여줄 '내면의 등불'로부터 환한 빛이 나오는 모습을 마음속으로 그려본다. '작은 나'에게 필요한 것이 무엇인지, 잠이 필요한지, 위로가 필요한지, 안심이 필요한지, 울화통을 터뜨리고 싶어 하는지, 안전하다는 느낌이 필요한지 그 등불이 물어오도록 가만있으라. '내면의 등불'이 그 '작은 나'를 돌보도록 맡겨라. '내면의 등불'은 응석을 받아주듯 '작은 나'를 받아주는 것은 아니다. 그보다는 상처받은 어린아이를 위로해주듯이 그 '작은 나'를 돌봐줄 것이다.

2. 당신 삶에서 애정 어린 관심이 필요한 것을 '작은 나'와 그 두려움이 가르치려고 하는지 어떤지 '내면의 등불'을 초대해 알아보게 한다.

3. '작은 나'가 두려워하는 것들에 관해 '내면의 등불'이 당신과 나누고 싶어 하는 메시지가 있다면 그것을 마음에 새긴다. 당신이 알아낸 것은 잠시 미뤘다가 나중에 이야기하고, 그 순간에는 당신의 '작은 나'가 안전하며 위로받고 있다는 느낌을 갖게 하는 것이 먼저이다. '작은 나'가 진정되면, '내면의 등불'이 주인이 되

어 성숙한 어른으로서 용기 있게 결정하고 행동하도록 상황을 돌이키기가 훨씬 쉬워진다.

: 최악의 시나리오라는 함정

인간은 미래를 상상하는 유일한 생물종인데, 이는 축복이기도 하고 저주이기도 하다. 미래를 상상하고 예측하는 능력 덕분에 우리는 계획하고 추론하고 공상할 수 있으며, 자신과 가족을 위해 안정된 생활 환경을 만들어줄 수 있다. 상상할 수 있는 능력 덕분에 새로운 것을 창조할 수도 있고 문제를 해결할 수도 있다.

상상력 덕분에 우리는 마음속으로 문제를 뒤집어보고 창조적 해결책을 생각해 낼 수 있다. 인간이 지금껏 창조한 모든 것이 처음에는 상상으로 시작되었다. 이런 놀라운 능력으로 바퀴나 비행기, 인터넷처럼 우리 삶을 더욱 편안하게 해주는 천재적인 발명품들을 만들 수 있었다. 과학이 발전하고, 난해한 딜레마들을 해결하고, 불후의 예술 작품과 문화를 낳은 것도 상상력 덕분이다. 육체적인 힘만 보면 다른 종들보다 훨씬 약하지만, 우리는 상상력 덕분에 그 같은 태생적 취약함을 극복하고 다른 종들의 먹이가 되는 운명을 피할 수 있었다. 상상력 덕분에 우리는 과거의 실수로부터 배우고, 더 나은 방법이 없는지 실험하고, 미래에 생길 수 있는 문제들을 피하기도 한다. 이는 몸에 닥칠 수 있는 위험을 막아줘 우리가 최대한 건강하게 사는 데 도움이 된다. 이는 또 우리 아이들을 해로운 것들로부터 지키는 데도 도움이 된다.

그러나 하나의 종으로서 진화하는 데 도움이 된 바로 그 상상력이 동시에 인류에게만 독특한 고통을 주고 있다. 당신의 애정 생활에 상상력이 어떤 방식으로 쓸데없는 고통을 일으키는지 생각해 보라. 사랑에 빠진 당신이 다른 누군가에게 얼마나 많이 마음을 빼앗겼는지 알아차리는 순간, 당신은 자신이 얼마나 취약한 상태에 놓였는지 깨닫게 되고, 그때부터 '작은 나'가 활동을 개시한다.

내가 아니타라는 여성과 면담했을 때, 그녀는 사랑에 빠질 때마다 불쑥 올라오는 두려움들에 대해 털어놓기 시작했다. 아니타는 정말로 좋아하는 사람과 1년 넘도록 사귀고 있었지만, 자신의 '작은 나'가 이 관계를 어떻게 망치기 시작했는지 알게 되었다.

'그 사람을 너무도 사랑해. 그래서 이런 감정이 얼마나 위험한지 견딜수 없어. 내가 우리 사이를 엉망으로 만들어서 그 사람의 사랑이 식어 나를 버리면 어쩌지? 나보다 매력적인 여자가 그 사람을 빼앗아 가면? 그 사람이 내 진짜 모습을 보고 내가 살짝 신경과민이란 걸 알면 어떡해! 조심하는 게 좋겠어. 그것만은 말하지 않는 게 좋겠어. 말하면 떠날지도 몰라. 그 사람이 병에 걸리면 어쩌지? 행여나 먼저 죽으면? 이건 너무 위험해! 그 사람을 잃으면 난 견딜 수가 없어. 그를 덜 사랑해야겠어. 나를 떠날 때를 준비해야 해. 반드시 그럴 테니까. 이런 감정에 너무 빠지면 안 돼. 조심하는 게 낫겠어. 그러면 상처를 입더라도 별일 없을 거야.'

브레네 브라운은 이를 '비극 연기를 위한 최종 드레스 리허설dress

rehearsing tragedy'이라 부른다. 최악의 시나리오를 상상하면서 그런 일이 일어나는 경우를 어떻게든 대비하려는 것과 비슷한 것이다. 불확실한 미래에 대해 어렴풋하고 막연하게 느껴지는 가짜 두려움이 때로는 구체성을 띤 최악의 시나리오보다 더 무서울 수가 있어서, 이러한 대비는 실제로 두려움을 줄이는 효과적인 전략이 되기도 한다.

예를 들자면 의사라는 직업을 그만둘지 말지 고민하던 무렵에 나는 앞으로 식구들 앞으로 나오는 청구서는 어떻게 치러야 하나 두려웠다. 그러나 이 최악의 시나리오를 놓고 머릿속으로 진지하게 리허설을 해본 나는, 일어날 수 있는 최악의 경우란 내가 결국 실직에, 파산에, 빈털터리가 되어 우리 식구가 엄마에게 얹혀살게 되는 것뿐이란 걸 깨달았다. 그다지 끌리는 생각은 아니었지만, 최악의 시나리오라고 해도 하늘이 무너질 정도는 아니라는 걸 알았으니 사실 이 경험을 통해 나는 용기를 얻은 셈이었다.

경제적으로 일이 풀려나가기 전까지 2억 원의 빚을 지기는 했지만, 엄마 집에 얹혀사는 일은 결코 생기지 않았다. 설령 최악의 상황이 생겨도 엄마 집으로 들어가면 된다는 것을 알았으므로 나는 크게 두려워하는 것 없이 직장을 그만둘 수 있었다. '드레스 리허설'이 가짜 두려움을 누그러뜨린 경우라고 하겠다.

하지만 이 최종 드레스 리허설에는 어두운 그늘도 있다. 브레네 브라운은《대담하게 맞서기》에서 어느 60대 남성이 쓴 이야기를 전한다.

"나는 인생을 헤쳐 나가는 최고의 방법이 최악의 상황을 예상하는 것이라고 생각하곤 했습니다. 이런 식으로 해서, 혹여 그런 일이 일어나면 이미 마음의 준비가 되어 있는 것이고, 일어나지 않으면 안도의 한숨을 쉬는 거지요. 그 무렵에 자동차 사고를 당해 아내가 죽었어요. 당연히 그런 최악의 상황은 준비하지 못했죠. 더 안 좋은 건, 둘이 함께했지만 온전히 즐기지 못한 그 모든 멋진 순간들을 지금도 슬퍼하고 있다는 거예요. 나는 아내에게 지금 모든 순간을 온전히 즐기겠다고 약속했어요. 이젠 그렇게 하는 방법을 아니까 아내가 여기 함께 있으면 좋겠어요."

: 누구의 두려움인가?

'작은 나'의 겁에 질린 목소리는 어디서 왔을까? 왜 이 목소리는 늘 가짜 두려움들을 지껄여대는 걸까? 이 목소리는 당신이 어릴 때 배운 온갖 규칙들을 강요한다. 표면상으로는 당신을 '안전하게' 한다는 이유로. 그렇지만 '작은 나'의 가짜 두려움들은 당신의 것이 아닐 수도 있다. 그것들은 훨씬 오랜 과거에서 오는지도 모른다.

우리는 세대에서 세대로 전해지는 바이러스처럼 두려움을 물려받는 경향이 있다. 우리는 대개 여섯 살 무렵까지 부모의 두려움을 무의식적으로 받아들이는데, 이때 부모의 '프로그램들'이 우리의 동의 없이 잠재의식으로 다운로드된다. 그런 패턴들은 평생 동안 우리의 행동 지침이 될 수 있다. 이처럼 세대에서 세대로 전해지는 행동 지침에는 대체로 다음과 같은 신념들이 들어간다.

• 내가 통제하지 않으면 나쁜 일들이 일어난다.
• 행여나 약한 모습을 보이면 비판을 당할 테니 항상 조심해라.

- 남의 눈에 띄지 말고 풍파를 일으키지 마라. 안 그러면 아수라장이 될 것이다.
- 설령 행복하지 않더라도, 확실하고 믿음이 가고 안전하고 옳은 것을 우선시해라.
- 살아남으려면 죽기 살기로 일해야 한다.
- 인생이 즐겁다면 그건 잘못 사는 것이다.
- 꿈을 좇지 마라. 꿈은 비현실적이고 무책임한 것이니까.
- 세상 사람이 다 너를 가만 안 둘 거야. 그러니 무슨 수를 써서라도 상처받지 않게 조심해라.
- 자기 희생은 좋은 일이지만, 자기를 챙기는 건 이기적인 거야.
- 섹스를 좋아하지 마라. 안 그러면 지옥에 갈 거야.
- 완벽해지지 않으면 거절당할지도 몰라.

두려움에 바탕한 이런 규칙을 당신은 부모로부터 물려받았을 것이고, 부모는 또 자신들의 부모로부터 물려받았을 것이다. 당신이 깨어나지 않으면 그 두려움들을 다시 당신 아이들에게 대물림할 것이다. 그것도 아이들을 '안전하게' 한다는 명목으로.

대물림되는 이 두려움들은 홀로코스트 같은 문화적 트라우마의 결과로 나타나기도 한다. 그런 대학살에서 살아남은 사람들 대부분이 학대받을지 모른다는 두려움을 다음 세대에게 물려주었다. 그 두려움은 먼 선조들이 실제로 느꼈으나 이제는 사라진 지 이미 오래된 두려움이었다. 경제적 결핍에 대한 두려움도 흔히 볼 수 있는 대물림되는 두려움이다. 예컨대 대공황에서 살아남은 사람들은 굶주림과 가난에 대한 진짜 두려움을 갖고 있었는데, 그들은 풍요의 세대에게도 결핍의 두려움을 물려주었다. 이 두려움은 식탁에 먹을 것이 널려 있고 은행에 돈이 그득히 있어도 계속해서 더 많은 돈을 쌓아두려는 채워지지 않는 욕망으로 나타나기도 한다.

두려움이 대물림된다는 것을 뒷받침하는 과학적 증거가 있다. 에모리대학교의 브라이언 디아스Brian Dias와 케리 레슬러Kerry Ressler가《네이처 뉴로사이언스*Nature Neuroscience*》에 발표한 연구가 그것이다. 이들은 암수 한 쌍의 쥐에게 체리 블로섬 칵테일과 아몬드 냄새를 맡게 하고 그때마다 전기 충격을 주었다. 그 결과 이 쥐들의 2세, 3세 후손들은 체리 블로섬 냄새를 맡을 때마다 깜짝깜짝 놀라는 반응을 보였다. 이 후손 쥐들은 그 전에 이 냄새를 맡아본 적도 없고 이 냄새를 맡으면서 충격을 받은 적도 없었다. 전기 충격을 받은 부모 쥐의 후손 쥐들한테는 그 냄새를 맡으면서 충격을 받지 않은 쥐들의 후손보다 체리 블로섬 향기를 감지하는 뉴런이 더 많았다. 연구자들은 그런 두려움이 DNA를 통해 전달될 수도 있다는 사실을 알아냈다. 두려움과 체리 블로섬 향기 간의 연결성이 정자 세포의 DNA에 새겨진다는 사실을 발견한 것이다. 이 냄새를 감지하는 분자를 암호화하는 유전자가, 유전자의 행동을 바꾼 것으로 여겨지는 화학적 표지를 후손에게 전한 것이다.[1]

부모에게서 두려움을 물려받는 능력은 하나의 생존 본능으로서 발달했을 것이다. 우리의 생명을 위협하는 것에 직접 노출되지 않고서도 배우는 방법인 것이다. 그러나 현대 사회에서는 이런 생물학적 적응이 어두운 측면을 갖는다. 바로 이것이 돈이 늘 부족할 거라는 두려움이나 사랑하는 사람들에게 거부당할 거라는 두려움 같은 일상적인 두려움은 말할 것도 없고, 비이성적인 공포증과 불안감, 외상 후 스트레스 장애가 어떻게 생기는지까지 설명해 준다.

하지만 브루스 립튼이 《당신의 주인은 DNA가 아니다 *The Biology of Belief*》(한국어판 제목)에서 이야기하듯이, 우리는 유전자의 희생자가 아니다. 우리의 유전자를 우리 선조들이 프로그래밍했을 거란 사실이 그 유전자에 새겨진 규칙을 지키며 살아야 한다는 뜻은 아니기 때문이다. 우리 유전자가 비록 이런 두려움들의 영향을 반영하기는 하지만, 유전자가 발현되는 방식은 우리의 생각이나 믿음, 감정, 물리적 환경, 그리고 주변 사람들 같은 다양한 후성적後成的(유전자 외적) 요인들에 달려 있다. 그리고 이런 두려움들이 원래 우리에게 속한 게 아니라는 점을 깨닫게 되면, 우리는 과거를 내려놓고 지금 이 순간에 일어나는 일들에 초점을 맞춰나갈 수 있다. 두려움이 자신만이 아니라 가족에게도 치유가 필요한 부분이 어디인지 드러내도록 한다면, 우리는 자신만 치유할 힘을 얻는 것이 아니라 혈통을 통해 대물림되는 두려움의 사슬을 끊고 자신의 가계 전체를 치유할 수 있다.

선조들로부터 물려받은 두려움을 알게 되는 것과 그들을 원망하거나 희생자연하는 것은 별개의 문제이다. 선조들에게는 비난이 아니라 연민이 필요한 것이고, 당신은 물려받은 두려움들이 자신의 치유를 돕고 있음에 감사하면 된다. 당신처럼, 당신의 선조들도 그들의 선조에게서 그런 두려움을 물려받았다. 이런 사실을 알아차린다면 그들을 용서하고 당신의 잠재의식적 마음을 다시 프로그래밍해서 새로운 행동 지침들을 바탕으로 자유롭게 행동할 수 있다. 바로 당신의 '내면의 등불'이 주는 지침들이다.

당신의 '작은 나'가 자신이 물려받은 규칙과 가짜 두려움을 강요하려 할 때는 그 '작은 나'를 온화하게 대하는 것이 무엇보다 중요하다. 당신의 일부인 이것 또한 당신의 연민이 필요하다. 그것을 거부해봐야 못되게 굴기만 할 뿐이다. 그 대신 사랑을 주자. 그러면 가짜 두려움에 휘둘리는 일 없이 적절한 예방책을 찾는 방향으로 건강한 결정을 해나갈 수 있다.

이 책의 3부에서는 지금까지 당신을 이끌어왔을 무의식적인 행동 지침들을 바꾸고, 대물림받은 두려움을 치유하고, 또 '내면의 등불'을 믿고 따르는 법을 배우는 데 필요한 도구들을 소개할 것이다. '작은 나'를 달래고, 가짜 두려움이 아니라 '내면의 등불'에서 나오는 적절한 행동을 알아볼 수 있도록 도와줄 훨씬 실제적인 연습을 하게 된다.

: 두려움이 가르쳐주는 것

내가 노에틱 사이언스 연구소Institute of Noetic Sciences의 휴일 파티에서 데니스 쿠웬버그Dennis Couwenberg를 처음 만나던 날, 우리는 사람들로부터 여러 번 소개를 받았다. 나는 의사이자 작가였고 데니스는 과학 학술 출판사의 사장이었기에 사람들은 우리가 공통점이 많을 거라 생각했다. 그들이 맞았다. 우리는 과학과 영성이 만나는 지점에 둘 다 관심이 있었고, 에너지 치유, 샤머니즘, 그리고 존 오브 갓John of God(브라질에 있는 영적 치유 센터 카사에서 영적 존재들을 통해 치유 작업을 하는 사람—옮긴이)의 치유 작업에서 일어나는 일과 같은 기이한 치유 형태들에 호기심이 많다는 점에서 마음이 통했다. 데니스는 힘든 이혼의 후유증에서 회복해 가는 중이었고, 아픈 가슴을 위로하기 위해 찾은 요가와 명상을 통해서 영적인 길로 나아가고 있었다. 나 역시 수년 동안 영적인 여정을 걷고 있었고 이혼의 소용돌이 한가운데에 있었으므로, 우리는 죽이 잘 맞는 친구가 되었다. 처음에 우리는 주로 지적인 주제를 놓고 대화를 나누었다. 의심 많고 과학적이고 이성적인 마음의 소유자였던 우리 두 사람을 모두 당황스럽게 하거나 호기심을 불러일으킨 책들에 관한 이야기였다. 텔레파시와 환생, 임사체험처럼 과학자들이 꺼려하는 주제들로 열띤 토론을 하느라 많은 시간을 보냈다.

우리가 만난 지 3주 만에 데니스와 나, 거기에 내 친구 에이프릴까지 세 사람이 모두 놀랍게도 자연스러운 신비 체험을 했다. 세 사람다 당황스러웠고, 혼란에 빠졌고, 황홀했으며, 경외심에 휩싸였다. 우리 삶의 모든 것이 뒤죽박죽이 되었다. 흥분이 가라앉으면서 데니스와 나는 우리가 묘한 영적 동반자 관계에 있다는 사실을 알게 되었고, 두 사람이 우정을 맺은 목적이 분명해졌다. 우리는 우리 삶을 무의식적으로 조종하면서 괴로움을 지어내는 '작은 나'들의 온갖 두려움과 어린 시절의 습성, 자기 제한적인 믿음에 빛을 비추려고 여기 있었던 것이다. 나는 한창 이 책을 쓰고 있었고, 데니스는 내 연구 사례로 기꺼이 나서준 한 사람이 되었다. 그는 우리가 기꺼이 어두운 곳들로 들어가 거기에 빛을 비추고 거기에서 발견한 것을 활용한다면 두려움이 우리를 어떻게 흔들어 깨울 수 있는지를 온몸으로 용감하게 보여주었다.

한때 데니스는 과학 출판물을 내는 일에 만족했지만, 자기 영혼의 본질을 더 잘 알게 되면서 그 일이 자신의 진정한 본성에 맞지 않는다는 사실을 깨달았다. 데니스는 두려워졌다. 중도에서 삶의 방향을 바꾸기란 쉽지 않은 일이다. 그는 출판 일에 익숙했고, 업계에서 인맥도 탄탄했다. 자신의 전문 분야에서 먹고살기에 충분한 수익을 냈고, 그런 능력 덕분에 삶의 안정감을 느꼈다. 데니스는 새로운 시작을 꿈꾸었지만, 두려움이 자꾸 길을 가로막았다. 만일 과학 도서 출판 일을 그만두면 무엇을 할까? 청구서들은 어떻게 치를까?

결국 데니스는 관점도 새로이 하고 목표도 명확히 하기 위해 잠시 일을 쉬기로 했다. 다행히도 자기 사업을 해오던 사람이라 일을 좀 쉬어도 은행에 쓸 돈이 있었다. 하지만 6개월이 지나자 예금 잔고가 눈에 띄게 줄어들었다. 전에 해오던 일로 돌아가고 싶지 않다는 건 분명했지만, 돈이 완전히 바닥나면 청구서들은 어떻게 치를지 뾰족한 수가 떠오르지 않았다. 데니스가 내게 그런 두려움에 대해 이야기했을 때, 나는 진로를 바꾸는 문제와 관련해서 머릿속의 목소리가 어떤 말을 하더냐고 물었다. 데니스의 '작은 나'가 한 말은 이랬다.

'대체 네가 뭔데? 정말로 네 꿈들을 좇을 능력이 있다고 생각해? 벌써 6개월을 쉬었는데 별다른 수가 없잖아. 그만큼 했으면 이미 시간은 다 까먹은 거야. 이젠 현실로 돌아와, 그만 손실도 줄이고 책임 있게 행동할 시간 아냐? 지금껏 잘 쌓아온 걸 계속하면서 그걸로 돈을 벌 생각을 해. 지금은 그 일이 별로 마음에 안 들어도 말이야. 네가 돈 버는 방법을 아는 건 이것뿐이야. 다른 길은 없다고. 세상 일이 다 그래. 그렇지만 자기 꿈을 따르고 자기가 좋아하는 일을 하면서 그걸로 보수를 받는 사람들은? 그렇게 하는 사람들도 있어. 이번엔 정말 다른 일을 하고 싶어. 내 일을 정말 좋아하고 싶다니까. 이번엔 그렇게 해보고 싶어. 하지만 내가 좋아하는 일을 하면 아마 돈을 못 벌 거야. 인생은 그런 식으로 돌아가지 않잖아. 다른 사람들은 그럴지 모르지만, 난 그렇지가 않아. 인생이 살맛날 때 같은 건 나한텐 해당이 안 돼. 내가 꿈을 따라 살면 결국 파산할 거고, 아무도 나를 거들떠보지 않을 거야. 아무리 용을 써봐야 만날 허덕일 거라고. 그래도 난 배운 사람이잖아. 벌써 얼마나 멀리 왔는지 보라고. 결혼 생활을 하고 있을 때는 일이 정말 잘 풀렸어. 돈도 많았고. 전처는 예술계에서 열정적으로 일도 하고 돈도 많이 벌었어. 나도 그렇게 할 수 있어야 해. 근데 난 그 사람 같지가 않아. 전처는 나랑은 사고방식이 달라. 지지해 주는 가족도 있고. 난 그렇게 낙관적이지도 않고, 그런 가족의 안전망도 없어. 그러니 내 자신을 믿지 않아. 난 가능성이 아주 좁아. 진로를 완전히 바꾼다는 건 절대 좋은 생각이 아니야. 꿈은 하나도 못 이루고 돈만 날릴 거야. 그래도 내 가족 중에 교육을 받은 사람은 내가 처음이잖아. 출판사도 꽤 성공했어. 하지만 그런 건 별거 아니야. 누구라도 할 수 있었을 걸. 정말 아무것도 아니야. 꿈을 좇다 보면 절대 그렇게 못할 거야. 난 추진력이 부족해. 시작도 하기 전에 힘이 빠진 느낌이야. 어디서 시작할지도 모르겠어. 하던 일로 돌아가지 않으면 결국 파산해서 길거리에 나앉게 될 걸. 그러면 아무도 날 좋아하지 않겠지. 적어도 출판 일을 계속 하는 한은 그리 행복하지는 않아도 안전은 할 거야.'

데니스의 두려움은 그에게 무엇을 가르치려고 했을까? 우리 두 사람은 이를 알아보려고 먼저 데니스의 '작은 나'가 두려워하는 것이 과연 있을 법한 일인지 들여다보았다. 데니스는 어떤 급박한 위험에 놓

140

여 있지 않았다. 뒤를 쫓아오는 호랑이 같은 건 없었다. 누군가 데니스의 머리에 총부리를 들이대고 있지도 않았다. 아직 먹을 음식이 있었고, 따스한 잠자리도 있었으며, 은행 계좌에는 돈도 꽤 남아 있었다. 그러나 당장은 안전하다 해도, 집을 사둔 것도 아니고 노후 저축을 들어놓은 것도 아니어서 만약 줄어드는 예금 잔고를 채우기 위해 뭔가 하지 않으면 돈이 완전히 바닥 날 수 있었다.

아니면 생각지도 못한 사업 기회가 생기거나, 있는지도 몰랐던 친척으로부터 유산이 어느 날 아침 뚝 하고 떨어질 수도 있는 일이었다. 내 친구 사크SARK(Susan Ariel Rainbow Kennedy의 약자)는 무일푼 신세가 되었을 때 어느 길모퉁이에 서서 이렇게 말했다. "지금 내게 기적이 일어난다." 그러자 100달러짜리 지폐 여섯 장이 날아와 발밑에 떨어졌다.(실제 이야기다.) 데니스가 일을 계속 쉬면서도 모든 일이 술술 풀리지 말란 법은 없다. 물론 사업에 다시 집중하지 않으면 안정적인 수입을 기대하기 어려워질 수 있었다. 무일푼이 되어 먹을 것도 없고 잘 곳도 없고, 음식이나 잠자리를 제공할 사람도 없다면, 그의 안전은 위태로질 수 있었다. 나를 포함해 데니스를 좋아하는 사람들이 많으니 그럴 일은 없을 테지만 말이다. 아무튼 현재로선 그에게 기본적으로 필요한 것들에 쓸 돈은 있었다.

그러고 나서 나는 데니스에게 그런 두려움이 자신에게 무얼 말하려고 하는지 한번 귀 기울여보라고 했다. '내면의 등불'의 안내로 데니스는 자기 발이 묶인 지점, 성장할 필요가 있는 부분에 관해 두려움이 하는 말을 감지할 수 있었던 것일까? 데니스는 이렇게 말했다.

"가끔은 내 최상위 자아가 나를 붙들고 있는 것을 느끼기도 하지만, 작디작은 자아에 사로잡혀 있을 땐 나를 압도하는 이 부정적인 흐름에 완전히 휘둘리는 것 같아요. 꼭 이 녀석 손아귀에 붙잡혀 달아날 길도 없고, 내 인생의 주도권을 되찾을 길도 없는 것처럼요. 감옥에 꼼짝 없이 갇혀버려서, 이제 덫에 걸린 이 인생길을 결코 바꿀 수 없을 것 같은 느낌이에요. 스스로를 애써 끌어올리려고 할 때마다 마치 물귀신처럼 꼭 다시 아래로 잡아끄는 것 같고, 내 힘으로는 어쩔 수가 없어요. 이런 상태에선 도무지 좋은 생각 같은 건 떠오르지 않고 모든 게 부정적으로만 보이면서 한없이 위축돼요. 이런 생각이 하나도 도움이 안 된다는 걸 알지만, 무기력한 희생자가 된 기분이에요. 온몸이 꽁꽁 얼어붙는 것 같고 내 세계는 더할 수 없이 왜소해져요. 사실은 내가 희생자가 아니라는 걸 알지만, 거기서 빠져나올 방법을 모르겠어요. 누가 몸 속에 들어가 내 가슴을 깔고 앉기라도 한 것처럼 숨을 제대로 못 쉬겠어요. 뭔가 배를 틀어쥔 듯 답답하고요. 목구멍에 뭐가 걸린 것 같고, 가방을 목에 매기라도 한 것처럼 뭔가가 목을 칭칭 감고 있는 느낌인데, 어떻게 해야 빠져나올지 모르겠어요. 이런 느낌을 견딜 수가 없어요. 뭐라도 해서 기분을 좀 풀고 싶어요. 술을 마시거나 포테이토칩이라도 먹거나. 나한테 멋지다고 말해줄 친구들에게 전화라도 할래요. 나는 늘 내가 사랑받을 만한 사람이라고 말해줄 사람을 찾아다녀요. 내가 이렇게 보잘것없는 사람이라는 기분으로 길거리에 나가서도, 사람들에게 미소를 짓고 있더라고요. 누군가 내게 미소로 화답하면서 내가 가치 있는 사람이라고 느끼게 해주기를 바라는 거예요. 누군가 내게 미소를 지어준다면 잠시라도 기분이 좋을 거예요. 하지만 아무도 미소로 화답하지 않거나 그냥 무시하고 지나가면 화가 나요. 내 약한 곳이 찔려서 쪼그라드는 기분이 들죠. 그런 게 다 거짓이란 걸 아는 완전히 다른 부분이 내 안에 있어요. 어떻게 하면 그 목소리를 듣고서 거기에 날 내맡길 수 있는지 알아내려고 애쓰고 있어요. 하지만 지금의 이 거짓 목소리가 크고 지독할 때는 그러기가 정말 힘들더라고요."

데니스가 '작은 나'의 목소리에 집중하면서 그것으로 하여금 자신에게 치유가 필요한 부분이 어디인지 가리키도록 하자, 마침내 그는 그 목소리로부터 한 발짝 떨어져서 그것의 실체를 바라볼 수 있었다. 그것은 낙관적인 데라고는 손톱만큼도 없는, 비판적이고 자기 비하적인 폭군이었다. 뭔가 상상할 수 있는 여지라곤 조금도 없었다. 가짜 두려움이 좌지우지할 때는 창조적인 마음이 마비되어 버린다. 두려운 생각에 빠져 있으면 창조력이 줄어들고 가능성을 지각할 수 있는 힘도 움츠러든다. 그러나 '작은 나'가 고요해지면, 가상의 재앙에 생각을 모으기보다는 창조적인 해결책을 찾는 상상력의 다른 측면에 다가가기가 훨씬 더 쉬워진다.

자신이 '작은 나'의 목소리가 아니라 그 비뚤어진 목소리를 지켜보는 의식이라는 사실을 깨달으면서 데니스는 상황을 좀 더 객관적으로 보기 시작했다. 그는 장차 무슨 일로 수입원을 삼을지 창조적으로 문제를 해결하기 시작해도 늦지 않다는 걸 깨달았다. 출판업이라는 배경이 있던 데니스는 어떻게 하면 자기가 좋아하는 것과 자기가 잘하는 것을 활용해 수입을 창출할 수 있을지 브레인스토밍하기 시작했다. 그는 과학자이자 출판업자로서 자신의 재능을 과학과 영성의 교차점을 탐구하는 데 쓰자는 꿈을 세웠다. 그러면서 책을 쓰고, 워크숍을 열고, 영적 치유와 관련된 일을 하는 자신의 모습을 그렸다. 페루의 치유 기술들을 배우면 자신의 '내면의 등불'이 보여준 이 새로운 일에 대해 더 많이 알 수 있을 것이라는 느낌도 들었다. 닫혔던 문 앞에서 새로운 가능성들이 열리고 있었다.

▶ 용기 키우기 연습 2
두려움이 가르쳐주는 것

1. 바로 지금 당신이 자꾸 떠올리는 가짜 두려움들의 목록을 적어보자.
2. 그 목록에 적은 첫 번째 두려움을 고른다. 이제 눈을 감고 '내면의 등불'에 다가간다. 숨을 깊이 들이마시고 내쉬면서 몸의 어딘가에 옥죄는 느낌, 특히 배나 가슴에 경직된 곳이 있는지 살펴본다. 호흡을 이용해 그런 곳에 숨을 불어넣고 나서 그곳이 좀 풀어졌는지 살펴본다. 배를 확장하고, 가슴을 연다. 하느님이든, 천사든, 우주든, 혹은 어떤 신적인 존재든 당신이 믿고 따르는 존재를 불러도 좋고, 당신의 '내면의 등불'을 불러도 좋다.
3. 당신의 두려움이 전하려 하는 치유의 메시지들이 무엇인지 물어보라. 자신의 개인적·영적 성장에 대해 이 두려움이 가르치려는 것이 무엇인가? 빛이 필요한 지점은 어디인가? 당신이 붙들려 있는 곳은 어디인가? 어떻게 하면 이 두려움이 축복이 될 수 있는가?
4. 떠오르는 메시지들을 모두 적어둔다. 이것들은 이 책의 3부에서 다루게 될 것이다.

: 당신은 자유로워질 수 있다

빚이 늘어가거나, 먹여 살려야 하는 아이들이 있거나, 건강이 안
좋아 생명이 위태롭거나, 혹은 평생의 반려자가 숨을 거두려 할 때, 당
신이 느끼는 두려움으로 당신을 치유한다는 것이 여간 힘든 일로 느껴
지지 않을 것이다. 잘사는 사람들이나 자기 꿈을 따른다든지 용감한 결
정을 내리는 따위의 호사를 누릴 수 있다고 생각이 될 수도 있다. 가슴
이 이끄는 일을 할 만큼 당신은 똑똑하지도, 젊지도, 매력적이지도, 부
유하지도, 의욕적이지도 않다고 생각할지도 모른다. 그러나 '작은 나'
의 이런 거짓말을 믿는다면 당신이 틀렸다. 용기를 키우는 데는 빵빵
한 예금 잔고나 완벽한 건강, 천재적인 IQ 따위가 필요하지 않다. 배우
자나 아이들이 없는 자유로운 홀몸이라야 가능한 것도 아니다. 솟아날
구멍 하나 보이지 않는 절망에 빠진 사람들마저도 두려움 쪽보다는,
자신의 진실을 따를 수 있도록 힘을 주는 용기 쪽으로 다가갈 수 있다.
이 책을 쓰면서 나는 용기 있는 선택을 하기로 결심한, 바로 당신과 똑
같은 사람들 수백 명을 만날 기회가 있었다.

펄은 무일푼에 어린 두 아이를 둔 전업주부였다. 교육도 받지 못
했고, 기술도 직업도 없었지만, 불행한 결혼 생활을 끝낼 용기를 냈다.
가진 것 없이 싱글맘으로 어떻게 살아갈지 뾰족한 수도 없이 말이다.
앞에서 이야기한, 어릴 때 성적 학대를 받고 자란 에이프릴은 자신의
안전을 보장해 줄 거라는 믿음으로 나중에 경호원이 되었지만, 그래봐
야 두려움만 더 커질 뿐이라는 것을 알고 그 직업을 포기하기로 결심했
다. 한 사이비 종교 집단의 엄격한 규율에 얽매어 살아오던 케빈은 거

기에서 도망치면 어떤 일이 벌어질지 무서웠지만, 자신에게 있는지도 몰랐던 커다란 용기를 내어 그곳을 빠져나왔다. 모르몬 교회에서 겪은 경험을 책으로 쓴 마사는 교회 쪽 사람들로부터 살해 협박까지 받았지만 굴하지 않고 진실을 세상에 폭로했다.

자궁암 진단을 받은 캐슬린은 의사로부터 자궁을 적출해야 한다는 말을 들었지만, 수술받으면 죽을 거라는 자신의 직관에 따라 두려움을 무릅쓰고 수술을 거절했다. 근본주의 기독교 교회에서 목사로 있던 마틴은 더 이상 자신의 진실을 배신할 수 없어 자신이 동성애자임을 밝혔다. 어릴 때 당한 성추행 경험 때문에 대인 관계부터 성 생활, 직장 생활, 자존감까지도 모두 엉망진창이던 브라이언은 두려움을 극복하고 과거와 대면하기로 결심, 집중 치료를 받고 마침내 행복해졌다. 진실을 말하면 해고당할까봐 겁이 나 자신의 믿음을 저버린 채 오랫동안 영혼을 팔고 있다는 느낌으로 살아오던 샐리는 마침내 상사에게 반기를 들고 자신의 믿음대로 행동했다.

이 사람들은 당신과 하나도 다를 게 없는 사람들이다. 그들도 당신만큼이나 두려움이 많았고, 뭔가 특별한 것이 있어 용기 있는 행동을 한 것도 아니다. 그들이 따르던 가짜 두려움의 목소리는 당신에게 용감해질 자질이 없다고 말하는 그 목소리만큼이나 컸다. 당신이 알아야 할 것은, 이 목소리가 당신 삶에서 치유가 필요한 것들을 일깨워줄 수는 있지만, 그렇다고 해서 그것이 당신 삶을 쥐고 흔들게 할 필요까지는 없다는 것이다.

: 내면의 고요함 찾기

만약 '작은 나'의 목소리와 거리를 둘 수 있다면, 당신은 그 목소리 너머에 아주아주 고요하고 평화로운 곳이 있다는 사실을 알게 될 것이다. 내면에 이 같은 엄청난 평온함이 있다는 걸 알면 어떠한 혼란 속에서도 고요함stillness을 찾을 수 있다. 마사 베크Martha Beck, 에이미 알러스Amy Ahlers와 내가 함께 강의하는 원격 강의 프로그램 '당신의 소명을 찾아라Find Your Calling'에서, 마사는 명상을 유도하면서 폭풍우가 몰아치는 사나운 바다 위에 떠 있다고 상상하게 한다. 세찬 바람, 번쩍이는 번개, 몰아치는 파도 속에서 당신은 몸부림치고 있다. 그러다가 수면 아래로 뛰어든다. 당신은 아직 사나운 파도에 흔들리고 있고 물 위로는 번갯불이 번쩍이는 모습도 보이겠지만, 이제는 물속에 있으므로 무시무시한 바람과 굉음에서는 벗어나 있다. 더 깊이 내려가면 이제 거센 파도의 움직임도 사라지고 번갯불도 보이지 않으며 주위가 무척 고요해지기 시작한다. 더 깊이 들어가면 바다는 어둡고 조용해진다. 계속 깊이 더 깊이 밑바닥에 닿을 때까지 내려가면 당신은 이제 닻이 된 것처럼 해저에 자리 잡는다. 이곳에서는 완전히 고요해진다. 그 고요함을 느껴보라. 내면이 조용해졌음을 느껴보라. 바다 위의 상황은 변하지 않았다. 폭풍우는 거센 파도와 바람과 번개와 굉음을 동반한 그대로이다. 하지만 해저에 있는 당신을 건들지는 못한다.

우리 안에도 그 해저와 같은 곳이 있다. 바깥세상은 더없이 혼란스러울 수 있다. 어쩌면 사랑하는 사람이 방금 죽었을 수도 있다. 직장을 잃었거나, 이혼을 당했을 수도 있다. 아니면 파산 신청을 하고 있거나, 암 진단을 받았을지도 모른다. 바깥쪽에서 당신의 세계가 무너지면서 온갖 가짜 두려움들을 불러일으키고 있을 것이다. 그러나 당신의 안쪽 어딘가에는 언제든 다가설 수 있는 고요한 곳이 있다. 당신 머리에 정말로 총부리가 겨누어진 상황에서도.

절대적으로 고요한 이곳에 다가서려면 '지금 순간'에 머물러 있어야 한다. 절대적으로 고요한 이곳에는 두려움 따위는 존재하지 않는다. 진짜 두려움마저도 없다. 이 의식 상태에 있으면 사랑하는 이의 죽음, 심지어 당신 자신의 죽음조차도 무섭지가 않다. 그토록 고요히, 지금 순간에 머물러 있기에 설령 죽음이 닥친다 해도 당신은 모든 것이 괜찮다는 것을 믿어 의심치 않는다.

《지금 이 순간을 살아라*The Power of Now*》(한국어판 제목)의 저자 에크하르트 톨레Eckhart Tolle가 영적으로 깨달은 뒤에 그랬던 것처럼, 이 고요한 곳에서 쉬며 오로지 지금 순간에만 주의를 기울일 수 있다면, 당신은 '두려움 치료제' 하나를 가진 것이다. 지금 일어나는 일에만 초점을 맞추는 것, '작은 나'를 꺼버리고 미래를 계획하거나 과거를 되새기지 않는 것은 용기를 키우는 강력한 전략이다. 마음이 생각에서 벗어나면, 가짜 두려움이 일지 않는다. 이야기가 끝나는 것이다.

당신의 마음이 그냥 고요하다고 상상해 보라. 그렇다고 해서 지적인 사고 능력을 잃는다는 의미는 아니다. 창조적인 문제 해결을 위해 생각해야 할 일이 생기면 당신의 모든 능력이 풀가동될 것이다. 그러나 머리를 써야 하는 일이 끝나면 마음은 다시 평온해져 당신은 지금 순간의 고요함 속에서, 곧 혼란의 시간에도 늘 평화가 자리하는 그곳에서 쉴 수 있을 것이다. 우리가 하는 생각은 대부분 원하는 것을 공상하고 그것을 얻을 방법을 계획하는 데, 또 우리가 원치 않는 것을 두려워하면서 그것을 피할 방법을 궁리하는 데 집중된다. 그러니 어느 틈에 평화를 느끼겠는가! 하지만 원하는 것을 얻겠다는 집착을 내려놓고 두려움으로 반응하던 것에서도 한 걸음 물러설 수 있다면, 이제 완전히 다른 삶의 방식이 전개될 것이다. 바로 지금 보고 듣고 냄새 맡고 맛보고 느끼는 감각에만 집중하면서 현재 순간에 머물 수 있을 때, 우리는 생각에서 놓여나 평화를 경험하게 될 것이다.

바로바로 알아차려서 지금 순간으로 돌아올 수 있다면 이러한 평화를 경험하는 것이 가능하겠지만, 대부분의 사람들은, 적어도 아직은, 에크하르트 톨레가 아니다. 대부분의 사람들은 우리의 '작은 나'가 어떻게 작동하는지 먼저 알아야 마음을 조용히 가라앉히고 오롯이 지금 순간에 머물 수 있다. 우리가 지금 여기에 머물지 못하도록 '작은 나'가 어떻게 협박하는지 알아차릴 수 있을 만큼 거리를 두고 자신을 바라볼 때, 비로소 우리는 지금 이 순간 일어나는 일에 다시 주의를 모으고 현재의 평화 속에서 쉴 수 있다.

▶ 용기 키우기 연습 3
지금 순간에 있기 위한 명상

1. 편안하게 앉을 곳을 찾아서, 눈을 감고 호흡에 집중한다.
2. 생각들이 올라올 때는 판단하지 말고 지켜보면서, 그 생각들에 끌려다니지 말고 하늘의 구름처럼 흘러가도록 내버려둔다. 과거의 일을 생각하고 있다는 것을 알아차리거든 이렇게 말한다. "안녕,

기억아." 만약 미래를 공상하고 있다는 것을 알아차리거든 이렇게 말한다. "안녕, 계획아." 그리고 나서 다시 호흡으로 돌아온다.

3. 생각과 생각 사이의 고요한 지점을 찾아본다. 다음 생각이 떠오르기 전에 마음이 얼마나 오래 고요할 수 있는지 본다. 마음이 길을 벗어났다는 걸 알아차리면, 사랑스런 강아지를 훈련시키듯 다시 호흡으로 데려간다.

4. 생각과 생각 사이의 간격을 더 늘릴 수 있는지 본다. 생각과 생각 사이의 고요함 속에서 가만히 쉰다. 연습을 하다 보면 그 사이에서 점점 더 오래 쉴 수 있다는 것을 알게 된다.

이러한 명상 연습은 마음이 얼마나 부산스러운지 깨닫게 하고, 우리가 불필요한 괴로움을 낳는 생각들에서 벗어나 지금 순간에 머무는 데 도움이 된다. 연습을 할수록 생각과 생각 사이의 간격이 길어질 것이고, '작은 나'에게 휘둘리기보다는 그것을 더욱 잘 지켜보는 관찰자가 될 것이다. 자기 생각의 관찰자가 되면, 내 생각들이 곧 '내'가 아니라는 것을 알게 된다. 나는 생각들을 지켜보는 의식이며, 그 생각들에 규정당하지 않는다. 그것들은 '작은 나'의 목소리일 뿐이다. 그 목소리와 자신을 동일시해서 그것들이 자신의 결정을 좌우하도록 내버려둔다면 괴로움을 낳을 뿐이다. 그러나 관찰자의 입장에서 이런 생각의 흐름을 지켜볼 수 있다면, 그 안의 유익한 메시지와 그렇지 않은 메시지를 걸러낼 수 있고, '작은 나'의 재잘거림이 무대 뒤로 사라질 때 오는 평화로운 고요 속에서 편히 쉴 수 있다.

과거와 미래에 대한 생각 속에서 헤매지 않고 지금 일어나는 일에 주의를 모을 때, 당신은 비록 통증pain은 피할 수 없을지라도 지금 있는 것에 저항하지 않으면 대부분의 불필요한 괴로움suffering은 생기지 않는다는 사실을 깨닫게 될 것이다. 지금 순간에 무슨 일이 벌어지든 탓하거나 바꾸려 하지 않고 그냥 그대로 받아들일 수 있다면, 당신은 괴로움 속으로 떨어지는 일 없이 그 통증과 함께할 수 있다. 저항하려는 마음을 내려놓고, 안 좋은 일들에 대해 스스로 지어내는 이야기들과 동일시하기를 멈춘다면, 뭔가 헐거워지면서 설령 고통스런 사건들을 겪는 와중이라도 평화를 찾기가 훨씬 더 쉬워진다.

두려움을 다루는 방법으로서 이 '고요함 찾기'는 동양의 많은 수행법에서 찾아볼 수 있다. 날마다 명상 수련을 하면 내면의 고요함 속으로 더욱 깊이 들어갈 수 있다. '내면의 등불'이 안내하는 소리를 듣고 해석하려면 이는 필수적인 것으로, 이것이 3부에서 배울 '용기 키우기 6단계'의 핵심 부분이다. 내면의 고요함을 찾는 일은, 가짜 두려움을 따르도록 만드는 믿음들을 찾아내 치유하는, 이 책 2부에서 배우고 연습하는 것들에도 도움이 될 것이다. 호흡과 몸에 의식을 집중하는 법을 배우면, 당신은 현재 순간 속으로 들어갈 수 있다. 즉 마음 바깥으로 나와서 지금 여기로 옮겨갈 수 있는 것이다. 두려움을 다루는 이러한 동양의 방식이 당신에게 딱 맞는 방법일 수도 있고, 당신의 '용기 처방전'에 매일 명상과 요가, 지금 순간에 있기 연습 등을 더 넣고 싶어질 수도 있을 것이다.

이 고요함의 자리에서, 당신은 두려움을 바탕으로 하는 세계관에서 믿음을 바탕으로 하는 세계관으로 옮겨갈 기회를 얻게 된다. 믿음을 바탕으로 하는 세계관은 내적으로 반발하거나 삶을 통제할 필요를 느끼는 상태가 아니라 평화로운 내면 상태로 당신을 이끌어준다. 마음이 고요해질 때, 있는 그대로, 저항하지 않고 그냥 받아들일 수 있을 것이다. 현실이 바라는 대로 풀리지 않을 때조차도 그 현실을 받아들일 수 있을 때 용기로 들어가는 입구도 찾을 수 있을 것이다. 이 용기가 활짝 피어나려면 내면의 고요함은 물론, 용기를 키워나갈 새로운 믿음들도 필요하다. 이런 믿음들 덕분에 '작은 나'가 평온함과 안전함을 느껴 날뛰지 않게 되고 당신은 위험에 용감하게 맞설 수 있다. 가짜 두려움의 뿌리를 파내어 치유하면 당신은 용기를 찾을 것이다.

: 가짜 두려움의 뿌리

나는 신비주의 종교 전통부터 서양 심리학, 그리고 《기적 수업 *A Course in Miracles*》의 가르침에 이르기까지 다양한 관점에서 두려움을 연구했다. 이 모든 가르침들의 렌즈를 통해 두려움을 들여다본 결과, 우리의 가짜 두려움 대부분이 우리의 세계관을 이루는 자기 제한적 믿음들에서 나온다는 것을 알 수 있었다. 자신의 의사 결정을 몰아가는 생각들이 어떤 것인지 알아차리면, 우리는 가짜 두려움을 일으키는 믿음을 용기를 키우는 믿음으로 바꿀 수 있다. 두려움이 우리를 치유하게 하는 과정에서 중요한 부분은 우리를 두렵게 하는 생각들을 들여다보는 것으로서, 그 결과 우리는 평화를 낳고 용기를 불러일으키는 생각들로 옮겨갈 수 있다.

가짜 두려움은 모두 생각에서 일어난다. 내가 만난 환자나 인터뷰한 사람들, 또 내 자신의 경험으로 봤을 때, 가짜 두려움의 생각들은 거의 대부분 사람들이 진실이라 잘못 알고 있는 네 가지 통념에서 나온다. 두려움을 일으키는 이 자기 제한적 믿음들(나는 이것을 '두려움의 네 가지 가정'이라고 부른다)이 바로 현대 서구 문화를 지배하는 세계관으로, 이 때문에 우리는 불필요한 고통을 수도 없이 겪는다. 다음과 같은 믿음들이 얼마나 익숙하게 들리는지 한번 보기 바란다.

두려움의 네 가지 가정

- 불확실한 것은 안전하지 않아.
- 소중한 것을 잃어버리면 못 견딜 거야.
- 세상은 위험한 곳이야.
- 나는 혼자야.

'두려움의 네 가지 가정Four Fearful Assumptions'은 한갓 생각들일 뿐이지만, 우리의 '작은 나'는 이런 문화적 믿음을 거의 절대적인 진리로 받아들인다.

먼저, 불확실한 상황에서는 안전하다고 느끼지 못하기 때문에, 우리는 설령 건강과 행복을 희생하는 한이 있어도 안전과 보장, 확실성을 추구해야 한다고 결론을 내린다. 그리고 소중한 것을 잃어버리면 견딜 수 없다고 믿기 때문에, 설령 지킬 수 없는 것이라 하더라도 우리는 그것을 잃지 않으려고 눈에 불을 켜고 지키려 든다. 또 어린 시절에 그렇게들 배운 탓도 있지만, 위험한 세상에서 살고 있다고 믿으며 자란 까닭에 우리는 가난이나 폭력, 질병, 고통, 거부, 버림받는 일을 피하는 것은 우리 자신에게 달렸다고 결론 내린다. 마지막으로, 서로 분리되어 있는 개인들이 제각기 혼자 힘으로 이 위험한 세상을 살아간다고 가정하기 때문에, 인간의 원시적인 생존 본능들이 일깨워지고 우리가 쉽게 다치거나 죽을 거라고 믿게 된다. 이것이 지배적 세계관일진대 우리가 겁에 질려 있는 것도 이상한 일은 아니다. 우리에게는 잃을 것이 너무나 많고, 우리는 이런 상태가 편치 않다. 아주 깊은 곳에서 우리는 가장 두려워하는 것들이 행여 실현이라도 된다면 감당하지 못할까봐 겁에 질려 있다.

그렇지만 '두려움의 네 가지 가정'은 인류 역사에서 비교적 최근에 나타난 현상이다. 어느 모로 보나 원시 인류는 지금의 우리보다 훨씬 더 위험하고 불확실한 세상에서 살았다. 출산을 하다 산모와 아기가 죽는 일이 다반사였고, 자연의 힘 앞에서는 누구라도 취약하기 짝이 없었다. 자연의 재앙이 아무렇지도 않게 사는 곳을 할퀴고 가는가 하면, 전염병은 한 부족의 씨를 말리기도 했다. 죽음과 상실은 흔하디흔한 일이었다. 사랑하던 것을 잃고 비통해하기는 했지만, 사람들은 그러한 상실에 의미와 목적을 부여해 주는 부족의 신화와 의식儀式 또 영계靈界와의 교감에서 위안을 얻으며 상실의 아픔을 딛고 일어났으며 이를 통해 더욱 성숙해져 갔다. 그 깊이를 잴 수조차 없는 엄청난 고난들을 견뎌내는 데는 그들의 세계관이 큰 힘이 되었음은 물론이다.

신화와 은유, 신비의 영역에서 살아가려는 우리의 의지가 지식과 확실성을 추구하려는 강한 욕구에 추월당한 것은 과학 혁명 덕분이었다. 처음에는 확실성의 추구가 우리에게 안전한 느낌을 주었다. 세상이 어떻게 움직이는지 더 많은 것을 이해하게 되었기 때문이다. 이런 지식 덕분에 우리는 과학에 대해 어느 정도 이해하게 되었고, 몇몇 토착 문화들에서 믿듯이 불확실하고 설명도 예측도 할 수 없는 힘들이 우리를 쥐락펴락한다고는 더 이상 믿지 않게 되었다. 하지만 이러한 확실성에 대한 갈망에는 어두운 면이 있었다. 우리는 불확실성이나 상실을 견딜 수 없게 되었고, 누구나 위험한 세상에서 홀로 살아간다고 결론을 내리기에 이른 것이다.

현대적인 방식의 삶이 전개되면서 우리는 자신을 자연과 복잡하게 연결되어 끊임없이 교감하는 존재들로 보던 문화에서, 우리가 서로 분리되고 구별되는 탄소 기반의 생명체들이며 의식은 뇌 속에만 존재한다고 보는 문화로 옮겨갔다. 토착 문화들에서는 모든 것이 연결되어 있다고 믿었다. 인간들이나 동물들만이 아니라 물, 바다, 산, 심지어 날씨하고도 서로 연결되어 있다고 믿었다. 하지만 오늘날 우리는 우리가 무엇과도 연결되지 않았다고 믿는다. 지금 지구의 생존이 위기에 처한 한 가지 이유가 바로 이것이다. 다행스럽게도 두려움을 일으키는 믿음들은 그냥 믿음일 뿐이며, 따라서 우리에게는 아직 우리의 두려움에 의문을 제기하고 우리 생각을 치유할 기회가 남아 있다.

: 용기를 키우는 네 가지 진실

그렇다면 가짜 두려움을 대하는 방식을 바꾸려면 어떻게 해야 할까? 우리는 의식적인 선택을 통해서, 두려운 생각들을 우리를 위로하고 치유하며 안전한 느낌이 들게 하는 생각들로 바꿀 수 있다. 간단한 예를 들면, 당신이 '난 부족한 사람이야'라고 생각한다면, 이것이 그냥 당신을 제한하는 하나의 생각일 뿐임을 알아차리고, 그 대신 당신에게 힘을 실어주고 자유롭게 해줄 수 있는 것이 무엇일지 스스로에게 물어보면 도움이 된다.

바이런 케이티Byron Katie는《네 가지 질문Loving What Is》(한국어판 제목)에서 자기 제한적 믿음을 참된 진실로 바꾸도록 도와주는 네 가지 질문, 즉 '작업The Work'을 해보도록 권유한다. 때로는 자기 제한적 믿음과는 정반대인 긍정affirmation이 생각의 이런 전환점이 되기도 한다. 예컨대 '난 부족한 사람이야'를 바꾸면 '난 충분해'가 될 수 있다. 그러나 자기 제한적 믿음의 단순한 정반대보다 훨씬 깊고 복잡하게 이러한 전환이 이루어지는 경우도 많다. '생각의 전환'이라는 논리를 '두려움의 네 가지 가정'에 비슷하게 적용해 본다면, 이런 자기 제한적 믿음들은 '용기를 키우는 네 가지 진실Four CourageCultivating Truths'이라는, 힘을 북돋는 믿음들로 바꿀 수 있다.

용기를 키우는 네 가지 진실

- 진실 1. 불확실성이란 가능성으로 들어가는 문이야.
- 진실 2. 상실은 자연스러운 일이고 우리를 성장하게 해줘.
- 진실 3. 우주에는 목적이 있어.
- 진실 4. 우리는 모두 하나야.

'두려움의 네 가지 가정'에서 '용기를 키우는 네 가지 진실'로 옮겨가는 것은 이성적 과정이라기보다는 직관적 과정에 더 가깝다. 나는

'용기를 키우는 네 가지 진실'이 믿을 만한 것이라는 증거를 당신의 이성 마음에 제시하겠지만, 당신의 이성 마음은 그것들을 믿지 말라고 계속 속삭일 것이다.

두려움이 당신을 치유하게 하는 데는 당신의 이성 마음은 좋은 친구가 아니다. 가짜 두려움에 대해서라면 이성 마음이 도움을 주려고 하겠지만, 실제로는 도움보다는 상처를 더 많이 줄 수 있다. 그것은 '내면의 등불'보다 '작은 나'의 지배를 받기가 쉽기 때문이다. 직관적인 목소리가 나오는 곳이 바로 '내면의 등불'이다. 직관을 다스리는 '내면의 등불'은 '용기를 키우는 네 가지 진실'이 믿을 만하다는 것을 이미 알고 있다. 따라서 진정한 변화는 당신 안의 이 부분을 신뢰하는 법을 배울 때 일어난다.

다음 네 개의 장에서 제시하는 세계관은 내 까만 의사 가방에서 손에 잡히는 대로 끄집어낸 것이 아니다. 이 세계관을 뒷받침할 수 있는 모든 증거를 찾아서 당신의 이성 마음에게 보여줄 텐데, 이 세계관은 '용기를 키우는 네 가지 진실'에 바탕을 두고 있다. 이 증거들 일부는 전문가 집단의 평가를 받는 과학 문헌에 발표된 것들로 신뢰도가 높은 임상 시험 결과들이다. 다른 믿음직한 책들에 실린 사람들의 경험담에서 따온 증거들도 있고, 내가 개인적으로 인터뷰한 사람들의 이야기나 내 경험에서 나온 증거들도 있다. 다음 네 개의 장에서 나는 이러한 진실을 껴안아보라고 당신의 이성 마음과 직관 모두를 초대하려 한다. 그러면 당신의 새로운 믿음이 용기를 키워주는 세계관과 굳게 결합해, 훨씬 안전하고 용감해진 기분을 느끼게 될 것이다.

'용기를 키우는 네 가지 진실'을 믿을 때 당신은 더 용기 있는 삶을 살게 될 것이다. 불확실성과 바른 관계를 맺는 순간 두려움보다는 흥분과 호기심으로 그것을 대할 수 있다. 상실을 피할 수 없다는 사실을 받아들일 때 상실은 당신의 성장을 도와줄 수 있다. 그리고 자신의 목적을 지니고 있는 '우주적 지성Universal Intelligence'이 우리를 늘 안내하고 있다는 사실을 깨닫고 나면, 설령 우리가 다 이해하지 못한다 해도 모든 일은 이유가 있어서 일어난다고 믿게 된다. 우리 모두 하나의 집단 의식의 부분임을 진실로 느낀다면, 온 우주에서 나 홀로라는 외로움을 내려놓고 우리가 함께 이어져 있음을 깨닫기 시작한다. 그리고 이런 깨달음은 용기를 갖고 인생의 목적을 실현해 가도록 도와준다. '두려움의 네 가지 가정'으로 살기를 멈추고 '용기를 키우는 네 가지 진실'이 우리의 행동을 이끌도록 할 때, 우리는 자신을 치유하고 세상을 축복하게 된다.

4. 불확실성은 가능성으로 들어가는 문

사람들은 고통을 없애려 힘든 시간을 보낸다.
하지만 미지의 것이 두려워 익숙한 고통을 붙잡는다.
— 틱낫한Thich Nhat Hanh

크리스 카는 오늘이 마지막 날이 될 수도 있다는 것을 모른 채 날마다 잠에서 깬다. 엄밀히 따지면 우리 모두가 그렇다. 누구나 바로 오늘 죽을 수 있다. 그러나 크리스에게는 이것이 더 절박한 문제이다. 크리스는 30대 초반의 나이에 치료제도 없는 희귀한 유형의 암 4기 진단을 받았다. 방사선과 화학 요법은 효과가 없었고, 외과적으로 유일한 방법은 종양이 퍼진 장기들을 이식하는 수밖에 없는데, 지금도 혈관을 따라 생긴 미세한 암세포들을 처리하지 못하고 있다.

암 진단을 받을 무렵 면역력을 높일 수 있는 것이라면 무엇이라도 하라는 말을 들었던 크리스는 철저히 자가 치유를 하기 시작했다. 식단을 대부분 생식과 채식으로 바꾸었을 뿐 아니라 영적인 수행도 하고 생활 방식도 바꾸어나갔다. 그랬는데도 그녀는 자신이 10년 안에 죽을 수 있다는 말을 들었다. 크리스는 암과 싸우면서도 '대담하고' '화끈하게' 살 수 있음을 증명하는 것을 자신의 사명으로 삼았다. 그녀는 자신의 투병 여정을 다큐멘터리 필름 〈대담하고 화끈한 암Crazy Sexy Cancer〉에 고스란히 담았고, 암에 걸려서도 잘살 수 있다는 그녀의 메시지는 많은 사람들에게 큰 용기를 주었다.

그러기까지 크리스는 수많은 두려움에 맞닥뜨려야 했다. 암을 처음 진단받은 때가 발렌타인 데이였는데, 그래서 매년 2월 14일은 CT 스캐닝을 받고 종양의 크기를 검사하는 두려운 연례 행사일이 되었다. 스캐닝에서 어떤 것이 발견될지는 알 수 없는 일이었다. 그러나 매년 종양의 크기는 그대로인 것으로 나타났다. 커지지도 않았지만 줄어들지도 않았다.

자신이 통제할 수 없는 것에 대한 두려움 속에서 10년을 보낸 뒤 크리스 안의 무엇인가가 마침내 바뀌었고, 그녀는 암을 대하는 자신의 방식에 문제가 있다는 것을 바로 그 두려움을 통해서 알 수 있었다. 바로 암에 저항하는 자신의 태도였다. 어느 날 암이 감쪽같이 사라져버리길 고대하며 10년을 보낸 뒤에야 그녀는 치료에 대한 집착을 놓아버리기로 결심했다. 그 대신 암을 받아들이고, 아무것도 보이지 않는 불확실성 속을 기꺼이 헤쳐 나가기로 선택했다. 그리고 열한 번째 발렌타인 데이, 크리스에게 좋은 결과가 나왔다. 처음으로 종양의 크기가 줄어든 것이다.

우리는 늘 불확실성과 대면하며 살아가지만, 크리스처럼 매일 의식적으로 불확실성과 화해하는 연습을 하며 살 수 있는 사람은 거의 없다. 대부분의 사람들은 불확실성을 피하기 위해 할 수 있는 모든 일을 하고, 불확실성과 직면하게 되면 그것을 확실한 상태로 되돌리기 위해 할 수 있는 모든 일을 한다. 그러나 불확실성과 화해하는 것이야 말로 더없이 강력한 영적 수행의 하나일 수 있다.

이마쿨리 일리바기자도 끊임없는 죽음의 위협 속에서 하루하루를 두려워하며 살았다. 1994년의 르완다 집단 학살 사건 당시, 투시Tutsi 족인 이마쿨리는 한 후투Hutu 족 목사의 집 비좁은 욕실에서 일곱 명의 여성들과 함께 숨죽인 채 91일을 웅크리며 버텼다. 언제 발각될지 몰랐고, 밖에서 무슨 일이 기다리는지 아무것도 알 수 없었다. 그곳에 들어갈 때 몸무게 52킬로그램의 건강한 대학생이던 그녀가 그곳을 나와 눈앞에 펼쳐진 최악의 광경, 가족들을 비롯해 마을의 투시 족 대부분이 잔인하게 학살당한 모습을 보았을 때는 몸무게가 29킬로그램밖에 나가지 않았다.

이마쿨리는 숨기 전 가톨릭 신자인 아버지가 준 묵주를 쥐고 끝없이 기도하지 않았더라면 자신은 아마 두려움과 분노와 원한으로 불구의 몸이 되었을 거라고 말한다. 위태로운 세상임을 보여주는 엄청난 증거가 눈앞에 있었어도, 신성한 힘과 계속해서 교감하며 지낸 덕분에 이마쿨리는 꼼짝 못하는 상황에서도 평화와 위안을 찾을 수 있었다. 욕실에서 나온 뒤 이마쿨리는 손에 칼을 들고 죽이겠다고 협박하는 후투 족 사람과 마주쳤다. 이마쿨리는 두려움에 굴복하지 않고 남자를 노려보았다. 결국 남자는 이마쿨리와 여자들을 그대로 보내주었다. 몇 년 후 유엔에서 일하던 이마쿨리는 우연히 자기 어머니와 형제를 살해한 그 남자를 만날 기회가 있었다. 사람들은 이마쿨리가 남자에게 침이라도 뱉어주기를 바랐지만, 그녀는 이렇게 말했다. "당신을 용서합니다."

크리스와 이마쿨리는 몹시 불확실하고 두려운 상황에서도 평화를 찾아낸 보기 힘든 사례이다. 하지만 이는 당신도 할 수 있다.

나는 "불확실한 것은 안전하지 않다"는 '두려움의 첫 번째 가정'에 우리가 의문을 품어보기를 바라는 마음에서 이 두 사례를 들었다. 크리스와 이마쿨리가 둘 다 불확실성에 직면한 상황에서 결코 안전하지 않았다고 주장할지도 모른다. 크리스는 여전히 암 4기 상태이고, 이마쿨리는 르완다 집단 학살에서 거의 죽을 뻔했으니까 말이다. 하지만 지금 시점에서는 두 사람 다 잘살아 가고 있다. 크리스는 미지의 것이 두려워 스스로 성장을 가로막기보다는 불확실성 속에서도 얼마든지 잘살아 갈 수 있다는 것을 보여주며 많은 사람들에게 용기를 주고 있다. 이마쿨리는 가족을 죽인 사람들을 용서함으로써 이 세상을 어지럽히는 보복과 폭력의 악순환을 끊을 수 있다고, 집단 학살에서 고아가 된 아이들에게 가르치고 있다. 용기를 키우는 첫 번째 진실, 즉 "불확실성이란 가능성으로 들어가는 문"이라는 말에 두 사람 다 고개를 끄덕이지 않을까 싶다. 당신의 삶에도 불확실한 순간에 저항하지 않고 그냥 뛰어들었을 때 뭔가 더 큰 것으로 이어진 문이 열렸던 경험이 분명 있을 것이다. 하지만 대부분의 사람들은 이런 생각을 용납하지 않는다.

: 확실성에 대한 집착

우리는 확실한 것에 집착하는 문화 속에서 살고 있지만, 현실을 돌아보면 단 1분 후에 일어날 일도 알지 못한다. 내일이면 우리 세상을 완전히 파괴해 버릴 어떤 우주적 사건이 지구를 덮칠 수도 있다. 이런 사실은 무척 불편하다. 우리는 불확실성에 대한 뿌리 깊은 두려움을, 음식이나 알코올, 담배, 지나친 운동, 바쁜 일상, 텔레비전 등 정신을 무디게 하는 행동으로 덮어두려 한다. 이것들은 모두 우리가 바라는 대로 인생을 통제할 수는 없다는 사실로 인한 불편함에서 눈을 돌리게 하는 것들이다. 우리는 안전하다는 느낌을 주는 것들을 계속 끌어 모으면서, 다른 한편으로는 우리가 얻은 것들을 잃을까봐 두려워한다. 영혼의 성장과 진정한 연결의 기회들로 가득한 풍요롭고 의미 있는 삶을 희생해 가면서까지, 모든 걸 안전하게 지키는 것이 우리의 일차 목표가 된다.

불확실한 것이 너무도 불편하기 때문에, 우리는 확실하다는 느낌을 갖게 하는 이야기들을 지어내 스스로를 위로한다. 바로 "내 아이는 절대 암에 걸리지 않아" "안정적인 이 직업을 끝까지 지킬 거야" "자연재해가 덮치는 일은 결코 없을 걸" "나는 언제나 돈이 넘칠 거야" "백 살 될 때까지는 안 죽어" "그이는 나를 늘 사랑할 거야" 같은 이야기들이다. 그러나 어떤 수준에서 우리는 그런 이야기들이 환상일 뿐이란 걸 알고 있다. 우리 자신에게 들려주는 이런 이야기들이 한갓 생각에 불과함에도 우리는 저 아래의 두려움이 부추기는 이 생각들에 매달리고, 만약 우리가 지어낸 이야기들의 확실성이 위협받으면 감정적으로 몹시 긴장하게 된다. 우리가 두려워하는 일이 일어나고 비극이 들이닥칠 때까지 많은 사람들이 평생을 이렇게 잠든 채로 살아간다. 죽을지도 모를 병에 걸리고, 사랑하는 사람이 죽고, 안정적이라 생각했던 직장에서 잘리고, 경제적 파탄이 닥친다. 그런 인생의 변화들이 당신을 흔들어 깨워서 알려주려는 것은 딱 하나이다. 다시 잠들기는 힘들다는 것. 이제 당신은 확실하다는 것이 단지 환상일 뿐임을 알았으니까.

불확실성을 다루는 방식은 새로운 상황에 어떤 식으로 접근하느냐에 따라 달라지는 경우가 많다. 의사인 레이첼 나오미 레멘은 사람마다 자기가 가장 신뢰하는 부분, 바로 '척후병frontrunner'을 갖고 있다는 말을 했다. 새로운 상황, 그것도 불확실한 상황에 발을 들일 때, 우리는 자기가 가장 신뢰하는 부분을 내세워 상황을 점검하고 확인하게 한다. 이성적인 사람은 자신의 이성 마음을 내보내 이렇게 묻는다. '거기 누가 있어? 거긴 믿을 만해? 데이터에는 어떻게 나와? 이게 말이 되는 거야? 어떻게 그럴 수 있지? 내가 설명할 수 있을까? 증명할 수 있는 원리가 있는 거야?'

그러나 어쩌면 당신이 신뢰할 수 있는 것이 이성 마음이 아닐 수도 있다. 당신은 가슴이나 직관을 신뢰할 수도 있다. 가슴이나 직관을 척후병으로 보낼 때는 이렇게 물을 수도 있다. '이곳 분위기는 어때? 어떤 느낌이 들어? 사람들에게 사랑이 충만해? 사람들이 서로 연결돼 있나? 아니면 서로 경쟁하고 있나? 여기랑 잘 어울린다는 느낌이야? 내게 맞아?'

이성 마음은 이성적인 일을 하는 데 쓸모가 있지만, 동시에 '작은 나'의 두려움의 목소리가 나오는 곳이기도 하다. 마음에게는 이것이 이해가 가지 않을 수도 있다. 마음은 자신이 똑똑하고 어른스럽고 믿을 만한 목소리라고 생각하기 때문이다. 지성이 이성 마음에서 나오는 게 사실이기는 하지만, 두려움 또한 이 마음속의 생각에서 나온다. 반면에 '내면의 등불'은 당신의 가슴과 직관에 깃들어 있다. '작은 나'는 확실한 것을 갈구하지만, '내면의 등불'에게는 이미 알고 있는 것이나 아직 모르는 것이나 다 편안하다. 평화로움을 느끼고자 확실성을 요구하지 않는다.

누구에게나 이 두 부분이 있지만 우리 문화에서는 많은 사람들이 직관보다는 이성 마음을 더 신뢰하며, 따라서 우리의 경험이 타당함을 확인하는 데 이성 마음에게 더 많은 권한을 준다. 이것은 문제를 일으킨다. 왜냐하면 당신의 더 작은 부분(이성 마음 또는 '작은 나')은 당신의 더 큰 부분(가슴과 직관 또는 '내면의 등불')을 쉽게 확인하지 못하기 때문이다. 이성 마음이 내린 결론을 직관으로는 확인할 수 있지만, 그 반대는 불가능하다. 이성 마음은 확실성을 갈구하지만, 당신은 아무것도 할 수가 없다. 이성 마음은 개인의 진실성, 일관성, 모험심과 기쁨을 버리는 한이 있어도 안전과 보장, 안락을 찾을 것이다.

우리가 '이성적으로 확인해야 만족하는 사람cognitive validator'인지 직관에 이끌리는 사람인지를 결정하는 것은 무엇일까? 불확실성과 계속해서 마주쳐 자신이 안전하지 못하다고 느낄 때 우리는 '이성적인cognitive' 사람이 되기 쉽다. 우리는 상황에 대한 설명, 통제력, 합리적인 생각, 확실하다는 느낌을 갈망하기 시작한다. 그렇게 해야 우리의 불확실한 세상을 얼마라도 통제하는 것 같은 느낌이 든다. 하지만 '이성적인' 사람이 될 때 우리는 호기심과 경이로움, 나아가 경외의 마음으로 불확실성을 대할 수 없게 된다.

확실성을 고집한다면 어떤 것들을 포기하게 될지 생각해 보라. 당신은 호기심과 창조성, 가능성의 문을 닫게 된다. 새로운 것들에 마음의 문을 닫게 되고, 영원한 학생으로서 배우는 즐거움을 놓치게 된다. 이런 태도를 취할 때 우리는, 레이첼 나오미 레멘의 말대로, "삶의 신비mystery를 삶에 대한 통제mastery와 맞바꾸면서, 살아있다는 느낌과 가능성의 감각을 잃어버리고 만다."

이 사회에서 배운 대로 나는 '이성적으로 확인해야 만족하는 사람'으로 살았다. 12년 동안의 의학 교육은 내게 다른 어떤 것보다도 합리적이고 논리적이며 이성적인 마음이 가치 있고 중요하다고 가르쳤다. 나는 언제나 세상일을 합리적으로 설명할 수 있을 때가 가장 편안했다. 사물의 본질을 상세히 설명하는 과학을 가치 있게 여겼다. 설명할 수 없는 것들이 있으면 몹시 불편했다. 그러다가 '인생의 악재'가 겹치면서 뭔가가 나를 흔들기 시작했다.

: 내 인생의 악재

이른바 '인생의 악재'들을 겪기 바로 전까지, 나는 아마도 완벽하고 예측 가능하고 안정된 것처럼 보였을 인생을 묵묵히 살아가고 있었다. 하지만 이런 보장된 생활에는 그 대가가 따랐다. 내 인생이 안에서부터 잘못되어 가고 있다는 것을 누구도 눈치 채지 못했다. 상근직 산부인과 의사라는 '꿈의 직업'을 가진 나는 억대 연봉을 받으며 호화로운 생활을 누렸다. 샌디에이고에 바다가 보이는 집이 있었고, 값비싼 유럽산 자동차들을 굴렸으며, 하와이에서 휴가를 보냈다. 내 직업으로 나는 사회에서 존경받는 지위를 얻었고, 동료들도 나를 환자들을 돌보는 성실하고 숙련된 의사로 진심으로 인정해 주었다. 서류상으로도 내 인생은 멋져 보였다. 자상하고 지적이고 사랑스러운 남자와 결혼해서, 곧 있으면 첫아이가 태어날 예정이었고 친구도 많았으니까. 서른다섯의 나이에 나는 행복의 조건이라고 배운 모든 것을 이루었다. 하지만 바로 이 때문에 스스로 불행하다고 생각하는 자신이 죄스럽고 배은망덕하게 느껴졌다. 왠지 '완벽한 인생'을 위해 영혼을 판 사람 같았다.

오랫동안 나는 뭐라고 설명할 길 없는 내면의 불안감을 느껴왔다. 내가 왜 행복하지 않을까? 이른바 세상 사람들이 멋진 인생을 위해 가져야 한다고 말하는 것을 다 가졌는데. 그래서 나는 감사하는 마음을 갖고자 노력했다. 감사해야 할 것들이 무척 많았다. 그때 만일 감사함에 더 잘 집중했더라면 분명 나는 은퇴해서 정말로 인생을 즐길 수 있는 65세가 되기까지 남은 30년을, 비록 스트레스 많은 일일망정 경쾌하게 해냈을 것이다.

하지만 감사도 소용이 없었다. 나는 한밤중에 깨어 우는 날이 많았다. 나는 불행하다는 사실을 애써 외면했고, 의사로서 하는 일에 만족하며 바쁘게 살았다. 의사 일 외에도 직업 예술가로서 성공적인 경력을 쌓기 시작했고, 저녁이면 와인을 마시면서 점점 커가는 그 불편한 느낌을 잊어버리려 했다. 그러나 딴 곳으로 마음을 돌리려 아무리 애를 써도 부질없었다. 해가 지날수록 만성 질환의 목록은 늘어만 갔고, 그렇게 내 몸마저 나를 배신하고 있었다. 치료를 받아도 악화되기만 하는 온갖 만성 질환들로 나는 서른다섯이라는 나이에 무려 일곱 가지 약을 먹고 있었다. 그때 우주가 나의 허세에 값을 치르게 하리라는 것을 예견했어야 했다. 그러나 마침내 나를 깨우는 소리를 들었을 때 나는 마치 불시에 습격을 당한 기분이었다.

딸아이를 임신한 지 6개월이 되었을 때, 어머니가 전화를 걸어와 아버지가 이상한 말씀을 하신다고 했다. 수화기를 건네받자 아버지는 "라마llama 센터로 여행을 가야겠다"고 하셨다. 뭔가 아주 잘못됐다는 느낌과 함께 뇌졸중이 온 것 아닐까 하는 의심이 들었다. 나는 어머니께 아버지를 빨리 응급실로 모셔가라고 했다. CT 촬영 결과 측두엽에서 커다란 뇌종양이 발견되었고, 추가 정밀 검사를 하고 나자 온몸에서 종양들이 발견되었다. 간에 생긴 종양의 조직 검사를 하고 난 의사는 전이성 흑색종 진단을 내렸다. 이제 59세밖에 안 된 아버지에게 남은 시간은 3개월이었다.

정확히 석 달 후 나는 제왕절개로 딸 시에나를 낳았다. 부모님이 손녀를 보려고 샌디에이고로 날아오셨을 때는 내가 수술에서 회복하던 중이었다. 뇌 전체를 방사선으로 치료를 했지만 아버지의 종양은 줄어들지 않았고, 담당 의사들은 임종이 가까이 왔다고 했다. 그래서 부모님은 호숫가에 집 한 채를 빌렸고, 호스피스 단체에서 그곳에 병원 침대 하나를 들여놓아 주었다. 내가 수술받은 몸을 추스르며 아기를 보는 동안, 아버지는 죽음을 준비하셨다.

멀리 떨어져 사는 남동생 크리스와 언니 켈리도 아버지의 남은 날들을 함께하려고 비행기로 날아왔다. 그런데 서른세 살의 건강하던 크리스가 도착하자마자 응급실에 실려 갔다. 축농증으로 먹던 항생제 지스로맥스Zithromax의 희귀한 부작용으로 심각한 간 부전이 생긴 것이다. 같은 주에 내가 사랑하던 개 에어리얼이 열여섯 살로 죽었다. 그리고 내가 딸을 낳은 지 정확히 2주 뒤에 아버지가 돌아가셨다. 내 인생에서 2주 만에 그렇게 많은 충격을 받은 적이 없었다. 그 사건들은 모든 것을 바꿔놓았다. 나는 확실성이라는 것이 그저 환상일 뿐이라는 걸 깨달았고, 꿈에서 깨어나 두려움에 덜덜 떨면서 불확실성이라는 광대한 신비를 응시하고 있는 내 모습을 보았다. 내가 과연 그것을 감당할 수 있을지 확신이 들지 않았다.

내가 겪은 일들처럼 불확실한 비극들은 대개 다음 둘 중의 한 가지 방식으로 사람들에게 영향을 미친다. 문을 닫아건 채로 훨씬 더 확실한 것을 요구하고 미지의 것에 대해서는 더욱더 경계를 하며 이성 마음을 더욱더 굳건히 해 재빨리 방어하거나, 아니면 인생의 불합리함에 된통 얻어맞고서 그대로 쓰러지거나. 우리는 인생의 허무함에 가슴이 찢어지고, 생각했던 것보다도 훨씬 더 깊은 외로움을 느낀다. 절망으로 미치기 일보직전까지 내몰리기도 한다. 그때, 이성 마음에 대한 믿음이 무너지는 바로 그 순간, 더 큰 무언가가 만신창이가 된 당신에게 손을 내민다. 이렇게 철저히 무너진 상태에서 당신은 자신에게 있는지도 몰랐던 어떤 힘에 깜짝 놀랄지도 모른다. 그것은 당신이 할 수 있다고 생각해 본 적이 없는 것을 하도록 허락하는 힘이다. 바로 받아들일 수 없는 것을 받아들일 수 있게 하는 것이다. 여기서 당신은 바로 두려움이 당신을 치료하도록 하고 있는 것이다.

받아들일 수 없는 것을 받아들이는 이 능력은 기껏해야 몇 분 정도 지속될 수도 있지만, 이런 일이 일어나면 당신이 당신 자신이라 생각했던 껍질에 틈새가 생긴다. 이런 틈새가 생겼다는 것은 진정한 당신이라는 빛이 뚫고 들어올 수 있는 기회가 생겼다는 말이다. 그런 기회는 젖먹이 시절 이후 처음 온 것일 수도 있다. 일단 틈새가 생기고 나면, 다시 말해 당신의 진정한 본성을 잠깐이라도 볼 기회가 생기면, 당신은 그것을 결코 외면할 수 없다. 등을 돌릴 수도 있고, 부정할 수도 있다. 그러나 이제 당신은 전과 똑같을 수 없다. 얼핏이나마 다른 의식의 상태, 아주 오랫동안 자신의 정체성에 대한 감각을 지배해 온 제한된 시각을 뛰어넘어 훨씬 드넓은 의식의 상태를 보았기 때문이다.

: 확실성을 갈구하는 '작은 나'

우리가 가만 놔두기만 하면 불확실성은 '작은 나'의 본질과 대면하게 해준다. 확실성이라는 환상에 우리가 매달리는 이유 중 하나는, 그것이 '작은 나'에게 우리가 세상사를 통제하고 있다는 거짓된 느낌을 주기 때문이다. '작은 나'는 우리의 자아상과 세계관을 유지하는 데 힘을 쏟는 우리의 일부이기 때문에, 확실한 것을 좋아한다. '작은 나'에게는 우리가 어떤 사람이고 어떤 사람이 아닌지, 우리가 잘하는 건 무엇이고 못하는 건 무엇인지, 어떤 것은 해낼 수 있고 어떤 것은 해낼 수 없는지, 무엇은 믿고 무엇은 믿지 않는지에 대한 이야기가 있다. 또한 세상이 어떻게 돌아가는지에 대한 확고한 생각도 있다. 그래서 어떤 것은 옳고 어떤 것은 그르다고 하고, 어떤 것은 실재하고 어떤 것은 실재하지 않는다고 하며, 어떤 것은 가능하고 어떤 것은 불가능하다고 하고, 어떤 것은 제정신이고 어떤 것은 미쳤다고 말을 한다. '작은 나'는 확실하게 대답할 수 없는 질문은 좋아하지 않고, 모든 것을 정돈된 상자들 속에 넣어두기 위해 신비로움, 경이로움, 외경심, 가능성 같은 것은 기꺼이 내버린다.

영적 교사 아디야샨티는 《은총, 고통의 끝 *Falling into Grace*》에서 우리가 고요한 인식awareness 상태의 드넓은 내적 공간에서 삶을 시작한다고 가르친다. 그 뒤 우리에게 이름과 성별, '옳은 것'과 '그른 것'을 가리는 규칙들, 그리고 세상에서 내가 어느 위치에 있는지에 대한 생각들이 주어진다. 경험을 쌓아가면서 우리는 이런 생각들을 가지고 자신의 자아상과 세계관을 구축한다. 어떤 사람들의 자아상은 부정적이다. 자신이 어떻게 부족한지에 대한 고통스런 생각들로 가득하다. 또 어떤 사람들의 자아상은 긍정적이다. 자신이 남보다 우월하다고 느끼든 열등하다고 느끼든, 더 가치 있다고 느끼든 가치 없다고 느끼든, 더 영리하다고 느끼든 멍청하다고 느끼든, 더 잘생겼다고 느끼든 못생겼다고 느끼든, 이런 것들은 모두 이야기일 뿐이다. 이런 관념들은 그냥 생각에 지나지 않지만, 우리는 자신을 그런 생각과 워낙 동일시한 나머지 우리가 정말로 누구인지를 잊어버린다. 우리는 생각의 한계가 없는 순수 의식인데도 말이다.

현대 사회에서는 모든 것이 '작은 나'를 먹여 살린다. 우리는 '작은 나'를 떠받들고, 그것에 대한 이야기들을 지어내고, 그것이 입을 옷을 고르고, 또 완벽해 보이는 거짓 모습으로 그것을 치장한다. 만약에 무엇인가 또는 누군가가 우리가 누구이며 세상이 어떻게 돌아가는지에 대한 이런 이미지에 도전한다면, 우리는 아주 불편해한다. 우리가 세상에 투사하고 싶어 하는 이미지를 망칠까봐 두려워 가면을 덮어쓰지만, 그래봐야 사기꾼 같다는 느낌만 들 뿐이다. 진정한 자신에 대해 솔직하지 않기 때문이다. 확실성에 대한 갈구는 괴로움을 만들어낸다. 확실성에 대한 우리의 믿음이 깨질까봐 두려운 것만큼이나, 만일 우리가 자신이 누구인지 알지도 못하고 세상을 떠난다면 그것은 훨씬 더 큰 비극이라는 것을 가슴속 깊이 알고 있기 때문이다.

어느 날 하이디라는 환자가 몹시 초조해하는 모습으로 진료실에 찾아왔다. 새로 사귀고 있는, 자기가 정말 좋아하는 남자 친구와 조금

전 섹스를 했는데, 그 친구한테 자기가 포진이 있다는 사실을 미처 털어놓지 못했다는 것이었다. 어떻게 하면 자기 잘못을 바로잡을 수 있을지, 자기 체면도 잃지 않고 남자 친구도 지켜줄 수 있을지, 하이디는 내게 도움을 청했다.

하이디가 말했다. "선생님, 선생님은 이해 못해요. 전 진실한 사람이에요. 이런 짓은 하지 않아요." 말을 마친 하이디는 나와 눈을 맞추지 못하고 고개를 떨궜다.

내가 말했다. "만약에 말이에요, 하이디가 진실한 사람이라고 확신하지 말고, 그냥 자신이 정말로 어떤 사람인지 의문을 가져보면 어떨까요? 하이디는 진실한 사람일 수도 있고 그러지 않을 수도 있어요. 자신에 대해 믿는 것이 어떤 때는 진실일 수도 있고 어떤 때는 진실이 아닐 수도 있어요. 내 생각에 나는 이러이러한 사람이라는 그 이야기를 내려놔 보면 어떨까요?"

하이디가 개인적으로나 영적으로나 성장하기 위해서 얼마나 열심인지 알았기에 그 정도의 자극적인 말은 해도 괜찮을 것 같았고, 그녀가 나의 자극을 사랑으로 받아들일 것임을 알았다. 하이디는 내 말을 이해했고 잘 받아들였다. 집으로 돌아간 하이디는 망설이던 이야기를 남자 친구에게 털어놓았다. 남자 친구는 포진에 감염될 가능성을 줄여주는 예방 치료를 받기로 했다. 2년 뒤 하이디가 자궁경부암 검사를 받으러 왔을 때 두 사람은 여전히 함께였다.

'작은 나'는 우리가 누구인지에 대해 상충되는 견해들을 갖는 경우가 많다. 우리는 우리가 얼마나 고상하고 똑똑하고 진실한지 이야기를 지어내 한껏 자신을 부풀린다. 그러다가도 그런 부풀린 생각대로 살지 못하면, 이번에는 자신이 얼마나 보잘것없는 존재인지 한껏 오므라든 이야기를 지어내 자신은 물론 남들까지 깎아내린다. '작은 나'는 우리가 우러르는 사람들보다는 열등하다거나 우리보다 '못한' 사람들보다는 우월하다는 식으로 늘 우리를 비교하고 판단한다. 진정한 자신의 모습은 대개 그 중간 어딘가에 있다. 그곳은 우리가 겸손하고 호기심어린 눈으로 우리의 진정한 장엄함을 볼 수 있는 자리이고, 남보다 더 낫지도 않고 못하지도 않은 자리이며, 사람마다 영혼의 성장이라는 자신만의 독특한 길을 걸으면서 '있는 그대로의 자신'으로서 존재하는 자리이다. 우리가 기꺼이 호기심을 갖고 대하기만 한다면, 우리의 진정한 본성은 스스로 드러나기 시작한다. 내가 안다고 생각하던 모든 것에 의문을 제기한다는 것이 고통스럽고 불편할 수 있지만, 기꺼이 호기심을 갖고 대하면 인생은 당신의 스승이 될 수 있다. 거기가 바로 진짜 마법이 있는 곳이다.

: 인생이라는 스승

나와 함께 진행하는 '영혼을 위한 의학Medicine for the Soul'이라는 원격 강의에서 레이첼 나오미 레멘이 말한 바와 같이, 우리가 허락하기만 한다면 인생은 스승이 될 수 있다. 어릴 때 우리는 유치원에 가자마자 어떻게 선생님들은 모든 것을 다 알고 학생인 우리는 아무것도 모르는지 나름의 이야기를 지어낸다. 우리는 이런 선생님들을 우러러보고 그들처럼 되고 싶어 한다. 물론 아는 것이 모르는 것보다 더 가치 있는 건 분명하다. 모르면 위축되고 약해진다. 알면 기가 살고 강해진다. 우리는 아는 것이 많으면 많을수록 인생이 더 나아질 거라고 결론을 내린다. 이제 우리는 모르는 것을 용납할 수 없게 된다. 그래서 무슨 수를 써서라도 확실한 것에 가치를 두기 시작한다. 배우는 사람보다는 아는 사람이 되는 것이 더 낫다고 믿게 된다.

초등학교 2학년 때 레이첼은 아는 것은 좋지만 배우는 건 싫다고 어머니께 말했다고 한다. 자라서 어떤 사람이 되고 싶으냐는 물음에 그녀는 자신만만하게 이렇게 말했다. "전문가요." 하지만 어른이 된 레이첼은 진정한 지혜란 아는 사람보다는 배우는 사람이 되는 데 있다는 걸 깨달았다. 분명히 우리가 학교에서, 책에서, 선생님을 통해서 얻을 수 있는 지식이 있다. 그러나 이러한 지식 너머에 헤아릴 수 없이 값진 것이 있다. 겸손하고 호기심어린 사람이 되려는 의지, 어떤 것이 진실인지 아닌지 생각해 보려는 의지가 있다면 가능성의 문이 열린다. 그렇게 하면 확실성의 한계에서 풀려나 인생을 신비의 학교로 만들 수 있다.

인생이라는 스승은 여러 가지 모습으로 나타난다. 우리의 아이들이 스승일 수도 있다. 길거리의 노숙자가 스승이 될 수도 있다. 상처도 스승이 될 수 있다. 학대도 스승이 될 수 있고, 두려움도 마찬가지다. 인생이 우리에게 가르쳐주려는 선물들은 대개 확실성의 영역이 아니라 불확실성의 영역에 있다. 인생을 스승으로 삼고자 할 때는 어느 정도 겸손이 필요하지만, 우리가 아는 척만 하지 않는다면 누구나 배우는 사람이 될 수 있다. 당신이 미국의 대통령이든 하버드대의 학장이든 아니면 유치원 보육 교사든, 인생은 당신의 스승이 될 수 있다. 단지 허락하기만 한다면 말이다. 이 스승은 당신이 확실한 것을 갈구하느라 전혀 보지 못하는 바로 그것들을 당신 앞에 보여줄 것이다.

내가 인생의 악재들을 겪는 동안 일어났던 일이 바로 이것이다. 나는 생각도 못했던 상실을 줄줄이 겪으면서 겸손해졌다. 내 '작은 나'는 여전히 나를 불확실성으로부터 지키고 있었지만, 인생의 악재들이 남긴 틈새가 점점 더 벌어지기 시작했고, 그것은 내 인생의 모든 것에 의문을 품게 만들었다. 나는 내가 백 살까지 살 것이고 내게 소중한 어떤 것도 잃지 않을 거라는 확실성의 환상에서 갑작스레 깨어났다. 아버지가 살 날이 갑자기 석 달밖에 안 남은 것처럼, 내게도 똑같은 일이 언제라도 일어날 수 있다는 걸 깨달은 것이다. 만약 앞으로 살 수 있는 날이 석 달밖에 안 남았다는 사실을 안다면 그때도 똑같은 삶을 살 거냐고 스스로에게 물었을 때, 대번에 나오는 내 대답은 이랬다. "절대로 아니야!"

결국 나는 기성 의료계 안에서 안정적으로 직업을 유지하느냐 마느냐 하는 어려운 결정을 내려야 하는 상황에 놓이게 되었다. 일을 그만둔다면 집을 팔아 생활비가 덜 드는 시골로 이사해야 할 판이었다. 딸아이는 태어난 지 고작 여덟 달밖에 안 되었고, 남편 매트는 일을 하지 않았으니 생계는 오로지 내 몫이었다. 마침내 나는 용기를 내 동료들에게 직장을 그만두고 안전망도 대안도 없는 막막한 미지의 세계로 떠나겠다고 말했다. 바로 그 무렵에 매트가 테이블 톱에 왼손 손가락 둘을 잘렸다. 여덟 시간의 수술 끝에 현미외과 의사는 매트의 손가락을 다시 붙였지만, 손가락이 움직이게 하려면 수술을 더 받아야 한다고 했다. 일이 이렇게 되자 나는 퇴직을 미뤄야 했다. 이미 직장을 그만두기로 결정한 마당에 계속 일을 해야 하는 건 참기 어려운 고통이었다. 덫에 걸린 느낌이었다. 내 결정에도 의문이 들었다. 내가 잘못 선택했다는 신호일까? 아니면 내 결심이 시험당하는 걸까? 매트가 받은 여러 번의 수술, 물리 치료와 회복, 그리고 어떤 희생을 치르더라도 일을 더는 못하겠다는 기분을 참고 견디던 몇 개월이 지나, 드디어 나는 일을 그만두었다.

의사 일을 그만둘 경우 과거의 의료 과실에 대한 배상을 대신 해주는 보험이 있는데, 내가 일을 그만두면서 그런 내 의료 과실 '흔적'을 지우는 데 들어간 비용에, 남편과 나 둘 다 수입이 없는 동안 들어간 생활비를 치르느라, 집도 있고 은퇴 계좌에 돈도 두둑하던 우리가 2억 원이 넘는 빚을 지고 집세를 내는 신세가 되었다. 나는 불확실성과 그것이 불러일으키는 온갖 두려움에 직면했고, 결국 두려움과 인생에서 배우기로 했다. 내가 겪은 인생의 악재들과 그 뒤로 내린 결정들은 나를 영적인 길로 밀어 넣은 첫 번째 입문 의식이 되었다. 미지의 것을 무서워하던 나는 이제 그것을 숨겨진 선물로 보게 되었다. 모르는 것을 두려워하기보다는 그것을 받아들였고, 심지어 흥분까지 느꼈는지도 모르겠다. 미지의 것을 개인적인 실패로 보지 않고, 우주가 주는 선물로, 배울 수 있는 기회로 보게도 되었다. 다만 그 교훈을 찾아 나설 만큼 겸손한 마음일 때만 말이다.

불확실성에 대한 두려움의 반대면이 곧 가능성에 대한 흥분이라는 것, 그것이 바로 내가 발견한 것이다. "몰라"라고 말하기를 두려워하기보다 모험심을 가지고 "몰라"라고 말해보라. 미래에 뭐가 기다리고 있을지 모를 때 어떤 일이라도 일어날 수 있기 때문이다. 그런 관점은 우리가 길들여진 온갖 문화적 규범에 어긋난다. 우리 안의 '이성적인 확인자'는 늘 '왜'와 '어떻게'를 알고 싶어 한다. 그러나 '왜'와 '어떻게'를 줄곧 묻는 내게 레이첼이 말한 것처럼, '왜'와 '어떻게'를 이해한다는 것은 어쩌면 꼴찌들이나 받는 상일 것이다.

세상일이 내 뜻대로 되지 않을 때마저도 인생의 모든 면을 통제하려는 노력을 멈추고 삶을 스승으로 삼으려 애쓸 때, 마법과도 같은 일이 벌어진다. 확실한 것을 부여잡은 손을 기꺼이 놓고 미지의 신비를 껴안을 때, 삶은 당신에게 기쁨을 주기 시작한다. 당신은 성장하고 변화한다. 당신의 발목을 붙잡는 가짜 두려움을 넘어서 믿음으로 불확실성을 껴안을 준비가 된 것이다.

: 두려움에서 자유로

우리가 불확실성의 한가운데 있을지라도 삶을 스승으로 보려고 할 때 여정은 시작된다. 영적인 길이라 부르기도 하는 이 여정은, 우리가 알 수도 없고 이해하지도 못하는 것에 직면했을 때 그 불확실성을 두려워하던 데서 삶을 신뢰하는 쪽으로 옮겨가는 도전의 여정이다. 많은 사람들을 만나 자신의 영적 여정에서 무엇을 배웠는지 물으면서 내가 안 사실은, 두려움에서 자유로 가는 여정, 즉 불확실성과 바른 관계를 맺어가는 이 여정이 실은 새로울 것이 없는 여정이라는 것이다. 당신보다 앞서 많은 사람들이 걸었고 또 앞으로도 많은 사람들이 이 길을 걸을 것이다. 다음에 나오는 다섯 단계를 읽으면서 당신은 지금 이 여정의 어디쯤 이른 것 같은지 생각해 보기 바란다.

두려움에서 자유로 가는 여정

1단계: 불확실성에 대한 무의식적 두려움의 상태. "나는 안전 지대 안에 있으며, 미지의 것은 무슨 수를 써서라도 피한다." 내가 모르는 것은 위험하게 느껴지지만, 불확실한 것이 얼마나 불편한지를 의식하지는 못한다. 미지의 것에는 절대 그것이 느껴질 정도로 가까이 가지 않는다. 뒤따를 결과가 확실하다는 느낌이 들지 않으면 행동하지 않는다. 위험을 피하는 데 많은 에너지를 쏟는다.

1단계의 좌우명: "나중에 후회하느니 안전한 게 낫다."

1단계를 헤쳐 나가는 법: 확실한 것에 매달리는 자신의 성향이 자유를 제한한다는 사실에 눈을 뜨기 시작하자. 스스로 이렇게 물어본다. "이렇게 하는 것이 과연 나를 돕는 걸까? 안전 지대 안에 남아 있는 것이 정말로 나를 지켜주는 걸까?"

2단계: 불확실성에 대한 의식적 두려움의 상태. "내가 모르는 것은 위험하게 느껴지지만, 내가 두려움을 느낀다는 건 알고 있다." 불확실한 상황은 내 안에서 불안과 걱정, 두려움을 일으킨다. 그래서 불확실한 상황을 피하고 내 세계를 통제하려 한다. 하지만 내가 확실한 것을 더 좋아하기는 하지만, 거기 매달리면 내 발목을 붙들린다는 것을 안다. 미지의 것에 저항하기는 하지만, 미래에 확신이 들 때까지 하염없이 기다리고만 있으면 모험을 하기가 힘들다는 건 안다.

2단계의 좌우명: "인생에서 한 가지 확실한 것은 인생이 불확실하다는 사실이다."

2단계를 헤쳐 나가는 법: 확실성에 대한 욕구가 당신의 가능성을 어떤 식으로 제한하는지 알고 나서도 자신에게 관대하라. 불확실성에 저항한다 해서 너무 자학하지는 마라. 그것을 인정할 만큼 용감하다며 토닥여줘라. 근본적인 자기 연민self-compassion의 자리에서 자연스럽게 3단계로 옮겨가게 될 것이다.

3단계: 확실성과 불확실성의 중간 상태. "미지의 것이 위험한지 어떤지 모르겠다." 내가 모르는 것이 그리 편안하지는 않지만, 모르는 것에 저항하지도 않는다. 미지의 것이 완전히 무섭지는 않지만, 미지의 것을 찾아 나서지도 않는다. 불확실성과 화해할 때 생기는 자유를 느끼기 시작하고 있다. 그래서 미지의 것에 조심스럽게 호기심도 가져보고, 그것에 대한 나의 두려움에서 뭔가 배우려고도 한다.
3단계의 좌우명: "미지의 것에 호기심은 일지만 아직 거리낌이 있다."
3단계를 헤쳐 나가는 법: 모든 것에 의문을 품어라. 열려 있어라. 호기심을 가져라. 미지의 것에서 아직 느껴지는 불편함을 없애고자 억지로라도 확실하게 만들고 싶다는 충동에 저항하라. 이 단계에서 지나치게 확실성을 추구하면, 당신은 두려움 때문에 가능성이 활짝 피어나지 못하도록 막는 뭔가를 만들어내기 쉽다. 이 어중간한 상태로 살면서 위안이 되고 평화를 얻을 수 있는 일을 하라.

4단계: 불확실성에 매력을 느끼는 상태. "나는 불확실함이 무섭지 않을 뿐더러 그것이 무척 끌린다." 알아야 할 게 더 있으며 그것을 아는 유일한 길은 미지의 것을 껴안고 탐험하는 것뿐임을 깨닫는다. 나에게 미지의 것은 두렵지가 않고 왠지 매혹적이다. 나는 지식보다도, 발견과 그 발견 과정의 생동감에 더 매력을 느낀다. 확실성보다 발견하는 일에 더 끌리고, 불확실성이 나를 유혹할 때 거기에 나를 내던질 만큼 무모하다. 미지의 것을 맞이하고 그 안으로 걸어 들어가 거기 어떤 것이 있는지 보고 싶은 마음이 너무 커 나는 가끔씩 분별력 없이 행동하기도 한다. 나는 모험가가 되려 하지만, 이 불확실성이라는 스펙트럼의 반대 쪽 끝으로 되돌아가면 안 된다는 점을 명심해야 한다.

4단계의 좌우명: "불확실성에 대한 두려움의 반대면은 곧 가능성에 대한 흥분이다."

4단계를 헤쳐 나가는 법: 4단계의 핵심은 분별력이다. 미지의 것에 마음이 끌리면 거기에 혹한 나머지 맹목적으로 뛰어들기도 하는데, 이 때문에 곤경에 빠질 수도 있다. 미지의 것 앞에서 두려움을 느끼지 않는 사람은 무모해질 위험이 있다. 4단계에서 건강하게 행동하면 분별력 있는 결정으로 불확실성에 다가갈 수 있다. 이때 힘이 되어주는 것은 두려움이 아니라, 영혼의 진실함과 직관의 안내이다.

5단계: 내맡김의 상태. "모른다. 그래도 나는 믿는다." 미지의 것이 두렵지도 않고, 그것에 혹하지도 않는다. 나는 분별력 있게 행동한다. 세상에는 내가 절대로 다 이해할 수 없는 원리가 있다고 느끼지만, 이 방향으로 가는 것이 안전하다고 믿는다. 미지의 것을 껴안으면 좋은 일들이 일어날 수도 있고 좋지 않은 일들이 일어날 수도 있다. 하지만 무슨 일이 벌어지든 내가 목적이 있는 우주 안에 살고 있으며 모든 결과에는 다 의미가 있다는 것을 믿는다. 나는 경이에 활짝 열려 있고, 확실성보다도 자유에 더 가치를 둔다.

5단계의 좌우명: "삶의 풍성함을 경험하는 유일한 길은 미지의 것에 내맡기는 것뿐이다."

5단계를 헤쳐 나가는 법: 즐겨라! 5단계는 무척 평화롭겠지만, 당신이 늘 거기에 머무는 것은 아니다. 거기에 머무는 것은 끊임없는 실천이다. 미지의 것에 맞닥뜨려 슬그머니 다시 두려움으로 돌아가는 자신을 보거든, 당신이 되돌아볼 때까지는 이해할 수 없는 방법으로 당신을 이끄는 보이지 않는 힘들이 있다는 사실을 믿어보라고 스스로를 일깨워주기 바란다.

이 다섯 단계를 거치는 여정은 일직선으로 곧장 나아가는 길이 아닐 수도 있다. 한 단계에서 다음 단계로 넘어갔다가도, 상실이나 트라우마를 겪고 나면 뒷걸음질할 수도 있다. 불확실성이 더 편하게 받아들여지는 삶의 영역이 있기도 하므로, 삶의 측면마다 단계가 다 다를 수도 있다. 예컨대 직업 생활에서는 4단계에 있는데 애정 생활에서는 2단계에 있을 수도 하다. '옳은' 단계, '그른' 단계란 없다. 자신에게 적합한 시기에 있다는 걸 믿어야 한다. 당신이 여정의 어디쯤 와 있는지 알아야 하는 이유는, "난 한참 멀었어" 같은 이야기를 지어내게끔 하기 위해서가 아니다. 자신에게 적합한 시기에 자신이 걸어야 할 길을 걷도록 돕기 위해서이다. 두려움에서 자유로 가는 이 여정을 헤쳐가면서 부디 자신을 온화하고 자비롭게 대하기 바란다. 레이첼 나오미 레멘이 말한 것처럼, 망치로 두들겨서는 장미꽃 봉오리를 피울 수 없다. 그 과정을 신뢰하고 철저히 자신을 돌보라. 지금 어느 단계에 있든, 있어야 할 곳에 있음을 알기 바란다.

: 불확실성 속으로 뛰어들기

자신이 불확실성을 어떻게 대하는지 생각해 보라. 삶을 스승으로 삼을 생각이 있는가? 확실한 결과를 알 수 없는 상황에서도 기꺼이 결정을 내리겠는가? 미지에 대한 두려움을, 그동안 당신이 매달려왔지만 이제는 놓아버려야 할 것들을 가리키는 손가락으로 삼을 수 있는가? 많은 시간이 지났지만 이제라도 학교로 다시 돌아갈 때인가? 관계를 성장시킬 수도 있겠지만 위태롭게도 할 수 있는 결혼 생활의 위험을 감수할 때인가? 성적인 관계로 이어져도 좋을 만큼 그 관계를 신뢰하는가? 경제적으로 불안해질 수 있는데도 평생의 꿈에 돈을 투자할 때인가? 어린 시절의 트라우마를 치유하기로 용기를 낼 준비가 되었는가? 당신 영혼의 심장처럼 느껴지는 곳으로 이사할 때인가?

삶에는 믿음의 도약을 이룰 기회들로 가득하다. 하지만 그 같은 도약에 따른 불확실성을 편안히 받아들일 수 있는가? 시기는 적절한가? 당신 삶 속의 온갖 물음표들과 화해할 수 있는가? 더 나아가 그것들을 사랑할 수 있는가?

라이너 마리아 릴케는 이렇게 썼다. "풀리지 않은 채 가슴속에 있는 모든 것들을 참을성 있게 대하라. 의문들 그 자체를 사랑해 보라."

▶용기 키우기 연습 4
불확실한 것에 뛰어들기

불확실성을 대하는 방식을 바꾸는 것도 몸의 근육을 키우는 것처럼 연습이 필요하다. 불확실성의 근육을 키우는 벤치 프레스(벤치 같은 데 누워 역기를 들어 올리는 운동—옮긴이)를 해보라. 불확실성이라는 바벨로 장착된 행동들을 자꾸 함으로써 안전 지대의 한계를 넓혀보자.

• 거절 요법Rejection Therapy: 거절당할지도 모른다는 불확실함이 두

려운가? 거절당할 수도 있는 불확실한 상황을 직접 만들어보자. 사업가이자 전문 '두려움 해결사' 지아 장Jia Jiang은 애당초 거절 당하는 것이 두려워서 스스로 '100일 동안 거절당하기'에 도전 했던 사람이다. 거절당할 만한 것들을 일부러 사람들에게 요구 한 것이다. 당신도 그런 상황을 직접 만들어보라. 거부당할지 모 른다는 두려움이 일어나더라도 당신이 그것을 감당할 수 있다는 사실을 알아차리길 바란다.

- 길을 잃기: 계획에 없는 길을 여행할 때의 불확실성이 두려운가? 차를 타고 계속해서 좌회전만 하는 도전을 해보라. 언젠가 나도 이렇게 하는 남자와 첫 데이트를 한 적이 있다. 결국 우리는 리 틀 리그 야구 경기장에서 낯선 사람들과 섞여 얼린 레모네이드 를 먹기도 했고, 출발했던 곳으로 어떻게 돌아가는지 방향을 물 으려 주유소에 들르기도 했다. 기꺼이 실험해 보자. 모험을 해보 라. 어디까지 가는지 한번 보라.

- 실패에 열려 있기: 성공할지 실패할지 알 수 없다는 것이 두려운 가? 성공 여부가 불확실한 상황에 자신을 던져보라. 한 번도 해 본 적이 없는 난해한 기술을 가르치는 수업을 들어보라. 적극적 으로 뛰어들어서 실패해 보라. 자신이 모든 걸 다 잘하지는 못하 지만, 그래도 괜찮다는 걸 느껴보라. 실패에 그냥 웃어보라. 그리 고 용감하게 시도한 자신을 축하하라. 어떻게 하는지도 모르면서 볼링을 하러 가도 얼마나 재미있는지 생각해 보라. 롤러스케이트 를 처음 타는 사람을 상상해 보라. 우리는 아이들한테는 처음부 터 무얼 잘하리라 기대하지 않지만, 우리 자신에게는 그러길 기 대한다. 너무 심각해지지 않으려 노력하자. 처참하게 실패해 보

라. 숙달하려고만 너무 애쓰지 말고 뭔가 새로운 것을 해본다는 흥분을 즐기는 법을 배우자.

▶ 용기 키우기 연습 5
불확실성 명상

불확실한 상황에서 두려워하는 자신을 보거든, TheFearCureBook. com에서 '용기 처방전 키트Prescription for Courage Kit'를 다운받아, '불확실성 명상Uncertainty Meditation'을 들어보라.

5. 상실은 우리를 성장시키는 자연스러운 것

슬픔은 잊어야 하는 것이 아니다. 고마움으로 기억해야 하는 것이다.
—레이첼 나오미 레벤, M.D.

캐머런 클랩은 모르몬교 집안에서 태어난 예절 바른 일란성 쌍둥이였다. 캐머런과 쌍둥이 형제 제시는 둘 다 잘생기고 건장하고 인기도 좋았으며 공부도 잘했다. 부모님은 쌍둥이가 중학생일 때 이혼을 했는데, 이 일로 충격을 받아 캐머런은 초록색에 파란색 귀걸이를 하고 머리도 초록색에 파란색으로 염색을 하고 다니는 반항아로 바뀌었다. 학업은 뒷전이어서 주말마다 파티를 벌였고, 취하도록 마시는 술이 자기 인생을 어떻게 바꿔놓을지는 전혀 생각도 못했다. 나이 열다섯에 이웃집 미니밴을 '빌려' 음주 음전을 하다가 체포까지 당했지만 캐머런은 자기 파괴적인 길을 벗어나지 못했다.

캐머런과 제시는 길을 건너면 철도가 있고 바로 그 옆에는 캠핑장이 있는 곳에 살았다. 형제는 위장을 하고 밤마다 캠핑장에 숨어 들어가, 잠든 야영객들의 아이스박스에서 맥주를 훔쳐 꼭두새벽까지 마셨다. 그러나 캐머런은 자기가 앉아서 술을 마시던 바로 그 철로에서 장차 무슨 일이 생길지 꿈에도 몰랐다.

9·11의 비극이 발생한 지 사흘 뒤인 2001년 9월 14일, 캐머런의 나이는 열다섯이었다. 애국심이 투철해서 자라면 군대에 들어가기로 계획했던 쌍둥이 형제는, 9월 11일에 죽은 이들을 기리며 촛불을 켜자는 부시 대통령의 제안대로, 초와 국기, 조명등으로 희생자들을 추모하는 작은 제단을 꾸몄다. 그러곤 아픔을 무디게 해줄 맥주 파티 장소로 발걸음을 옮겼다. 그들은 파티가 깨질 때까지 술을 마셨고, 2차로 자리를 옮겨 맥주보다 센 술을 마셨다.

그날 밤 늦게 집에 돌아온 캐머런은 전화를 걸려고 비틀거리며 밖으로 나왔다가, 9·11 희생자들을 위해 제시와 함께 만든 추모 제단을 보았다. 캐머런은 그곳을 더 잘 보고 싶어 길을 건너 철로에 앉아 담배에 불을 붙였다.

캐머런이 기억하는 것은 여기가 끝이었다. 화물 열차가 자신을 덮치기 전까지 말이다.

사람들에게 들은 말로는 열차는 먼저 그의 두 다리, 그것도 무릎 위쪽을 자르고 지나갔다. 그 다음, 캐머런의 몸이 충격으로 홱 뒤집혔고 오른팔이 열차 밑에 깔렸다. 화물 열차의 기관사가 911로 전화를 걸었고, 구급대원들이 심하게 손상된 팔다리에 지혈대를 댈 때까지 캐머런은 기적처럼 살아있었다. 대원들은 잘려나간 캐머런의 두 다리를 얼음 속에 넣었다. 그러나 팔은 남은 부분이 없었다. 손만 덜렁 남아 있었다.

응급실 의사들은 캐머런이 살 수 있으리라고는 기대하지 않았다.

작별 인사를 하도록 가족들이 불려왔지만, 제시는 어디에 있는지 찾을 수 없었다. 사실 제시는 사이렌 소리를 듣고 뭔가 끔찍한 일이 벌어졌다는 것을 알고서 달아나버렸다. 일란성 쌍둥이라야 알 수 있는 것이었다.

캐머런이 기억하는 다음 일은 사흘 뒤 집중 치료실에서 깨어나 뭔가 아주 잘못되었음을 알아차린 순간이었다. 눈을 뜨자 온 가족이 와 있었고, 맨 먼저 살아있어서 감사하다는 느낌이 온몸을 휘감았다.

아버지에게 처음 한 말이 이랬다. "오사마 빈 라덴 그 자식 잡았어요?"

그런 다음 아래쪽을 보니 두 다리가 없었다. 오른쪽을 보자 팔도 없었다. 공포감에 휩싸인 채 캐머런은 자기 '남성'이 아직 있는지 보려고 남은 다리 사이를 내려다보았다. 그것이 제자리에 있다는 것을 확인하자 안도의 한숨이 나왔다. 그거라도 있구나 하는 생각이 들었다.

3주 만에 퇴원할 만큼 캐머런은 치유가 빨랐다. 그동안 거의 느끼지 못하던 두려움과 슬픔이 밀려든 것은 바로 그때였다. 자신이 잃은 모든 것을 마주하기가 고통스러웠던 캐머런은 다시 파티로 돌아갔다. 가족들은 이런 캐머런의 모습을 무엇보다도 힘들어했다. 그들은 잘생기고 활동적이고 자신감 넘치고 독립심 강하고 농담도 잘하던 10대에서, 불구에 우울하고 자신 없고 앉아만 있고 약물을 남용하며 뭘 하든 도움을 받아야만 하는 10대로 변한 캐머런을 그저 지켜보아야만 했다.

그 후 7년 동안 캐머런은 나락으로 빠져들었다. 그러던 2008년의 어느 날, 그는 쌍둥이 형제 제시의 방 문이 잠겨 있는 것을 보았다. 캐머런과 제시는 함께 살고 있었는데, 잠긴 문을 본 순간 불길한 느낌이 들었다. 의족으로 문을 부수고 들어갔더니 쌍둥이 동생이 약물 과용으로 숨진 채 침대에 누워 있었다. 캐머런은 그때가 인생 최악의 날이었다고 말한다.

제시가 죽고 얼마 안 돼 캐머런은 고열로 몹시 앓다가 911을 불렀다. 감염에서 회복되는 사이 캐머런은 자신이 중대한 선택 순간에 와 있음을 깨달았다. 나락으로만 떨어지는 인생을 제시의 죽음과 함께 그만 놓아버리거나, 아니면 자기 안에 있는지조차 몰랐던 내면의 힘을 향해 걸음을 떼거나…… 결국 캐머런은 살기로 했다.

내가 캐머런에게 어떻게 그런 선택을 하게 되었느냐고 묻자, 그는 이렇게 말했다. "나한테는 기댈 수 있는 사람들이 있었어요. 그 무렵 나를 많이 도와준 여자 친구가 있었죠. 나중에 깨지긴 했지만요. 영적인 생활도 도움이 됐어요. 내 자신보다 큰 힘이 있다고 믿었죠. 에크하르트 톨레의 《지금 이 순간을 살아라》와 《삶으로 다시 떠오르기A New Earth》(한국어판 제목)를 읽었어요. 그게 내가 영적으로 성장하고 자존감과 자신감을 찾는 도약대가 되었죠. 그게 전환점이었어요. 동생은 목숨을 잃었고, 저도 그럴 뻔했죠. 하지만 생명은 말할 수 없이 소중해요. 삶을 의미 있게 만들 기회가 있는 우린 행운아예요. 앞으로도 계속 성장해 나갈 거고 나머지 삶도 책임 있게 살 거예요."

이렇게 깨어난 뒤로 캐머런은 먼저 자신의 분노와 슬픔을 해결하고, 그 다음에는 의족을 찬 채로 삶 속으로 돌아가기 위해 문자 그대로 쥠쇠를 꽉 조이고 달려들지 않으면 안 되었다. 이렇게 하려면 자신의 태도를 바꾸고, 자신이 있고 싶은 곳을 시각화하고, 계획을 세우고, 실제로 자신을 철저히 변화시켜 나아가는 행동이 필요했다.

캐머런은 의족 둘과 의수 하나로 혼자서도 생활할 수 있게 된 뒤로 환자 변호사 자격을 얻어 물리치료사와 작업치료사들이 여는 워크숍에서 강의를 할 수 있게 되었다. 그 뒤 얼마 안 된 발렌타인 데이에 그는 미니애폴리스의 한 도시 빈민가 고등학교에서 최초로 대규모 학생들을 상대로 격려 연설을 해달라는 요청을 받았다.

그 며칠 뒤 캐머런은, 자신이 양부모든 친구들이든 또 있지도 않은 남자 친구든 그 누구한테도 사랑받지 못한다고 생각하는 한 입양 소녀로부터 이메일을 한 통 받았다. 심각하게 자살을 생각하고 있었는데 캐머런의 연설을 듣고 집에 가 변기에 알약을 몽땅 쏟아버리고 살기로 결심했다는 것이다. 그러곤 양부모와 마음을 열고 대화를 하고, 학교 상담교사에게도 자신이 따돌림당한 이야기를 했다. 캐머런이 그랬던 것처럼 그 아이도 삶을 선택한 것이다.

이 일을 계기로 캐머런은 자신에게도 남들에게 봉사할 기회가 있다는 것을 깨닫게 되었다. 그는 자신이 전하는 메시지를 죽은 동생의 유산으로 만들고 싶었다. 그때부터 캐머런은 의족을 차고 달리기, 서핑하기, 스키 타기, 골프 치기를 배웠고, 지금은 비영리 단체인 '캠프 노 리미츠Camp No Limits'에서 상담가로 있으면서 팔다리를 잃은 아이들이 잘살 수 있도록 돕고 있다. 그는 또 부상으로 팔다리를 잃은 군인들을 위한 서핑 교습소 '오퍼레이션 서프Operation Surf'에도 참여하고 있다. 캐머런은 이렇게 말한다. "저는 일종의 사절使節로서 거기에 나갑니다. 일명 '맥주 병'인 이 숏다리를 가지고 보드를 저으면서 이 친구들과 함께 파도를 타는 거예요."

캐머런은 두려움이 자기 인생을 지배하도록 선택할 수도 있었지만, 그것보다는 자기한테 제일 큰 두려움이 자신을 치유하도록 하는 쪽을 선택했다. 상실 때문에 자신을 파괴하기보다 새롭게 시작할 때, 삶을 자신의 스승으로 삼을 때, 최악의 비극을 연출하는 상실도 축복이 될 수 있다. 캐머런은 한때 "소중한 것을 잃어버리면 못 견딜 거야"라는 두려움의 두 번째 가정을 믿었을 것이다. 하지만 그렇게 어린 나이에 비극적인 상실을 겪고 난 뒤, 캐머런은 이제 "상실은 자연스러운 일이고 우리를 성장하게 해준다"는 '용기를 키우는 두 번째 진실'을 받아들이지 않았을까 싶다. 그는 대부분의 사람들이 최악의 악몽이라 여길 만한 일을 감당할 수 있는 능력이 우리에게 있을 뿐만 아니라 상실을 삶의 목적을 깨닫는 기회로 바꿀 수 있는 연금술적인 능력까지 있다는 사실을 보여주었다. 그의 이야기는 상실이 자연스러운 일이며 우리를 성장하게 해준다는 것을 확인시켜 주는 좋은 사례이다.

: 두려움과 연약함

우리가 받아들이려고만 한다면, 고통과 슬픔, 상실은 우리를 주의가 산만한 '작은 나'의 선잠 상태에서 깨우고, 영혼을 가둔 가짜 두려움의 새장에서 풀어주려고 존재한다는 것을 알게 된다. 하지만 대부분의 사람들에게는 그것을 선물로 알고 고마운 마음으로 받기가 쉬운 일이 아니다. 현대 문화에서 우리는 상실을 건강하지 못한 방식으로 대하는 경향이 있다. 그러나 토착 문화에서는 상실을 삶의 자연스런 일부로서 훨씬 쉽게 받아들인다.

현대의 물질주의 문화에는 상실을 잘 받아들이도록 도와주는 문화적 신화가 없고, 우리는 상실에 적대적이 되었다. 기꺼이 상실을 받아들인다든지 그것이 주는 가르침을 얻고자 껴안는 건 고사하고 상실을 그저 실패로만 바라본다. 우리는 아이들에게서 벌을 주면서 뭔가를 빼앗는다. 그리고 뭔가를 주는 것으로 보상한다. 상실을 실패, 수치, 죄책감, 그리고 '나쁜' 것으로 생각하도록 아이들을 길들이는 것이다. 상실은 삶의 자연스런 부분으로 여겨지지도 않고, 성장하는 데 꼭 필요한 것으로서 환영받지도 못한다. 그 대신 우리는 무슨 수를 써서라도 상실에 저항한다. 이는 우리가 변화에도 저항한다는 뜻이다. 변화하기 위해서는 어떤 형태로든 상실이 요구되기 때문이다. 끝이 없으면 시작도 없는 법이다.

우리는 변화와 거기에 따른 상실을 피하려 정체停滯를 감내하고, 우리의 영혼은 불확실성과 상실을 피하는 과정에서 서서히 죽어간다. 위험을 무릅써야 하는 것은 어떤 것도 받아들일 수 없게 된다. 여기에서 두려움이 태어난다. 비극 연기를 위한 최종 드레스 리허설은 언제든 상처받을 수 있는 사랑과 상실에 대비해 단단히 무장하는 한 가지 방식일 뿐으로, 이는 브레네 브라운이 말하는 '예감 만족foreboding joy'이라는 감정을 낳는다. 대부분의 사람들은 자신이 가진 모든 것에 감사하는 마음으로 넘치다가도 갑자기 그것들을 죄다 빼앗길지 모른다는 두려움에 짓눌리는 경험을 한 적이 있을 것이다.

브레네 브라운은 연구를 하면서, 사람들이 가장 상처받기 쉽다고 느끼는 때가 언제인지 들려준 이야기에 충격을 받았다. 대개 그것은 잠든 아이들을 지켜볼 때, 자신이 하는 일이 좋을 때, 병이 나아갈 때, 혹은 사랑에 빠질 때처럼 일이 아주 잘 풀리는 때였다.

달리 말하면 우리는 잃을 것이 가장 많다고 느낄 때 가장 두렵다는 얘기다. 우리가 그토록 마음을 주고, 그토록 사랑하고, 그토록 많이 가졌기 때문에, 순식간에 모두 잃어버릴까봐 두려움에 떤다. 물론 실제로 그럴 수 있다. 인생은 무상하고, 어떤 것도 이런 가혹한 진실로부터 우리를 지킬 수 없다.

이 진실을 견딜 수 없기 때문에 우리는 브레네 브라운이 말하는 '연약함의 갑옷vulnerability armor'이라는 다양한 도구들로 무장하고 거기에 맞선다. '예감 만족'도 그런 갑옷 중의 하나이다. 완벽주의 같은 다른 갑옷도 있다. 완벽주의는 두려움에서 나온다. 완벽해지지 못하면, 다른 사람들에게 실망을 주고, 거부당하고, 실패하고, 또 인정받고 싶은 사람들에게 외면당할까봐 두렵기 때문이다. 완벽주의는 뛰어난 사람이 되고자 노력하는 것과는 다르다. 그것은 '완벽'이라는 말의 표면적인 정의대로 산다면 우리가 가장 두려워하는 수치심과 비난, 판단으로부터 보호받으리라는 그릇된 신념이다.

'무뎌지기numbing'도 또 하나의 '연약함의 방패'이다. 상실과 수치심, 비난, 판단 등의 두려움을 물리칠 만큼 준비가 되어 있지 않기 때문에 우리는, 술, 담배, 약물, 음식, 섹스, 카페인으로 스스로를 무뎌지게 한다. 내 경우에 집착했던 것은 '바쁘게 살기'였다.

모든 축복 속에는 상실의 위험이 있다는 현실을 마주할 때 우리는 자신이 상처받을지 모른다고 느끼고, 따라서 상처받지 않으려면 무장해야 한다고 생각한다. 이에 대한 좀 더 건강한 접근법은 우리의 연약함과 화해하는 법을 배우는 데 있다. 하지만 어떻게 하면 그럴 수 있을까? 가장 두려워하는 것에 우리를 내몰고 우리가 가장 사랑하는 것을 앗아가려고 을러대는 세상에서 어떻게 하면 위안을 얻을 수 있을까?

잃을 것을 많이 가져서 상처받기 쉽다는 느낌은 당신을 송두리째 파괴할 수 있다. 자신에게 그토록 소중한 것을 잃어버릴지도 모른다는 생각 때문에, 자신이 가장 사랑하는 사람들에게조차 가슴을 닫고 있는 자기 모습을 볼 수도 있다. 두려움은 이렇게도 태어난다.

: 전환점으로서의 상실

우리는 이런 고통스런 진실을 마주하고 싶지 않지만, 인생은 무상하기 짝이 없다. 우리는 소중히 여기는 것들을 언젠가는 모두 잃을 것이다. 그리고 가장 큰 교훈은 상실을 통해 온다는 사실을 인생은 너무도 자주 가르쳐준다. 우리가 받아들이기만 한다면, 상실은 영혼이 이끄는 삶을 살게 해줄 수 있다. 상실은 우리를 성숙시키고, 우리 안에 지혜가 자라게 하며, 성장의 다음 단계로 가는 문을 열어주는 일종의 재탄생으로 우리를 이끌어줄 수 있다.

엘리자베스 레서는 《부서져야 일어서는 인생이다》에서 이렇게 쓴다. "역경이란 인간 삶의 자연스런 일부이다. 일이 잘못되지 않도록 어떤 도덕률이나 건강 요법 혹은 영적 수행을 무슨 부적처럼 지키라고 하는 것은 오만의 극치이다. 모든 일은 다 결판이 나게 되어 있다. 그것이 순리다. 피할 수 없는 변화를 피하려고 할 때, 우리는 영혼의 목소리에 귀 기울이지 않게 된다. 그 대신 삶과 죽음에 대한 두려움의 목소리에, 부족한 믿음에, 작은 에고의 의지에 귀를 기울인다. 영혼에게 귀를 기울인다는 것은 삶과 싸우기를 멈춘다는 것이다. 일이 우리 뜻대로 되지 않을 때나 병에 걸릴 때, 배신당하거나 부당한 대우를 받거나 오해를 받을 때처럼 일이 잘못되었을 때 맞서 싸우기를 멈춘다는 것이다. 영혼에게 귀를 기울인다는 것은 천천히 반응하면서 마음속으로 깊이 느껴보고, 자신을 명확하게 바라보며, 불안과 불확실성에 내어맡긴 채 기다린다는 것이다."

우리가 두려워하거나 혹은 이미 맞닥뜨린 역경이 사랑하는 사람의 죽음이든, 이혼이든, 실직이든, 실연이든, 건강을 잃는 일이든, 금전적 손실이든 뭐든 간에, 소중히 여기는 것을 잃을 때 우리에게는 선택의 기회가 주어진다. 레서가 말한 것처럼, 무너져 내릴 수도 있고 부수고 나올 수도 있다. 상실을 겪고 무너지면 두려움, 우울증, 불안감, 고립감, 중독 또는 냉소주의에 빠질 수 있고, 정서적으로도 무기력해지거나 대처할 수 없게 된다. 심하면 질병이나 자살로 이어질 수도 있다. 그러나 상실에 반응하는 다른 방법이 있다. 상실은 생각도 못했던 결실로 이어질 수 있다. 그렇게 하면서 우리는 생각했던 것보다 훨씬 더 진정한 자신에 가까워질 수 있다.

많은 사람들이 바깥세상으로부터 자신을 보호해 줄 껍데기를 쓰고 살아간다. 좋든 싫든 상실은 그 껍데기를 깰 기회를 준다. 상실의 경험 속에서 껍데기가 깨지면 참을 수 없는 고통이 느껴지기도 한다. 발가벗겨진 느낌, 당신을 찌르려고 덤비는 온갖 것들로부터 보호받지 못하는 느낌이 들어서, 더 튼튼한 갑옷을 껴입고 싶어질 수도 있다. 그러나 상실에 대처하는 방법이 이것만 있는 것은 아니다. 상실 덕분에 껍데기를 부수고 나오기로, 그리하여 가슴을 활짝 열고 더욱 풍요롭고 깊이 있는 삶을 살기로 선택할 수 있다.

역경에 어떻게 대처하느냐에 따라 우리가 얼마만큼 용감해질 수 있는지가 달라질 수 있다. 질병이든, 사랑하는 이의 죽음이든, 상처든, 직업 문제든, 돈 문제든, 혹은 성적 학대든, 적대적인 우주처럼 느껴지는 무언가의 손에 놀아나는 희생자라는 의식에 빠져서 무기력해지기는 참 쉽다. 어떤 일이 벌어지는 상황 자체를 바꿀 수는 없을지 모른다. 하지만 언제든 새로운 렌즈를 끼고 새로운 관점에서 그 역경을 대할 수는 있다.

역경의 희생자가 되기보다, 우리의 영혼이—어떤 수준에서—우리의 성장을 돕기 위해서 이런 도전들을 선택하는 것이라면 어떨까? 나는 언젠가 암 4기인 여성에게, 그녀가 태어나기 전에 그녀 영혼이 신과 함께 앉아 차 한 잔 하면서, 깨달은 존재로 성장하려면 젊은 나이에 암에 걸릴 필요가 있을 거라고 결정했다고 하면 그게 과연 있을 법한 일이라 생각되는지 정중하게 물은 적이 있다. 과연 암이나 학대, 이혼, 파산 같은 것이 영적으로 발전하는 데 꼭 필요한 것일 수 있을까?

2006년, 내 인생의 악재들이 시작됐을 때 나는 적대적인 우주의 희생자라는 느낌이 들었고, 계속해서 나를 때려대는 역경 속에서 절대 살아남지 못할 거라는 생각이 들었다. 하지만 이제 '회고'라는 렌즈를 통해 들여다보면, 그것이 다 내 에고의 껍질을 깨뜨리고 내가 되어야 할 그 사람이 되게 하려고 완벽하게 기획된 일이었다는 게 보인다. 내 '작은 나'는 질색을 했지만, 내 영혼에게는 잘한 선택이었다. 그리고 이제는 그 악재들이야말로 내가 겪은 일 중 최고의 일이었다고 말할 수 있다. 잠들어 있던 나를 흔들어 깨웠으니까 말이다.

우리는 '작은 나'가 바라는 대로 일이 풀리지 않을 때마다 바로 이

점을 기억하면 된다. 힘든 일이 생기면 당연히 슬퍼하거나 우리의 진짜 감정을 느낄 필요가 있지만, 그런 다음에는 다른 렌즈를 끼기로 선택할 수 있다. "봐! 영혼이 성장할 기회야! 어디 올 테면 와봐. 이 기회에 한번 최대한 성장해 보자고."

역경이 휘몰아칠 때는, 우리가 원하는 결과에 매달리고 싶은 유혹에 빠지기 쉽다. 나는 원하는 것을 달라고 기도하는 내 모습을 볼 때마다 내가 좋아하는 도교道敎의 이야기 한 가지를 떠올린다.

오랫동안 농사를 지어오던 늙은 농부의 말이 어느 날 달아나 버렸다. 소식을 들은 이웃 사람들이 찾아와 위로의 말을 건넸다. "거 참, 안됐네 그려."

농부가 말했다. "글쎄요."

다음날 아침, 달아났던 말이 다른 야생마 세 마리를 데리고 돌아왔다. 이웃들이 말했다. "참 잘됐네! 다행이야!"

"글쎄요." 노인은 똑같은 대답을 했다.

다음날, 농부의 아들이 아직 길들이지 않은 야생마를 타다가 말이 길길이 날뛰는 바람에 떨어져 다리가 부러졌다. 이웃들이 말했다. "무슨 날벼락인가? 정말 안됐네."

"글쎄요." 이번에도 노인은 똑같은 말을 했다.

다음날, 마을에 관리들이 들이닥쳤다. 전쟁터에 보낼 젊은이들을 징집하려고 온 것이다. 그들은 농부의 아들이 다리를 다친 것을 보고는 그냥 가버렸다. 이웃들은 잘된 일이라며 농부에게 축하의 말을 했다.

이번에도 농부가 말했다. "글쎄요."

역경이 닥치는 순간에는 우리는 불행처럼 보이는 그것이 사실은 축복일 수도 있다는 것을 까맣게 모른다. 그래서 나는 내가 원하는 것을 달라는 기도를 그만두었다. 그 대신 그냥 이렇게 기도한다. "뜻대로 이루소서."

시작으로 이어지는 끝

레이첼 나오미 레멘의 집 식탁에 앉아서 건강한 시각으로 상실을 바라보는 법에 대해 함께 이야기한 적이 있다. 레이첼은 자신의 책 《그대 만난 뒤 삶에 눈떴네*Kitchen Table Wisdom*》에 쓴 이야기를 들려주었다.

"시작이 없이는 끝도 없다는 걸 이해했을 때 내 나이가 서른다섯이었다. 그 시작과 끝은 언제나 서로 등을 맞대고 있다.

내가 에솔렌 인스티튜트Esalen Institute(명상과 인본주의 교육을 중시하는 미국 캘리포니아의 비영리 대안 학교―옮긴이)에 처음 간 것이 그해였다. 장신구 만드는 법을 배운 나는 은반지 하나를 만들었다. 반지의 디자인이 자랑스러웠다. 그 당시 에솔렌에는 장인들이 많이 있었는데, 그들은 내가 만든 반지를 보고 무척 감탄하며 관심을 보였다. 몇몇 사람은 나더러 해안길을 따라 몇 킬로미터 돌아가면 길가에 갤러리가 있는데 그곳 보석상에게 보여주면 어떻겠냐고 했다.

비가 내릴 듯한 날씨였지만 어쨌든 차를 몰고 나섰다. 보석상은 반지의 디자인을 마음에 들어 했고, 나는 그 사람이 손질을 더 해서 다른 사람에게 팔 수 있도록 반지를 남겨두고 왔다. 에솔렌으로 돌아가는 1번 도로는 운전하기가 힘들었다. 비가 심하게 내리기 시작했다.

밤사이에 거칠고 사나운 태풍이 해안을 덮쳤다. 아침 식사 때 나는 우리가 고립되었다는 소식을 듣고 충격을 받았다. 에솔렌의 바로 북쪽에서 1번 도로가 3킬로미터 가량 바다로 무너져 내렸다는 것이었다. 갤러리는 사라졌고 내 반지도 함께 사라졌다. 망연자실해 있는 가운데, 잃어버린 반지에 대해 말하는 목소리들이 내 안에서 들렸다. 가장 큰 목소리는 아버지의 것이었다. '본 적도 없는 사람한테 순진하게 맡기지 않았다면 이런 일은 절대 없었을 것 아니냐?' 어머니의 목소리도 들렸다. '값나가는 건 너한테 맡길 수가 없다니까.' 어제만 해도 반지가 끼워져 있던 내 손가락을 하염없이 바라보는 내 자신의 아주 어린 목소리가 그 목소리들 틈에 뒤섞였다. '어디 간 거지? 여기 있었는데.'

괴로운 마음으로 나는 절벽 끝으로 가서 어제의 폭풍으로 여전히 사납게 출렁거리는 태평양을 굽어보며 섰다. 저 아래 어딘가 내 반지가 있겠지. 절벽에 거세게 부딪치는 바다를 바라보고 있자니, 어제 일어난 일에 뭔가 자연스런, 아니 필연적이라고까지 할 무언가가 있다는 생각이 들기 시작했다. 미국의 땅덩어리는 수천 년 동안 바다로 무너져 내렸어. 어쩌면 나를 비난하는 그런 익숙한 목소리들이 다 틀렸을지도 몰라. 나하고는 아무 관계도 없는 것들이었어. 어떤 더 큰 과정이 일하고 있는 거야.

나는 반지가 끼워져 있던 내 손가락을 다시 들여다보았다. 지금은 정말 빈 손가락이었다. 처음으로 나는 뭔가 잃어버린 것을 호기심어린 마음으로 대했다. 이 빈자리를 어떤 것이 채우게 될까? 반지를 하나 더 만들까? 아니면 중고품 가게나 외국에서 하나 찾아볼까? 그것도 아니면 언젠가 나를 사랑하는 사람이 반지를 줄까?

35년을 살도록 나는 삶을 신뢰한 적이 없었다. 내가 떠나보낸 것

> 들은 무엇이든 내 삶에 할퀸 자국을 남겼다. 그러나 이번의 빈자리
> 는 달랐다."

: 가슴을 아프게 하도록 허락하기

소중한 물건, 생활을 일정하게 유지시켜 주는 돈, 사회적 지위, 또는 직업적 영예를 포기하기란 아주 고통스런 일이다. 우리가 그런 것들로 자신의 가치를 포장하고 있다면 더더욱 그렇다. 이런 형태의 상실은 원초적인 생존 본능—상실에 직면해서 치유받고자 수면 위로 떠오르는 어린 시절의 트라우마 주변을 맴도는 생존 본능—을 작동시킨다. 온갖 상실 중에서도 관계를 내려놓는 것보다 힘든 일은 없을 것이다. 그런 상실은 거부당한 느낌, 포기당한 느낌, 불안정한 느낌, 그리고 자신이 무가치하다는 느낌을 끌어내기 때문이다. 이런 느낌들도 어린 시절의 상처에서 나오기가 쉽다.

나는 모든 관계, 특히 깊이 사랑하는 사람들과의 관계는 영원히 간다는 믿음을 물려받았다. 누군가를 사랑한다면 90살이 되어서도 나란히 흔들의자에 앉아야 하고, 만약 그렇지 못하다면 그건 어느 한쪽, 어쩌면 내가 관계를 망쳐놓았기 때문일 거라는 생각을 늘 했다. 심리치료사는 내가 의사라서 생명이 다한 것들에도 본능적으로 심폐소생술을 시도한다고 농담을 하곤 한다. 나한테는 누가 봐도 이미 끝난 것이 빤한 관계인데도 어떻게든 살려보려고 열을 올리는 면이 있다. 언젠가 어떤 사람이 내게, 우리 삶 속으로 들어오는 사람은 첫째 이유가

있어서 오는 사람, 둘째 잠시 머물다 가는 사람, 셋째 평생을 함께하는 사람 이렇게 세 부류로 나뉜다는 말을 한 적이 있다. 그 차이를 분간할 줄 아는 것은 꽤 가치 있는 기술이다.

가슴 아픈 일로 고통받는 것은 인간 조건의 일부이다. 누구나 삶의 어느 시점에 이 같은 트라우마를 경험한다. 그 고통이 너무도 견디기 힘들어 우리는 갑옷으로 자신을 감싸고, 때론 그런 일이 생기기도 전에 정을 끊어버리기도 한다. 내 딸 시에나와 나는 이런 일에 대해 자주 이야기를 나누곤 했다. 시에나가 다섯 살일 때, 나와 가장 친한 친구의 딸인 비비언에게 상처를 받은 일이 있었다. 비비언은 시에나보다 생일이 2주 늦은 아이였다. 시에나와 비비언은 생후 3개월 때 한 번 만나고는 이후로 만난 적이 없었다. 시에나와 나는 샌프란시스코에, 비비언은 시카고에 살았기 때문이다. 시에나는 '비비언 공주'에 대한 이야기를 많이 들었고, 비비언도 시에나와 시에나의 요정 마술에 관한 놀라운 이야기들을 듣곤 했다.

그러다 마침내 친구와 비비언이 우리 집에 왔을 때 두 아이가 만났다. 아이들은 '선禪 정원'에서 요정들을 좇아다니고, 해변에서 함께 뛰어놀고, 밤마다 한 침대에서 자고, 펭귄 인형 로베르토와 같이 목욕을 했다. 또 영국식 술집에 따라와 생선과 감자튀김을 먹고, 독립기념일에 밤하늘의 불꽃놀이를 보고, 그린 걸치Green Gulch 선원禪院에서 만화 영화 〈해럴드와 자주색 크레용Harold and the Purple Crayon〉에 관한 법문을 듣고, 온천에서 시간을 보내고, 신비한 모험 이야기를 함께 나누면서 서로 푹 빠지게 되었다. 둘이 서로 어찌나 좋아하던지, 그 주 내내 시에나는 비비안 말고는 아무도 아는 척도 안 했다.

하지만 그때 인생이라는 스승이 등장했고, 비비언은 시카고의 집으로 돌아가야 했다.

비비언이 떠나자 시에나는 울었다. 슬픔을 가누지 못하고 몇 시간을 울었다. 침대에 몸을 던지고는 비비언이 자던 바퀴 달린 침대를 가리키며 말했다. "침대를 볼 때마다 비비언이 없어서 가슴이 아파요." 그러고는 다시 한참을 울었다. 나도 아이의 말을 듣고 얼마 전에 죽은 한 친구 생각이 나서 울었다. 내 가슴도 아파서였다.

시에나가 말했다. "엄마, 비비언을 좋아하는 게 너무 마음이 아파서 다시는 보고 싶어 하지 않을 거 같아요."

그때 아이와 이야기를 좀 해야겠다는 생각이 들었다. 나는 시에나를 무릎 위에 앉히고, 좋아하는 사람이 떠나갈 때 얼마나 가슴 아픈지 이해한다고 말을 했다. 충분히 그럴 수 있는 일이라며 아이 마음을 안심시켰다. 이별을 하더라도 사랑은 충분히 가치 있는 일이며, 다른 사람을 사랑하는 기쁨을 오롯이 경험하기 위해서는 그들을 기꺼이 보내주어야 한다는 이야기를 해주었다. "우린 말이야, 사랑하는 사람들이 우리 마음을 아프게 하도록 허락해야 한단다." 내가 해준 말이었다.

아이가 이맛살을 찌푸리며 내게 말했다. "그런데요 엄마, 전 엄마 마음을 절대로 아프게 안 할래요."

내가 말했다. "아, 그래, 넌 그럴지도 몰라. 일부러 그러지는 않겠지. 언젠간 네가 떠날 수 있고, 그러면 난 울게 되겠지. 네 침대를 보면서 그것이 네 침대가 아니었으면 하고 바랄지도 몰라. 네가 거기 없어서 가슴이 몹시 아플 테니까."

시에나는 다시 울면서 말했다. "그래도 그런 짓은 절대 안 할래요,

엄마. 엄마를 떠나지 않을 거예요. 엄마를 언제나 사랑하면서 늙을 때까지 엄마랑 여기서 살래요."

나는 시에나에게 내 아버지(시에나의 외할아버지)가 내 마음을 아프게 하도록 허락했던 일, 그리고 시에나가 태어나고 2주 만에 아버지가 돌아가셨을 때 내 마음이 얼마나 아팠는지 이야기를 해주었다. 아버지는 내 가슴을 갈가리 찢어 온 바닥에 흩날리게 했고, 그래서 나는 내 가슴이 영원히 닫혀 있도록 굵은 철선으로 꿰매버리고 싶었다. 하지만 그때 나는 아무리 아프더라도 가슴을 열어놓기로 결심했다. 나는 시에나에게 언젠가는 나든 아빠든 할머니든 또는 우리 집 개 그렌델이든 아이가 사랑하는 누군가로부터, 아이가 자기 마음을 아프게 하도록 허락한 누군가로부터 상처를 받을 수 있다고 말했다. 그리고 그때 그랬던 것처럼 다시는 누군가에게 그렇게 하도록 허락하고 싶지 않다고 느낄 수도 있다고 말했다. 시에나가 가슴을 닫고 다시는 비비엔이 떠날 때 같은 상처를 받지 않으려고 할 수도 있었다.

시에나가 내 말을 알아듣고 말했다. "엄마, 엄마도 사랑에 빠질 땐 항상 마음에 조그만 틈을 남겨두어야 해요. 꼭 잠가두어야 한다고 느낄 때도요. 그렇게 하면 엄마랑 맞는 사람이 살짝 들어올 수 있어요."

나는 고개를 끄덕였고, 우리는 함께 더 울었다. 그러고서야 나는 시에나를 한참 안아주었다.

시에나가 잠들기 직전에 말했다. "저요, 비비언 공주가 내 마음을 아프게 하도록 허락할래요."

내가 말했다. "좋은 생각 같구나." 우리는 함께 드림 캐처(나쁜 꿈을 걸러내고 좋은 꿈을 꾸게 한다는 아메리카 인디언들의 장식물—옮긴이)를 돌리고 나서 불을 껐다.

그로부터 1년 후 시에나가 여섯 살이 되었을 때, 사랑하는 우리 집 개 그렌델이 갑작스런 심장마비로 죽었다. 그 슬픔은 견디기 힘들 정도였다. 죽은 그렌델을 품에 안고 시에나가 흐느끼면서 말했다. "그렌델, 난 네가 내 가슴을 아프게 하도록 허락했어. 그러니 그렇게 해." 우리가 있던 동물 병원의 직원들도 눈시울을 적셨다.

그렌델을 잃고 두 달 뒤, 우리 마음이 아직도 쓰라릴 때 시에나가 말했다. "엄마, 저요, 다른 개가 제 가슴을 아프게 하도록 허락할 준비가 됐어요." 우리는 개들이 사람만큼 오래 살지 못한다는 이야기, 다른 개를 데려오면 언젠가 똑같은 상실의 아픔을 견뎌야 할 수도 있다는 이야기를 나눴다. 하지만 우리가 새로운 강아지와 다시 헤어질 때까지 강아지가 적어도 10년은 살 거라고 희망을 가져보자며 아이를 안심시켰다. 시에나는 고개를 끄덕였고, 그렇게 해서 태어난 지 두 달 된 베조아르가 우리 가족이 되었다.

여섯 달 뒤, 어느 친절한 남자가 걸어온 전화를 받고 나는 거의 숨을 쉴 수가 없었다. 남자는 울먹이며 자신이 방금 베조아르를 차로 치었다고 고백했다. 시에나와 나는 베조아르의 조그만 몸을 그렌델 곁에 묻어주었다.

줄줄이 이어진 상실들로부터 회복하는 데는 시간이 좀 걸렸지만, 얼마 전 시에나는 다시 내게 이렇게 말했다. "엄마, 또 준비가 됐어요. 다른 개가 제 가슴을 아프게 할 준비가요." 조금 있으면 우리는 다시 한 번 다른 개를 우리 삶에 초대할 것이고, 그 개가 다시 우리 가슴을 찢어놓을 때까지 열렬히 사랑하려고 한다.

우리는 누구나 거듭거듭 상처를 받은 경험이 있다. 앞으로 당신이 하게 될 가장 어려운 일은 아픈 가슴에 상처를 받고 또 받아도 가슴을 계속 열어두는 것이다. 가슴을 걸어 닫는 건 손쉬운 해결책이다. 그렇게 한다고 비난할 사람은 아무도 없다. 하지만 그렇게 하면 사랑을 놓칠 것이다.

인생은 가슴을 파고드는 트라우마들로 가득하고, 우리가 다른 무엇보다도 가짜 두려움을 불러일으키는 이유는 바로 상처받는 것이 너무도 두렵기 때문이다. 사랑은 위험하게 느껴진다. 사랑은 불안하게 느껴진다. 사랑은 나를 지켜야 하는 어떤 것으로 느껴진다. 그러나 가슴을 닫는 것은 결코 해법이 아니다.

: 오늘은 죽기 좋은날

생각하고 싶지 않은 문제가 하나 있다. 이것을 짚고 넘어가지 않고서는 미지의 것에 대한 우리의 불편함을 생각할 수가 없다. 바로 죽음이다. 애완 동물의 죽음만이 아니라 우리 자신의 죽음까지. 대부분의 사람들은 죽음을 궁극적인 상실로 여긴다. 이것이 어쩌면 궁극적인 시작일지도 모르는데…… 죽음은 불가사의한 것이므로, 우리는 죽은 뒤에 어떤 일이 일어나는지 진정 알 수가 없다. 모든 종교 전통에는 사후 세계에 관한 나름의 믿음이 있지만, 솔직히 말해서 과학은 죽음 뒤에 무엇이 뒤따르는지 입증하지 못한다. 우리는 의문만 더해갈 뿐이다. 심장이 멈추면 삶이 끝나는 걸까? 천국이 있을까? 지옥은 존재하는 걸까? 긴 수염을 늘어뜨리고 앉아 옳고 그름을 심판하고 우리를 어디로 보낼지 결정하는 신이 있을까? 우리는 다른 인간의 몸으로 환생할까? 아니면 천사가 될까? 이승을 떠돌면서 인간들에게 나타나는 유령이 되는 걸까? 다른 형태로 세상에 다시 오는 걸까? 아니면 무덤 속의 한 줌 흙이 되는 것으로 끝나는 걸까? 진실은 누구도 확실히 아는 사람이 없다는 것이고, 바로 이것이 우리를 두려움에 떨게 한다.

그러나 만약 우리가 알 수 있다면 어떻게 될까? 죽음이 두려워할 게 아니라는 것을 확실히 안다면? 죽음 뒤에 오는 것이 실은 일종의 업그레이드되는 것임을 깨닫고, 자신의 죽음이든 사랑하는 사람들의 죽음이든 두려워하지 않게 된다면 어떨까? 죽음이 실패나 상실이 아니라, 이곳에서 인간의 몸으로 배울 것을 배우는 영혼 여정의 자연스런 과정이라면 어떻게 될까? 2장에서 이야기했던 것처럼, 의료 전문가들이 죽음을 두려워하지 않는다면 어떻게 달라질지 상상해 보라. 우리가 만일 죽음을 인생의 자연스러운 과정, 심지어 환영해야 할 과정으로 믿는다면, 우리의 의료 체계는 어떻게 바뀔까? 수명을 늘려줄지도 모를 온갖 세세한 검사와 치료에 이제 그만 매달리게 될까? 말기 환자에 대한 의료는 또 어떻게 바뀔까?

죽음을 피할 수 없다는 사실을 평온하게 받아들인다면 이는 우리의 다른 두려움들에 어떤 영향을 미칠까? 어쩌면 자살 폭탄범이나 에볼라 바이러스나 항공기 추락을 그리 무서워하지 않을지도 모른다. 음식 속에 든 농약과 핵폭탄과 허리케인을 그만 두려워할지도 모른다. 우리는 불확실성으로 가득한 세상에 살지만, 죽는 일이나 사랑하는 사람을 잃는 일을 두려워하지 않는다면, 아마도 두려움에 덜 지배당할 것이다. 그러면 어떤 기분일까? 우리가 덜 두려워한다면 인생은 어떤 모습이 될까?

　너무도 많은 사람들이 죽음과 그토록 건강하지 못한 관계를 맺고 있기 때문에, 우리는 죽음이 삶의 자연스런 일부임을 잊는다. 마릴린 슐리츠Marilyn Schlitz 박사와 디팩 초프라Deepak Chopra가 함께 만든 다큐멘터리 필름의 제목대로 "죽음이 있어야 삶이 존재한다."(Death makes life possible.) 죽음의 필연성과 건강한 관계를 맺을 때에만 우리는 상실의 두려움과도 바른 관계를 맺게 된다. 그렇다고 해서 죽음을 피할 수 있는데도 피하지 말아야 한다는 말은 아니다. 다만 벼랑에서 한 발짝 뒤로 물러설 수만 있어도 아래로 굴러 떨어질 일은 없을 것이다.

　한밤중에 위험한 동네의 어두운 골목길을 돌아다니지 않겠다는 것은 물론 좋은 생각이다. 수영을 못하는 자녀들에게 수영장에 뛰어들지 말라고 가르치는 것도 잘하는 일이다. 암 진단을 받고 수술과 화학 요법, 방사선 요법을 받는다 해서 나쁠 건 없다. 우리가 살도록 축복받은 시간의 길이를 진짜 두려움이 늘려줄 수 있으니까. 하지만 우리가 오래도록 건강한 삶을 누리는 데 유념하며 최선을 다한다면, 죽음을 삶의 자연스런 일부로, 두려워할 무엇이 아니라 다음에 올 어떤 것의 시작으로 대할 수 있을 것이다.

　죽음을 생각할 때마다 나는 리 립센탈Lee Lipsenthal을 생각하지 않을 수가 없다. 심장 전문의인 딘 오니시Dean Ornish와 오랜 세월 함께 일했고, 의사들에게 어떻게 하면 균형을 잡고 의사 생활을 할 수 있는지 가르쳐준 사람이다. 리는 "오늘은 죽기 좋은 날"(Today is a good day to die)이라는 신조로 살았다. 죽음을 동경했던 것은 아니다. 그의 친구와 학생들은 그 말이 무슨 뜻인지를 알았다. 매일매일 사랑을 남김없이 표현하고, 모든 꿈을 이루고, 살아있음을 맘껏 표현하며 살라는, 그리고 후회가 없다면 죽음은 두려워할 게 없다는 뜻이었다. 만일 당신이 젊은 나이에 말기 암에 걸렸다고—바로 리가 그랬다—막 진단을 받았다면 그런 철학은 말하기는 쉬워도 실천하기는 쉽지 않을 것이다. 자신의 책 《모든 샌드위치를 즐기자*Enjoy Every Sandwich*》에서 리는 이렇게 썼다. "두려움과 불안감이 클수록 스트레스 호르몬 수치가 더 높아진다는 것을 나는 알았다. 스트레스 호르몬 수치가 높으면 시간이 갈수록 면역계의 기능이 약해져서 암세포의 성장에 더 좋은 기회가 되었다. 두려움은 암세포의 성장을 촉진하고, 평온함은 그것을 감소시킨다. 내 존재의 방식은 '고요해지기, 인생을 즐기기, 암을 치료하려면 어떻게 해야 하는지 몸이 아는 대로 하게 놔두기'가 되었다."

결국 암이 이겼지만, 그때까지 리는 샌드위치를 맘껏 즐겼다. 그가 특히 좋아한 것은 비엘티 샌드위치였다. 우리가 기꺼이 마주하려고만 한다면, 죽음은 삶이라는 축복이 아직 남아 있을 때 그것을 마음껏 즐길 수 있는 기회를 준다.

: 인생이라는 게임

최면 상태에서 환자들이 하는 경험을 연구한 심리학자 마이클 뉴턴Michael Newton 같은 연구자나 일부 스승들은, 지상의 삶이란 본질적으로 영혼을 위한 학교라고 상정한다. 그러니까 여기서 우리는 배우고 성장하기 위해 우리가 선택한 도전과 승리, 그리고 상실을 맛보며 살아간다는 것이다. 나는 지금 우리가 소중한 것을 잃었을 때 슬픔에서 곧장 감사의 단계로 건너뛰어야 한다고 이야기하는 것이 아니다. 막 아이를 잃고 슬퍼하는 부모에게 "너무 슬퍼 말아요. 아이의 영혼과 두 분의 영혼이 합의한 거예요. 두 분이 '집착을 버린다'는 영적 교훈을 배울 수 있도록 아이가 일찍 죽기로요" 같은 말은 할 수 없다. 인간적인 슬픔의 한가운데에 있는 사람에게 이런 말은 전혀 도움이 안 된다.

상실이 새로운 시작을 가져온다는 것을 알고 우리가 하는 모든 투쟁이 영혼의 성장과 직결된다는 것을 믿는다고 해서 가슴이 찢어지는 상실의 고통이 누그러지는 것은 아니다. 하지만 이 일을 되돌아볼 수 있을 때쯤에는 그 선물이 보이기 시작할지도 모른다. 시간이 지나 상실의 슬픔을 충분히 겪고 나면 그 순간들 속에 성장의 기회가 깃들어 있다는 걸 느끼기 시작할 것이고, 상실 뒤에는 성장이 따른다는 것을 알고 나면 고통이 그만큼 덜해질 것이다.

이런 시각을 갖기 위해서는 인생을 관찰자의 입장에서 지켜보는 연습이 도움이 된다. 마사 베크는 비디오 게임을 여기에 비유한다. 우리는 이 게임 중 하나에 푹 빠질 수 있다. 어떤 게임은 너무나 사실적이어서 우리는 인간인 자신을 게임 속 아바타와 완전히 동일시하기 시작한다. 이 아바타에게는 이름과 의상과 인격, 그리고 게임에 필요한 특별한 기술들이 있다. 당신은 게임에 퐁당 빠져서 먹거나 화장실에 가거나 아이들 밥 먹이는 일을 까마득히 잊어버릴 수도 있다. 게임에 완전히 몰두해 있는데 누가 방해라도 하면 당신은 자신이 게임 속 아바타이기라도 한 양 깜짝 놀랄 수도 있다. 물론 당신은 아바타가 아니라 조이스틱을 쥐고 있는 인간이다.

이제 한 단계 뒤로 물러나서 생각해 보자. 당신이 만약 비디오 게임을 하고 있는 인간이 아니라, 비디오 게임을 하고 있는 인간 역할을 즐기는 영혼이라면 어떨까? 혹시 인간으로 사는 당신의 인생 전체가 비디오 게임 같은 하나의 게임이라면 어떨까? 그리고 마치 조이스틱을 조작하듯이 인생이라는 게임을 조작할 수 있다면 어떨까? 만약 인생이 무작위적이거나 무질서한 사건들의 연속이 아니라, 각 악기의 음이 정확한 시간에 정확히 연주되도록 작곡된 정교한 교향곡—당신이 영혼으로서 성장하도록 돕는 영적인 존재들forces과 당신이 함께 만들어낸—이라면 어떨까?

지금껏 맞닥뜨려 본 최대의 도전거리들을 떠올려보라. 어린 시절 받은 학대, 부모가 자신을 돌보지 않았거나 소홀히 한 일, 질병이나 장애, 사랑하는 사람의 죽음, 배신, 상처, 이혼, 가난, 잔인한 범죄의 희생자가 되었던 일, 돈에 영혼을 팔았던 일, 그 밖에 당신을 몹시 아프게 한 일들은 무엇이냐. 만약 당신이 이런 트라우마의 희생자가 아니라, 영혼의 수준에서 이 도전들을 선택한 것이라면 어떨까? 그렇다 해서 잘못된 것들이 당신에게 해를 미치도록 놔두라는 말은 아니다. 화를 내거나 슬퍼하거나 아파해서는 안 된다는 말도 아니다. 하지만 당신은 이 게임으로부터 멀찍이 떨어져서, 어떤 상처도 받지 않고 안전한 당신의 일부, 저만치 물러서서 당신이 느낄 것을 느끼고 배울 것을 배우는 모습을 지켜보는 당신의 일부가 있음을 볼 수 있다.

인간으로서 우리는 기쁨에서 즐거움을 느낀다. 그것은 편안하다. 짜릿하고 단순하고 유쾌하며 타인과 연결시킨다. 사랑과 아름다움, 어루만짐으로 가득하고 가슴을 열어준다. 우리는 상실로부터 배우는 것만큼이나 기쁨에서도 배운다. 그러나 기쁨에서 배우려면 시간이 걸리는 반면, 상실은 우리를 속성반에 밀어 넣는다.

　상실을 성장과 새로운 시작의 기회로 보기 시작하면, 더는 상실이 두렵지 않게 되고, 있는 그대로 받아들이게 되며, 지상에서의 삶이 주는 가르침을 흠뻑 빨아들일 수 있다. 그리고 일단 이런 일이 일어나면, 즉 삶의 가르침을 배우는 학생이 되고 삶 앞에 겸손해지며 더는 그것에 저항하지 않게 되면, 그때 무엇인가가 바뀌고, 삶은 더 이상 하늘의 몽둥이로 후려치면서까지 당신을 가르칠 필요가 없어진다. 당신이 가장 두려워하는 어떤 일이 벌어질 때, 당신은 이제 당신이 생각한 대로 그 상황을 통제할 수 없다는 것을 배우고, 두려움이 끝없는 집착으로부터 당신을 치유할 수 있도록 당신을 내어맡긴다. 일단 상실로부터 배워야 할 것을 배우고 나면, 망설임 없이 기쁨을 껴안을 수 있다. 열린 마음으로 상실 앞에 자신을 얼마나 잘 내어맡기느냐가 어쩌면 삶의 성공을 재는 척도인지도 모른다.

▶용기 키우기 연습 6
관찰자 되기

상실에서 오는 감정들(또는 다른 고통스런 감정들)에 자신이 빠져 있다는 사실을 알아차릴 때면, 이 연습을 해보자. 당신이 삶의 총탄 세례를 받는 아바타가 아니라 '지구 학교'라는 비디오 게임을 하는 영혼임을 떠올릴 수 있도록 도와줄 것이다. 만일 상실이 괴로움을 일으킨다면, 지금 느끼는 감정들—비통함, 외로움, 분노, 상처, 슬픔, 실망감, 불안, 후회와 같은—을 지켜보자. 자칫 그런 감정들이 곧 당신 자신인 양 동일시하기 쉽다. 그러나 당신이 그런 감정이라기보다는 그 감정과 함께 있는 영혼이라면 어떨까? "난 슬퍼"라고 말하기보다는 "난 슬픔과 함께 있어"라고 바꿔서 말하면 어떨까? 당신이 슬픈 사람이기보다는 슬픔을 느끼는 당신의 일부를 지켜보는 확장된 의식이라면 어떨까? 다음 연습을 해보자.

1. 화, 좌절감, 슬픔, 아픔 같은 감정적 동요를 느끼기 시작하면, 그 느낌에 이름을 붙이고 그것을 주목한다.
2. 잠시 물러나서 이 느낌으로 흔들리는 당신의 일부를 지켜본다. 당신은 이 느낌이 아니다. 이 느낌을 느끼는 당신의 일부는 당신의 아바타이다. 당신은 분노하고 상처받는 그 아바타를 지켜보는 영혼이다.
3. 눈을 감고 그 감정적 동요를 충분히 지켜볼 시간을 갖자. 이제 당신의 영혼으로 하여금 고통받는 당신의 아바타에게 사랑과 연민, 위로를 보내게 하라.

　　부정적인 감정들이 들끓는 가운데서도 영혼 수준의 당신인 확장된 순수 의식은 평화로울 수 있다. 당신의 아바타 부분이 슬퍼하거나 아파하거나 화나 있을 때에도 말이다. 당신은 이 감정들을 마치 파도를 타듯이 타고 넘을 수 있고, 그러면 그것들은 지나갈 것이다. 대부분의 감정은 우리가 거기에 이야기만 갖다 붙이지 않으면 90초를 넘기지 못한다는 사실이 연구를 통해 밝혀졌다. 이를테면 외롭다는 느낌이 들 때, 내가 사랑스럽지 않고 쓸모가 없어서 외롭다든지, 아무도 나를 사랑해 주지 않을 거고 그러니 영원히 혼자일 거라든지 하는 이야기만 지어내지 않는다면, 그 느낌은 금방 지나갈 것이다. 이런 이야기에 사로잡히면, 불필요한 고통이 뒤따를 뿐더러 그러한 고통이 몇 년이나 이어질 수도 있다. 하지만 이런 식으로 고통을 선택할 필요는 없다. 자신의 감정들을 관찰자의 위치에서 볼 수 있다면, 아무리 힘든 시간 속에서도 영혼은 평화와 위안, 평온함을 찾을 수 있다.

▶ 용기 키우기 연습 7
받아들이기 명상

상실을 겪을 때 우리가 불필요하게 경험하는 고통의 대부분은 상실에 저항하는 데서 나온다. 한번 가졌던 것은 무엇이든 영원히 지속되어야 한다고 잘못 생각하기 때문에 우리는 저항을 한다. 하지만 이런 저항이 상실 그 자체보다도 더 많은 고통을 가져온다. 또다시 상실에 저항하는 자신을 보거든, 눈을 감고 20분 동안 명상을 하면서 "받아들이겠습니다"(I accept)라는 만트라를 반복해 보라. 저항하기보다는 있는 그대로 받아들일 때, 불필요한 고통에서 더 빨리 자유로워질 수 있다.

  사실 말처럼 쉬운 일은 아니다. 암, 자식의 죽음, 팔다리를 잃는 것, 해고, 실연, 파산 등을 받아들이기란 결코 간단한 일이 아니다. 그러나 여기에 저항한다 해서 잃은 것이 돌아오지는 않는다. 이 연습이 힘들다는 생각이 들면, '용기 키우기 연습 6'으로 돌아가 관찰자 되기를 연습해 보라. 상실에 저항하는 당신의 일부를 주목하고, 있는 그대로 받아들이기를 원치 않는 당신의 아바타 자아를 연민의 마음으로 바라보라. 당신의 그 부분마저도 사랑하고 받아들이자. 받아들임acceptance은 자유로 가는 열쇠이다.('받아들이겠습니다' 명상을 들으려면, TheFearCureBook.com에서 '용기 처방전 키트 Prescription for Courage Kit'를 다운로드하면 된다. 무료로 다운받을 수 있다.)

▶ 용기 키우기 연습 8
상실 속에서 감사함을 찾기

일기장을 꺼내 당신이 겪은 상실 한 가지를 되새겨보라. 사랑하는 사람이 죽었거나, 부모의 관심을 못 받았거나, 연인에게 거절당했을 수도 있다. 돈이나 집이나 반려 동물이나 친한 친구를 잃었을 수도 있다. 꿈을 접어야 했을 수도 있고, 영원히 건강을 잃어버렸을지도 모른다. 슬픔, 가슴 아픔, 분노의 느낌이 올라올 때 무시하지 말고, 다만 초점을 옮겨서 그 상실의 결과로 생겼을지도 모르는 어떤 축복이 있는지 주의를 기울인다. 상실이 당신을 인생의 어떤 새로운 장으로 이끌고 있다고 느낀 적이 있는가? 가슴은 열려 있었는가? 그 경험으로 영혼이 성장했는가? 곰곰이 생각한 내용을 글로 적어보자.

6. 우주에는 목적이 있다

우리가 내리는 가장 중요한 결정은,
우리가 우호적인 우주에서 산다고 믿느냐
아니면 적대적인 우주에서 산다고 믿느냐이다.
—앨버트 아인슈타인

트리시는 어릴 때부터 뱀을 무서워했다. 트리시가 아이였을 때 가족이 모두 화장실이 집 밖에 있는 곳으로 휴가를 갔는데, 그곳 화장실 변기에 뱀이 있을지도 모르니 조심하라고 계속 주의를 받았던 것이다. 뱀들이 깜깜한 곳에 도사리고 있다가 변기에 앉아 있을 때 뛰어올라 물 수도 있다고 했다. 이 때문에 트리시는 화장실에 갈 때마다 변기에 뱀이 있는지 마음을 졸였다.

아이일 때 휴가지 화장실에서 뱀을 본 적은 없지만, 트리시는 어른이 되어서도 뱀이란 뱀은 모조리 무서워 벌벌 떨었다. 독 없고 조그만 가터 뱀마저도 무서웠다. 트리시와 남편은 노스 조지아 산맥 아래 전원 지역에 약 5만 평에 이르는 농장을 가지고 있었다. 그곳에 가 있던 어느 날 밤 트리시는 화장실에 가야 했다. 늘 그랬듯이 먼저 변기 안을 들여다보고 나서야 앉아서 일을 보았다. 일을 마치고 일어나 물을 내리려던 순간 변기 안에서 뭔가 갈색을 띤 물체가 보였다. 트리시는 눈이 의심스러워 다시 들여다보았다.

남편이 트리시의 비명소리를 들은 것은 그때였다.

변기 속에서는 커다란 늪살모사가 유유히 헤엄을 치고 있었다. 트리시가 변기에 앉을 때는 보지 못했던 거였다. 나무 좌대의 테두리 속에 숨어 있었던 게 분명했다. 아침에 사람들의 도움을 받을 때까지는 변기에서 뱀을 꺼낼 도리가 없었다. 트리시는 그날 밤 농가에 머물기가 겁이 났다. 그곳을 떠나자고 조르는 아내의 성화에, 남편은 뱀이 용케 변기에서 빠져나오더라도 욕실에 갇혀서 못 나오게끔 문을 꽁꽁 막았다.

다음날 아침, 변기 안에서 뱀은 보이지 않았다. 남편은 배관공을 불렀다. 재미있게도 배관공은 하수관을 뚫는 '와이어 뱀'을 들고 나타났다. 배관공이 하수관에 '와이어 뱀'을 밀어 넣는 과정에서 그 안에 있던 늪살모사는 죽고 말았다. 배관공은 트리시의 두려움이 좀 가라앉길 기대하면서 하수관에 떠다니는 뱀의 조각들까지 깨끗이 다 치워냈다.

하지만 악몽은 여기서 끝나지 않았다. 다음날 온 집 안에 늪살모사 새끼들이 나타난 것이다. 찻주전자 속, 계단 위, 양탄자 아래, 옷더미 속까지 모두 열세 마리였다. 어미 늪살모사가 알을 낳으려고 화장실에 들어왔던 모양이었다. 새끼들은 관을 통해 집 안의 싱크대로 나온 것 같은데, 어떻게 거기까지 갔는지는 말하기 어려웠다.

그 뒤로 트리시는 이 농가에 가서 쉴 수가 없었다. 지금까지 여러 해 동안 이 농가는 비어 있었고, 트리시는 여전히 그곳에 가기가 두려워 집을 팔려고 준비하고 있다. 남편이 몇 년 전 세상을 떠나서 홀로 그 집으로 돌아갈 수도 없는 노릇이었다. 트리시는 지금도 화장실에 갈 때마다 마음의 준비를 해야 한다. 그때 일은 이미 과거이고 이제 다시는 변기 밑에 진짜 뱀이 있을 리 없다는 사실을 애써 떠올리면서.

변기에서 늪살모사를 보았을 때 트리시가 경험한 것은 진짜 두려움이었다. 그 독사에게 정말로 물릴 수도 있었으니 처음 그녀가 보인 반응은 적절한 반응이었다. 하지만 그 뒤로 두고두고 트리시를 괴롭힌 뱀 공포증은 가짜 두려움이다. 이와 같이 무섭고 생명이 위태로운 일을 겪을 때 우리는 위험한 세상에서 우리가 살고 있다는 결론을 내리기가 쉽고, 그런 결론은 우리의 신경생물학적 구조 때문에 더욱 강화된다. '내포적 기억'을 만들어내는 데 일조하는 트리시의 편도체는 자신의 무의식 깊숙이 이 뱀 경험을 저장했고, 뇌의 변연계가 반복적으로 계속 자극되면서 편도체는 이 기억들에 점점 더 많은 두려움의 잔재들을 입혀나갔다. 이렇게 되면 두려움은 스스로 생명을 얻어서 결국 세상이란 늘 경계해야 하는 위험한 곳이 틀림없다는 결론을 내리기가 쉽다.

본래 트리시의 스트레스 반응은 실제 위험(진짜 두려움)이 일으켰다. 집 안에 있는 독사들이 바로 그 처리해야 할 위험이었다. 그러나 일단 뱀들이 없어지고 나서 남은 것, 즉 변기에 대한 두려움과 더욱더 일반화된 만성 두려움의 암류暗流는 기억 속 혹은 상상 속의 위험(가짜 두려움)이었다. 이는 우리를 실제로 위협하지 않는 위험들에 대해 경고하는 경보 시스템의 오작동이다. 그리고 이것은 그야말로 생각, "나는 위험한 세상에서 산다"는 하나의 생각에 지나지 않는다.

만약 "세상은 위험한 곳"이라는 두려움의 세 번째 가정에 의문을 제기한다면, 이런 생각을 반박하는 반론들이 수많은 증거들과 함께 머릿속에 떠오를지도 모르겠다. 앨버트 아인슈타인이 말했듯이, "우리가 내리는 가장 중요한 결정은, 우리가 우호적인 우주에서 산다고 믿느냐 아니면 적대적인 우주에서 산다고 믿느냐이다."

이 문제의 주인공 트리시가 바로 내 엄마이므로, 나는 엄마가 뱀 때문에 힘들어하긴 했어도 실제로 세상이 위험하지 않다는 증거를 수없이 가지고 있다는 걸 안다. 엄마는 믿음이 강한 분이었고, 따라서 당신이 우호적인 우주에 살고 있다는 온갖 증거들을 찾아 모으는 데 온 힘을 기울였다. 엄마는 어떤 목적이 있어서 생긴, 엄마가 보기에 기적 같은 일들을 목격하셨다. 또한 천사였다고 생각되는 존재들과 여러 번 마주치기도 했다. 엄마는 평생 신성한 존재가 아주 가까이 있다는 느낌 속에 사셨다. 그리고 당신의 '작은 나'가 원치 않는 일이 일어날 때는 어떤 목적이 있어서 일어난다고 믿으신다.

엄마가 가장 두려워하는 것 두 가지는 혼자 사는 것과 뱀이었다. 우선 그 뱀 사건 때는 무사했고, 다음으로 내가 인생의 악재들을 겪는 동안 아버지가 돌아가셔서 엄마는 마지막 9년을 혼자 사셨다. 아버지와 사셨던 집 앞 호수의 잔교에 나와 함께 앉은 엄마가 이런 말씀을 하셨다. "어쩌면 말이야, 내가 가장 두려워하는 일이 일어나도 감당할 수 있다는 걸 배우라고 이런 일들이 일어났을 거야. 그런 일에도 잘 살아남으면 어떤 일이라도 감당할 수 있을 것 같아."

우리가 가장 두려워하는 일들이 정말로 '성장'이라는 우주적 목적을 위해 일어난다고 믿는지 엄마에게 묻자, 엄마는 그럴 수 있다며 고개를 끄덕이셨다. 우주에는 목적이 있다는 생각을 받아들일 수 있으시다는 것일까?

엄마는 고개를 끄덕이셨다.

: '위험한 세상' 에서의 삶

우리는 위험한 세상에서 살고 있는 걸까? 9·11 사태 이후로 많은 사람들이 분명히 그렇게 생각했다. 그 비극의 여파로 혹시라도 여객기가 납치돼 죽을까봐 비행기 대신 직접 자동차를 운전해서 이동하는 사람이 크게 늘어났다. 비행기 여행에서 가장 큰 위험이 차로 공항까지 운전해 가는 과정에 있는데도 말이다. 실제로 어느 교수가 계산한 바로는, 테러리스트들이 일주일에 한 대씩 여객기를 납치해서 추락시킨다 해도, 한 달에 한 번 비행기를 타는 사람이 여객기 납치로 죽을 확률은 13만 5천분의 1밖에 되지 않았다. 매년 자동차 사고로 죽을 확률인 6천분의 1에 비하면 아주 작은 확률이다.

9·11 사태로 그해 교통사고 사망자 수가 더 늘어날 거라 예측한 베를린의 심리학자 게르트 기게렌쩌Gerd Gigerenzer는 실제로 데이터를 추적해 보기 시작했다. 예상한 대로 9·11 이후 미국의 도로에서 사망한 사람들의 숫자가 크게 치솟았다. 기게렌쩌는 사람들이 이제 비행기 타기를 더 두려워한다는 한 가지 이유로 발생한 자동차 사고 사망자 숫자를 찾아보았다. 그 수가 1,595명이었다. 테러리스트 공격으로 죽은 사망자 수의 절반을 넘는 숫자였다. 어처구니없는 두려움이 1,595명의 목숨을 헛되이 앗아간 것이다.[1]

온 나라를 마비시킨 두려움은 비행기 여행에 대한 두려움에서 그치지 않았다. 2001년 가을, 우편물을 통해 22명의 사람들이 탄저병에 감염되었을 때, 3만 명이나 되는 사람들이 항생제인 치프로를 대부분 처방도 없이 복용했다. 탄저병에 감염된 22명보다도 훨씬 많은 사람들이 이 강력하고 위험한 슈퍼 약물로 아플 공산이 컸다. 두려움은 그들을 지켜주기는커녕 더 큰 위험으로 밀어 넣었다.

그 무렵 미국인들은 몇 차례나 건강 공포증을 겪었다. 2002년, 구소련이 비축하고 있던 천연두 바이러스의 일부가 테러리스트들의 손에 흘러 들어갔을지 모른다는 뉴스가 터졌다. 1940년대 이후로 미국에서 천연두가 발생한 적은 한 번도 없었음에도 천연두에 대한 두려움은 널리 퍼져나갔다. 2003년에 아시아에서 중증급성 호흡기 증후군(사스)이 발생했을 때는 이 병의 발생 사례가 전 세계에서는 겨우 7천 건, 미국에서는 100건도 되지 않았는데도 미국인들은 마스크를 쓰고, 비행기 여행을 거부하고, 중국 음식점을 피했다.

돼지독감 뉴스가 언론을 강타했던 2009년에는 수십만 명의 사람들이 항바이러스제인 타미플루를 비축하기 시작했다. 그리고 사소한 증상만 있어도 병원으로 달려갔다. 2011년, 일본에서 지진의 여파로 쓰나미가 발생해 후쿠시마의 핵발전소를 휩쓸었을 때, 태평양 건너의 미국인들은 방사능 노출로부터 갑상선을 보호한다고 믿으며 요오드화칼륨을 사들이기 시작했다. 이베이에서는 한정된 공급량 때문에 가격이 폭등했다.

이처럼 건강 공포증—세계적 재난이라는 큰 그림 속에서 이는 아주 작은 위험일 뿐인데—에 대한 대중의 잔뜩 부풀려진 반응은, 현대인의 정신에 뭔가 비극적인 일이 일어나고 있음을 보여준다. 우리는 생명을 정말로 위협하는 것들, 즉 진짜 두려움이 우리를 보호해 줄 수 있는 것들만 두려워하는 것이 아니다. 우리는 발생 가능성도 적고 보통은 치명적이지도 않은 바이러스들과, 너무 멀리 있어서 감지되지도 않는 수준의 방사능까지 두려워한다.

맞다. 세상에는 진짜 위험들이 있다. 하지만 이런 위험들이 발생할 통계적 가능성에 대한 감각을 우리는 잃어버렸고, 그 결과 많은 사람들이 만성적인 두려움 속에서 살아간다. 우리는 농약, 우유 속의 호르몬, 음식에 든 화학 물질, 수돗물의 독성 물질, 유전자 변형 생물, 공기 중에 떠다니는 독소들을 두려워한다. 우리는 생선과 치아 충전재에 든 수은, 치즈 속의 박테리아, 페인트에 든 납 성분, 구멍이 난 가슴 보형물, 지하실 곰팡이를 걱정하고, 화장품 속의 독소, 플라스틱의 독성 물질, 오염된 고기도 걱정한다. 우리는 또 전자레인지, 휴대 전화, 체취 제거제가 우리를 죽일 거라 불안해하고, 암과 에이즈, 알츠하이머, 포진도 무서워한다.

그것으로도 부족해 우리는 소아 성애자, 테러리스트, 상어의 공격, 필로폰, 자동차 사고, 토네이도, 핏불테리어(작고 강인한 투견용 개—옮긴이)도 두려워하고, 지구 온난화, 핵전쟁, Y2K, 유성, 외계인, 마야력의 끝, 그리고 대도시를 강타하는 '초대형 재난'을 두려워한다. 학교 총기 난사, 영화관 총기 난사, 차를 이용한 총격, 자동차 폭발물도 겁을 낸다. 우리는 일상적으로 하는 모든 일들에서 안전을 걱정하고, 과연 위험이 없다고 느낄 수나 있을지 의문스러워한다.

그렇기는 하지만 아무리 둘러봐도 우리가 지금처럼 안전했던 적이 없다. 발전한 나라들을 보면 이는 어디나 마찬가지다. 예를 들자면 2000년에 미국인의 수명은 1900년에 비해 60퍼센트나 더 늘어났다.[2]

1900년만 해도 영국에서 태어나는 아기의 기대 수명은 46년이었다. 하지만 1980년에는 74년으로 늘어났다. 일례로 오늘날 캐나다에서의 기대 수명은 80년이 넘는다.

인류가 살아온 대부분의 기간 동안 여성에게 출산은 가장 위험한 일이었다. 개발도상국의 일부 여성들에게는 지금도 마찬가지다. 아기가 10만 명 태어날 때마다 440명의 산모가 목숨을 잃는다. 그러나 선진국에서는 아기 10만 명당 목숨을 잃는 산모는 20명이다. 아기를 갖는다는 것이 지금처럼 안전했던 적은 없다.

어린이들도 지금이 더 안전하다. 1900년 영국에서는 전체 어린이의 14퍼센트가 죽었다. 1997년에 이 숫자는 0.58퍼센트로 떨어졌다. 대부분의 부모들이 아이를 잃을까봐 두렵다고 말하지만, 1970년 이후로만 봐도 미국에서 어린이 사망률은 3분의 2 이상 줄었다.

우리가 더 오래살기만 하는 것은 아니다. 건강도 더 나아졌다. 만성 질환으로 이어지는 사람들이 훨씬 줄어들었고, 연령도 10년에서 25년이나 늦춰졌다. 아플 때조차도 질병의 양상은 덜 심각하게 나타난다. 그리고 오늘날 선진국 국민은 장애를 입을 가능성이 훨씬 덜하다.

우리는 전쟁을 두려워하지만, 역사적 관점에서 보면 지금 인류는 역사상 가장 평화로운 시기를 살고 있다. 전쟁은 더 줄어들었고, 전쟁이 일어나는 경우에도 사망자가 더 적게 발생한다. 선진국 국민들이 개발도상국 국민들보다 훨씬 더 풍족하게 사는 것은 말할 것도 없고, 개발도상국 국민들도 과거보다 더 나은 삶의 질을 누리고 있다. 아직도 무척 높기는 하지만, 개발도상국에서 영양 부족인 국민의 비율은 1980년 이후 20년 사이 28퍼센트에서 17퍼센트로 떨어졌다.[3]

선진국에 사는 우리는 인류의 역사에서 어느 모로 보나 가장 건강하고 가장 똑똑하고 가장 부유하고 가장 안전하다. 그럼에도 불구하고 우리가 이렇게 두려워했던 적은 없다.

하지만 꼭 이렇게 살 필요는 없다.

: 정말로 위험한 세상인가?

변기 속의 뱀, 치료제 없는 암, 집단 학살 같은 것들이 우리의 삶을 무섭게 할 가능성이 있을 때, 우리가 적대적인 우주에 산다는 결론을 내려도 이상한 일은 아니다. 만일 학대나 방치, 거부, 상실, 질병, 육체적 고통, 폭력의 후유증, 혹은 안전하지 않다는 느낌이 들게 하는 여타의 비극들로 고통을 받는다면, 자신이 위험한 세상에 살고 있다고 결론 내리는 건 자연스러운 일이다. 그러나 계속해서 경계 태세를 늦추지 않고 산다면 우리의 몸은 만성적·반복적인 스트레스 반응 속에 있게 되고, 그러면 그만큼 몸에 질병이 생길 가능성이 커진다. 거기에 자신이 불행하다는 불필요한 감정 상태에까지 빠지게 된다.

세상에 위험이 없다고 말할 사람은 물론 없을 것이다. 하지만 "세상은 위험해"라는 생각은 진실일까? 만약 이와 다른 생각을 믿는다면 어떨까? 위험한 세상이라고 하기보다는 우주에는 목적이 있다고 해보면 어떨까? 당신이라면 이런 생각을 하나의 대안으로서 받아들일 수 있는가?

우리가 위험한 세상이 아니라 목적이 있는 우주에 산다고 이야기할 때, 나는 무서운 일들이 일어나지 않는다거나 우리가 비극으로부터 아무런 영향도 받지 않을 거라고 말하는 건 아니다. 위험을 의식해서는 안 된다거나 두려움이 보내는 신호들을 다 무시하라는 말도 아니다. 우리가 원하는 건 언제나 얻을 거라고 말하는 것도 아니다. 내가 말하고자 하는 것은 우리가 설령 우주의 작동 방식을 이해하지 못한다 해도 거기에는 질서와 의미가 있을 수 있다는 것이다. 그리고 바깥의 신호들과 내적인 앎을 통해 우리를 이끄는, 사랑으로 충만한 '우주적 지성Universal Intelligence'이 우리를 지켜주고 있을 수 있다는 것이다.

우리가 적대적이기보다는 목적이 있는 우주 안에 산다고 믿게 될 때 가짜 두려움이 설 곳은 없다. 은행 계좌에 얼마나 많은 돈이 있는지, 배우자에게 얼마나 큰 사랑을 받는지, 의사에게 아주 건강하다는 증명서를 받았는지 여부와 상관없이, 마음속 깊이 안전하다는 느낌이 생겨난다. 그리고 어떤 일이 일어나든, 설령 당신이 원하던 일이 아닐지라도, 그 일이 당신 영혼의 성장에 도움을 준다고 믿기 시작한다. 원하는 것을 얻고 싶은 욕망보다 영혼의 성장에 마음을 모을 때 두려움은 훨씬 줄어든다. 불확실성에 맞서 자신을 지키려 하지도, 잃고 싶지 않은 것을 붙잡고 매달리지도 않기 때문이다. 그렇다고 해서 경제적 안정을 꾀한다든가, 사람들과의 관계를 돌본다든가, 위험에서 자신을 지킨다든가, 몸을 돌본다든가 하는 필요한 일들을 하지 말라는 뜻이 아니다. 모든 걸 통제하고 싶어 움켜쥐고 있는 손에서 힘을 빼라는 뜻이다.

사람들은 대부분 만사를 자기 뜻대로 하려고 한다. 삶을 통제하려는 이런 시도는 수많은 가짜 두려움으로 이어진다. 그러나 우리가 목적이 있는 우주에 산다고 믿을 때, 우리는 우주가 우리에게 모든 걸 책임지라고 하지 않으며, 따라서 손에서 고삐를 놓아도 두려워할 필요가 없다는 사실을 깨닫게 된다. 목적이 있는 우주에 산다고 믿으면 우리는 불확실성과 바른 관계를 맺을 수 있다. 불확실성을 의심이나 두려움의 눈으로 보지도 않을 뿐더러 미지의 것에 직면해서도 평온을 지킬 수 있기 때문이다. 우리는 상실로부터 자신을 지키려 하기보다는 상실에도 어떤 목적이 있음을 믿게 된다. 설령 그 목적이 무엇인지 정확히 모른다 하더라도.

　일단 이런 식으로 믿기 시작하면, 여전히 가짜 두려움이 일어나기는 하겠지만 그것이 더 이상 우리 삶을 지배하지는 못한다는 사실을 알게 될 것이다. 직장을 잃었을 때 공황 상태에 빠지기보다는 완벽한 시간에 완벽한 직장이 나타나리라는 걸 믿게 된다. 실연을 당했을 때 상대방에게 울고 불며 매달리는 대신, 하나의 관계가 끝났다는 건 더 건강하고 행복한 관계가 오고 있다는 신호라 믿을 수 있다. 세상에 건강 공포증이 떠돌 때도 두려움을 느끼기보다는, 무슨 일이 일어나든 그것은 모두 영혼의 진화 과정에서 기꺼이 받아들일 수 있는 부분이라는 믿음을 갖게 된다. 설사 사랑하는 사람이나 내 자신이 죽을 수도 있다는 나쁜 소식을 들었을 때에도 그 과정과 결과를 믿고 따를 수 있다.

　감정적으로 반응하지 말라는 뜻이 아니다. 사랑하는 사람이 죽고, 사랑하는 누군가와 헤어지고, 건강이 위기에 처하고, 직장에서 잘리고, 경제적으로 손실이 닥친다면, 당연히 비통함과 분노, 슬픔을 느끼게 마련이다. 우리가 목적이 있는 우주에 산다고 믿는다는 것은 과거의 고통스런 감정을 그냥 건너뛰고 영적인 어떤 길로 훌쩍 뛰어오른다는 것이 아니다. 그런 감정들에 혹은 우리가 원하는 것을 우주가 주지 않을 때 갖기 쉬운 피해 의식에 빠지지 않아도 된다는 말이다.

목적이 있는 우주에 산다는 것은 당신과 삶의 여정을 함께하는 어떤 안내자의 존재를 믿는다는 뜻이다. 당신은 혼자가 아니라는 것을 알고, 이런 내적인 앎이 당신을 두려움으로부터 보호해 준다. 그 안내자는 당신이 신봉하는 종교에 따라 구체화될 수도 있다. 이 존재를 당신은 하느님이나 붓다, 예수, 알라, 관세음보살, 신 또는 우주 그 자체라 부를 수도 있다. 혹은 그것을 최고선最高善을 향해 흐르며 나를 내맡기기만 하면 그곳으로 함께 이끌어주는 에너지 같은 것으로 인식할 수도 있다. 이 안내자가 당신 안에 존재한다고 믿을 수도 있고, 당신 밖에 존재하는 어떤 것이라고 생각할 수도 있다.

이런 안내가 당신이 믿는 신에게서 나온다고 믿든, 우주나 에너지로부터 나온다고 믿든, 당신의 '내면의 등불'에서 나온다고 믿든 그것은 중요하지 않다. 중요한 것은, 당신이 최고선에 가장 가까운 모습이 되도록 끊임없이 안내받고 있음을 알기에, 설령 그게 어떤 모습이 될지 모른다 해도 삶의 세세한 것들까지 일일이 신경 쓰지 않아도 괜찮다고 믿는다는 사실이다. 이 안내가 눈에 잘 띄지는 않겠지만, 찾기 시작하면 점점 더 많이 보게 것이다. 그 신호들이 당신의 길을 이끌어줄 것이다. 설명할 길 없는 동시성들이, 우리를 둘러싼 세상에는 과학적 물질주의 이상의 어떤 것이 작용하고 있음을 깨닫게 할 것이다. 그리고 당신이 알 수 없는 것, 예컨대 당신 자신이나 당신이 아는 어떤 사람을 지켜주는 무언가에 대해 문득 알아차리는 일종의 초감각적 인식 extraordinary knowing 같은 것을 경험할 수도 있다. 또 기적처럼 보이는 경험을 할 수도 있다. 그런 경험을 하고 나면 결코 발휘할 수 없다고 생각했던 용기가 생겨날지도 모른다. 이 안내자는 당신을 계속 채근하는 경향이 있어서, 혹시라도 당신이 신호를 놓치면 또 다른 신호를 보내줄 것이다.

목적이 있는 우주가 당신을 안내하는 15가지 방식

1. 불합리해 보이는 생각이 자꾸 머릿속에서 떠나지 않는다.
2. 어떤 메시지나 암시를 주는 꿈을 꾼다.
3. 당신에게 필요한 메시지를 가진 사람들이 정확한 시간에 나타난다.
4. 몸에서 어떤 감각이나 증상이 나타난다.
5. 당신에게 어떤 의미가 있는 물건을 발견한다.
6. 반복적인 일, 운동, 또는 명상을 하는 도중에 내면의 목소리가 들리고 환상이 보인다.
7. 우연이라고 하기에는 너무 의미심장하다는 점만 빼면 그냥 우연의 일치라고나 할 동시성을 가진 일들이 일어난다.
8. 당신이 삶의 어느 지점에 있는지 직접적으로 말해주는 책을 만난다.
9. 자신이 원한다고 생각하던 것과는 다른 방향으로 가게 만드는 장애물을 만난다.
10. 타로나 여신 카드goddess card 같은 카드를 통해 이야기를 해준다.
11. 가는 길에 상징성이 있는 동물이 나타난다.
12. 귀로 듣는 것처럼 노래 가사가 자꾸자꾸 떠오른다.
13. 자동차 번호판, 자동차 스티커, 이메일 또는 블로그 포스트 등의 형태로 우주에서 오는 '게시판'을 만난다.
14. 직관력 있는 사람들에게 직접 안내를 받는다.
15. 11시 11분에 문득 시계를 보는 식으로 의미 있는 숫자를 본다.

당신에게 유용한 안내를 알아차리고 해석하는 방법을 배우려면, 나와 레이첼 나오미 레멘이 함께 하는 무료 원격 강의 '일상 생활에서 당신의 영혼이 당신을 이끄는 10가지 방식10 Ways Your Soul Guides You in Daily Life'을 듣기 바란다. MedicineForTheSoulRx.com에서 음성 파일을 다운받을 수 있다.

: 모든 것이 바뀌는 순간

《왜 여자의 육감은 잘 맞는 걸까Extraordinary Knowing》(한국어판 제목)의 저자 엘리자베스 로이드 마이어Elizabeth Lloyd Mayer 박사는 캘리포니아대학교 버클리 캠퍼스 심리학과와 샌프란시스코대학 병원의 교수이자 연구자였다. 친구들에게 '리스비Lisby'라는 이름으로 통하는 마이어 박사는 '초자연 현상'이라는 것에 별다른 관심이 없는 의심 많은 과학자였다. 그러던 그녀에게 이상한 일이 벌어졌다. 1991년, 열한 살짜리 딸 메그가 연주를 마친 극장에서 수제手製 하프를 도난당했다. 리스비는 하프를 찾느라 두 달을 보냈다. 경찰이 수사에 나서고, 리스비도 전국의 악기점에 연락을 했다. CBS 텔레비전에도 보도 기사가 나갔다. 하지만 진척이 없었다. 하프는 온데간데없이 사라지고 없었다.
악기를 찾으리라는 희망을 접은 리스비에게 한 친구가 말했다. "정말로 하프를 찾고 싶으면 다른 방법도 써봐. 다우저dowser(펜듈럼이나 L 로드로 수맥을 찾거나 잃어버린 물건을 찾는 등 직관을 이용하는 사람—옮긴이)에게 전화해 보면 어때?" 리스비는 눈살을 찌푸렸다. 합리적인 과학자라면 누구나 보일 법한 반응이었다. 리스비가 알기로 다우저들은 한쪽

끝이 갈라진 막대기를 들고 돌아다니며 어디에 우물을 파야 하는지 말해주는 괴상한 사람들이었다. 그러나 친구는 정말 뛰어난 다우저는 지하 수맥도 찾지만 잃어버린 물건도 찾을 수 있다고 했다. 리스비는 다우저라는 사람이 하프를 찾을 수 있다고는 믿지 않았지만, 밑질 것도 없어서 아칸소 주 페이엣빌에 있는 미국다우저협회American Society of Dowsers 회장 해럴드 맥코이Harold McCoy에게 연락했다. 리스비는 캘리포니아 주 오클랜드에서 하프를 도난당했는데 그것이 어디에 있는지 찾을 수 있냐고 물었다.

"잠깐만 기다려주세요. 하프가 아직 오클랜드에 있는지 볼게요" 하고 잠시 조용히 있던 해럴드가 말을 이었다. "네, 아직 거기 있네요. 오클랜드의 도로 지도를 보내주시면 하프가 있는 곳을 찾아볼게요."

다음날 리스비는 해럴드에게 도로 지도를 보냈다. 그리고 이틀 뒤, 해럴드가 전화를 걸어 하프가 있는 곳의 주소를 알려주었다. 리스비가 그 정보를 경찰에 알렸지만, 경찰은 고개를 저었다. 경찰로서는 예감만으로 수색영장을 발부할 수는 없는 노릇이었다. 그래서 리스비는 해럴드가 준 주소로 찾아가 하프를 돌려주면 보상하겠다는 내용의 전단지를 뿌리기로 했다.

사흘 뒤, 리스비의 전화벨이 울렸다. 전화 속 남자는 얼마 전 이웃 사람이 전단지에 있는 것과 똑같은 하프를 자기한테 보여주었다고 했다. 그리고 24시간 영업하는 세이프웨이Safeway(미국을 대표하는 슈퍼마켓 체인 회사—옮긴이)의 주차장에서 하프를 넘겨주도록 중재해 보겠다고 했다. 약속한 시간과 장소에 도착하자 한 젊은 남자가 리스비의 스테이션왜건에 하프를 실어주었다.

돌아온 하프를 물끄러미 바라보던 리스비가 이렇게 중얼거렸다. "이번 일로 모든 게 바뀌어버렸어."

리스비는 동료와 내담자들에게 그들이 겪은 '모든 게 바뀌어버린' 순간에 대해 묻기 시작했다. 리스비가 알아낸 것은, 우리가 절대로 알 수 없는 것들을 개인적으로 알게 된다거나, 틀림없이 자기한테 어떤 목적이 있는 듯 행동하는 사람을 만나는 비슷한 경험을 많은 사람들이 했다는 것이었다. 리스비는 과학자들이 말하는 '초감각적 인식anomalous cognition'에 해당되는 이런 이야기들을 《왜 여자의 육감은 잘 맞는 걸까》에 많이 실었다. 이 직관적 인식에 관한 이야기들에서 내게 가장 흥미로웠던 건 그들이 안 것이 마구잡이로 알게 된 것 같지는 않다는 점이다. 사람들이 라디오에서 다음에 어떤 노래가 흘러나올지 직감적으로 그냥 찍는 것과는 달랐다. 그들이 초감각적으로 안 것들은 대부분 그들 자신을 지켜주거나 누군가를 돕거나 위안을 주거나, 심지어는 생명을 구해주는 것들이었다.

리스비의 책에는 한 신경외과 의사 이야기가 나온다. 이 의사는 치료가 안 되는 심한 편두통으로 고생을 하고 있었다. 그가 찾아간 의사는 그를 리스비에게 보냈다. 리스비는 면담을 통해 그의 두통이 의대생과 레지던트 들을 가르치는 일을 그만두면서 시작되었다는 사실을 알게 되었다. 자신이 좋아하던 일이었다. 리스비는 왜 강의를 그만두었는지 물었다. 우물쭈물 대답을 망설이던 그는, 자기가 위험한 뇌수술을 하는데도 왜 잘못된 환자가 한 명도 없는 것처럼 보이는지 학생들에게 설명하기가 힘들다고 어렵게 입을 열었다.

마침내 그가 들려준 이유는 이랬다. 그는 환자에게 수술이 필요하다고 판단이 들면 그때부터 환자의 병상에 붙어 앉아 잠자코 기다렸다. 어떤 때는 30초, 어떤 때는 몇 시간이 걸리기도 했다. 그가 기다린 것은 의대생들이나 레지던트들에게 이야기하면 미쳤다는 소리를 들을 게 뻔한 것이었다. 바로 환자의 머리 주위로 하얀 빛이 뚜렷하게 나타나는 것이었다. 그는 빛이 나타나기 전에 수술을 하면 안전하지 않다는 것을 알았다. 하지만 일단 빛이 나타나면 그것은 환자를 수술실로 데려가라는 신호였다. 그가 환자들을 보호할 수 있도록 도와준 그것은 통상적으로는 설명하기 어려운, 어떤 목적이 있는 신호였다.

다른 심리학자들과 의사들도 그와 비슷한, 목적이 있어 보이는 초감각적 인식의 사례들을 리스비에게 들려주었다. 대부분 비밀을 지켜달라면서 목소리를 낮추고 들려준 이야기들이었다. 이들 중 한 명이 정신분석가 패트릭 케이스먼트Patrick Casement였는데, 임상 기법에 대해 그가 쓴 책들이 심리학의 고전들로 여겨질 만큼 뛰어난 사람이었다. 그는 리스비가 하프를 되찾은 이야기를 듣고 자신의 이야기도 함께 나누고 싶어 했다.

케이스먼트가 열일곱 살이던 1952년, 부활절 휴가 기간 동안 그는 할머니 댁에 있었다. 그때 할머니는 인생에 정말로 후회스러운 일이 딱 한 가지 있다며 손자에게 이야기를 들려주었다. 한때 할머니에게는 무척 친한 친구가 한 분 계셨는데 전쟁통에 사람들이 뿔뿔이 흩어지면서 두 사람도 연락이 끊겨버렸다고 했다. 할머니는 친구를 찾으려고 무진 애를 썼지만, 반송된 편지 말고는 아무 응답이 없었다.

케이스먼트는 부활절 일요일에 할머니 댁에서 6킬로미터쯤 떨어진 교회에 가서 예배를 드렸다. 예배가 끝나고 집에 가는 길에, 학교에서 받은 수학 문제에 자기가 낸 답을 시험해 보고 싶었던 그는 버스를 타지 않고 걸어가기로 했다. 버스가 자기를 따라잡지 못하게 하려면 얼마나 빨리 걸어야 하는지를 계산한 답이었다. 혹시나 자기 계산이 틀리면 버스를 중간에 타고 가면 그만이라고 생각했다. 자기 계산이 맞다는 것을 증명하려고 그는 계산해서 나온 답과 정확히 같은 속도로 6킬로미터를 걷기로 마음먹었다.

그러나 계획은 실패하고 말았다. 20분 뒤, 그는 차를 얻어 타려고 자기도 몰래 엄지손가락을 치켜들고 있는 자신을 보고 깜짝 놀랐다. 그의 말이다. "다가오는 차를 향해 오른손을 내밀고 태워달라고 하고 있는 내 모습에 충격을 받았어요. 마치 오른팔이 제멋대로 살아 움직이는 것처럼, 뭐랄까 그냥 반사적인 행동이었다고나 할까요? 스스로 계획을 망치고 있는 모습에 어이가 없었죠. 다행히 그 차가 그냥 지나가길래 아직 버스와의 경주를 망치진 않았구나 생각했어요. 그런데 조금 있다가 차가 갑자기 멈추더라고요. 후회가 되었지만, 내가 멈춰 세웠으니 그분의 호의를 받아들여야 할 것 같았어요."

케이스먼트는 차에 타서 안에 있던 부인께 감사를 드렸다. 운전기사가 딸린 차였다. 그분이 기사에게 차를 세우고 자신을 태우라고 시켰을 거라는 생각이 들었다. 부인이 케이스먼트에게 물었다. "원체스터에서 살았니?" 케이스먼트는 그분이 왜 그런 질문을 했는지 알 수 없었지만 그렇다고 대답했다. 실제로 그는 원체스터에서 학교를 다니고 있었다.

부인이 말했다. "지금 젊은이가 거기 살아도 내가 생각하는 사람은 모르겠지. 로디 케이스먼트라는 사람인데, 원체스터로 갔거든. 오래

전 일이야." 로디 케이스먼트는 패트릭의 아버지였다.

그가 자기 아버지라고 말하자 부인은 놀랐다. "그럼 그 사람 어머니가 아직 살아계시니?" 패트릭은 로디 케이스먼트의 어머니, 그러니까 자기 할머니가 아직 살아계실 뿐만 아니라, 여기서 3킬로미터 정도만 더 가면 길가에 할머니 댁이 있다고 말했다. 부인은 전쟁통에 연락이 끊긴 그리운 친구를 찾으려고 그동안 얼마나 애썼는지 이야기를 들려주셨다. 그분이 찾던 친구는 바로 케이스먼트의 할머니였다. 두 분은 그날 실로 오랜만에 재회의 기쁨을 누렸고, 케이스먼트의 할머니는 그 후 얼마 되지 않아 돌아가셨다.

그 일을 돌이키면서 케이스먼트가 리스비에게 말했다. "어쩌면 그 부인은 당시 열일곱 살이던 내가 비슷한 나이 때의 아버지를 닮았다고 봤을지도 몰라요. 그건 그렇다 치더라도, 그 차를 보고 내 팔이 제 맘대로 움직여서 엄지손가락을 치켜 올린 건 말이 안 돼요. 치밀하게 계산해서 길을 가던 중이었는데…… 정말 포기하고 싶지 않았거든요. 아무튼 내가 그 차를 세우는 바람에 할머니가 마침내 사랑하는 친구를 만나고 행복하게 돌아가시긴 했어요."

케이스먼트의 경험은 우연의 일치일 수도 있지만, 우주에 목적이 있다는 조그만 증거일 수도 있다. 이를 증명할 길은 없지만, 리스비는 심리학계나 의학계에 이런 이야기들이 흔하다는 사실을 알게 되었다.

리스비는 신생아 집중 치료실에서 일하는 한 간호사와 이야기한 적이 있다. 그녀는 이른바 '예감'을 바탕으로 임상적 판단을 내릴 때가 있는데, 자기로선 알 턱이 없는 사실들을 그런 식으로 알게 되는 경우가 종종 있다고 했다. 그녀의 예감 덕분에 많은 아기들이 생명을 구했고, 함께 일하는 다른 사람들도 그녀를 신뢰하게 되었다.

　다른 의사 한 사람도 리스비에게 "환자를 파악하려고 워낙 신경을 많이 써서인지 마치 환자들에게 어떤 일이 생겼는지 말 그대로 '냄새 맡는' 후각 기관이 생긴 것 같아요"라고 했다. 그 의사는 죽음의 냄새를 맡을 수 있었다. 심지어 몸의 어느 곳에 병이 있는지도 냄새로 알 수 있었다. "냄새 같은 어떤 확실한 것으로 와요. 진하고 아주 심한 냄새로요. 냄새가 나니까 분명히 알게 되죠." 그 의사는 이런 냄새로 어떤 치료를 해야 할지 판단하곤 했는데, 그때마다 의문을 제기하는 선임 의사에게 어떻게 설명해야 할지 몰라 당황스러웠다고 했다. "내가 어떻게 말할 수 있었겠어요. 냄새가 난다고요?"

: 목적과 보호

　만약 그 신경외과 의사가 정말로 환자의 머리 주위에서 하얀 빛을 보았다면 어떨까? 냄새를 맡는다는 그 의사의 말이 진실이라면? 생명을 구하는 데 이 의사들이 어떤 식으로건 안내를 받고 있다면? 우리가 어떤 목적이 있는 방식으로 안내받고 있음을 직관적 경험을 통해 보여준 의료인들 이야기를 리스비가 그렇게 많이 풀어놓았으므로, 나도 내 주위에서 이와 비슷한 경험을 한 사람들이 있는지 한번 알아보고 싶어졌다.

　내 친구이자 멘토인 레이첼 나오미 레멘은 《그대 만난 뒤 삶에 눈떴네》를 쓰기 전 스탠퍼드의 소아과 의료진으로 있었는데, 신입 인턴 시절 새벽 세시에 응급실에 실려 온 아기 이야기를 내게 들려주었다. 아기는 생기도 있고 기분도 좋아 보였지만, 엄마는 아기가 위험하다고 했다. "뭔지 모르지만 아주 잘못됐어요. 우리 애가 죽을 거예요."

표준적인 검사를 모두 했지만 결과는 정상이었다. 유일한 이상 징후는 호흡수가 살짝 많고 열이 0.5도 높은 것뿐이었다. 이유를 알 수 없던 레이첼은 레지던트에게 요추 천자(진단과 처치 목적으로 허리 척추에서 뇌 척수액을 뽑거나 약물을 주입하는 방법—옮긴이)를 하겠다고 허락을 구했다. 환자에게 수막염이 있다는 뚜렷한 증거가 없이는 잘 하지 않는 고통스런 검사법이었다. 레지던트는 비웃었다. "귀가시켜." 이 한 마디만 남기고 그는 돌아서서 가버렸다.

레이첼이 아기를 돌려보내려 하자, 아기 엄마가 울음을 터뜨리며 애원했다. "제발, 선생님." 그 순간 레이첼은 이 엄마의 생각이 맞다는 것을 그냥 알았다. "검사를 하나 더 할게요." 레이첼은 엄마에게 말하고 요추 천자를 했다. 아기의 척추 관에 주사 바늘을 막 꽂았을 때 화가 머리끝까지 난 레지던트가 와서 버럭 소리를 질렀다. "대체 뭘 하는 거야?" 그를 향해 돌아서는데, 그 순간 레지던트의 표정이 달라졌다. 주사기를 보니 고름이 한 방울 떨어지고 있었다. 뇌수막염이었다. 만일 아기를 집에 보냈더라면 몇 시간 만에 죽었을 것이다.

레이첼은 뭐라 설명할 길이 없는, 그냥 알아버린 이야기를 하나 더 해주었다. 아버지가 돌아가시고 연세 드신 어머니가 레이첼과 함께 살았다. 레이첼이 살던 집은 두 사람이 살기에는 너무 좁아서 더 큰 집을 찾기 시작했다. 두 사람은 마침내 두 세대가 함께 쓰는 집으로 한쪽에는 다정다감한 노부인이 살고 있는 멋진 집을 찾았다. 널찍하고 전망도 좋아서 레이첼이 보기에는 안성맞춤의 집이었다.

하지만 어머니는 그렇게 생각하지 않았다. 한때 전문직 일을 하던 능력 있고 강인한 어머니였으나, 팔순이 되자 멀거니 앉아 있는 때가 많고 건망증도 심해졌으며 정신도 오락가락해지고 있었다. 레이첼이 살아오는 동안 늘 그랬듯이 보통은 딸이 내린 결정을 지지해 주던 어머니였다. 그러던 어머니가 그 집에 들어서기도 전에 이렇게 말했다. "여기서 살면 안 돼."

놀란 레이첼이 물었다. "왜요, 엄마? 우리에게 딱 맞는 집이에요." 하지만 어머니는 왜 그렇게 완강하게 반대하는지 이유도 대지 않고 같은 말만 되풀이했다. "여기서 살면 안 돼." 도무지 이해가 안 되었기에 레이첼은 이 집이 왜 좋은지 장점들을 하나하나 대면서 어머니를 설득했다. 그러자 어머니가 레이첼의 팔을 잡아끌며 다급한 목소리로 말했다. "여기서 살면 안 돼, 레이첼. 이 집에서 살면 안 돼." 레이첼은 결국 포기하고 다른 집을 구했다.

몇 달 지나지 않아, 거센 폭풍이 그 지역을 덮쳤다. 일대가 물에 잠기고 여기저기 산사태가 생겼으며 부서진 건물들도 많았다. 레이첼이 무척이나 맘에 들어 했던 그 집도 산사태로 부서져버렸다. 집 한쪽에 살던 노부인은 마침 그때 집을 비워 생명은 무사하다고 했다. 하지만 레이첼과 어머니는 새 집에서 안전하게 있었다. 두 사람이 그 집을 임대했더라면 죽지는 않았을지 몰라도 분명 심하게 다쳤을 것이다.

또 다른 내 의사 친구도 일을 하면서 뭔가로부터 안내받는 듯한 기분을 느꼈다면서 마치 무슨 목적을 가지고 보호해 주는 것 같았다고 했다. 션은 병원 레지던트였는데 응급 환자들을 다루는 데 필요한 기술을 익히던 때였다. 어느 날 쇼크에 빠진 환자의 요골 동맥에 관을 삽

입해야 하는데 동맥을 찾지 못해 쩔쩔매고 있었다. 그 환자의 동맥은 쇼크로 눌려 있었고, 션은 비좁은 혈관 속으로 집어넣어야 하는 가이드 와이어guide wire를 끼우지 못하고 있었다. 여러 차례 시도 끝에 션은 공황 상태에 빠졌다. 환자의 생명을 살리려면 이 절차가 꼭 필요했다. 션은 주위를 둘러보았지만 도와줄 사람이 아무도 없었다.

그때 션에게 뭔가가 왔다. 그는 자신도 모르게 병상에서 물러나 눈을 감았다. 평화로운 느낌이 션을 휘감았고, 그는 지금껏 한 번도 해본 적이 없는 것을 했다. 하늘에 도움을 부탁한 것이다. 누구에게 부탁하고 있는지는 자신도 몰랐지만, 션은 어떤 목소리를 들었다. "어서 하세요."

그 목소리에 감사를 하고 나니 왠지 힘이 솟고 자신감이 생겼다. 감았던 눈을 뜨고 환자에게 다가갔다. 그러곤 의심도, 머뭇거림도, 어려움도 없이 단번에 환자의 요골 동맥을 찾을 수 있었다.

그 일을 돌이키며 션이 말했다. "어떤 외부의 힘이 내 손을 바로 그곳으로 이끄는 듯했어요. 놀라울 뿐이었죠. 내가 다른 차원에, 그러니까 어떤 자비로운 힘에 연결되었다는 느낌을 받은 건 그때가 처음이었어요. 그 뒤로도 환자들의 문제를 해결하려고 할 때 이렇게 안내받는 느낌이 아주 많이 들었죠. 그래서 나는 우리가 서로를 돕도록 완전히 다른 차원과 연결되어 있다고 굳게 믿어요. 우주는 우리가 계속해서 만들어가는 아주 우호적인 곳이라는 것도요."

나는 내 친구 토샤 실버Tosha Silver와 이야기를 나누면서 이런 안내가 어떻게 올 수 있는지 물었다. 토샤는 자신의 책《하늘에 맡기다 *Outrageous Openness*》에 나오는 이야기를 하나 들려주었다. 하늘이 우리를 이끌도록 내맡긴다는 내용의 이야기였다. 토샤에게는 융통성이라곤 없는데다 의심도 많은 경제학 교수인 돈이라는 친구가 있는데, 토샤를 소개할 때마다 "예일대를 나온 초능력자 친구"라고 말하곤 하는 친구였다. 하루는 토샤가 그에게 물었다. "돈, 정말 그래. 그런데 혹시 큰 그림에서 봤을 때 좀 이상하다는 생각이 든 적은 없었어? 완벽하고 좁은 네 합리적 세계관을 흔들어놓은 그런 일 말이야."

돈은 대학에 다니던 어느 날 밤 일을 들려주었다. 그날 돈은 룸메이트가 들어오기 전에 잠이 들었다. 새벽 세시쯤 돈은 가슴이 쿵쾅거리는 느낌에 잠에서 깨었다가 룸메이트가 자기 이름을 부르는 소리를 들었다. 두 번이었다. 그런데 방에는 아무도 없었다. 돈은 일어나서 주섬주섬 옷을 챙겨 입고 자기 차 폭스바겐 비틀로 가서 운전을 하기 시작했다. 차가 마치 저절로 운전하는 것 같았다. 돈은 마치 자석에 이끌리듯 열 블록 떨어진 곳까지 갔다. 그곳에는 술에 취해 길을 잃은 룸메이트가 눈더미에 묻혀 얼어가고 있었다.

흥분한 토샤가 물었다. "세상에, 설마 지어낸 이야기는 아니지? 그 일로 혹시 인생이 조금이라도 바뀐 건 없어?"

돈이 대답했다. "전혀. 우연의 일치라고밖엔 생각할 수 없었어. 그러지 않다면 모든 걸 의심해야 할 테니까."

이런 일이 일어나면 사람들은 대개 리스비가 했던 것처럼 "모든 게 바뀌어버렸어"라고 고백하거나, 아니면 돈처럼 그냥 덮어버리는 경향이 있다. 하지만 나는 사람들이 그런 경험을 부인하는 이유를 잘 모르겠다. 어쩌면 자신들이 이해하지 못한다는 사실이 두려운지도 모르겠다. 개인적으로 나는 이런 이야기들이 별로 두렵지 않다. 목적이 있는 우주에서는 세상이 위험하지 않은지 늘 긴장하지 않아도 된다는 내 세계관을 확인시켜 주는 이야기들이기 때문이다.

나는 다른 사람들도 직관적 인식의 경험을 해보았는지 궁금했다. 그래서 친구와 동료, 온라인 커뮤니티, 내 블로그 독자, 페이스북과 트위터에서 그런 이야기를 찾아보았다. 그리고 사람들에게 자신이 목적이 있는 우주에 산다고 믿게 한 경험이 있으면 이야기해 달라고 부탁했다. 어떻게 자신이 알 수 없는 것들을 알게 되었는지, 직관적으로 알게 된 사실이 어떻게 다른 사람이나 자신의 생명을 구했는지 이야기를 들려준 사람이 500명을 넘었다. 이들은 사랑하는 사람들이 위험에 빠졌다며 보내온 텔레파시 메시지, 위험을 경고하는 직관적 인식, 문제를 해결하거나 자신을 지켜준 꿈속의 메시지를 털어놓았다. 그런가 하면 정확한 시간에 나타난 사람, 가망 없던 병이 치유된 불가사의한 일, 생명을 구한 놀라운 안내, 이 세상에 속하지 않은 존재의 방문 등 기적처럼 보이는 일들도 이야기했다.

온라인 커뮤니티에서 들은 그런 이야기들이 진짜임을 증명할 길은 없지만, 그것들에는 진실성이 담겨 있었다. 그런 이야기를 들려준 사람들이 이 경험으로 얼마나 깊은 감동을 받았는지, 이 경험으로 믿음이 얼마나 깊어졌는지 느낄 수 있었다. 나 또한 그런 증거를 보았으므로 이들이 어떤 느낌이었을지 짐작할 수 있었다.

: 나의 경험

여덟 살 때, 노스캐롤라이나에 있는 조부모님 소유의 땅에서 부모님과 캠핑을 하며 방학을 보내던 무렵이었다. 가을철이라 낙엽들이 시나브로 휘날리며 주변을 온통 노란 빛, 오렌지 빛으로 수놓고 있었다. 하지만 여느 때와는 다른 기후로 엄마가 좋아하는 선홍빛 단풍은 보기 드물었다. 엄마는 낙엽에 왁스칠을 해서 식탁을 꾸밀 생각으로, 우리더러 선홍빛 단풍잎을 찾아보라고 하셨지만 나는 하나도 찾을 수 없었다. 노란 단풍과 갈색으로 물들어가는 나무들 사이로 흙길을 따라 엄청 멀리 걸어왔다고 느낄 즈음 나는 드디어 붉은 잎 하나를 찾아냈다. 가파른 비탈 위로 뻗은 높은 가지에 매달려 있었다.

극적으로 찾아낸 붉은 잎을 가져가 엄마를 감격시킬 생각으로, 나는 위태롭게 나무를 올라 비탈 위로 뻗은 가지에서 선홍빛 단풍잎을 땄다. 그때 가지가 부러지면서 나는 비탈 아래로 굴렀고 나뭇잎도 놓치고 말았다. 가까스로 작은 나무를 붙잡아 다행히 발 아래 바위로 곤두박질치지는 않았다.

여덟 살짜리 아이의 힘으로 나무를 놓치지 않으려 안간힘을 쓰던 그때 한 남자가 위쪽에 나타났다. 온화하고 사랑 가득한 미소를 짓고 있었다. 말없이 물끄러미 내려다보던 남자는 지팡이를 아래로 내밀었다. 내가 떨어지지 않고 그 지팡이를 어떻게 잡았는지는 모르지만, 아무튼 그렇게 했고 남자는 나를 비탈 위로 끌어올렸다. 감사하다는 말을 하려고 돌아서니 남자는 이미 사라지고 없었다. 그 남자를 부르며 이리저리 뛰었지만 다시는 보이지 않았다.

내 이야기를 들은 엄마는 기적의 은혜를 받았다고, 하느님이 천사를 보내 내 목숨을 구했다고 하셨다. 하지만 나는 천사보다도, 나뭇가지가 부러지는 바람에 예쁜 단풍잎을 놓쳐 엄마를 실망시킨 일이 더 마음에 걸렸다.

그때 엄마가 말씀하셨다. "이건 뭐지?" 엄마는 내 주머니에서 뭔가를 꺼내셨다. 붉은 단풍잎이었다.

이 경험이 '현실'이었을까 아닐까? 어쩌면 나를 구해준 건 천사가 아니라 나보다 빨리 걸어서 내가 보기 전에 사라져버린 등산객이었을 지도 모른다. 아니면 내가 환각 상태였을 수도 있다. 신비 경험을 연구하는 라이스대학교Rice University의 종교학 교수 제프리 크리펠Jeffrey Kripal 박사는 그런 경험이 '현실'이냐 '비현실'이냐를 물을 필요가 없다고 말한다. 그보다는 은유와 상징의 여지가 있는 세 번째 범주를 고려해 보자고 제안한다. 그는 어떤 신비 경험이 우리를 안내해 이끌어주고, 두려움을 덜어주고, 위안을 주거나, 의식을 확장시킨다면 그것으로 충분하다고 말한다. 어느 쪽이든 간에 그 경험은 여덟 살 아이였던 내게 이 세상에는 우리를 이끌고 보호하는 보이지 않는 것들이 있다는 확신을 주었고, 덕분에 나는 두려움 속에 살 필요가 없었다.

나이를 먹어가면서 나는 내 세계관을 확신시켜 주는 다른 경험들을 했다. 리스비가 면담한 많은 의사들처럼 나도 보통의 경우엔 결코 알 수 없는 것들을 알게 되고, 내 환자들을 보호해 주는 듯한 뭔가를 경험하기 시작했다. 하루는 내가 레지던트로 있던 응급실로 독감에 걸린 것처럼 보이는 한 임신부 환자가 들어왔다. 혈액 검사 결과가 모두 정상이어서 뭔가 잘못되었다고 믿을 이유는 내게 없었다. 그곳에 있던 담당 의사는 이 여성을 그냥 돌려보내고 싶어 했지만, 나는 어떤 설명할 길 없는 이유로 뱃속의 아기가 위험하다는 것을 그냥 알았다. 그래서 나를 가르친 교수라면 미친 짓이라 생각할 검사를 하자고 했다. 태아 주위의 양수를 분석하는 양수 검사였다. 담당 의사는 몇 가지 이유로 내 직관을 믿었고 내가 양수 검사를 하도록 허락했다. 그 결과 양수가 박테리아에 감염된 것으로 나타났다. 우리가 일찍 진단해서 아기를 조산하게 하고 항생제 치료를 하지 않았더라면 아기가 죽었을 수도 있었다.

나는 내 이성 마음에서 나오지 않은 다른 정보들을 얻기 시작했다. 방금 만난 어떤 사람과 이야기하면서, 내가 알 수도 없고 사실인지 아닌지 입증할 방법도 없는 것을 그 사람한테서 감지하곤 했다. 내가 만난 사람이 어릴 때 성적 학대를 받았다는 느낌이 들기도 했고, 해고당할까봐 걱정을 하고 있다거나 남편과 헤어질 생각을 하고 있다는 느낌이 오기도 했다. 나중에 그들은 내가 느낀 걸 그대로 털어놓아 내 느낌이 맞다는 것을 확인시켜 주곤 했다. 이런 일들이 물론 내가 의지할 만한 것은 아니었다. 이런 정보를 얻기도 했지만, 그렇지 않은 경우도 많았다. 그러나 내가 얻은 정보 덕분에 환자들이 고통을 더는 경우는 종종 있었다.

하루는 하이킹을 하는데, 마치 내 앞에 보이지 않는 스크린이 있고 그 위로 영화가 상영되는 것처럼 생생한 장면이 나타났다. 내가 게스트하우스의 방바닥에 벽을 기대고 앉아 있고, 내 환자인 에이프릴이 내 품에 머리를 기대고 누워 있는 장면이었다. 영화는 아주 구체적이었다. 에이프릴의 손에는 수정이 들려 있었으며, 촛불이 켜져 있고, 향기 요법에 쓰는 오일 향내가 났다. 목소리만 들리는 어떤 사람이 말했다. "이렇게 하면 그녀가 나을 거예요."

내 합리적인 마음에는 내가 본 장면이 도무지 말이 안 되었다. 첫째, 에이프릴은 내 환자였다. 의사와 환자라는 우리의 관계로 볼 때 그 장면은 전혀 적절하지가 않았다. 둘째, 앞에 쓴 에이프릴의 이야기에서 알겠지만, 에이프릴은 아무에게도 등을 내보이지 못하는, 외상 후 스트레스 장애를 가진 경호원이었다. 내게 등을 기대고 누우라고 부탁하는 것은 미친 짓이었다. 셋째, 나는 수정을 사용하는 그런 의사가 아니었다. 내게는 수정도 없었다.

내가 본 것에 확신이 들지 않았다. 내가 다 꾸며낸 것일까? 그냥 상상이었을까? 내가 들은 목소리가 진짜라면? 그 장면에서 본 대로 해서 에이프릴의 건강이 좋아진다면? 에이프릴은 여러 가지 만성적인 질병에 시달리고 있었다. 가장 힘든 것은 어떤 혈액학자도 제대로 진단하지 못한 희귀성 빈혈이었고, 의사의 말로는 평생을 맞아야 한다는 정맥 주사를 매달 며칠씩 달고 있어야 했다.

이상한 소리로 들리겠지만, 긍정적인 결과로 이어진 희한한 직관 경험을 이미 충분히 해온 덕분에 나는 내 직관을 점점 더 신뢰해 가고 있었다. 그래서 내가 본 대로 에이프릴에게 해보기로 했다. 에이프릴도 그렇게 해보자고 했다. 우리는 함께 세션을 시작했다. 그 결과에 우리 둘은 말할 것도 없이 에이프릴의 담당의도 경악했다. 지금 에이프릴은 마지막으로 정맥 주사를 맞은 지가 3년이 넘었고, 혈구 수치도 그 뒤로 정상이다.

내가 그것을 어떻게 알았는지는 설명할 방법이 없다. 에이프릴의 빈혈이 어떻게 해서 치료되었는지도 나는 설명할 수가 없다. 아서 에딩턴Arthur Eddington 경이 말했듯이 "알 수 없는 무언가가 우리가 알지 못하는 일을 하고 있다." 그것이 무엇이었든 그 경험은 우리 둘을 바꿔놓았다.

이 경험을 한 뒤로, 그리고 리스비의 책을 읽은 뒤로, 나는 초감각적 인식을 다루는 과학에 갈수록 더 호기심이 일었다. 지각 있는 의사로서 내게는 그런 불분명한 분야에서 헤매고 싶은 생각이 별로 없었고, 더구나 내 책에서 그것을 다루고 싶은 생각은 추호도 없었다. 하지만 영spirit의 영역이 인간의 영역과 소통하는 수단이 어쩌면 직관일 수도 있겠다는 생각에 끌렸다. 인생이 혼란스럽고 결정을 내리기가 힘들 때, 우리는 직관을 통해 영적인 존재들의 안내를 받아 최고선을 향해 가고 있는지도 모른다. 이것이 사실이라면 위안이 되지 않을까? 우리가 선의를 가진 영적 존재들에게 늘 안내받고 있다는 사실을 알면 덜 두려워지지 않을까?

나는 더 많은 사람들을 만나 초감각적 인식의 경험에 대해 들었다. 내가 놀란 것은 자신의 직관을 신뢰하게 된 사람들에게는 커다란 위험도 감수할 수 있는 힘이 있다는 점이었다. 그들은 그런 위험을 지는 것이 자신의 최고선과 부합하는 일인지 아닌지 감지할 수 있었다. 두려움이 없는 것과 무모한 것은 작은 차이일 수 있지만, 나는 이 사람들에게서 무모하다는 인상은 받지 않았다. 직관을 신뢰하는 법을 배우고 연마한 사람들은 자신이 언제나 안내받고 있다고 느꼈고, 두려움으로부터 통제받기보다는 이 같은 안내로부터 든든한 지원을 받았다. 내가 인터뷰한 사람 중 한 여성은 자신의 직관을 믿고 목적 있는 우주의 안내에 따를 때 어떤 어려운 결정도 내릴 수 있다는 걸 감동적으로 보여주었다.

: 두려움을 넘어선 치료

캐슬린이 자궁경부암 진단을 받았을 때 의사는 곧바로 수술 일정을 잡자고 했다. 캐슬린은 진단 결과가 조금도 놀랍지 않았다. 직관적으로 뭔가 잘못되었다는 것을 알고 있었고, 진단 결과는 자신이 이미 감지한 사실을 확인시켜 주었을 뿐이었다. 여섯 달 전, 그녀는 남편과 세 아들과 함께 12년 동안 살던 영성 공동체에서 나왔다. 그들이 그곳에서 나온 것은 저질 텔레비전 드라마의 소재로나 안성맞춤일 이유 때문이었다. 하지만 그곳을 나와 로스앤젤레스로 이사하고부터 일들이 흐트러지기 시작했다. 캐슬린은 아이들에게 참을성이 바닥이 났고 자신이 못된 엄마가 되었다고 걱정을 하기 시작했다. 화를 참기가 힘들어지면서 캐슬린은 아이들을 다치게 할까봐 두려웠다. 가족들과 떨어져 자신을 치유할 필요가 있었다. 가족을 방치하는 것 같아 걱정이 되기는 했지만, 마침내 남편에게 한동안 떠나 있는 게 좋겠다고, 마음을 좀 편안히 하고 돌아와 좋은 엄마, 좋은 아내가 되겠다고 말을 했다. 남편은 가지 말라고 사정했지만, 캐슬린의 직관은 고집했다. 가족을 뒤로하고 캐슬린은 샤스타Shasta 산으로 갔다. 몸과 영혼의 활기를 되찾게 해주는 치유 에너지로 가득하다는 곳이었다. 캐슬린은 샤스타 산이 자신의 회복을 도와줄 거라 여겼다.

의사가 전화를 걸어와 캐슬린에게 암이 있다고 말한 것이 바로 그때였다. 의사의 말로는 조직의 표본을 실험실 두 곳에서 검토했다고 했다. 진단 결과는 분명했다. 의사는 로스앤젤레스로 돌아와 바로 수술을 받으라고 했다. 그러나 캐슬린은 수술을 받아서는 안 된다는 것을 '그냥' 알았다. 만일 수술을 받으면 죽을 거라는 직관이 선명하게 들었다. 암 치료를 거절하겠다는 생각은 캐슬린의 이성 마음에게는 미친 소리로 들렸다. 의사는 당장 공격적 치료를 받지 않을 경우 어떤 일이 일어날 수 있는지 경고했다. 암이 다른 장기들로 퍼질 수 있다고 했다. 암이 저절로 사라질 방법은 없다고 못 박듯 말했다. 치료 거부는 곧 사형 선고였다.

캐슬린은 겁이 났다. 정말로 죽고 싶지 않았다. 그러나 직관의 목소리가 두려움의 목소리보다 컸고, 그녀는 결국 수술을 받지 않기로 결심했다. 마음속 깊은 곳에서 그녀는 암이란 한갓 증상일 뿐임을 알고 있었다. 내면의 지혜는 캐서린에게 질병의 근원을 치유하지 않으면 암이 낫지 않을 거라고 속삭였다.

의사는 캐슬린의 암이 건강한 자궁경부 세포를 암 세포로 바꾼다고 알려진 인간 유두종 바이러스 감염으로 생겼을 가능성이 아주 크다고 했다. 하지만 캐슬린은 그보다 더 큰 원인이 있다고 생각했다. 암은 더 깊은 곳에 있는 무엇인가가 드러난 것이었다. 바이러스가 암을 일으켰을 수도 있지만, 캐슬린은 치유되지 않은 감정적 상처가 면역계를 약하게 해서 바이러스에 쉽게 감염되었고 결국 암에 걸렸다고 느꼈다. 직관은 감정적 상처를 먼저 치유해야 한다고 말했다. 그런 다음에도 암이 남아 있으면 그때 수술을 받으면 되었다. 남편을 속상하게 해서 미안했지만, 그보다 더 두려운 것은 이렇게 안 하면 결국 가족들이 자기를 잃고 말 거라고 설득했다. 캐슬린은 치유의 길로 단호하게 뛰어들었다.

캐슬린은 전일적全一的인 치료법으로 몸을 돌보면서 마음의 병도 치유하기로 했다. 직관적 인식의 손에 자신의 건강을 내맡기고 캐슬린은 전일 의학 전문가들을 찾아나섰다. 전일 의학 전문가들은 약초 팅크제, 식품 보충제, 식단의 변화와 함께 태극권을 추천했다. 캐슬린은 그들로부터 큰 도움을 받는다고 느꼈지만, 그것만으로는 치유에 충분하지 않다는 생각이 들었다. 그들은 주로 외적인 치료에 초점을 맞추었고, 캐슬린의 직관은 자꾸만 감정적 상처를 가리켰다. 캐슬린 자신도 그것을 대면해야 한다는 것을 알고 있었다.

그때 조지프를 만났다. 조지프는 근육이 생리적으로 뭉친 곳을 푸는 것은 물론 이런 곳에 맺혀 있는 감정적 응어리까지 풀어주는 근막筋膜 치료사였다. 조지프가 마사지를 시작하자 캐슬린은 마치 두려움과 분노의 봇물이 터지는 것 같은 느낌이 들었다. 마사지 테이블 위에서 몸부림치며 욕을 퍼붓고 오열을 하면서 캐슬린은 분노와 두려움의 한가운데를 헤치고 나아갔다. 자기 몸의 일부처럼 굳어져 있던 응어리가 천천히 그리고 깊은 곳에서 풀리기 시작했다.

치료를 받는 사이사이 캐슬린은 운동도 하고, 산에도 오르고, 아들 셋이 그리워 방에서 울기도 했다. 그러던 어느 날 헬스장 사우나실에서 캔디스를 만났다. 캔디스는 면역계 치유 기법을 활용해 언제 삶에 부정적인 결정이 내려졌는지를 찾아내는 치료사였다. 이 치료법의 목적은 먼저 분노, 죄책감, 두려움과 같은 억눌린 감정들을 풀어준 다음 삶에 긍정적인 선택을 내리도록 해 면역계가 활기를 띠게 하는 것이었다.

캔디스의 작업은 캐슬린의 인생에 큰 상처를 준 사건들을 찾아내는 대화 요법으로 시작되었다. 다음으로 캔디스는 이들 사건 중 어떤 것이 직접적으로 캐슬린의 면역계를 약하게 해 암이 자리 잡게 되었는지 알아보는 근육 반응 테스트kinesiology testing를 했다. 근육 테스트는 캐슬린이 자신의 과거에 대해 이미 직관적으로 느낀 것을 더욱 확신시켜 주었다.

캐슬린이 임신했다는 사실을 알았을 때는 겨우 열다섯 살 때였다. 아홉 달 뒤, 열여섯 살인 캐슬린은 홀로 병원 침대에 누워 진통으로 괴로워하고 있었다. 그러다 갑자기 응급 상황이 생겼다. 의료진은 캐슬린의 동의도 구하지 않고 발을 붙들어 발걸이에 묶었다. 캐슬린은 공포를 느꼈고, 강간당하는 기분이 들었다. 의사는 회음 절개를 해야 한다고 했다. 허락할 겨를도 없이 두 간호사가 캐슬린의 어깨를 잡아 눌렀다. 손아귀에서 벗어나려고 완강히 저항하던 캐슬린은 몸 안으로 쑤시고 들어오는 커다란 손을 느꼈고, 다음으로 살을 찢는 고통이 밀려왔다.

의사의 뜻대로 되었다. 입양을 보낼 생각이던 사내아기가 미끄러져 나왔다.

캔디스에게 이 이야기를 하던 중 캐슬린은 문득 면역계가 약해져 암이 생긴 게 아니라는 걸 깨달았다. 문제는 자궁경부, 버림받은 아기가 나온 문이었다. 이제 모든 것이 수긍이 갔다. 캐슬린은 자신의 생식 기관을 혐오했었다. 아기를 버린 자신을 혐오했었다. 그녀는 이것 또한 치유해야 한다는 것을 알았다.

캔디스는 캐슬린을 거울 앞으로 데려가 그녀 안에 있는 십대 자아의 눈을 들여다보게끔 했다. 그러고는 그 어린 나이에 그런 일을 겪은 소녀를 연민의 마음으로 바라보라고 했다. 캐슬린은 그때의 상실감을 모두 다시 느낄 수 있었다. 혼란, 가족 안에 있을 때의 긴장감, 출산의 고통, 아기에 대한 사랑, 아기를 잃은 절망감…… 그 감정들이 참을 수 없을 만큼 거세게 느껴졌지만, 어쨌든 그 상처 입은 십대 소녀에게 가슴을 열 수 있었다. 세션이 끝나고 나서 캐슬린은 자신이 치유되었다는 것을 알았다.

그때가 샤스타 산으로 온 지 여섯 달 되던 때였다. 캐슬린은 집에 갈 시간이 되었다는 것을 알았다. 로스앤젤레스로 돌아온 캐슬린은 의사에게 자궁경부의 조직 검사를 요청했다.

암은 사라지고 없었고, 다시는 재발하지 않았다.

캐슬린의 이야기는 내 마음을 사로잡았다. 내 안의 이성적인 의사에게는 관례적인 암 치료를 거부한 캐슬린의 결정이 그야말로 무모해 보였다. 치료로 나을 수도 있는 암을 가진 사람이, 그것도 어린 아이들이 딸린 엄마가 왜 자기 생명을 무릅쓴다는 걸까? 그렇지만 캐슬린은 왠지 관례적이지 않은 길을 가면 다 괜찮을 거라는 것을 그냥 알았다.

일상에서 캐슬린처럼 어려운 결정을 내릴 정도로 자기 직관을 믿는 사람을 만나기는 어렵다. 대부분의 사람들은 두려움이 시키는 대로 행동하고, 자신을 지켜줄 거라는 생각에 두려움이 대신 결정을 내리게 한다. 캐슬린은 두려움이 아닌 다른 것을 믿었고, 그 결과 암이 저절로 사라졌다. 나는 더 많은 사람들이 직관에 귀 기울이고 내면의 나침반이 주는 안내를 믿고 따른다면 어떤 일이 벌어질까 궁금해졌다. 이런 식으로 결정을 내리면 안전할까? 직관은 누구나 가지고 있는 것일까? 알 수 없는 것들을 알 수 있는 방법이 누구한테나 있다는 증거가 있는가? 나의 과학자 뇌는 알고 싶었다. 그리고 리스비의 책에 실린 데이터에 그 해답이 있을지도 모른다는 느낌이 들었다.

직관과 두려움 사이의 연결고리를 곰곰이 생각하던 나는 초감각적 인식과 용기가 어떻게든 관련이 있다고 확신하게 되었다. 만일 우리가 위험한 세상에 산다는 자기 제한적 믿음 때문에 두려움이 생긴다면, 그리고 만일 우리가 목적이 있는 우주에서 늘 안내와 보호를 받고 있다는 믿음에서 용기가 나온다면, 초감각적 인식은 '우주적 지성'이 직관을 통해서 우리를 의미 있는 삶으로 이끌도록 다리 역할을 하는 것일 수도 있다. 어쩌면 '영 능력psychic'이란 헐렁한 하와이풍 드레스를 걸쳐 입고 수정 구슬을 쓰는 사람들의 전유물이 아닐지도 모른다. 그리고 우리가 안전하고 건강하고 용기 있는 결정을 하도록 돕는 이런 직관적 인식은 누구나 배우고 연마할 수 있는 것인지도 모른다. 내 이론이 사실이라는 증거가 있을까? 나는 과학자로서 이런 것들을 맹목적으로 믿거나 받아들이지는 않는다. 나는 증거를 좋아하고, 만약 여러분도 그렇다면, 초감각적 인식이란 것이 정말로 있을 수 있고 누구나 가능하다는 걸 보여주는 과학적 데이터를 일부 나누고자 한다.

: 초감각적 인식의 과학적 증거

1930년대에 J.B. 라인Rhine 박사와 아내 루이자 라인Louisa Rhine 박사는 듀크대학교에서 처음으로 초감각적 인식에 관한 연구를 시작했다. 부부가 설립한 '라인 연구센터Rhine Research Center'는 두 사람의 딸 샐리 페더 라인Sally Feather Rhine 박사가 지금도 운영하고 있다. 1948년 루이자 라인은 초감각적 인식 경험을 한 사람들이 쓴 편지들을 수집하기 시작했다. 데이터베이스에 이 편지들을 포함시키려면, 화자話者가 신념을 가지고 이야기해야 하고, 건강한 마음 상태여야 하며, 오감으로는 얻을 수 없는 구체적이고 사실적인 정보를 전한다는 판단이 들어야 했다. 루이자 라인은 아주 자세한 이야기를 좋아했다. 받은 편지는 3만 통이 넘었지만, 데이터베이스에 보관할 만한 편지는 절반도 채 되지 않았다.

루이자 라인은 이야기들에 큰 흥미를 보였는데, 이런 이야기들은 그녀가 증언의 실수나 확대 해석, 상상, 우연의 일치 또는 정신 이상으로 단정할 수 없다고 여긴 경험 영역이 어디인지 언뜻이나마 보여주는 것들이다. 반면에 남편은 어떤 사건이 일어나기 전에 그에 대해 미리 아는 능력, 즉 미래를 내다보는 예지력의 과학에 더 관심이 있었다. J.B. 라인은 종래의 과학적 방법과 과정을 이용해, 달리 특별한 능력이 없다고 여겨지는 일반인들을 연구하는 데 초점을 맞추었다.

두 사람의 주된 목표는 엄격하게 통제된 과학적 방법론에 따라 초감각적 정신 능력의 존재를 증명할 수 있는지를 분명하게 밝히는 것이었다. 두 사람은 칼 제너Karl Zener가 특별히 고안한 25장의 카드를 사용했다. 카드마다 다섯 가지 단순한 기하학 도안, 즉 별, 네모, 물결 모양의 선들, 동그라미, 그리고 더하기표 중 하나가 그려져 있었다. 시험은 두 가지 형식으로 진행되었다. 하나는 투시력 시험으로, 어떤 그림인지 아무도 모르는 카드를 피험자에게 알아맞히게 하는 것이다. 두 번째 실험은 텔레파시 시험이었는데, 다른 사람이 생각하는 카드를 피험자가 알아맞히는 것이다. 추측이 맞으면 '적중'으로 간주했다. 사람들이 우연히 맞힐 가능성은 25장 중 5장이다. 두 사람은 피험자들이 이 가능성보다 더 나은 결과를 내는지 보고 싶었다. 3년 동안 일반인 참가자들을 대상으로 10만 번의 시험을 하고 나서, 라인 부부는 우연을 넘고도 남는 긍정적이면서도 통계적으로 중요한 결과를 내놓았다. 일

반인들로 이루어진 집단 안에서 초감각적 정신 능력이 실제로 가능함을 시사하는 결과였다.[4]

　이 연구 도중 그들은 허버트 피어스 주니어Hubert E. Pearce, Jr.라는 젊은 신학생을 만났는데, 이 학생은 카드를 알아맞히는 능력이 일반인들보다 훨씬 뛰어났다. 라인 부부의 조교 조셉 프랫Joseph Pratt이 피어스를 연구했다. 프랫과 피어스는 서로 떨어져서 실험을 했다. 프랫은 물리학과 건물에 있고 피어스는 듀크대학교 도서관에 있었다. 서로 시계를 맞춘 다음 프랫이 '제너 카드'를 섞고 맨 위에 있는 카드를 집어 탁자 위에 뒤집어놓았다. 그 사이 피어스는 프랫이 내려놓는 카드에 어떤 그림이 있는지 떠오르는 대로 적었다. 1분 뒤 프랫은 또 한 장을 집어서 뒤집어놓았고, 이 과정을 25장의 카드가 모두 뒤집힐 때까지 반복했다. 그런 다음 카드를 섞어서 다시 시작했다. 두 사람이 실시한 1,850번의 시험 중에서 피어스의 추측이 맞은 것은 558번이었다. 카드를 순전히 우연으로 맞힐 가능성은 370번이었고, 피어스가 1,850장의 카드에서 558장을 맞힐 확률은 220억 대 1이었다.

　피어스와 프랫이 한 실험을 바탕으로 라인은 '초감각 지각extra-sensory perception' 혹은 'ESP'라는 신조어를 만들었다. 1934년에 라인은 《초감각 지각Extra-Sensory Perception》이라는 책을 펴냈는데, 이 책은 대중의 폭발적인 관심을 끌면서 수백만 부가 팔려나갔다. 초감각적 인식을 처음으로 엄밀히 실험한 과학자 라인의 데이터는 학계와 언론계 양쪽에서 대단한 인기를 모았다. 《뉴욕타임스》와 《사이언티픽 아메리칸Scientific American》 같은 뉴스 매체와 유명 잡지들이 앞다퉈 기사를 썼고, 학술 단체들은 이 연구를 '신기원을 연' 연구라고 불렀다. 그뿐 아니라 초감각적 인식은 대학의 심리학 수업에서도 다루어졌다.

그러던 어느 날부터 논란이 터져 나오기 시작했고, 연달은 공격들이 J.B. 라인을 괴롭혔다. 비판자들은 라인의 데이터가 방법론적으로 결함이 있다고 주장했다. 라인 부부는 연구 방법에 대한 비판들을 겸허히 받아들이고 연구 설계를 다시 했다. 비판의 대부분이 '감각 누출 sensory leakage'을 걸고 넘어졌기 때문이다. 다시 말해 일반적인 오감을 통해 피험자에게 정보가 '새어나가' 그들이 선택하는 카드에 영향을 미쳤을 수 있다는 것이었다. 이에 라인 부부는 사람 대신 기계가 카드를 섞게 하고 피험자들이 실험자와 격리된 곳에서 실험에 응하게 해, 감각 누출을 통해서는 어떤 실마리도 얻을 수 없도록 했다. 1937년 미국 수학연구소American Institute of Mathematics는 '라인 연구센터'의 실험 과정과 통계 방법에 아무런 문제도 없다고 공표했다.

1938년 미국심리학회American Psychological Association가 개최한 학술 대회의 공개 토론회에서 라인의 연구가 비평의 주제가 되었다. 라인은 가드너 머피Gardner Murphy(미국의 초심리학자로 미국심리학회와 영국 심령연구협회Society for Psychical Research의 회장을 역임했다─옮긴이)와 라인 연구센터의 통계학자 한 사람과 함께 사람들의 까다로운 질문을 잘 받아넘겼고 뜨거운 박수갈채를 받았다. 라인이 동료들의 지지를 얻어낸 것이다.

그러나 라인의 두 번째 책《60년 뒤의 초감각 지각Extra-Sensory Perception After Sixty Years(혹은 ESP60)》이 나오면서 또다시 논란이 그를 괴롭혔다. 처음에 이 책은 하버드대학교 심리학 개론 수업의 필독 도서 목록에 올랐다. 그러나 곧 라인의 책은 '사이비 과학'이라는 비난을 받으며 대학의 추천 도서 목록에서 사라졌다. 그 뒤로 미국심리학회는 ESP와 다른 초감각적 정신 능력을 더 이상 공개적으로 거론하지 않았다. 라인의 연구에 대한 대중의 호기심이 큰데도, 라인 연구센터가 내놓는 연구 성과는 《초심리학 저널*Journal of Parapsychology*》이라는 이름도 없는 학술지에나 발표되는 등 이들은 과학계에서 점점 잊혀져갔다. 라인 부부의 딸 샐리 페더 라인은 자신의 책 《선물*The Gift*》에서 라인 연구센터의 현재 상황을 설명하며, "요즘 우리는 ESP가 존재하는지의 여부에 더 이상 초점을 맞추지 않는다. 우리에게는 그것이 존재한다는 강력한 증거가 있다." 그렇지만 우리는 여전히 예지력이 정말로 있다고 말하면 눈살을 찌푸리는 과학자와 합리주의자들의 세상에 살고 있다.

주류 과학계는 지금도 초감각적 인식의 존재를 묵살한다. 하지만 과학 데이터를 객관적으로 들여다본다면, 그리고 날마다 사람들이 하고 있는 경험을 존중한다면, 초감각적 인식이 실재하지 않는다고 결론 내리기는 힘들다. 그렇다면 나는 의심의 여지 없이 그것을 증명할 수 있을까? 없다. 왜 그럴까? 만약 초감각적 인식이 인간의 진짜 능력이라면, 그 과학 데이터는 왜 더 결정적이지 않은 걸까? 나는 어떤 것이 '사실'인지 아닌지를 결정하는 과학의 방법들이 우주의 온갖 수수께끼들을 증명하기에는 너무 한계가 많은 것이 아닌지 의문스럽다. 어쩌면 카드 그림을 알아맞히는 데 쓰라고 직관이 있는 것은 아닐 것이다. 그런 건 별 의미가 없을 수도 있다. 어쩌면 직관은 정말로 중요한 일들에 쓰도록 갖춰진 것일지도 모른다. 위험을 예견하거나, 사랑하는 이들을 지키거나, 관계를 끝낼 때가 왔다는 것을 알아차리거나, 의학적으로 옳은 치료 방법을 결정하거나 하는 데 쓰도록 말이다. 아무튼 내가 할 수 있는 말은, 직관이 나를 여러 번이나 구해주었고, 나를 도와서 다른 이들을 보호하도록 했으며, 그리고 왠지 내가 더 안전하고 더 큰 위험을 떠안아도 괜찮겠다는 느낌이 든다는 것이다.

: 목적이 있는 세상 속의 비극

우주에는 목적이 있다는 관점을 거스르는 것처럼 보이는 증거를 내가 만약 인정하지 않는다면, 나는 진정한 과학자가 아닐 것이다. 세상에 홀로코스트나 르완다의 집단 학살 같은 것이 있어왔는데도 이 세상이 위험하지 않다고 어찌 말할 수 있을까? 근친상간과 학교의 총기 난사, 어린이 유괴나 암에 걸린 아이들은 어떤가? 성노예로 팔려간 여성들, 삶의 터전을 휩쓸어버린 자연재해는 또 어떤가? 무고한 사람들을 죽이는 전쟁은? 목적이 있는 우주가 어떻게 그런 잔혹한 행위를 허용할 수 있는가?

솔직히 말해서 나는 모른다. 그것은 삶의 목적에 관한 일이다. 그리고 그것은 온통 수수께끼이다. 우주에는 목적이 있다고 말한다 해서 일이 늘 바라는 대로 잘 풀릴 거라는 말은 아니다. 우리는 인간 경험을 하는 영들spirits로서 자유 의지를 가지고 있고, 또 인간이기에 실수를 범하기도 한다. 우리 안에서 오는 안내와 바깥에서 오는 안내를 언제든 활용할 수 있건만, 우리는 너무도 자주 그것을 무시해 버린다. 아니, 아예 그것을 어기면서 산다. 우리는 우리의 '작은 나'가 바라는 것을 얻으려고 영혼을 판다. 이런 일이 일어나면 고통이 뒤따른다. 우리가 환경을 파괴하고 집단 학살을 저지를 때, 우리를 지은 창조자가 눈물 흘리는 모습을 상상할 수 있을 따름이다. 분명코 창조자는 우리가 어서 깨어나기를 바랄 것이다.

무엇이 '좋고' '나쁜'지 자신이 안다고 생각하고 일이 자기 생각대로 안 풀릴 때 화를 내기란 무척 쉬운 일이다. 하지만 우리의 목적 있는 우주는 그처럼 흑백 논리로 되어 있지 않을지 모른다. 예를 들어 현재 캘리포니아는 끔찍한 가뭄을 겪고 있다. 표면상으로 볼 때는 인간이 초래한 기후 변화의 결과이다. 여기저기 산불이 빈발하고 동물들이 죽어가고 있다. 우리가 함께 모여 기우제를 지내면 어떻겠느냐고 말한 친구도 있을 정도이다.

당연히 '최선의' 해결책은 거대한 비바람이 몰아치는 것이라 생각하기가 쉽다. 하지만 이것이 최선이 아니라면? 만약 목적 있는 우주에 아주 장대한 계획이 있어서 그런 거라면? 그러니까 우리가 지구를 얼마나 많이 파괴하고 있는지 그 심각성을 일깨우는 데 있어 캘리포니아의 날씨가 실제로 아주 건조하고 그래서 자연 산불이 일어나 집들을 쓸어버리기에 적합해서 그런 거라면 어떨까? 어쩌면 우리 스스로를 구하기에 너무 늦기 전에, 가뭄으로 인한 이 황폐화가 상황을 뒤바꾸도록 도와줄지도 모른다. 물론 그렇지 않을 수도 있겠지만.

그런 일들을 생각하노라면 해답보다는 의문이 더 많이 생긴다. 왜 어떤 사람은 예지력이 있어서 아이의 생명을 구하는 반면, 어떤 사람은 그런 게 없어 아이를 잃고 충격에 빠지는 걸까? 왜 어떤 사람은 말기 암에서 기적적으로 치유되고, 어떤 사람은 죽는 걸까? 우리를 이끌고 지켜주는 '우주적 지성'이 있다면, 왜 집단 학살이나 전쟁, 어린이 폭력을 막지 않는 것일까?

철학자와 신학자 들이 수천 년 동안 그런 의문들에 고민을 해왔고, 그 결과 많은 믿음 체계가 생기기는 했지만 어느 것 하나 증명할 길은 없다. 우리가 무조건적으로 사랑받는, 그 목적 있는 우주에서 산다면 우리가 보기에 더없이 무의미한 죽음마저도 틀림없이 어떤 이유가 있다는 것을 우리는 믿어야 한다. 우리는 혼돈 속의 우주에 의해 무작위로 휘둘리며 살지 않는다. 우리가 불완전하거나 영적으로 순종하지 않아서 천벌을 받고 있는 게 아니다. 우리가 못돼 먹어서 속담에 나오듯 늑대들의 밥으로 내던져지고 있는 것도 아니다. 무슨 일이 일어나든 그것에는 목적이 있고, 언젠가는 우리 삶에서 일어나는 일들의 본질을 깨닫게 될 것임을 믿어야 한다는 말이다.

스티브 잡스가 2005년 스탠퍼드대학교 졸업식 연설에서 한 유명한 말이 있다. "미래를 내다보며 점들을 연결할 수는 없습니다. 과거를 돌아볼 때에야 비로소 그 점들이 서로 연결되는 것이죠. 그러니 미래에 점들이 어떻게든 연결되리라는 걸 믿어야 합니다. 여러분은 무언가에 믿음을 가져야 합니다. 육감이든 운명이든 삶이든 카르마든 무엇이라 해도요. 점들이 연결될 것이라고 믿을 때 여러분은 자신 있게 여러분 가슴을 따를 수 있게 되기 때문입니다. 설령 그것이 탄탄대로에서 벗어나게 할 때도 말이죠."

세상에 무작위로 일어나는 일은 하나도 없다는 것을 깨닫고 나면, 자신이 불운이나 잘못된 유전자 또는 악마의 희생자가 아니라는 것을 깨닫고 나면, 심지어 상처를 준 사람들이나 질병마저도 영혼의 스승이며 마땅히 감사해야 할 대상이라는 것을 깨닫고 나면, 이제 당신은 두려움과 불확실성과의 관계를 변형시킬 준비가 된 것이다. 그리고 우주에는 목적이 있다는 사실을 믿기로 본질적인 선택을 하고 나면, 잃을 수도 있는 모든 것이 그다지 두려워할 게 아니라는 사실을 알 수도 있다. 그것이 우주의 더 큰 목적에 들어맞는다면 기꺼이 모든 것을 내려놓게 될 것이기 때문이다. 그때는 지키려 애를 쓴다거나 갑옷으로 무장하는 따위의 일이 더 이상 자신의 일이라고 생각하지 않게 된다. 무장을 해제하면 삶이 더 많은 사랑과 친밀함으로 가득해진다는 것을 알게 되기 때문이다.

목적 있는 우주에 산다는 사실을 믿으면 불확실성과 바른 관계를 맺을 수 있는 문이 열린다. 무슨 수를 써서라도 위험이나 불확실성을 피하려 하기보다는, 그 불확실성을 껴안고 경이와 외경의 마음으로 삶의 신비 앞에 설 수 있는 것이다. 그러면 가만히 있어도 은총이라는 축복이 쏟아져 들어오고, 무엇인가가 바뀐다. 그리고 이것이 모든 것을 바꾸어놓는다. 당신에게는 용기가 솟고, 목적 있는 이 우주에서 당신의 자리를 요구하며 올바른 행동을 할 수 있다.

1998년에 노벨상을 받은 미국의 이론물리학자 월터 콘Walter Kohn은 이렇게 말했다. "세상을 깊이 들여다보면 인간의 그 어떤 힘보다도 큰 근원적인 힘을 느낀다는 아인슈타인의 글에서 나의 사고는 영향을 받았다. 나도 바로 그렇게 느낀다. 경이로운 느낌과 외경심, 거대한 신비감이 드는 것이다."

어쩌면 우리는 다 이해하지 못하면서도 그 신비를 껴안도록 되어 있는 것 같다. 그리고 우리가 진정으로 용감해지는 곳이 바로 여기가 아닐까 싶다.

증거를 생각해 보기

1. 뭔가 기이하거나 설명할 길 없는 경험, 이성 마음으로는 도대체 말이 안 되는 경험을 한 적이 있는지 잠시 시간을 내 생각해 보자. 당신도 잃어버린 하프를 되찾은 이야기와 비슷한 경험을 한 적이 있는가? 알 수 없는 것을 알았던 적이 있는가? 미래에 일어날 일을 꿈에 본 적이 있는가? 어떤 사람을 생각하는 바로 그때 그 사람한테서 전화가 걸려온 적이 없는가? 이유도 없이 무슨 일인가 하고픈 충동이 올라오는데, 결국 그 일이 위기에 처한 누군가를 도운 적은 없는가? 어디 가면 잃어버린 물건을 찾을 수 있는지 '그냥' 떠올랐던 적은 없는가? 누군가의 질병을 알아맞히거나 죽음을 예견한 적은 없는가? 사람이나 동물과 텔레파시로 소통해 본 적이 있는가? 예감이 떠올라 그렇게 했는데 그것이 자기나 다른 사람을 지켜준 적이 있는가? 환상을 보거나, 목소리를 듣거나, 아니면 다른 말로 설명하기 어려운 안내를 받은 적은 없는가? 단순한 우연의 일치라고 무시하기 힘든 어떤 동시성을 경험한 적이 있는가? 지난 일들을 되짚어보면서 자신이 안내를 받는다고 느낀 적이 있는지 생각해 보라. 자신의 직관이든, 다른 사람의 안내든, 아니면 '우주로부터 오는 외적인 신호'든, 그런 안내나 신호가 당신이나 다른 사람을 위험에서 지켜준다고 느낀 적이 있는지 살펴보라.

2. 이런 경험들의 목록을 빠짐없이 적어본다. 이것들은 당신이 목적 있는 우주에 산다는 당신만의 개인적인 증거가 된다.

3. 목록에 적은 경험들 각각에 대해 그때 어떻게 반응했는지 생각

해 본다. 그것을 무시했는가? 합리적인 것으로 바꿔놓았는가? 그냥 우연의 일치 정도로 하찮게 생각하고 무시해 버렸는가? 그 경험을 설명하려고 이상한 이야기를 꾸며내는가? 다른 사람들에게 당신 이야기를 말했는가? 아니면 비밀로 간직했는가? '모든 것이 바뀌는' 순간이 있었는가? 아니면 아무것도 변하지 않았는가?

이 연습에 도움이 필요하면 TheFearCureBook.com을 방문해서 '용기 처방전 키트Prescription for Courage Kit'를 무료로 다운받아, 여기에 들어 있는 회상 유도 명상을 따라해 보기 바란다. 우리가 목적 있는 우주에 살고 있다는 증거를 떠올리는 데 도움이 될 것이다.

▶ 용기 키우기 연습 10
모든 것에서 의미 찾기

우리는 일이 왜 그런 식으로 벌어지는지 다 이해하지는 못하겠지만, 그것을 바라보는 방식을 바꾸면, 특히 뭔가 두려운 일을 한창 겪고 있을 때 그렇게 하면, 도무지 무의미해 보이는 사건에서조차 의미를 찾을 수 있다는 걸 알게 된다. 피해 의식에 빠져 있는 자신을 볼 때마다 다음의 방법을 적용해 보자.

1. 이렇게 상상해 보라. 당신이 태어나기 전이다. 당신의 영혼은 '우주적 지성'과 마주앉아 이번 생에서 어떤 교훈들을 배울지 같은 인생 계획을 공들여 짜고 있다. 예를 들어 당신의 영혼이 자립을 배우려고 이곳에 왔다면, 당신을 고아로 만들어줄 가족을 점찍

었을 수 있다. 거부당해도 아무렇지도 않는 법을 배우려고 왔다면, 연인에게 줄줄이 차이게 될 수도 있다. 또한 불확실성을 잘 받아들이려고 여기에 왔다면, 생명을 위협하는 질병에 걸릴 수도 있다.

2. 현재 삶에서 경험하는 도전을 놓고 볼 때, 당신의 영혼은 무엇을 배우고 있을까? 당신의 영혼과 '우주적 지성'은 왜 이런 상황을 공동 창조하기로 합의했을까? 당신은 지금 어떤 교훈을 배우고 있는가?

3. 지금 상황을 축복하자. 아마도 이런 교훈들을 가르쳐주고 있을 사람들에게 감사의 마음을 표현하자. 당신의 배움을 위해 주어진 그 도전에 감사해 보자.

▶ 용기 키우기 연습 11
증거를 요청하기

우주에 목적이 있다는 것을 믿기 어려운가? 안내받는다는 느낌이 들지 않는가? 우리가 아는 세상보다 더 큰 무언가가 있지 않을까 하는 생각이 든 적이 없는가? 신성한 존재가 있기나 한 건지 의심스러운가? 무척 이성적인 사람들한테는 증거가 필요할 때가 있다. 간단한 실험을 해보자.

당신이 믿는 그것이 하느님이든 붓다든 모하메드든 파챠마마 Pachamama(안데스 인들이 숭배하는 대지의 어머니—옮긴이)이든, 아니면 '내면의 등불'이든 간에, 우주에 목적이 있다는 증거나 안내를 당신이 분명히 알아볼 수 있는 방식으로 보여달라고 부탁해 보자. 구체적으로든 일반적으로든 바로 당신에게 보여주는 것이라고 느낄 수 있도록 말이다. 그런 다음 결과를 기대하는 마음을 내려놓는다. 증거나 안내를 절대 안 놓치려고 예민해져 있으면, 움켜쥐고 있는 그 에너지 때문에 안내의 흐름이 가로막힐 수 있다. 따라서 증거나 안내를 찾는 일을 '작은 나'가 집착할 또 하나의 목표로 만들지 않는 것이 중요하다.

이렇게 하고 나서는, 밤에 꾸는 꿈에 세심히 주의를 기울이고, 동시성이 일어나는지 잘 살펴보고, 책이나 광고판, 자동차 번호판 같은 것에 나타나는 메시지들을 눈여겨본다. 직관에 귀를 기울이고, 늘 우리에게 다가오려 애쓰고 있는 안내를 모든 감각을 동원해 찾아보며, 우주에 목적이 있다는 증거를 알아볼 수 있도록 늘 깨어 있는다. 이것이 '신'에게 요구하는 것이 아님을 명심하라. 우리의 믿음이 자라도록 도와달라고 '신'에게 드리는 제안이자 초대이다. 신호가 오지 않는다 해서 실망할 필요는 없다. 버림받은 것이 아니다. 안내는 올 것이다. 조급해하지 말고 아주 적절한 시간에 완벽한 방법으로 안내가 오리라는 것을 믿으라.

7. 우리는 모두 하나이다

파도가 바다와 한 몸인 것처럼, 당신과 나 모두 물질 우주와 한 몸이다.
—앨런 윌슨 와츠Alan Wilson Watts

인류 역사상 여섯 번째로 달을 밟은 아폴로 14호 우주 비행사 에드거 미첼Edgar Mitchell이 지구로 귀환하고 있었다. 우리가 고향이라고 부르는 아름답고 푸른 행성을 가만히 바라보던 그는 갑자기 모든 것과 하나가 되는 경험을 했다. 그것은 모든 생명과 서로 연결되는 극도로 행복하고 심원한 느낌이었다. 자신이 조화롭고 온전한 생명계의 일부로 돌아가고 있음을, 그리고 그가 나중에 표현한 대로 우리 모두 '의식을 가진 우주에' 참여하고 있음을 확실하게 느꼈다. 미첼은 외부의 우주를 탐험하는 데 마음을 뺏겼던 자신이 이 일을 겪으면서 '내부의 우주'를 이해하는 데 푹 빠지게 되었다고 말했다. 비록 엔지니어, 과학자, 우주 비행사로 훈련받기는 했지만, 그는 자신의 세계관을 근본적으로 바꾸어버린 내적 깨달음과 함께 우주 공간에서 돌아왔다. 과학이 엄청난 발전을 했음에도 우리가 우주의 어마어마한 신비는 거의 건드리지도 못했다는 사실을 그는 깨달았다.

미첼은 "내가 기억하는 것은 우주가 어쩌다 우연히 생겨난 것이 아니고…… 뭔가 단순한 우연 이상의 것에 의해 움직인다는 사실을 깨닫는 아주 놀라운 경험을 했다는 사실이다"라고 말했다. 우주 공간에서 지구를 바라보며 미첼은 평생 동안 느꼈던 분리의 느낌, '나'와 '그들'을 가르는 그 분리의 느낌이 더는 들지 않았다. 그 대신 그는 지구 위의 모든 인간, 모든 동물, 모든 계系 들이 하나로 움직이는 전체의 부분이라는 사실을 이해하고 우주에서 돌아왔다.

에드거 미첼은 우주 여행에서 돌아온 지 2년도 안 된 1973년에 노에틱 사이언스 연구소Institute of Noetic Sciences(IONS)를 세웠다. 연구소의 비전을 담은 글에는 이렇게 씌어 있다. "우리는 과학과 정신의 만남을 통해서, 열린 마음으로 의식을 탐구하는 일을 장려한다. 우리는 통찰과 직관에서 나오고 이성과 논리를 통해 밖으로 표현된 인류의 위대한 발견들에서 영감을 얻는다. 우리는 체계적으로 의식을 탐구하면 세상에 긍정적·구체적인 변화를 가져올 것이라 확신한다. 이 과정에서 우리의 비전은, 우리가 본질적으로 서로 연결되고 의존하는 존재임을 인정하고 온갖 장대한 형태로 생명이 번성해 가도록 고무하는 새로운 세계관의 탄생을 돕는 것이다."

미첼이 경험한 관점의 변화에 프랭크 화이트Frank White는 '조망 효과overview effect'라는 이름을 붙였다. 화이트는 이 현상을 연구해 같은 이름으로 책과 다큐멘터리 영화까지 만들었다. 영화 속에서 미첼은 자신이 우주에서 지구를 내려다보던 중, 자기 몸의 모든 분자들과 아폴로 14호에 탄 다른 비행사들 몸 속의 모든 분자들이 다 우주진宇宙塵으로 만들어졌다는 점을 깨닫고 '아하' 하고 무릎을 치던 순간을 이야기한다. 이 영적인 대오大悟로 오히려 혼란스러워진 미첼은 지구로 돌아와서 그 해답을 찾아 나섰다. 처음에는 책에서, 그 다음에는 지역 대학의 교수들을 찾아서 자신이 깨달은 것에 대해 물었다. 미첼은 고대 문헌에 사비칼파 사마디savikalpa samadhi, 곧 유상삼매有想三昧라 불리는 깨달음의 상태가 언급되어 있다는 말을 들었다. 이는 곧 미첼이 말한 것처럼 "사물을 눈에 보이는 그대로 보되, 그것들을 황홀경 속에서 완전히 하나 된 느낌, 곧 '하나임Oneness'의 느낌으로 정서적·본능적으로 경험하는 것"을 말한다.

미첼은 "내가 경험한 것이 바로 그것이었다. 공부를 해나감에 따라, 그게 새로운 게 아니라 우리 인간이 구성되는 방식에 매우 중요한 무엇이라는 점이 더욱 분명해졌다"라고 말했다.

: 무한한 전체

'하나임'을 느끼는 깨달음의 경지를 경험한 사람들이 비단 우주비행사들만은 아니다. 임사 체험을 하는 많은 사람들도 이와 비슷한 의식의 확장을 이야기한다. 임사 체험 후 4기 림프종이 저절로 사라진 아니타 무르자니Anita Moorjani는 자신의 이야기를 《그리고 모든 것이 변했다Dying to Be Me》(한국어판 제목)에 썼다. 임사 체험 전 그녀의 몸은 종양으로 만신창이가 되었고 장기들은 다 기능을 멈췄으며 폐에는 물이 가득 찬 상태였다. 그녀는 혼수 상태에 빠졌고, 가족들은 의사로부터 가망이 없다는 말을 들었다.

그러나 아니타는 미첼이 지구를 바라보며 느낀 그 '하나임'의 황홀한 느낌과 똑같은 느낌을 경험하며 위에서 이 상황을 모두 지켜보고 있었다. 아니타는 책에 이렇게 썼다. "신이란 존재a being가 아니라 존재의 상태a state of being라는 깨달음이 왔다. 그리고 내가 지금 바로 그 '상태'에 있었다!" 이러한 새로운 이해 속에서 아니타는 이렇게 이야기한다. "나는 우리 모두가 연결되어 있다는 것을 깨달았다. 모든 사람과 살아있는 존재들만이 아니라, 밖으로 넓어지고 넓어져 우주 안의 '모든 것'에 이르기까지 다 하나로 엮여 있는 통합체였다. 모든 사람과 동물, 식물, 곤충, 산과 바다, 무생물, 우주까지…… 나는 전체 우주가 살아있으며, 모든 생명과 자연이 다 의식을 지니고 있다는 것을 깨달았다. 모든 것이 무한한 전체infinite Whole에 속해 있는 것이다. 나는 전체 생명과 떼려야 뗄 수 없이 복잡하게 얽혀 있었다."

하버드의 신경외과 의사 이븐 알렉산더Eben Alexander도 대장균성 뇌수막염으로 혼수 상태에 빠져 죽어가고 있을 때 '하나임'의 느낌과 무조건적인 사랑을 경험했다. 《나는 천국을 보았다Proof of Heaven》(한국어판 제목)에서 알렉산더는 '천국'이라 여겼던 의식의 변성 상태에서 경험한 것들을 자세히 들려준다. 임사 체험을 통해서 알렉산더는 우리가 모두 '하나'라는 결론에 이르게 된다. 이 경험에서 추려낸 우주와 의식의 원리들('일곱 개의 기본 가정Seven Cornerstone Postulates')에서 그는 이렇게 이야기한다. "우주의 모든 것들이 양자 수준에서 서로 연결되어 있으며, 서로 간에 비국소적·즉각적으로 영향을 미친다. 모든 것들이 창조의 장엄한 그물 속에서 하나임을 보여주는 것이다.…… 서로 연결된 우주에서는 무한한 행렬matrix의 인과 관계가 존재하는데, 이는 우리가 남에게 하는 것이 곧 우리 자신에게 하는 것임을 시사한다. 다시 말해 뿌린 대로 거둔다는 뜻이다.…… 가장 약한 고리가 버티는 힘, 딱 그만큼만 강해질 수 있다는 옛 지혜를 확인해 주듯, 개인의 선과 다수의 선이 함께 공존한다."

: 뜻밖의 통찰

과학자들은 뇌에서 무슨 일이 벌어지는지 그 합리적인 설명을 찾아내, 이 '하나임' 상태 같은 신비 경험을 설명하려고 늘 애를 쓰고 있다. 그들은 우주 비행사들이 무중력 상태에서 신경계에 어떤 작용이 일어나 조망 효과를 경험하는 게 아닐까 상정한다. 그래서 신경학적으로 '하나임' 경험을 자극하는 뇌의 어떤 부분을 임사 체험이 활성화시키는지도 모른다는 견해를 내놓는다. 어쩌면 그럴지도 모른다. 불교에서 유상삼매라고 묘사한 '하나임' 상태가 한갓 뇌의 속임수에 불과할 수도 있다. 그런 이론이 진실인지 아닌지를 평가하는 놀라운 실험을 할 뜻밖의 기회가 신경과학자 질 볼트 테일러Jill Bolte Taylor 박사에게 찾아왔다.

오랫동안 뇌 연구를 해온 테일러는 좌뇌와 우뇌의 차이를 잘 알고 있었다. 유명한 TED 강연(이 글을 쓰는 현재 그녀의 강연 동영상은 1,500만 번 이상 클릭되었다)에서 테일러는 우뇌가 지금 순간—바로 지금, 바로 여기—밖에 모른다고 말한다. 우뇌는 이미지로 생각하고, 운동 감각을 통해서 몸으로 익히며, 오감을 통해 정보를 전달해서 지금 순간을 이루는 한 묶음의 경험—어떤 모습, 어떤 냄새, 어떤 맛, 어떤 느낌, 어떤 소리인지—을 만들어낸다.

테일러는 이렇게 말한다. "나는 우뇌의 의식을 통해서 나를 둘러싼 에너지와 이어진 에너지 존재입니다. 우리는 서로 우뇌의 의식을 통해서 하나의 인류 가족으로 이어진 에너지 존재들입니다."

좌뇌는 우뇌와는 사뭇 다르다. 좌뇌는 선형적·체계적으로 생각하고 과거와 미래에 초점을 맞춘다. 지금 순간에 관여해서 좌뇌가 하는 일은 오로지 그 순간을 이루는 방대한 경험의 뭉치를 잘게잘게 나누고, 자신이 받아들이는 모든 입력 정보를 분류하는 것뿐이다. 좌뇌는 과거에 분석했던 모든 것과 연관 지어 지금 순간을 분석하고, 일들이 어떻게 펼쳐질지 모든 가능성을 고려해서 지금 순간을 미래로 투사한다.

좌뇌는 언어로 생각한다. 이는 과거에 한 일과 미래에 할 일들에 대해 계속해서 떠들어대는 분석적인 지성, 곧 '작은 나'의 끊임없는 재잘거림으로 나타난다. 테일러는 "아마도 가장 중요한 것은 '나는…… 나는……'이라고 말하는 그 작은 목소리일 것입니다. 좌뇌가 나에게 '나는……'이라고 말하는 순간 나는 분리되고 맙니다. 내 주위의 에너지 흐름과도 분리되고 여러분과도 분리된 하나의 딱딱한 개체가 되고 말지요"라고 말한다.

테일러가 뇌졸중으로 쓰러진 날 아침 꺼져버린 뇌의 일부가 바로 "나는 혼자다"라는 두려움의 네 번째 가정을 심어주는 부분, 곧 그녀의 좌뇌였다. 뇌졸중이 닥쳤을 때 테일러는 마음속 느낌이 다르다는 것을 알았다. "처음에는 내 마음이 고요하다는 걸 알고 놀랐어요. 하지만 곧 나를 둘러싸고 있는 에너지의 장대한 모습에 넋이 빠졌지요. 그리고 어디까지가 내 몸인지 더 이상 알 수 없게 되면서 거대하게 팽창하는 듯한 느낌이 들었어요. 거기 있는 모든 에너지와 하나가 된 느낌이었죠. 아름다웠답니다."

좌뇌에 깜박깜박 불이 들어오면서 도움을 받아야 한다고 경고했다. 테일러는 뭔가 잘못되었다는 것을 알았다. 그때 테일러의 좌뇌가 꺼지면서 그녀는 다시 확장된 공간 속으로 흘러 들어갔다.

"나를 바깥세상과 이어주는 뇌에서 아무런 이야기도 들려오지 않을 때 그 상황이 어떨지 한번 상상해 보세요. 일과 관련된 스트레스가 다 사라져버리더군요. 그러고 나니까 몸이 더 가벼워지는 게 느껴졌어요. 바깥세상의 온갖 관계들, 그리고 거기서 생기는 수많은 스트레스 요인들을 떠올려봐요. 그것들이 다 사라진 모습을요.…… 거기에 37년 동안 쌓여온 감정의 응어리들까지 사라져버렸을 때 어떤 느낌일 것 같아요?…… 나는 막 호리병에서 풀려난 지니처럼 거대하게 부풀어오르는 느낌이었어요. 거대해진 나를 이 작디작은 몸 속에 다시 구겨 넣을 방법이 이젠 없겠구나 싶었어요.

그런데 번쩍 이런 생각이 들더군요. '아직 난 살아있어! 살아서 열반涅槃을 찾은 거야. 내가 살아서 열반을 찾았다면, 살아있는 모든 사람이 열반을 찾을 수 있어.' 나는 언제라도 이 공간에 올 수 있다는 것을 아는, 아름답고 평화롭고 자비롭고 사랑 많은 사람들로 가득한 세상을 마음속에 그려봐요. 그리고 좌뇌의 오른쪽으로 걸어가 스스로 이러한 평화를 찾기로 선택하는 사람들을요. 그때 난 이 경험이 얼마나 큰 선물인지 깨달았죠. 어떻게 살아야 하는지 알게 해준 정말 멋진 한 방 같은 거였어요."

테일러는 TED 강연을 이렇게 마무리한다. "우리에게는 매 순간 선택할 힘이 있습니다. 세상에서 어떤 사람으로 어떻게 살고 싶은지를 말입니다. 바로 지금, 바로 여기에서 나는 우뇌의 의식으로 들어갈 수 있어요. 우리가 우주의 생명력이 되고, 이 몸을 이루는 50조 개의 아름다운 분자 천재들의 생명력이 되는 그곳으로요. 존재하는 모든 것과 하나가 되는 거지요. 그렇지 않고 좌뇌의 의식으로 들어갈 수도 있습니다. 여기서 나는 에너지의 흐름과도 분리되고 여러분과도 분리된 하나의 딱딱한 개별 존재가 되지요.…… 어떤 선택을 하시렵니까? 어느 쪽인가요? 언제 선택하실 건가요?"[1]

만일 당신 마음이 "세상에서 나는 혼자다"라는 생각으로 꽉 차 있다면 무서운 느낌에 빠지기 쉬울 것이다. 그러나 조망 효과나 임사 체험, 좌뇌 뇌졸중, 혹은 어떤 형태로든 '하나임' 경험을 하고 나면, 더 이상 혼자라는 생각이 들지 않는다는 걸 알게 될 것이다. 그 대신 그 자리에 "우리는 모두 하나"라는 생각이 자리를 잡으면서 당신 자신과 주변 사람들을 편안하고 따뜻하게 보살피게 될 것이다.

: 두려움의 해독제, '하나임'

그렇다면 이 '하나임Oneness'이라는 것을 일상 생활에 어떻게 적용하며, 이것이 두려움과는 어떤 관련이 있을까? 이 질문에 답하기 위해, 당신이 깜깜한 곳을 무서워하는 아이라고 생각해 보자. 어릴 적에 우리는 어쩌다 밤에 혼자 있게 되면 무서운 생각이 들 때가 있다. 혹시나 밤에 어머니가 당신더러 2층 방에 가서 뭔가 가져오라고 시켰다면,

당신 혼자 뛰다시피 계단을 올랐을지도 모르겠다. 용기를 내 깜깜한 2층 방의 불을 켰지만, 갑자기 등골이 오싹한 느낌이 들어 올라올 때보다 더 빨리 뛰어 내려왔을지도 모른다. 있지도 않은 무서운 괴물이 떠오르고, 어둠의 세계가 다가오는 것을 느꼈을 것이다. 어린아이일 때는 혼자서 깜깜한 곳으로 들어가기란 엄청 무서운 일이다. 하지만 친한 친구가 곁에 있다면 사정이 달라진다. 앞이 안 보이는 어둠과 마주해야 하지만, 친구 손을 잡고서 용기를 내 깜깜한 곳으로 들어갈 수 있다. 누군가의 손을 잡고 있을 때, 다시 말해 혼자서 어둠을 마주하지 않아도 된다는 걸 알 때는 어쨌든 덜 무서워진다.

삶 속으로 뛰어드는 것도 이와 비슷하다. 안전한 곳에서 나와 한 치 앞도 보이지 않는 미지의 세계로 혼자서 들어간다는 건 무척 두려운 일이다. 그러나 함께해 줄 사람이든, 당신과 연결된 다른 차원의 존재이든, 당신 손을 잡아줄 누군가가 있다면, 당신에게 마음을 써줄 누군가가 있다는 사실만으로 용기가 날 수 있다. 자신이 삶의 불확실성이라는 어둠 속으로 홀로 들어가는 분리되고 고독한 인간이라는 세계관을 붙들고 있다면, 외롭고 무서운 느낌이 들기가 쉽다. 하지만 당신이 지구 위의 모든 존재들과 하나이며, 사랑하는 사람들과 어떻게든 연결되어 있다고 느낀다면 상황이 달라진다. 특히 당신이 위험에 빠져 있는 경우라면 더 그렇다. 나의 경우는 이렇게 하면 희한하게도 편안해지고 용기가 난다. 내가 모르는 사람들이라 해도 이들 동료 인간들에게 연민을 더 많이 느끼게도 된다. 어떤 수준에서 우리 모두가 하나라면, 고통받는 누군가가 고통받는 나이며, 내 가슴은 우리 모두의 진동수를 끌어올리기 위해 모든 사람에게 열려 있어야 한다.

의사인 래리 도시는《원 마인드*One Mind*》란 책에서 '하나임'을 "개별 마음들 하나하나가 그 부분을 이루는 집단적·일원적인 지성의 영역"이라고 말한다. 도시는, 우리가 '한 마음*One Mind*'이라는 인식에 깨어날 때, 모든 두려움 아래 깔려 있는 분리의 환상이 줄어들 뿐 아니라, "우리 세상을 집어삼키려고 위협하는 분열과 고통, 이기심, 탐욕, 파괴로부터 벗어날 힘이 생긴다. 그러나 이대로 가다가 어떤 지점을 넘어가 버린다면 그때는 여기에서 벗어날 길이 없다. 인간 의식의 지고至高의 표현들에 스스로를 동일시할 때 우리는 시야가 맑아지고, 도덕적·윤리적 동맥경화에 걸리지 않으며, 용기 있게 행동할 수 있다"고 주장한다.

그런데 집단 의식collective consciousness이라는 것이 정말 있을까? 있다면 그것은 어떤 것일까? 우리가 오감을 사용하지 않고 정보를 교환하기 위해 수시로 접근할 수 있는 지식의 에너지 장 같은 것이 있는 걸까? 있다면 그것이 있다는 걸 증명할 수 있는 걸까? 종교와 철학 쪽에서는 '하나임' 경험에 대한 이야기가 자주 나오지만, 과연 이 '하나임' 개념이 과학과는 만날 수 있는 걸까? 우리는 정말로 연결되어 있을까? 만일 그렇다면 우리가 모두 하나라는 이 깨달음이 우리를 편안히 해주며 두려움을 덜어줄 수 있을까?

: 연결과 소통

켄 윌버Ken Wilber는《모든 것의 역사*A Brief History of Everything*》(한국어판 제목)에서 "신비가와 현자 들이 미친 것일까?······ 그들은 어느 날 아침 깨어나 자신이 시간도 없고 영원하며 무한한 모습으로 '모든 것the All' 과 하나로 존재한다는 걸 알았다"고 말한다. 불교의 선승들, 요기들, 가톨릭 성자들, 모든 종교의 신비가들, 그리고 아야와스카ayahuasca(브라질 원산의 식물로 환각 작용이 있다—옮긴이)를 마시며 샤먼 의식을 치르는 사람들도, 우주 공간을 여행했거나 임사 체험을 한 사람들과 비슷한 이야기들을 한다. 그런 이야기들이 진실일까? 개인적 체험담은 계속 나오지만, 이런 이야기들은 과학적으로는 가치가 없다. 윌버의 말에서도 풍기듯이, 우리는 그런 이야기들을 한갓 몽상가나 정신병자의 환상쯤으로 치부해 버릴 수 있기 때문이다. 나는 신비 경험을 한 사람들이 말하는 '하나임'을 입증해 줄 만한 진짜 과학적 증거가 있는지 궁금했다.

처음에 나는 그런 이야기들을 더 찾는 데 열중했다. 엘리자베스 로이드 마이어(앞에 나온 '리스비')는《왜 여자의 육감은 잘 맞는 걸까》에 환자들과 텔레파시로 소통한 것으로 보이는 동료 치료사들 이야기를 실었다. 세계적인 '유년기' 권위자인 수전 코츠Susan Coates 박사는 어느 해 10월 2일에 만난 네 살짜리 여자아이를 치료한 이야기를 했다. 그 날짜를 기억하는 것은, 그날이 스물다섯의 나이에 다른 사람을 구하려다 익사한 남동생의 기일이기 때문이다. 이 어린 환자는 혼자 놀다가 갑자기 수전에게 돌아서더니 뜬금없이 "선생님 동생이 물에 빠졌어요. 어서 구해야 해요!"라고 말했다. 수전은 뒷덜미 머리카락이 곤두서는 게 느껴졌다. 수전이 아이에게 말했다. "아무도 물에 빠지지 않을 거야. 우리가 구할 거거든." 그러자 아이는 다시 놀이를 시작했다. 수전은 아이가 논리적으로 자기 이야기를 알 도리가 없다고 했다.

정신분석학자 폴라 햄Paula Hamm은 마음속으로 본 한 이미지를 들려주었다. 머리에 비닐 봉투를 뒤집어쓴 걸음마 아기였다. 폴라는 그 이미지와 함께 고통스런 느낌을 받았다. 하지만 그 아이가 누구인지도 몰랐고, 그래서 그 이미지에 어떤 의미도 부여하지 않았다. 그로부터 두 시간 뒤 폴라가 그 남성 환자를 보지 않았더라면 그냥 잊어버렸을 터였다. 환자는 자신이 막 겪은 괴로운 상황을 이야기하면서 세션을 시작했다. 그 환자가 저녁을 준비하고 있는데 어린 아들이 비닐 봉투를 뒤집어쓰고 목을 조이며 걷더라는 것이다. 부모가 서둘러 비닐 봉투를 벗겨내 불상사를 막기는 했지만 남자는 충격을 받았다.

1973년 〈텔레파시 꿈Telepathic Dreams〉이라는 논문을 쓴 UCLA 의과대학의 정신의학 교수 로버트 스톨러Robert Stoller는 자신의 멘토인 랄프 그린슨Ralph Greenson으로부터 명성을 지키려면 논문을 절대 발표하지 말라는 이야기를 들었다. 그 논문을 읽고 얼마 안 돼, 그린슨은 스톨러에게 자기 아들 대니가 샌프란시스코에서 오토바이를 타다가 넘어졌다는 얘기를 했다. 왼쪽 다리에 복합 골절상을 입고 병원에 입원했다는 것이다. 의과대학에 입학하기로 되어 있던 대니는 그 부상으로 제때에 학교에 나가지 못할 수도 있는 상황이었다.

스톨러는 깜짝 놀랐다. 대니가 부상을 당하던 날 밤 스톨러는 꿈을 꾸었는데, 자신이 수련의 과정을 마친 샌프란시스코의 응급실에서 왼쪽 다리에 복합 골절상을 입은 한 의대생을 치료하고 있었던 것이다. 꿈이 너무도 생생했기에 그는 자신의 치료사에게 그 꿈 이야기를 했고, 치료사는 스톨러가 그린슨의 아들 이야기를 듣기 전 그 꿈 내용을 자세히 기록해 두었었다. 이 일은 스톨러에게 자신이 꾼 꿈들과 관런해서 벌어지는 일련의 당혹스런 사건들의 시작이었다. 스톨러는 여기에 어떤 패턴이 있음을 알아차렸다. 주말이 지나고 나면 환자들이 찾아와 스톨러가 개인적으로 막 경험한 것들을 마치 거울처럼 비춰주는 듯한 꿈 이야기들을 들려준 것이다. 왠지 환자들이 스톨러가 경험한 것들을 무의식적으로 들여다보는 것만 같았다.

예를 들면 한 환자가 누군가의 집에서 연 파티에 참석한 꿈을 꾸었다고 했다. 한쪽 벽이 통유리로 된 넓은 방에서 사람들이 웅성대고 있었다. 그러다가 한 나이든 남자가 큰 물건을 나르다 느닷없이 유리창에 부딪쳤다. 남자가 다치진 않았지만 유리조각이 사방으로 흩어졌다. 그 환자가 이런 꿈을 꾼 같은 주말에 스톨러는 어느 파티에 가서 누군가 이야기하는 것을 듣고 있었다. 이야기가 끝나고 스톨러는 방 한쪽의 미닫이 유리문 너머로 의자들을 옮기는 일을 거들었다. 그러다가 유리문이 닫혀 있는 줄도 모르고 정면으로 가서 부딪치고 말았다. 깨진 유리가 바닥에 흩어졌지만 다친 사람은 없었다.

또 다른 꿈에서는 스톨러의 다른 환자가 건축중인 어느 집을 걸어서 지나고 있었다. 욕실에 욕조를 들여놓고 있었는데 아직 마르지 않은 시멘트 위에 누군가 자기 이름의 머리글자를 써놓았다. 그 환자는 모르고 있었지만, 마침 스톨러는 집을 짓는 중이었다. 같은 주말에 스톨러는 새로 설치한 욕조가 훼손되어 있는 것을 발견했다. 말라가는 시멘트 위에 누군가가 이름의 머리글자를 새겨놓은 것이다.

그런 사건들이 놀랄 정도로 자주 일어났다. 스톨러는 지금까지도 발표되지 않은 논문 〈텔레파시 꿈〉이 결국 리스비의 손에 들어가기까지 13년 동안 그런 이야기들을 기록했다. 논문은 이런 말로 끝났다. "나는 내

과학적 신념에는 낯선 텔레파시라는 주제를 발견한 것 말고도, 좋든 나쁘든 어떤 일이 내게 생길지 몰라서 이 논문 쓰는 일을 주저하기도 했다. 만일 그런 경험들이 인간 심리의 보편적인 기능을 보여준다는 사실이 언젠가 발견된다면, 내가 그런 일로 불편해했다는 게 참 진기한 일로 보일 것이다."

리스비가 이 논문을 읽을 무렵 스톨러는 돌연 세상을 떠나고 없었다. 스톨러의 부인과 연락이 닿은 리스비는 부인으로부터 스톨러가 마침내 그런 불편함을 극복했고 텔레파시와 여타 무의식적 소통 형태가 서구 과학의 가장 흥미로운 첨단 분야가 될 거라고 확신했다는 이야기를 들었다. 그는 이 논문의 발표를 밀어붙이지 않은 일을 후회하면서 글을 다시 손질하다가 갑자기 세상을 떠났다고 했다. 스톨러의 부인은 리스비에게 남편의 논문이 명망 있는 과학 학술지에 발표되는 모습을 보고 싶다고 했다.

그 뜻을 존중한 리스비의 도움으로 논문은 2001년 미국 정신분석학의 대표적 학술지인《미국정신분석학회지*Journal of the American Psychoanalytic Association*》에 리스비의 서문과 후기를 붙여 발표되었다. 이 논문을 계기로 많은 논평과 이메일이 쇄도했는데, 대부분 그때까지 자신의 경험을 비밀로 부쳐오던 사람들이 보낸 거였다. 리스비는 자신의 데이터베이스에 이 이야기들을 추가했다.

스톨러와 같은 사람들의 경험담을 읽고 난 나는, 내 온라인 커뮤니티에도 이런 텔레파시 경험을 한 사람들이 있는지 궁금해서 질문을 올렸다. 많은 사람들이 그런 경험이 있다고 했다.

클레이튼은 동생 랜던의 결혼식에 참석하러 리우데자네이루에 갔었다. 결혼식이 끝나고 며칠 뒤 그는 가족과 함께 해변에서 쉬고 있었다. 동생은 혼자 해변으로 내려가 걷고 있었는데, 그로부터 30분쯤 뒤 크레이튼은 뭔가 끔찍하고 소름끼치는 느낌이 들었다. 그래서 친한 친구에게 "랜던을 찾아봐! 랜던을 찾아!" 하고 말했다. 해변으로 내려간 그가 크레이튼의 동생을 찾았을 때는, 인명 구조대원이 저류底流 속에서 익사할 뻔한 랜던을 막 구조한 뒤였다.

데보라는 약물을 과용하고 자살을 시도했다. 집중 치료실에 있던 데보라에게 오랜 친구가 전화를 걸어왔다. 1년이 넘도록 서로 연락이 없던 두 사람이었다. 데보라가 전화를 받자 친구가 대뜸 물었다. "야, 너 괜찮아?" 누군가 그 친구에게 이 일을 이야기했을 거라고 짐작한 데보라가 누구에게 들었느냐고 물었다. 친구는 아무 전화도 받지 않았다고 했다. 그냥 데보라가 자꾸 생각나더라는 거였다. 친구는 자신이 왜 전화를 걸고 있는지도 몰랐다. 데보라가 친구에게 자기 상황을 이야기했더니 친구는 울기 시작했다. 왜 데보라에게 신경이 쓰였는지 스스로에게도 설명할 길이 없었으나, 이제는 알게 되었다.

알렉시아도 비슷한 경험을 했다. 엄마에게 전화를 걸었는데 아무도 받지 않자, 알렉시아는 즉각적으로 엄마가 약을 먹었고 도움이 필요하다는 사실을 알았다. 자신의 느낌을 의심하면서 두 번이나 더 전화를 했지만 여전히 받지 않았다. 그래서 택시를 잡아타고 가보니 엄마는 신경 안정제인 벤조디아제핀을 통째로 먹고 쓰러져 있었다. 알렉시아가 제때 도착한 덕분에 구급차를 부를 수 있었고, 엄마는 무사히 회복해 지금도 살아계신다.

누가 봐도 텔레파시 소통을 한 것이 확실한 이런 이야기들을 들다 보면, 온전히 측정하거나 설명할 수 없는 어떤 방식으로 우리 모두 연결되어 있는 것이 아닌지 정말 궁금해지지 않을 수가 없다. 내가 읽고 들은 이야기들은 설득력이 있었고, 내 호기심은 갈수록 커졌다. 하지만 아무리 그렇다 해도 그건 이야기일 뿐 과학이 아니었다. 내 이성 마음은 더욱 확실한 증거를 원했다. 바로 그때, 우리가 아직은 설명할 수 없는 방식으로이긴 하지만 서로 이어져 있음이 분명하다는 걸 보여주는 진짜 과학적 데이터 몇 가지를 만났다.

: 모두가 하나라는 임상 증거

직업적인 직관 능력자나 정신 능력자를 자처하는 사람들처럼 초감각적 인식을 자주 경험한다고 증언하는 사람들은 일종의 무아지경 trance 상태에 빠지는 경우가 많다고 말한다. 이들은 직관과 안내의 고요한 영역으로 들어가기 위해 이성 마음을 잠재우고 잡념을 줄인다고 이야기한다. '에너지 치유' 같은 초감각적 치유법을 시술하는 사람들도 이 같은 고요한 감지 상태로 들어가는 것이 중요하다고 말한다. 그렇지만 라인 연구센터 같은 곳에서 제너 카드 실험에 참여하는 보통 사람들은 무아지경에 빠지지 않는다. 그들은 대부분 의식이 깨어 있는 인지 상태에 있다. 어쩌면 과학이 초감각적 인식을 측정할 수 있는 가능성이 여기서 제약을 받는지도 모른다.

연구자들은 감수성이 뛰어난 사람들이 무아지경 상태에서 경험하는 것을 모의 실험해 볼 수 있는 방법이 있을지 궁금했다. 초심리학 연구자들은 만일 잠들어 있는 수신자에게 송신자가 어떤 이미지를 보내면 텔레파시 소통—일반적인 오감을 사용하지 않고 다른 사람의 생각, 느낌, 행동에 대한 정보를 모을 수 있는 능력으로 정의되는—이 훨씬 효과도 있고 측정을 하거나 입증하기도 훨씬 쉬울 거라는 가설을 세웠다.

스스로 텔레파시 소통을 믿는다고 공공연히 밝히지는 않았지만, 프로이트는 "잠이 텔레파시에 적절한 조건을 만든다는 것은 반박의 여지가 없는 사실"이라고 못 박기까지 했다.[2] 1961년, 이 생각에 동의한 뉴욕 메모나이드 의료센터Maimonides Medical Center의 정신분석가 몽테규 울만Montague Ullman은, 꿈 상태가 텔레파시에 적절한 조건을 만든다는 프로이트의 개념과 수면 연구소의 신기술을 결합하기로 했다. 여기서 울만의 기념비와도 같은 연구가 이어졌다. '송신자' 역할을 하는 사람이 잠든 '수신자'와 텔레파시로 소통해서 수신자가 꾸는 꿈의 내용에 영향을 줄 수 있는지 밝히는 작업에 착수한 것이다.

수신자들에게는 꿈을 꾸는 렘REM 수면 상태에 있음을 보여주는 뇌전도EEG 측정기를 연결했다. 수신자가 잠이 들어 렘 수면에 들어가면 송신자 역할을 맡은 사람에게 이를 알려주었다. 그러면 송신자는 많은 이미지들 중에서 임의로 선택한 시각 이미지를 잠자는 수신자에게 정신적으로 보내라는 지시를 받았다. 다음으로 수신자의 렘 수면이 끝나자마자 그 사람을 깨워 꿈 꾼 내용을 최대한 자세하게 이야기하게 했다. 그리고 다른 세 명의 판정자에게 그 꿈의 내용을 분석한 뒤 원래의 이미지들 가운데서 수신자의 꿈과 가장 가깝게 일치하는 이미지를 고르게 했다. 6년이 넘는 기간 동안 450번의 실험이 이루어졌고, 판정자들은 송신자가 전달한 바로 그 이미지를 충분한 횟수만큼 골라

냈다. 그런 결과가 나올 가능성을 계산해 보니 7,500만분의 1보다도 작은 것이었다.[3]

그와 같은 설득력 있는 숫자는 수면 연구 분야에 큰 반향을 불러일으켰다. 당연히 회의론도 만만치 않았다. 이 연구의 방법론을 엄밀하게 검토한 예일대학교의 어빈 차일드Irvin Child 박사는 연구 설계가 타당하다는 것을 입증했지만, 합리적인 과학자들에게는 어떻게 그런 일이 가능한지 설명할 마땅한 방법이 없었고, 그래서 신뢰도가 한층 높아졌음에도 이 연구 데이터에 대한 반발이 컸다.

울만은 꿈 텔레파시가 실재한다는 것, 그리고 사람들이 잠자는 동안 이성 마음에서 해방되면 한 사람에게서 다른 사람에게로 정보를 전달하는 자연스런 능력이 발휘된다는 것을 확신했다. 울만은 사회적 수준에서 이 주제에 관심을 가졌다. 그는 이런 능력이 강력한 상호 연결성을 반영하며, 개개인들의 삶이 공동체 내 다른 사람들의 삶과 어떻게 뒤섞이는지 보여준다고 믿었다. 그리고 진화론적 관점에서 이것이 생존에 이롭게 작용했을 수 있다고 믿었다.

울만이 알아낸 것이 내가 찾던 과학적 증거였을까? 우리가 모두 하나라는 영적인 발상을 입증해 주는? 나는 '하나임'이라는 개념을 뒷받침해 줄 훨씬 더 과학적인 데이터가 있는지 갈수록 더 궁금해졌다.

: 간츠펠트 실험

울만의 메모나이드 꿈 연구소에서 진행하던 꿈 텔레파시 연구는 찰스 호노튼Charles Honorton의 연구에 영감을 주었다. 호노튼은 한때 듀크대학교의 J.B. 라인과 서신을 주고받다가 나중에 메모나이드의 울만과 함께 일하게 된 사람으로, 나중에 이곳에서 초심리학·정신물리학 분과의 책임자가 되었다. 1979년 호노튼은 프린스턴대학교에 정신물리연구소Psychophysical Research Laboratory를 세웠다. 10대 시절부터 초감각적 인식에 관심이 있었던 호노튼은 수면 연구소에서 일한 경험을 바탕으로, 실험실 환경에서 깨어 있는 사람들을 대상으로 한 텔레파시 연구를 더욱 정교히 하기 위해 일상 생활의 정신적 소음을 줄일 수 있는 조건의 생성에 관심을 가졌다.

연구자들은 초감각적 인식이 인간의 자연스런 능력으로서 누구나 가능한 것이라고 추측했지만, 그 정보가 너무나 약한 신호로 나타나서 일상 생활의 소음에 묻혀버리는지도 모른다고 생각했다. 그들은 실험 대상자들이 일상의 감각 자극에 주의를 덜 빼앗기면 실험실 환경에서 초감각적 인식이 더 잘 이루어질 거라는 이론을 세웠다. 호노튼은 탐지할 수 있는 텔레파시 영향이 더 크게 나타나도록 그런 마음의 소음을 최소화하는 일이 과연 가능할지 궁금했다.

초심리학 연구자인 윌리엄 브로드William Braud 박사와 애드리언 파커Adrian Parker 박사와 함께 호노튼은 이른바 '간츠펠트ganzfeld'('전체 시야total field') 방법이라 불리게 되는 것을 개발하기 시작했다.(1930년대 독일의 심리학자 볼프강 메츠거Wolfgang Metzger가 시각 자극을 박탈했을 때 환각을 보는 현상, 즉 전체 시야를 차단하여 어떠한 시각 자극도 입력되지 않도록 하면 뇌는 내부에서 거짓 신호를 만들어내서라도 절대적인 감각 박탈이 일어나지 않도록 하는 현상을 규명하고 이를 '간츠펠트 효과Ganzfeld effect'라고 이름 붙였다. 호노튼은 간츠펠트 상태에 들어간 사람은 쉽게 초감각 능력을 인지할 수 있다고 보고 이 방법을 개발한 것이다.—옮긴이) 간츠펠트 방법에서는 반으로 자른 반투명 탁구공을 실험 대상자들의 눈에 테이프로 붙인 뒤 여기에 빨간색 투광 조명을 비추고, 귀에는 헤드폰을 씌우고 백색 소음(텔레비전·라디오의 주파수가 맞지 않을 때 나는 것과 같은 소음—옮긴이)을 들려주는 방식으로 감각을 차단했다. 그런 다음 몸의 감각과 머릿속의 잡념을 끄는 데 도움이 되는 이완 운동을 하도록 시켰다.

간츠펠트 실험에서 '수신자'는 이처럼 탁구공과 헤드폰을 몸에 붙여 감각을 차단시키고, '송신자'는 좀 떨어진 방음실로 데려가 30분 동안 임의로 선택한 이미지에 집중하면서 그것을 수신자에게 텔레파시로 전달하게 했다. 수신자는 그 30분 동안 생각나는 대로 큰소리로 말하도록, 즉 '의식의 흐름stream of consciousness' 방식으로 마음에 떠오르는 이미지나 생각을 입으로 표현하게 했다. 세션이 끝나고 나면 수신자에게 네 개의 이미지를 보여주는데, 이 중에는 송신자가 전달하려고 한 이미지도 들어 있었다. 다음으로 수신자에게 30분 동안 떠오른 이미지나 생각에 가까운 정도에 따라 네 개의 이미지들에 순위를 매기게 했다. 수신자가 정확한 이미지를 고르면 '적중'으로, 그렇지 않을 경우는 '실패'로 기록했다. 우연에 따른 적중 비율은 네 번에 한 번 꼴인 25퍼센트였다.

호노튼은 세계 각지의 연구소들에서 열 명의 각기 다른 실험자들이 따로따로 진행한 42개의 간츠펠트 텔레파시 실험을 검토한 뒤 논문을 발표했다. 평균 적중률이 35퍼센트였다. 이 결과가 우연으로 생길 가능성을 계산해 보니 100억분의 1이었다.[4]

이러한 데이터가 발표되자 대단한 반향이 일어났다. 회의론자로 유명한 오리건대학교의 인지심리학자 레이 하이만Ray Hyman도 여기에 관심을 보였다. 이 데이터에 냉소적이던 하이만은 호노튼이 분석한 같은 데이터를 독자적으로 분석하기로 했다.[5] 과학적 협의를 통해 호노튼과 하이만은 이전에 발표된 모든 간츠펠트 데이터와 비교 결과들을 놓고 각자 메타 분석을 하기로 동의했다. 1986년 두 사람은 각자 얻은 데이터를《초심리학 저널》에 발표했는데, 결론은 비슷했다. 그들이 얻은 결과가 텔레파시가 존재한다는 확실한 증거가 되느냐는 점에서는 의견을 달리했지만, 그 데이터가 사실이고 우연이나 방법론적인 오류로 설명될 수 없다는 점에서는 의견이 같았다.[6] 이러한 초기 간츠펠트 연구들을 반복 실험한 다른 연구자들도 33~35퍼센트 범위의 일관된 적중률을 얻었다. 인간 사이의 텔레파시 소통이 정말로 가능하다는 것을 시사하는 결과였다.

　　비판자들은 간츠펠트 데이터에 회의적인 반응을 보였지만, 이 데이터는 여전히 설득력이 컸고, 따라서 과학자들은 이에 대한 검토를 계속하고 있다. 리스비도 그 결과에 무척 끌렸던 사람 중 한 명이었다. 리스비는 "드디어 이것이 과학처럼 보이기 시작했다"고 썼다. 전문가 집단의 평가를 받는 유명한 학술지《심리학 논평Psychological Bulletin》에 실린 한 논문은 텔레파시가 존재한다는 확실하고 반복 가능한 데이터를 간츠펠트 데이터가 내놓고 있다고 결론을 내렸다.[7] 같은 학술지에 발표된 또 다른 논문은 텔레파시가 존재하지 않는다는 기존의 주장을 재차 되풀이하는 결론을 내렸다.[8] 우리가 간츠펠트 데이터를 믿을 수 있느냐 아니냐의 여부는 실험 대상자의 눈을 가린 그 탁구공처럼 이리저리 왔다 갔다 하고 있었다. 상황이 이렇게 되자 리스비는 자신이 직접 그 실험에 참여해 보기로 했다.

리스비는 스스로 탁구공을 눈에 붙인 뒤 헤드폰을 쓰고, 누군가 다른 사람이 텔레파시로 여섯 개의 이미지 중 하나를 보내면 이를 받는 수신자가 되었다. 실험이 끝난 뒤 리스비는 탁구공과 헤드폰을 벗고 여섯 장의 카드를 멍하니 바라보았다. 실험 도중 마음에 떠오른 이미지는 단 한 장도 없어 보였다. 기껏 떠올릴 수 있는 한 가지는 '빨간색'뿐이었다. 그래서 하나를 고르라는 대학원생의 재촉에 임의적인 추측이기는 했지만 빨간 노을이 있는 이미지를 골랐다.

대학원생은 봉투를 열어 리스비에게 전송된 이미지를 보여주었다. 빨간 노을이었다.

리스비는 이렇게 쓴다. "그 순간 세상이 섬뜩해졌다. 아주 잠깐 나는 두려움에 휩싸였다. 두려움은 순식간에 사라졌지만, 두려웠던 건 놀랍게도 사실이었다. 지금껏 느꼈던 그 어떤 두려움과도 달랐다. 내 마음은 갈라졌다. 나는 한편으로 내가 모른다고 확신하고 있던 무언가를 알고 있다는 것을 깨달았다. 그리고 이해가 되었다. 내 부모님이 '내가, 내가 아니구나' 또는 '내가 정신이 나갔구나'라고 하신 말씀이 이런 뜻이었던 것이다. 무서운 느낌이 들었다. 내 마음이 내게서 빠져나갔고 세상이 통제 불능인 것 같았다.…… 연구소를 나온 뒤 나는 그곳에 간 목적을 이루었다는 것을 깨달았다. 믿음이 생길 정도로 텔레파시에 대해 어느 정도 알게 되었다는 느낌이 필요했던 것이다. 나의 한쪽은 순전히 우연의 일치로 빨간 노을을 골랐다고 계속 우겨댔다. 그냥 운 좋게 찍었을 뿐이지, 간츠펠트 상태나 소음을 꺼버린 것과는 아무 상관이 없다고 말이다. 그러나 나는 텔레파시를 믿자고 거기 간 게 아니었다. 뭔가 다른 이유가 있었다. 그 대학원생이 내게 노을이 그려진 카드를 건넸을 때나, 그 젊은이가 하프를 돌려주었을 때 느낀 충격은 아니다. 그런 충격은 일이 지나간 뒤에 느낀 신호였다. 나는 충격을 받기 전의 느낌을 알고 싶어 갔다.…… 그 느낌이 무엇이든 간에, 내가 연구소에 간 것은 그 때문이다."

텔레파시가 진짜일까? 만일 그렇다면, 우리가 모두 하나이고 또 우리 모두를 연결하는 의식의 장에 어쨌거나 끌려 들어갈 수 있다는 것을 이것이 증명하는 걸까? 나는 확실하게 말하지 못하지만, 그럴 수 있다는 가능성이 흥미를 돋운다. 리스비는 이 주제를 놓고 이렇게 결론짓는다. "인간인 우리는 다른 사람들과, 또 물질 세상의 다른 모든 측면들과 그토록 깊이 연결돼 있어서, 우리가 아는 자연의 법칙을 모두 깨버릴 수도 있는 것일까? 그렇다면 그것은 거의 상상조차 할 수 없을 정도로 근본적인 연결성이다."

: 근본적인 연결

우리가 이 수준에서 정말로 이어져 있다면, 우리가 세상에서 함께 산다는 것은 어떤 의미일까? 자기가 믿고 행동하는 방식과 다르게 사는 사람들을 판단하고 잣대질하기는 참으로 쉬운 일이지만, 그때마다 우리는 우리가 '하나임' 안에서 서로 결속되어 있다는 사실을 잊고 분리의 환상을 영속시킨다.

우리는 누구나 이런 잘못을 저지른다. 최근에 나는 어느 유명한 영적 스승의 메시지가 담긴 감동적인 동영상을 페이스북에 올렸다. 많은 사람들이 그 동영상에 감명을 받고 친구들과 공유했다. 하지만 몇 몇 사람은 그가 알코올 중독과 씨름중이라면서 그런 사람을 어떻게 믿느냐며 비방성 댓글을 달았다. 알코올 중독자가 영성에 대해 하는 말은 아무것도 믿을 수 없다는 태도였다.

나는 수련의 시절 순환 근무의 일환으로 정신의학과에서 참관한 중독 치료 12단계 모임이 떠올랐다. 사람들이 모임에 적극적으로 참여하고 중독에서 회복되는 모습을 보면서 나는 깊은 감명을 받았다. 나는 중독자들이란 단순히 의지력이 부족한, 영혼을 잃어버린 사람들이라고 판단하며 자랐다. 나 역시 중독자가 영적인 뭔가를 가르치면 그 사람 말을 믿을 수 있다고는 절대 생각하지 않았다. 그런데 이 모임을 지켜보면서, 영성이 정말로 뭘 의미하는지 이 사람들한테서 배울 게 참 많다는 것을 깨닫고 겸손해졌다. 돌이켜보니 그런 판단으로 나는 가장 큰 영적 실수 중 하나를 저질렀다는 사실을 미처 깨닫지 못했었다. 연민compassion이야말로 가장 영적인 품성일 수 있다는 걸 잊었던 것이다. 사실, 이 '익명의 알코올 중독자 모임Alcoholic Anonymous'(약칭 AA. 알코올 중독자들의 자주적인 치료 단체로 1935년 미국에서 창설되었다—옮긴이) 참가자들이 아주 많이 보여준 것이 바로 연민이었다.

인간의 연약함에 대해 중독자들이 하는 이야기에 귀를 기울이고 있는데, 둥글게 모여 앉은 사람들이 서로의 사연을 들으며 연신 고개를 주억거렸다. 어린 시절 받은 성적 학대, 부모의 방치, 위탁 가정에 맡겨진 일, 알코올 중독 부모 등에 대한 이야기들이었다. 어떤 이는 골프채로 두들겨 맞았고, 어떤 이는 어머니한테 맞아 이가 부러졌으며, 또 어떤 이는 고아원을 전전하며 다른 아이들과 정들 만하면 강제로 떠나오곤 했다고 했다.

그들이 정신적 외상, 즉 트라우마를 입기만 한 것은 아니었다. 그들 가운데는 다른 이들에게 트라우마를 입힌 사람도 있었다. 그들은 사랑하는 사람을 배신하고, 부모 돈을 훔치고, 법을 어기고, 폭력을 행사한 일 등 다른 이들에게 상처를 준 이야기도 털어놓았다. 의식을 잃고 발작한 일, 자살 시도, 감방에 갔던 일, 그리고 배우자와 아이들을 폭행하고 들었던 수치심에 대해서도 이야기했다. 그들이 눈물을 흘리며 이야기를 할 때, 다른 이들도 눈시울을 적시며 그 이야기를 들었다. 이야기하는 동안 그들을 판단하고 잣대질하는 사람은 아무도 없었다. 그러기는커녕 하나같이 순수하고 사랑 가득한 연민의 마음으로 귀를 기울였다. 더 이상 성스러울 수가 없었다. 나는 인간의 삶을 살아가는 동료 여행자들과 '하나임' 안에서 교감하면서 깊은 감명을 받았고, 그들을 섣불리 판단했던 내가 부끄러웠다.

우리는 모두 자신이 할 수 있는 최선을 다하고 있다. 모든 걸 온전히 이해하는 사람은 아무도 없다. 당신이 받들어 모시고 싶은 스승마저도 그렇다. 최고의 자신이 되려고 최선을 다해 노력하고 있을 때 자기의 실수가 판단되길 바라는 사람이 있을까? 세상에는 더 이상 판단이 필요치 않다. 우리에게는 더 많은 연민이 필요하다. 누가 한 말인지는 몰라도 이 모든 것을 함축하는 말이 있다. "남들이 지은 죄가 자기가 지은 죄와 다르다는 이유만으로 그들을 판단하지 말라." 연민어린 마음으로 행동할 때 우리는 세상에 은혜를 베푼다.

우리의 연민이 필요한 건 남들만이 아니다. 우리 자신도 필요하다. 아주 흔한 일이지만, 우리가 남들을 판단할 때 실제로 우리가 하고 있는 일은 자신에 대한 비판을 그들에게 투사하는 것이다. 남들을 판단할 때, 우리는 스스로 인정하기 싫은 자신의 그늘진 부분을 비난하는 경우가 많다. 내가 남보다 우월하기 때문에 내가 옳다고 여긴다면, 적어도 어떤 수준에서는 나 또한 내가 판단하고 있는 바로 그것과 똑같다는 것을 알게 될 뿐이다. 예를 들어 내가 만일 한 친구가 이기적이라는 기분이 들어 화가 치민다면, 그 친구의 행동에 왜 화가 치미는지 그 이유를 다른 누가 아닌 내 자신에게서 찾아야 한다. 왜냐하면 나 역시 이기적일 수 있기 때문이다. 내 안의 그늘을 들여다보기보다는 남을 비난하기가 더 쉽기 때문에, 남들이나 자신에게 연민의 마음을 품는 것이 훨씬 나은데도 우리는 자신의 그 들여다보지 않은 그늘진 모습들을 남에게 투사한다.

판단은 가짜 두려움에서 나온다. 우리는 남들이 나와 다를 때 두려워한다. 누가 다른 신을 숭배하거나, 동성애를 하거나, 임신 중절을 하거나, 반대편 정당에 찬동하면 그들을 비난한다. 어떤 사람이 우리와 분쟁중인 집단이나 적대 조직 또는 빈민가 출신이면 그들을 '저쪽 other'으로 분류한다. 누군가 범죄를 저지르면 우리는 그들을 비난한다. 하지만 이렇게 할 때마다 우리는 자신에게 상처를 준다. 그들이 우리와 똑같지 않다는 사실이 마치 우리의 자아 감각을 위협하기라도 하는 것처럼, 우리는 우리와 다른 사람들을 두려워한다.

그러나 위협받는 것은 '작은 나'뿐이다. 두려움이 우리를 치유할 수 있도록 한다면, 우리의 편견이 어떻게 분리라는 환상을 키우는지 그 두려움을 활용해서 밝힐 수 있다. 우리의 '작은 나'를 비켜서게 할 수 있을 때, 우리는 다른 이들과 영혼 대 영혼으로서 마주할 수 있고, 이때 서

로의 차이는 녹아 사라져버린다. 영혼은 그러한 차이들에 절대로 위협
받지 않는다.

우리의 '작은 나'는 모든 사람이 생각이 같으면 더 안전하다고 느
끼지만, 사람들은 마치 눈송이 모양처럼 한 사람 한 사람이 독특하다.
동시에 우리는 우리를 모두 하나로 묶는 집단 의식을 통해서 서로 이
어져 있다. 이는 이성 마음이 이해하지 못하는 역설이다. 그런 생각을
하기만 해도 뇌에는 합선이 일어난다. 질 볼트 테일러가 좌뇌에 뇌졸
중이 생겼을 때 경험했듯이, 우리가 모두 하나라는 것은 우뇌만이 이
해할 수 있다. 우리는 '하나임'으로 가는 길을 논리적으로 생각할 수 없
다. 그런 추론을 하는 순간 좌뇌는 우리를 분리시키기 때문이다. 좌뇌
는 "나는……"이라고 말한다. 그러나 '내'가 있으면 '네'가 있고, 이런 이
원적 세계관으로는 우리가 더 이상 하나가 되지 못한다.

좌뇌는 개인으로서나, 종種으로서나, 세계 시민으로서나 우리를
수많은 문제에 빠뜨린다. 가짜 두려움은 언어 기능이 있는 좌뇌에서
나오는데, 그것은 모든 두려움이 한갓 생각에, 언어의 산물에 다름 아
니기 때문이다. 좌뇌는 또한 '나'와 '너'를 구별해서 분리의 환상을 만
들어내므로, 거기에서 갈등과 트라우마가 생기고, 우리는 서로에게만
이 아니라 우리의 행성에까지 온갖 감정적·물리적 폭력을 행사하게
되는 것이다.

지구 시민으로서 우리가 맞닥뜨리는 전 지구적 문제의 대부분은
우리가 서로에게서, 또 '근원Source'으로부터 떨어져 있는 분리된 존재
라는 잘못된 관념에서 나온다. 우리가 모두 하나라는 사실을 기억하
는 순간, 고통받는 다른 사람들, 위기에 처한 동물들, 파괴되는 열대우

림, 오염된 바다, 얇아진 대기층에 더 이상 등을 돌릴 수 없다. 우리가 모두 하나라면, 우리 안에서 가장 약한 고리가 버티는 힘, 딱 그만큼만 우리는 강해질 수 있고, 지금 우리에게 가장 약한 고리는 바로 황폐화된 자연계 안에 있다. 지구 역사상 하나의 종種이 지구 위 나머지 생명들의 생존을 좌우했던 적은 없었다. 우리가 분리라는 환상에 사로잡혀 있는 한, 한동안은 우리를 안락하게 해줄 이기적 선택을 할 수 있지만, 장기적으로 보면 자연계를 파괴하고 결국 하나의 종인 우리 자신도 파괴할 것이다.

우리가 모두 하나라는 사실을 기억해 낼 때, 우리는 비로소 가슴을 활짝 열고 지금까지는 느껴보지 못했던 실로 엄청난 연민을 느끼게 될 것이다. 두려움에 굴복해 우리 자신을 판단하고 분리시키거나 무력감에 항복하기보다는, 행동하라는 부름을 받을 것이다. 선택은 우리의 몫이다.

어떻게 하면 될까? 어디서 시작해야 할까? 모든 것은 바로 '당신'에게서 시작한다. 단 한 사람이라도 가짜 두려움을 치유하기로 선택하고 연민어린 용기를 선택할 때, 이 선택은 물결처럼 퍼져나가 사랑으로 다른 사람들을 감화시키고 그 길에 동참하게 만들 것이다. 단 한 사람이라도 무장을 해제한 가슴으로 세상을 살아가며 자신이 있는 그 자리에서 올바른 행동을 선택한다면 그것이 바로 다른 이들에게 은혜를 베푸는 일이 된다. 아무리 작게라도 사랑의 감정을 발산하면 지구 전체의 진동을 끌어올린다. 우리가 진정으로 누구인지를 기억해 낼 때, 우리는 다른 사람들에게 우리의 진정한 본성을 상기시키며, 이때 분리의 환상은 녹아내리기 시작한다.

: 51번째 사슴

　톰 새디악Tom Shadyac의 다큐멘터리 영화 〈아이 엠I Am〉 속의 애니메이션 장면을 보면 인간의 이기심이라는 광기를 꼬집는 이야기가 나온다. 이 애니메이션에는 굶주리거나 아픈 사람이 있으면 서로 챙기고 보살피면서 오랫동안 조화롭게 살아온 어느 원주민 부족의 이야기가 담겨 있다. 어느 날 부족 최고의 사냥꾼이 자기가 잡은 사냥감을 혼자서 독차지하기로 마음먹고 마을에서 멀리 떨어진 산속에 몰래 숨겼다. 사냥깨나 한다는 다른 사냥꾼들도 이 사람의 행동을 보고는 똑같이 사냥감을 숨겨놓기 시작했다. 그러는 동안 힘없고 병든 사람들은 굶주려야 했다. 탐욕과 경쟁의 문화가 되면서 부모들은 아이들에게 어떻게 하면 사냥감을 더 많이 차지할 수 있는지 가르치기 시작했다. 부족은 건강하고 안정된 유기적인 집단에서 분열되어 자기 것만 챙기는 단절된 무리로 변질되고 말았다.

　익숙한 이야기처럼 들리지 않는가? 오늘날 세상이 돌아가는 방식을 보라. 분리라는 환상은 전 세계의 얼마 안 되는 인구가 대다수 인류와 자연계의 건강과 안녕을 해치면서까지 자원을 축적하고 환경을 약탈하게 만들었다. 그러나 꼭 이런 식으로 될 필요는 없다. 다름 아닌 두려움이 이 같은 순환을 계속 유지시키고 있다. 우리는 우리가 서로 협력하며 살면 우리 자신과 가족들의 욕구를 충족시키지 못할까봐 두려워한다. 우리는 사회주의 이름으로 이루어진 역사적 실험이 독재와 자유의 박탈로 귀결된 까닭에 사회주의와 같은 정치적 이념들을 두려워한다. 그렇지만 이 실패한 실험들은 고기를 몰래 쌓아둔 사냥꾼들의 다른 예에 지나지 않는다.

우리는 이런 식으로 경쟁하고 사리사욕을 추구하며 살아가는 유일한 종이다. 어쩌면 우리는 다른 동물들에게서 배울 것이 있는지도 모른다. 새디악의 영화에서는 붉은사슴 무리를 대상으로 이들의 진정한 본성, 즉 이들이 본능적으로 경쟁적인가 아니면 협동적인가를 알아내려 한 실험을 소개한다. 과학자들은 몇 달 동안 무리를 관찰하면서 사슴 집단이 어떻게 행동하는지 분석했다. 그들은 다음과 같은 사실을 알아냈다.

사슴들은 날마다 샘으로 물을 마시러 갈 때가 되면 일종의 투표 의례를 치렀다. 우두머리 사슴이 무리가 어느 샘에서 물을 마실지를 자기 맘대로 결정하지도 않았고 무리를 억지로 이끌지도 않았다. 오히려 모든 사슴에게는 자신이 선택한 샘 쪽으로 머리를 돌릴 기회가 주어졌다. 최소한 51퍼센트의 사슴이 같은 샘을 선택하면, 나머지는 이 다수의 의견을 따랐다. 샘을 바꿀 때가 되면 같은 의례가 다시 시작되었다.

영화 〈아이 엠〉이 주는 핵심 메시지는, 우리가 탐욕과 경쟁에서 협동과 지속 가능성의 방향으로 나아가는 지구적 차원의 의식 변화의 도중에 있다는 것이다. 톰 새디악은 이렇게 말한다. "우리 한 사람 한 사람이 깊은 차원에서 변화할 때 비로소 문제들이 해결되기 시작된다. 〈아이 엠〉은 우리가 무엇을 할 수 있느냐보다 어떤 사람이 될 수 있느냐에 더 초점을 맞추고 있다. 그렇게 존재가 달라지면 행동은 자연스럽게 변화하게 마련이다."

만일 인류의 51퍼센트가 가짜 두려움에 지배받기를 그만 멈춘다면 어떤 일이 벌어질까? 모든 것은 바로 당신에게서 시작한다. 당신이 그 문 턱을 넘는 51번째 사슴이 되어, 말콤 글래드웰Malcolm Gladwell이 '티핑 포 인트tipping point'('갑자기 뒤집히는 점'이라는 뜻으로, 어떠한 현상이 서서히 진행 되다가 작은 요인으로 한 순간 폭발하는 것을 말한다—옮긴이)라고 부르는 지 점 너머로 우리를 데려갈 수도 있다. 개인적으로 이런 선택을 할 때 당 신은 세상을 치유하는 일에 참여하게 된다. 마거릿 미드Margaret Mead(미 국의 문화인류학자—옮긴이)는 "사려 깊고 헌신적인 시민들로 이루어진 작은 집단이 세상을 바꿀 수 있다는 것을 절대 의심하지 마라. 실제로 세상은 이들이 바꿔왔다."

51퍼센트만 바꾸면 지구 전체의 의식이 바뀔 수 있다. 두려움이 우리를 자유롭게 하는 데, 그래서 우리의 타고난 용기가 저절로 샘솟 는 데 필요한 것도 51퍼센트의 변화가 전부이다. 기업에서도 의사 결 정을 위해서 주식을 100퍼센트 모두 다 소유할 필요가 없다. 51퍼센 트만 있으면 된다. 당신의 영혼이 당신의 '작은 나'를 사들여 '당신'이 라는 회사의 주식 51퍼센트를 차지할 때, 두려움이 아닌 용기가 주도 권을 쥐게 된다.

이어지는 3부에서는 이 51퍼센트를 이뤄내는 방법을 다룬다. 총 여섯 단계의 '용기 키우기' 연습을 하고, 자신만의 '용기 처방전'을 쓰 게 될 것이다. 이 책을 덮을 무렵이면, 어떻게 하면 두려움을 성장을 위 한 동력으로 변화시켜 용기로 하여금 그 운전대를 쥐게 할 수 있는지 직관적으로 만들어진 행동 계획을 갖게 될 것이다.

통렌 자비 명상

호흡을 통해서 타인의 고통을 들이마신 뒤 그것을 나의 행복과 자비, 평화로 바꿔서 내보내는 티베트 불교의 수행법인 통렌Tonglen에는 많은 장점이 있다. 통렌은 자기 방어와 애착, 그리고 '작은 나'의 집착을 녹이고 가슴을 열어준다. 고통을 피하고 쾌락을 좇는 '작은 나'의 성향을 뒤바꾸고, 당신을 이기심의 감옥에서 해방시켜 준다. 처음에는 이 수행법에 저항을 느낄 수도 있다. 혐오감, 원망, 좌절, 분노, 그리고 고통의 회피 같은 온갖 감정이 올라올 수도 있다. 혹시라도 이런 감정을 느낀다면, 오히려 그것들을 수행을 깊게 하는 데 활용하자. 인생의 고통이라는 독이 약이 되게 하자. 이 수행을 하면 가슴이 점점 더 많이 열릴 것이고, 당신은 당신이 존재한다는 것만으로도 타인을 치유하는 자비의 도관導管이 될 것이다. 모든 사람이 날마다 통렌을 수행하는 세상을 상상해 보라.

1. 먼저 자신의 감정 상태를 정화하는 것으로 시작한다. 조용히 앉아 호흡에 집중하면서 마음을 고요하게 한다. 호흡을 이용해 바로 지금 느끼는 부정적인 감정들을 들이마시고, 숨을 내쉬면서 평화와 기쁨을 뿜어낸다. 평온하고 맑은 느낌이 들 때까지 이 과정을 반복하며 감정 상태를 정화한다.

2. 다음으로 자기 자신을 정화한다. '내면의 등불'과 '작은 나' 두 존재로 자신을 본다. 숨을 들이쉬면서 '내면의 등불'이 활짝 열린 가슴으로 '작은 나'의 고통을 모두 들이마시는 모습을 시각화한다. 숨을 내쉬면서 '내면의 등불'이 '작은 나'에게 치유, 평화, 평

온, 사랑, 자비를 보내는 모습을 본다. '내면의 등불'이 '작은 나'를 자비롭게 감싸면 이제 '작은 나'도 가슴을 열어 반응하면서, 모든 고통이 녹아내린다.

3. 최고의 자신으로서 행동하지 않은 상황을 생각하면서 잘못했던 일들을 정화한다. 죄책감이나 수치심, 후회감이 들 수도 있다. 그 상황을 생각하면서, 숨을 들이쉬며 이 사건에 대한 책임을 받아들이고, 숨을 내쉬면서 자신의 잘못을 인정하고 스스로를 용서한다. 그리고 자기가 해를 끼친 사람들에게 사랑과 평화와 화해의 마음을 보낸다.

4. 이제 자신의 감정 상태와 '작은 나'의 고통을 정화하고 용서와 화해의 에너지로 옮아갔으므로, 당신의 통렌 명상을 타인에게로 확장한다. 도와주고 싶은 사람 한 명부터 시작한다. 가슴속에서 신성이 함께하길 기원한 다음, 그 사람이 느끼는 고통이나 괴로움을 느끼면서 자신이 그 고통을 더럽고 검은 연기의 형태로 들이마시는 모습을 시각화한다. 그것을 들이마시면서, 활짝 열린 당신의 가슴속에서 유독한 이 연기가 흩어져 사라지며, 모든 존재가 하나임을 느끼지 못하게 가로막는 '작은 나'의 집착과 자기 방어, 자기 몰두가 가슴에서 정화된다. 숨을 내쉬면서, 고통 속에 있는 그 사람에게 빛과 사랑, 자비와 행복을 나누는 자신을 본다.

5. 이제 한 사람에서 집단으로 이 명상을 확장한다. 숨을 들이쉬며 다른 사람들의 고통을 들이마시고, 숨을 내쉬면서 지구 위의 모든 영혼들을 어루만지는 빛과 사랑과 자비의 햇살을 시각화한다. 이 명상은 무척 강력해서 집단의 사고방식에 자비의 에너지를 불어넣고 '하나임'의 그물망에 우리를 연결시킬 수 있다.

6. 이 수행법에 저항감이 든다면, 어떤 감정들—원망, 두려움, 분노, 슬픔, 공포, 혐오감, 복수심 등등—이 올라오는지 살펴본다. 몸에 어떤 감각—가슴이 답답한 느낌, 명치 아래쪽이 옥죄는 느낌, 혹은 무겁거나 어두운 느낌 등—이 느껴지는지도 살펴본다. 숨을 들이쉬면서, 바로 당신처럼 느끼고 있는 지상의 모든 사람들과 하나임을 느껴본다. 숨을 내쉬면서, 내 자신을 비롯해 고통받는 모든 존재들에게 위안을 보낸다.

▶용기 키우기 연습 13
적과 영웅

다음 연습은 '전일건강의학 인스티튜트Whole Health Medicine Institute' 에서 마사 베크와 내가 의료인들을 상대로 가르치는 것으로, 바이런 케이티의 '작업'에서 영감을 받은 것이다.

• 당신을 아주 미치게 만드는 어떤 사람을 떠올린다. 누가 당신을 그토록 짜증나게 하는가? 누가 당신을 부당하게 대했는가? 지옥에 떨어져 마땅한 사람이 누구인가? 이제 그 사람에게 편지를 쓴다. 이렇게 시작해 보자. "○○○에게, 나는 암울한 시간을 보내면서 정말로 진심을 다해서, 내가 당신을 어떻게 생각하고 있는지 여기에 적습니다." 다음으로, 하고 싶은 말을 마음껏 쓴다. 마치 다 깨닫고 트인 사람인 척하지 않아도 된다. '작은 나'가 작정하고 맘껏 쓰게 내버려두라. 속 시원하게 쏟아 부어라. 사생결단이라도 낼 것처럼 덤벼라.(그리고 걱정은 하지 않아도 된다. 이 편지는 당

신만 읽을 테니까.)

- 이번에는 당신이 정말로 우러르는 사람을 떠올려본다. 살아있는 사람일 수도 있고, 고인일 수도 있다. 꼭 개인적으로 아는 사람일 필요는 없다. 당신이 좋아한다면 예수나 부처를 골라도 좋다. 하지만 당신이 정말로 사랑하는 사람, 당신이 가장 존중하고 가장 높이 평가하는 인간의 특질들을 모두 보여주는 사람이어야 한다. 이 사람에게 다음과 같이 시작하는 편지를 쓰자. "○○○님께, 저는 암울한 시간을 보내면서 정말로 진심을 다해서, 내가 당신을 어떻게 생각하고 있는지 여기에 적습니다." 그러고 나서 미친 듯이 쏟아내라. 입에 침이 마르도록 칭찬하라.

- 이 3단계 연습을 위해서는 TheFearCureBook.com에서 무료로 다운받을 수 있는 설명을 들을 필요가 있다.(한번 해보라! 내가 추가로 이 단계를 해보라고 제안하는 데는 이유가 있다. 내 목소리로 당신을 다음 단계로 안내하는 설명을 들으면 그 이유를 알 것이다.)

▶ 용기 키우기 연습 14
'하나임' 명상

조용한 장소에 앉아 긴장을 푼다. 당신하고 잘 맞는 조용한 음악이 있으면 틀어도 좋다. 편안하게 앉아서 눈을 감고 20분 정도, 우리 모두를 하나로 연결시키는 '하나임' 경험을 반추해 보자. 분리의 환상이 올라와도, 그것을 환히 드러내기 위해 내버려둔다. 혹시 지금 누군가를 비판하고 있거나 자신의 행복만 생각하느라 다른 사람에게 피해를 주고 있지는 않은지 살펴본다. 어떤 식으로든 환경 파괴에 일조하며 자신의 안락만을 취하고 있지는 않은지 돌아본다. 그런 분리의 환상에 황금색 빛을 비추어, 그것을 땅으로 이어진 선을 따라 지구의 한가운데로 흘려보낸다. 그리고 이제 모든 존재들과 서로 연결되어 있음을 명상을 통해 느껴본다. 모든 인간들과 하나가 되어보라. 당신과 갈등을 빚고 있는 사람들과도 하나가 되고, 모든 동물들과, 숲을 비롯해 모든 식물들과도 하나가 된다. 바다와 산, 초원, 강, 호수, 흙, 그리고 '어머니 대지'의 모든 것과 하나임을 느낀다. 달과 해와 행성들, 항성들, 그 밖에 우주의 모든 것들과 하나임을 경험한다. 당신을 거쳐 대지로 스며드는 황금색 빛의 도관이 되어보라. 이 그라운딩을 통해 모든 존재와 이어진다. 당신 안의 이 빛이 머리끝에서 뻗어나가 당신과 우주를 잇게 하라. 당신은 위로 아래로 온 사방을 비추는 빛이 되어 '존재하는 모든 것'과 '하나임' 속에서 연결된다.

'하나임' 유도 명상을 따라하고 싶으면 TheFearCureBook.com에서 '용기 처방전 키트Prescription for Courage Kit'를 다운받기 바란다.

제 3 부

용기를
위한 처방

8. 자유로워지라

용기는 기도를 마친 두려움이다.
—도로시 버나드Dorothy Bernard

데니스와 내가 놀이 공원에서 제일 크고 무서운 롤러코스터를 타려고 줄을 서서 기다릴 때, 우리를 기다리는 그것은 그냥 어렴풋이 모습이 보일 뿐이었다. 우리가 있는 곳에서는 롤러코스터의 전체 모습을 볼 수 없었으므로, 앞으로 어떤 경험을 할지 불확실한 상태에서 우리는 내심 불안한 마음이 들었다. 줄이 짧아지면서 뱃속이 거북해졌다. 롤러코스터를 타는 사람들이 보였고, 몇 분 후에는 그들이 안전띠를 풀고 나왔다. 금방이라도 죽을 것처럼 보이는 사람은 없었다. 이 모습에 살짝 안심하기는 했지만, 그래도 의문은 남았다. '우리도 살아나올까?'

드디어 우리는 안전띠를 맸고, 안전대가 잠기면서 롤러코스터는 우리 앞에 놓인 미지의 세계로 튀어나갈 준비를 했다. 돌아나갈 길은 없었다. 정지 상태에서 불과 몇 초 만에 시속 95킬로미터로 가속한 롤러코스터는 우리의 간을 몸 밖 저 뒤에 남겨둔 채 위로 치솟더니, 첫 번째 언덕을 달가닥 소리를 내며 올라갔다. 고도가 조금씩 높아질 때마다 우리의 기대도 높아졌다. 데니스와 나는 서로 눈을 마주쳤다. '도대체 왜 이따위 생각을 한 거야?'라는 표정이었다. 둘 다 무섭기는 했지만 야릇한 흥분도 있었다. 이제 우리는 어떤 일을 경험할까? 나는 함께 탄 사람들이 고마웠다. 적어도 혼자서 미지의 세계로 들어가고 있지는 않았다.

앞쪽 좌석에 앉았는데도 언덕 너머로는 아무것도 보이지 않았다. 앞쪽으로 궤도가 워낙 급하게 꺾여서 우리가 어디로 가고 있는지 알 수 없었다. 나도 모르게 긴장하며 몸에 힘이 들어갔다. 이런 느낌은 익히 잘 아는 것이었다. 안전 지대를 벗어나 어떤 위험을 감수하려 할 때면 자주 드는 느낌이었다. 갓 태어난 아기를 집에 데려올 때도 이런 느낌을 받았고, 의사라는 직업을 버릴 때도 그랬다. 결혼 생활을 정리하기로 했을 때도 그랬고, 나를 사랑하는지 확실하지 않은 사람에게 사랑을 고백할 때도 마찬가지였다. 내 첫 책을 세상에 내놓는 위험을 감수하기로 했을 때도 이 느낌이었다. 지금도 수많은 사람들 앞에서 강연을 하려고 단상에 오를 때마다 이런 느낌을 받는다. 그런 상황이 되면 불확실함에 긴장해 몸이 굳는 경향이 내게 있다는 것을 나는 알고 있다. 바로 롤러코스터가 높은 곳으로 오르는 지금 내가 보이는 행동과 같은 것이었다.

직장을 그만둘 생각을 하고 있을 때 나를 안심시켜 준 브라이언 안드레아스Brian Andreas(미국의 작가, 화가—옮긴이)의 작품 한 점이 있다. 뒤집어진 우산 속에 여성이 앉아 있는 그림인데, 그림에는 이런 글이 함께 적혀 있다. "그녀는 말한다. '손잡이를 쥐면 통제라는 환상을 유지하기가 더 쉽다. 그러나 바람에 몸을 내맡기면 훨씬 더 재미있다.'"
내가 안정적인 직장을 그만두기로 용기를 내기까지는 몇 년이 걸렸지
만, 내게는 이 글귀가 힘이 되어주었다. 손잡이를 놓아버리면 훨씬 더
재미있다는 말을 되뇌는 사이 불확실성에 대한 긴장감이 많이 풀렸고,
오히려 나는 그 불확실성을 신뢰하게 되었다.

언덕 너머로 롤러코스터가 질주하는 순간, 나는 데니스의 손을 꼭
잡고 기계의 소음보다 더 크게 소리쳤다. "놓아버려!" 자유 낙하를 하
는 사이 나는 잔뜩 움츠리고 있던 태양신경총 주위의 긴장을 풀려고
애썼다. 롤러코스터가 땅에 처박힐 듯 돌진할 때 우리는 둘 다 안전대
를 놓고 두 팔을 높이 쳐들었다. 다리는 마치 국수 가닥처럼 달랑거렸
다. 롤러코스터를 타는 내내 나는 만트라를 반복했다. "놓아버려. 놓아
버려. 놓아버려……"

롤러코스터는 거꾸로 뒤집기도 하고, 둥근 고리 모양의 궤도를 돌
기도 하고, 굉음을 내며 급커브를 꺾기도 했다. 그러다 한 순간 우리는
고리 모양 궤도의 꼭대기에서 멈췄다. 완전한 정적 속에서 거꾸로 매
달린 우리를 롤러코스터가 붙들고 있었다. 우리와 저 아래 땅 사이에
는 안전대 하나밖에 없었다. 안전대를 꽉 쥔 채로 데니스가 외쳤다. "너
무 무서워!" 만약 우리가 안전하다는 것을 믿을 수 있다면, 두려움은 짜
릿한 전율로 뒤바뀔 수 있었다. 믿음이 없으면 두려움은 그냥 무서움
일 뿐이다.

라이딩이 끝나고 우리는 주체할 수 없는 웃음이 터져 배가 아플
정도였다. 아드레날린이 치솟아 몸이 약간 떨렸다. 마치 취한 사람처
럼 휘청거리며 카트에서 나온 우리는 한 목소리로 말했다. "한 번 더!"

두 번째는 별로 무섭지가 않았다. 다음에 무엇이 나올지 알았기에 우리는 훨씬 덜 긴장하고 훨씬 더 많이 내려놓을 수 있었으며, 롤러코스터가 뚝 떨어질 때도 몸을 내맡길 수 있었고, 안전대를 붙들지 않고서도 거꾸로 매달려 있을 수 있었다. 그러나 두 번째 탈 때는 그리 흥분되지가 않았다. 롤러코스터를 처음 탈 때의 불확실성이 두 번째 탈 때보다 전율을 훨씬 더 많이 느끼게 했다.

인생도 이와 같다. 우리는 불확실성으로부터 자신을 지키고, 안전 지대 밖에 있는 것에 저항하고, 두려움을 느끼면 안전대를 단단히 붙들 수 있다. 혹은 적절한 위험을 감수하기 위해 통찰력을 발휘할 수도 있다. 그러면 인생은 흥미진진해지고 의미와 목적, 사랑으로 가득해질 수 있다. 용기를 키운다는 것은 조심성 없이 무서운 상황 속에 무모하게 돌진한다는 것도 아니고, 자신에게 트라우마를 입힌다는 것도 아니다. 내 친구 하나는 롤러코스터 타기를 무서워한다. 한 번은 그 친구를 지도하는 영적 교사가 학생들이 놓아버리는 법을 배우게끔 하려고 롤러코스터를 타보게 시켰다. 친구는 자신한테는 그게 하나도 도움이 되지 않았다고 한다. 그 친구가 억지로 롤러코스터를 탔을 때 일어난 일이라고는 계속해서 켜지는 빨간 경고등에 신경계가 손상을 입은 것뿐이었다. 친구는 할 수 없이 자신만의 방식으로 놓아버리는 법을 배워야 했다.

대부분의 사람들은 두려운 상황에 자신을 억지로 내던지면서까지 용기를 키우지는 않는다. 누군가 다른 사람이 당신을 거세게 밀어붙이게 하기보다는 스스로 손발을 내뻗는 편이 낫다. 또 안전 지대 밖으로 나갈 때는 당신이 안전하다고 느낄 수 있도록 돕는 사람이 곁에 있을 때 나가는 것이 좋다. 그러나 준비가 되어 있어야 한다. 두려움이 당신을 성장시켜서 용기가 꽃필 수 있기를 진실로 원해야 한다. 그렇게 하려면 자신이 안전하고 연결되어 있으며, 자신의 진정한 본성과 삶의 목적을 향해 나아가도록 늘 안내받고 있다는 사실을 믿어야 한다.

: 당신은 안전하다

지금까지 살아오면서 한두 번은 무언가 혹은 누군가를 신뢰하는 데서 나오는 절대적인 안전감을 느낀 적이 있을 것이다. 어릴 때 당신을 무조건적으로 사랑해 주는 할머니의 품 안에서는 더없이 안전하다고 느꼈을 수도 있다. 할머니가 항상 지켜주었기 때문이다. 어쩌면 당신의 어머니, 아버지는 날마다 싸웠을지도 모른다. 알코올 중독자 아버지한테서 학대를 받았을 수도 있고, 어머니가 정신적 문제가 있어서 툭하면 폭발했을지도 모른다. 집에서는 어떤 식으로도 안전하지 않았기 때문에 당신은 삶을 직접 통제하는 법을 배웠을지도 모른다. 불확실한 상황이 벌어질까봐 늘 신경을 곤두세우지만, 통제할 수 없을 때는 안 좋은 일들이 일어났다.

그러나 할머니와 함께라면 그냥 '놓아버릴' 수 있다는 것을 당신은 알았다. 그렇게 할 때 뭔가 짓누르는 듯 답답했던 뱃속이 편안해지고, 당신은 쾌활하고 즐거운 아이로 맘껏 돌아갈 수 있었다. 할머니는 다른 누구한테서도 볼 수 없는 방식으로 당신에게 용기를 주었고, 그러면 당신은 놀이터에서 가장 높은 미끄럼대를 탈 정도로 자유롭게 놀았다. 엄마하고만 있을 때는 무서워 엄두도 못 내던 미끄럼대였다. 할머니가 함께 있으면 계속 안전한 것만 가지고 놀지 않아도 된다는 믿음이 있었다. 할머니는 당신 안의 타고난 용기가 계발될 수 있도록 도왔던 것이다.

아니면 자랄 때는 그런 믿음과 안전하다는 느낌을 한 번도 느껴보지 못했어도, 나중에 사랑에 빠진 뒤에는 느껴봤을 수도 있다. 사랑하는 사람을 완전히 신뢰했으므로, 그 사람이 곁에 있는 한은 말도 안 되는 위험이라도 기꺼이 감수할 수 있었다. 당신은 사랑하는 그 한 사람보다 더 큰 무언가를 신뢰했다. 사랑이라 부르는 이것을 너무도 신뢰한 것이다. 그래서 전에 느끼던 옥죄는 듯한 두려움도 느슨해지고, 한때 안전하다고, 당신이 통제하고 있다고 느끼던 모든 것도 기꺼이 포기할 수 있었다. 연인이 함께 있으니 더 이상 떠안고 있을 필요가 없어진데다, 두 사람이 나누는 그 사랑이 당신을 용감하게 만든 것이다.

영혼의 새장은 혼자서 열 수가 없다. 영혼을 안전하게 지키는 감옥의 문을 열려면 다른 이와 쌓은 깊은 신뢰가 필요하다. 그러나 이것이 사실이기는 해도, 이런 형태의 용기에는 타인에게 의존한다는 점, 또 타인은 어쩔 수 없이 우리에게 실망을 주게 된다는 점이 문제가 된다. 용기를 주던 할머니가 돌아가시면 당신의 용기도 함께 사라져버린 듯한 느낌이 들 수 있다. 연인이 떠나면 당신의 두려움들이 되살아나면서 다시금 위험한 세상에 내던져졌다고 느낄 수도 있다. 사람들과의 관계에서 안전을 찾으려고 한다면, 그리고 우리가 신뢰하는 것이 사람들이라면, 우리는 사람을 믿는 것이 그다지 안전하지 않다는 증거를 계속 보게 될 것이다. 사람들은 언제라도 우리의 기대를 저버릴 수 있기 때문이다. 가장 믿을 만하고 진실하며 무조건적으로 사랑을 베푸는 사람마저도 언젠가는 우리를 남겨두고 먼저 세상을 떠날 수 있다.

지속적이고 건강한 방식으로 용기를 키우려면 우리는 다른 어떤 것을 믿어야 한다. 당신은 당신 바깥에 이것이 있다고 믿고, 이를 하느님이나 붓다, 알라 혹은 어머니 가이아라 부를 수도 있다. 아니면 당신 바깥이 아닌 안에서 이를 느끼고, 최상위 자아—'내면의 등불'의 목소리—를 믿을 수도 있다. 만일 당신의 목적에 맞게 살도록 당신을 인도하는 존재—당신 안에 있다고 믿든 바깥에 있다고 믿든—를 믿지 않는다면, 이성 마음은 늘 삶을 통제하고 안전대를 단단히 붙들고 있어야 한다고 느낄 것이다. 놓아도 안전하다는 증거를 얻기 전까지는 절대 손을 놓지 않으려 할 것이다. 주위에 도와줄 사람이 있다는 것은 진정한 변형을 이루는 데 꼭 필요한 부분이기는 하지만, 영원히 계속될 진정한 용기는 인간보다 훨씬 더 믿을 만하고 변함없는 다른 어떤 것을 믿는 데서 나온다.

어쩌면 당신은 자신이 신성한 무언가의 조건 없는 사랑 속에 안겨 있음을 깨달으면서 이런 궁극의 안전감을 이미 맛본 적이 있을지도 모른다. 리스비가 인터뷰한 사람들처럼, 당신은 우리가 알 수 없는 어떤 것을 알고 있으며, 이 초감각적 인식 경험을 통해서 우리를 늘 인도하고 지켜주는 무언가가 물질계 너머에 있을 수 있다는 증거를 얻었는지도 모른다. 아니면 천사나 이미 세상을 떠난 사랑하는 누군가의 영이 당신을 찾아왔다고 믿으며, 이 일을 계기로 믿을 수 있는 것 이상의 무언가가 있을 수도 있다는 증거를 갖게 되었는지도 모른다. 임사 체험을 하고 나서 죽음이 당신을 순수하고 조건 없는 사랑 속으로 녹아들게 했다고 확신이 들었을지도 모른다. 그래서 더 이상 죽음이 두렵지 않게 되고, 이것으로 용기를 얻었을 수도 있다.

당신은 요가 전통에서 말하는 '쿤달리니 각성'을 경험했을 수도 있고, 모든 존재와 하나임을 느끼는 사이 자신도 모르게 신비 경험을 했을 수도 있다. 존 오브 갓John of God을 찾아가거나 에너지 시술자 혹은 토착민 치유사를 만나 비전통적인 방식으로 몸을 치유하는 경험을 했을지도 모른다. 질 볼트 테일러처럼 좌뇌에 뇌졸중이 생겨 이성 마음이 작동을 멈추면서 두려움 없는 상태를 겪었을 수도 있다. 물질적인 이 세상의 한계 너머의 세계로 이끄는 샤먼 의식을 치렀을 수도 있다. 리스비처럼 "모든 게 바뀌어버린" 경험을 했을지도 모르고, 또 그것이 당신의 이성 마음에게 인생은 두려워할 게 아니라 기쁨으로 껴안아야 할 것이라는 확실한 증거를 보여줬을 수도 있다. 아니면 당신의 이성 마음이 나 같은 사람처럼 깐깐하지가 않아서, 아무런 증거 없이도 그냥 신을 무조건적으로 신뢰할 수도 있다. 그런 사람에게는 믿고 놓아버리는 데 그것이면 충분하기 때문이다.

: 평화로 옮겨가기

우리는 한 사람 한 사람이 독특해서 용기를 키워가는 과정도 사람마다 다르겠지만, 그 첫 단계는 우리 삶을 이끌도록 믿고 내어맡길 수 있는 더 큰 무언가가 있다는 관점을 기꺼이 받아들이는 데 있다. 이성 마음 외에 아무것도 믿지 않는 한 두려운 생각에 빠지기 쉽다. 당신의 마음은 '놓아버림'이 안전하다고 생각하지 않으며, 당신은 삶의 세세한 것들까지 꼼꼼하게 다 챙기고 싶어 한다. 삶이 계획대로 풀리지 않을 때는 두려운 생각이 더 많이 들고, 당신은 삶을 더 열심히 통제하려 든다. 불확실성은 어떤 수를 써서라도 피해야 할 것이 된다. 뭔가를 잃는다는 생각을 하면 견딜 수가 없다. 세상은 위험해 보이고, 결국 당신은 혼자뿐이라고 느낀다.

그러나 믿음이 바뀌어, 지금껏 통제해 오던 삶의 사소한 부분 하나라도 당신이 믿기 시작한 이것에 맡기게 되면, 당신은 미지의 세계로 걸어 들어가도 정말 안전하다는 것을 이성 마음에게 보여주기 위해 증거를 모으기 시작할 것이다. 안전하다는 증거를 얻기 시작하면서 이성 마음은 긴장을 풀고 두려움은 누그러든다. 그리고 당신 안의 무언가가 열리기 시작한다. 이제 이성 마음은 난폭한 주인이 아니라 자발적인 하인이 되고, '작은 나'는 마땅한 뒷자리로 마지못해 물러난다. 그러면 당신은 성장을 위해 두려움을 이용할 정도로 용감해져서, 두려움에 휘둘리기보다는 용기가 삶을 이끌게 한다.

하지만 이렇게 변한다 해서 두려움이 사라지는 것은 아니라는 점을 알아야 한다. 다시는 가짜 두려움이 올라오지 않으리라는 생각, 믿고 놓아버리는 법을 배운다면 두려움에서 백 퍼센트 해방되리라는 생각은 현실적인 생각이 아니다. 실제로는 여전히 '작은 나'가 지껄이는 목소리를 듣겠지만, 이제 더 이상 당신의 이 부분이 당신 삶을 결정하도록 내버려둘 필요가 없다. 더 높은 수준에서는 당신이 안전하다는 것을 믿기 때문이다. '작은 나'와 자신을 더 이상 동일시하지 않게 되면서 당신은 '내면의 등불'의 지혜와 통찰력에 다가갈 수 있게 되고, 당신이 해야 하는 일을 최대한 용기를 내서 할 수 있다. 당신이 해야 하는 일이 당신이 하고 싶은 딱 그 일이 아닐 때나, 심지어 그 일이 무서울 때에도 말이다.

두려움이 튀어 올라올 때—실제로 그럴 것이다—당신은 그것에 자동으로 반응하지 않는다. 그 대신 질문을 던진다. 열린 호기심으로 거기서 배워야 할 게 뭔지를 묻는다. 그리고 어디까지 성장할 수 있는지를 탐사한다. 두려움을 당신의 발전을 위한 지표로 삼는다. 시간이 흐르면서 두려움은 누그러든다. 평온함을 더 많이 느끼고, 두려운 생각들이 올라오는 간격은 길어진다. 이렇게 내면이 넓어지고 평화로워진다는 것은 당신이 용기를 키워가는 길에서 진일보하고 있음을 보여주는 신호이다.

이런 변화는 어떻게 일어나는 것일까? 무의식적으로 두려움이 모든 결정을 내리도록 내버려두던 상태에서 용기가 삶을 이끌어가는 쪽으로 변화해 가는 과정은 결국 내면에서 일어나는 일이다. 당신을 이렇게 변화시킬 수 있는 사람은 아무도 없다. 이 과정을 주도하고 촉진할 수 있는 사람은 당신이다. 당신은 이 책에서 소개하는 도구들로 연습을 해볼 수도 있고, 심리학자나 의사들과 상담을 할 수도 있다. 영적인 조언자들의 안내를 구할 수도 있고, 예배당에 갈 수도 있다. 자기 계발서나 영성 서적들을 읽을 수도 있다. 워크숍에 갈 수도 있고, 명상 수련 모임에 갈 수도 있으며, 비슷한 변화를 이뤄낸 영적 구도자들이 앞서 닦아놓은 길을 따라갈 수도 있다. 그러나 변화는 궁극적으로 내 안에서, 정해진 시간 스케줄에 따라, 완벽한 방법으로 일어난다.

당신의 '작은 나'가 용기를 키우겠다는 염원을 품고 아무리 애쓴다 해도, 억지로 그렇게 할 수는 없다. 이런 종류의 용기를 키우려면 뭔가를 더 해야 하는 것이 아니라 그냥 놓아버려야 한다. 당신을 대신해

놓아버릴 사람은 어디에도 없다. 놓아버리는 이 과정은 당신 스스로 이끌어가야 한다. 자신만의 '용기 처방전'을 쓴다는 것이 바로 이런 말이다. 내가 이 장에서 나눌 수 있는 것은 그 과정을 이끌어갈 하나의 얼개 정도일 뿐이고, 그 얼개의 세부는 당신이 스스로 채워가야 할 것이다.

당신은 두려움의 무기력한 희생자가 아니라는 사실을 부디 명심하기 바란다. 오히려 모든 두려움이 당신을 가르치려고 여기에 있다는 사실에 감사하라. 두려움은 저항해야 할 것이 아니다. 두려움은 더 많은 믿음이 필요한 곳이 어디인지 찾아내도록, 그리하여 당신이 평화를 껴안고 용기를 끌어낼 수 있도록 하기 위해서 여기 있다. 그러나 사실을 숨김없이 말한다면, 평화로 가는 길이 듣기에는 쉽고 순조로울 것 같아도, 당신의 '작은 나'는 온갖 장애물들로 그 길을 험난하게 만들 거란 점을 알아둘 필요가 있다.

두려움이 당신을 자유롭게 하고 용기가 당신을 이끌도록 하는 것은 소심한 마음으로는 할 수 없는 일이다. 당신은 누가 진짜 자기이고 누가 가짜 자기인지 그 진실과 마주하게 될 것이다. '작은 나'가 당신을 '보호'하겠다는 명목으로 지어놓은 허위를 정면으로 돌파하려면, 한 치의 거짓도 없는 정직함과 자신에 대한 흔들림 없는 자비심이 있어야 한다. 이 발견과 발전의 과정을 거치는 동안, 당신이 진실이라 여겼던 모든 것과 하나하나 마주하게 되고 모든 것에 의문을 제기하게 될 것이다. 그렇게 하면서 그늘 속에 숨어 있는 모든 것에 빛을 비출 것이다. 당신은 자신의 진실을 그만 부정해야 할 것이다. 설령 진실을 마주하기가 무섭더라도 말이다.

'작은 나'의 두려움 가득한 거짓말들에 워낙 많이 속아서 사람들은 무엇이 진실인지 알지조차 못한다. 진실을 느낄 수는 있겠지만, 그것을 직시하는 것은 불편해한다. 진실은 멋지기도 하지만 잔인하기도 하다. 진실을 알려면 우리 삶을 무의식적으로 조종하는 자기 제한적 믿음들을 빠짐없이 살펴보아야 하지만, 우리가 스스로 어떻게 고통을 지어내고 있는지 깨닫고 나면 괴로울 수도 있다. 두려움은 잠잠해지기 전 자리를 박차고 분연히 일어설 수도 있다. 가리개를 벗기고 삶의 허위들에 빛을 비추고 나면, 가짜 두려움이 당신 삶을 어떻게 지배하는지 더 많이 알게 될 것이기 때문이다. 이런 깨달음은 더없이 불편할 수도 있다. 하지만 기억하기 바란다. 파헤쳐진 두려움은 성장을 위한 밑거름이 된다는 것을. 좌절하지 말고 계속해서 감사함으로 돌아가라.

진실하려면, 그동안 붙들어오던 어떤 관계가 행복하지 않았다고 인정해야 할 수도 있다. 그 관계를 유지하기 위해 영혼을 팔았다는 혹은 자신을 돌보지 않았다는 사실과 직면해야 할 수도 있다. 당신을 학대하는 가족과의 사이에 선을 그어야 할 수도 있고, 이 때문에 당신에게 정말로 중요한 사람과 거리가 생길 수도 있다. 늘 흔쾌히 따라주고 비위를 맞춰주는 당신의 '작은 나'에 익숙한 사람들에게 '아니'라고 말하는 법을 배워야 할 수도 있다. 당신이 좋아하는 사람들에게는 아마도 이것이 그리 달갑게 받아들여지지 않을 것이다. 그래서 용기가 필요한 것이다. 당신 영혼의 진실성에 맞는 선택을 하기란 쉽지 않다.

그렇다면 왜 애써 그러려고 하는가? 두려움을 원래 있던 그늘 속에 그냥 놔두면 안 되는가? 몹시 불편할 수도 있는데 굳이 왜 그렇게 해야 하는가? 그것은 두려움이 자유로 가는 출구이기 때문이다. 두려움에 빛이 비춰진다면, 그것은 축하해야 할 일이다. 이제 당신은 무엇이 당신을 평온함에 이르지 못하게 가로막는지 안다. 그렇다!

마사 베크는 우리가 두려움의 감정 등 인간의 감정을 경험해 보기 위해 여기 지상에 와 있다고 말한다. 한 번도 타본 적 없는 롤러코스터를 탈 때가 재미있듯이, 인간의 감정을 빠짐없이 경험할 때 인생도 훨씬 재미가 있다. 모든 감정은 우리가 평화를 향해 나아가도록 돕기 위해서 있다. 용기를 키우는 것이 곧 두려움을 거부하는 것은 아니다. 오히려 두려움을 영혼의 성장 기회로 변형시키는 것이다. 두려움 너머에는 집과 같은 편안한 곳이 있다. 용기는 이 평화로운 곳에서 나온다.

자신의 '용기 처방전'을 쓰고 내면의 안내를 따라 행동할 만큼 용감해지면, 그것이 왜 노력할 가치가 있는 일인지 금방 알게 될 것이다. 진정한 자신과 부합하도록 우리를 이끄는, 목적 있는 우주 안에서 우리가 살고 있다는 사실을 깨달을 때, 우리는 전에는 믿지 않았을 무언가를 믿기 시작하고, 이런 믿음이 우리를 용감하게 만든다. 시간이 갈수록 우리는 전에 하던 것처럼 억지로 일을 해나가는 게 재미가 없어진다. 오히려 일이 일어나기로 된 대로 일어나도록 '내버려두는 데' 더 관심을 갖는다. 불안은 줄어든다. 채우지 못해 가슴을 짓누르던 갈망에서도 벗어난다. 덜 두려워하고 더 많이 믿는다.

바로 그때 생각도 못했던 방식으로 마법 같은 일이 벌어지기 시작한다. 용기를 키우는 여정에 발을 내딛고 나면, '우주적 지성'이 어떻게 이끌고 돕든 당신은 행복한 춤을 추며 그것을 반긴다. 진정한 당신이 되기 위해서 '진짜' 당신이 아닌 것들의 껍질을 마침내 모두 벗겨내기 시작했기 때문이다. 이제 당신이 아닌 모든 것이 스러져간다. 그리고 당신인 모든 것이 빛을 뿜는다.

: 두려워하지 않으면 어떻게 될까?

두려움이 없다면 당신은 무엇을 하겠는가? 어떤 믿음을 갖겠는가? 어떻게 사랑하겠는가? 어떤 관계를 맺겠는가? 어떤 직업을 갖겠는가? 다른 이들에게 어떻게 봉사하겠는가? 어떤 진실을 말하겠는가? 진짜 당신의 어떤 모습들이 드러나겠는가? 삶의 모든 부분이 영혼의 가치들에 부합한다면 당신 삶이 어떻겠는가? 어느 때보다도 용기 있게 살려는 당신을 아무것도 붙잡는 것이 없다면 어떤 기분이 들겠는가?

이렇게 상상해 보자. 아침에 일어나자마자 그날 있을 일들을 두려워하는 게 아니라 앞에 놓인 가능성들에 흥분을 느끼며 눈을 뜬다. 부족한 것에 신경을 덜 쓰고 감사한 것에 초점을 더 자주 맞추는 자신을 본다. 부정적인 감정들이 올라오면, 두려움과 불안, 우울, 실망, 원망, 분노, 좌절 등의 느낌을 재빨리 지나서 평화와 고요함, 기쁨의 느낌으로 옮겨간다. 원하는 것을 얻기 위해 자신의 진실에 눈감아야 한다는 생각은 이제 들지 않는다. 지금 하고 있는 일에서 더 큰 의미와 목적을 발견한다. 두려움의 손아귀에서 놓여나 살기를 바라는 사람들과의 관계를 더 우선하며, 더욱 용기 있게 살고 싶다는 바람으로 서로를 지원한다.

당신의 가슴은 덜 보호적이 된다. 당신을 괴롭히던 단절감, 외로움, 분리감이 사랑과 연민, 그리고 모든 존재와 연결되어 있다는 열린 느낌들로 바뀐다. 그동안 억눌렸던 꿈과 활동, 열망을 위한 열정이 마구 솟구친다. 잃지 않으려고 애쓰기보다는 영혼이 성장하는 데 꼭 필요한 통과의례로 받아들인다. 당신이 모르거나 이해 못하는 것 때문에 조마조마하기보다는 그냥 호기심이 인다. 마음속에서 쫑알대는 암울한 생각들로 당신을 무섭게 하던 '작은 나'가 잠잠해진다. 그 대신 내면이 고요해진 것을 느끼며 거기에서 위안과 용기를 얻는다. 새로이 찾아낸 용기로 당신이 무모한 행동을 하지는 않는다. 당신의 진실성이 당신을 이끌기 때문이다. 내면의 나침반을 따라 살기에 가짜 두려움이 당신의 결정과 행동을 쥐락펴락하게 내버려둘 필요가 없다.

이렇게 바뀌고 나면 몇 가지 놀라운 부수 효과들이 눈에 띌 수 있다. 당신의 친절과 내면의 평온함에 사람들이 자석처럼 끌려오고, 사뭇 달라진 진동에 어울리는 사람들을 당신이 끌어당기고 있음을 발견할 것이다. 이러한 내면의 평화는 직장 생활에도 흘러들어 가서, 협상을 매듭짓도록 돕는다든지, 고객을 끌어온다든지, 새로운 아이디어들이 샘솟는다든지, 더 많은 수익을 만들어낸다든지 할 수도 있다. 생각도 못한 창조성의 원천이 되었음을 문득 깨칠 수도 있다. 두려움은 창조성을 제한하지만, 직관은 창조성을 샘솟게 하는 최고의 뮤즈이기 때문이다. 당신의 진정한 성적 자아sexual self를 해방시키는 것이 이제 두렵지 않으므로 성생활이 뜨거워질 수도 있다. 겉모습도 변할 것이고, 내면의 빛이 겉으로 더 많이 새어나오면서 훨씬 아름다워 보인다는 얘기를 들을 수도 있다. 몸에 더 힘이 넘치고 몸무게도 건강한 상태로 유지하기가 더 쉬워질 것이고, 당신을 괴롭히던 몸의 증상들이 말끔히 사라질 수도 있다. 경우에 따라서는 병원 치료를 받지 않았는데도 만성 질환들이 저절로 낫는 걸 보고 깜짝 놀랄 수도 있다. 두려움이 당신의 결정을 좌우하지 않으면 삶 전체가 바뀔 수 있다.

: 내면의 등불을 따르라

얼마 전 레이첼 나오미 레멘이 내게 이런 말을 했다. 2007년, 나를 처음 봤을 때, 전에 본 적이 없는 사이였음에도 나의 진실하고 지혜로운 부분을 한눈에 알아보았다는 것이다. 하지만 자신이 알아본 나의 그 일부는 이른바 '리사 주식회사'의 지분을 20퍼센트밖에 갖고 있지 않았다고 했다. 레이첼은 이 20퍼센트가 과연 주도권을 쥘 수 있을지 호기심을 가졌는데, 내가 성숙하면 그렇게 될 수도 있을 거라는 생각을 했다고 했다.

2013년에 우리는 함께 가르치기 시작했고, 개인적으로 많은 시간을 함께 보냈다. 그 무렵에 대해서 레이첼은 "우리가 처음 만났을 때 내가 알아본 리사의 일부, 그러니까 성숙하고 지혜로운 리사가 드디어 리사 주식회사의 지분을 48퍼센트쯤 갖게 되었다는 걸 알았어요"라고 말했다. 그러면서 레이첼은 회사를 운영하는 데 주식을 100퍼센트 다 가질 필요는 없다고 일깨워주었다. 51퍼센트만 있으면 회사의 의사 결정에서 결정적인 표를 던질 수 있다는 말이었다. 레이첼은 내가 '내면의 등불'이라 부르는, 나의 성숙하고 지혜로운 부분이 힘을 얻어가고 있음을 감지했다. 사슴 무리를 새로운 샘으로 이끌기 위해서는 51퍼센트의 사슴만 있으면 되었던 것처럼, 당신의 성숙하고 지혜로운 부분이 당신의 51퍼센트를 차지하면 주도권을 쥘 수 있는 것이다. '작은 나'의 두려움들이 당신의 결정을 좌우하도록 하지 않으면, 이제 용기가 자유롭게 결정을 내린다. 레이첼은 그 무렵부터 내게 조언을 해주기 시작했고, 여기서 내가 배운 많은 내용이 이 책에 담겨 있다.

내가 개인적·영적인 발전 과정에서 51퍼센트 지점을 찍었는지는 잘 모르겠다. 그리고 이 책의 마지막 장이자 직접적인 처방을 실은 장으로 넘어가면서 헛된 약속 따위는 하지 않겠다. 내가 약속할 수 있는 것은, 오로지 자신만의 처방법으로 스스로 용기를 키워나가도록 북돋는 것이 내 의도라는 점이다. 나는 살면서 지금도 이 과정에 전념하고 있고, 내 안의 고요함과 지혜로 나아가는 길에서 지금도 나만의 '용기 처방전'을 따르고 있다.(나의 '용기 처방전'은 부록 4에 있다. 물론 이는 계속 발전해 가고 있다.) 여러분도 부디 저마다의 방식으로 자신을 위한 처방전을 만들어볼 마음이 생기길 바란다.

'내면의 등불'이 당신의 51퍼센트를 차지하면 묘한 일이 벌어진다. 그것은 당신을 통제하지도 않고 자기 방식을 강요하지도 않는다. 그것은 통제하겠다는 생각을 그냥 놓아버리고 뭔가 크고 의미 있는 것을 신뢰하기 시작한다. '작은 나'의 지배를 받는 이성 마음은 세상에 믿을 사람이 아무도 없다는 생각에 이 통제의 욕구를 놓아버리기가 어려울 것이다. 하지만 '내면의 등불'이 이끌어도 안전하다는 걸 믿을 수 있다면, 당신은 당신의 이 작은 부분을 달래서 놓아버리도록 할 수 있다. 두려운 생각이 들 때는, 놓아버린다는 것이 아주 이상하게 느껴질 것이다. 절망에 빠진 상황이라면 더욱더 기를 쓰고 움켜지면서 통제하려 들기 쉽다. 그렇지만 '내면의 등불'이 이끌게 하려면 통제하려는 마음을 완전히 내려놓아도 안전하다는 것을 믿어야 한다.

당신의 일부는 이제 놓아버릴 때가 되었다는 것, 그리고 당신이 바라는 것에 집착해 봐야 부질없다는 것을 이미 알고 있다. 그러나 놓아버리고 싶은 마음조차 집착의 한 형태가 될 수 있다. 놓아버리기 과정을 잘 통제하려면 어떻게 놓아야 하는지를 '작은 나'는 알고 싶어 하는 것이다. '작은 나'는 일의 성과나 낭만적인 사랑에 집착하듯이 이것에도 절박하게 매달릴 수 있다. 하지만 놓아버리는 과정을 통제하는 것은 당신의 몫이 아니다. 당신이 할 일은 세상일을 정확히 있는 그대로 내버려두는 것뿐이다. 두려운 느낌이 든다 해서 자신을 판단하고 잣대질하지 마라. 두려워한다는 사실을 그냥 받아들이고 내버려두라. 상처를 받거나 실망한 뒤에 고통스러운 느낌이 들어도 여기에 저항하지 마라. 그 상처와 실망과 그냥 함께 있어보라. 자신이 바라는 것에 매달리지도 마라. 이루지 못한 열망으로 마음이 편치 않으면 그 편치 못함을 그냥 받아들이라. 이 만트라를 기억하자. "받아들입니다.(I accept.) 받아들입니다. 받아들입니다." 그리고 현실과 다투면서 세상을 지금과 다르게 만들려 애쓰는 당신 안의 모든 것을 놓아버리자.

'작은 나'더러 놓아버리라고 하면 그것은 분통을 터뜨릴 것이다. 있는 그대로 그냥 받아들이는 것이 얼마나 위험한 짓인지 온갖 이야기를 꾸며댈 것이다. 당신이 안일하다거나 무책임하다거나 현실적이지 않다거나 하며 질책하는 대본을 써 내려갈 것이다. 그렇지만 당신의 '내면의 등불'은 놓아버린다는 것이 책임을 회피하거나 서약을 무시하거나 자신의 진실성을 배신하는 것이 아님을 안다. 놓아버린다는 것은 단지 지금 순간에 있는 것들과 함께 그대로 오롯이 있는 것이다. 잃어버릴까봐 두려워 저항하거나 매달리지 않는 것이다. 모든 것을 정확히 있는 그대로 온전히 받아들이고, 순수한 의식인 당신의 일부로 걸어 들어간다는 뜻이다.

이것은 우리를 자연으로 이끄는 한 부분이다. 자연은 어느 것도 바꾸려 들지 않는다. 그냥 그대로 있다. 수선화는 가는 겨울을 아쉬워하거나 오는 봄을 거부하지 않는다. 그저 눈이 녹으면 꽃을 피운다. 강물은 물살을 막아서는 바위에 성내지 않고 돌아서 흐른다. 태양은 하루의 끝을 아쉬워하지 않고 붉게 물든 구름 사이로 진다. 산은 아름다워 보이려 치장하지 않는다. 그냥 있다. 파도는 해변으로 밀어닥치려 애쓰지 않는다. 그냥 그렇게 한다. 삼나무는 평화로운 기운을 억지로 내뿜지 않는다. 자연은 '그냥 있다.'

오늘날 문화에서 놓아버리기란 무척 어려운 일이다. 우리는 세상 일이 어떻게 돌아가야 하는지 나름의 생각을 가지고 있고, 따라서 현실이 생각과 다르게 펼쳐지면 화가 치민다. 우리는 저항하고, 현실을 탓하고, 고통받는다. 놓아버리기와 관련해서 우리는 자연에서 배울 게 있다. 문을 열고 나가 자연이 움직이는 방식을 보면, 어떻게 살아야 하고 어떻게 놓아버려야 할지 많은 걸 배울 수 있다.

통증은 어쩌지 못하지만, 괴로움은 선택하기 나름이다. 우리는 인생의 고통 자체는 피하지 못한다. 비극은 앞으로도 일어날 것이다. 사랑하는 사람들이 떠나고, 채우지 못한 욕구들이 남을 것이며, 우리 또한 병이 들고 죽을 것이다. 위험으로부터 자신을 지키려 아무리 조심하고 예방한들 그런 일은 피할 수가 없다. 받아들이기 힘든 사실이라고 해도 우리는 이 인생의 비극들을 어찌할 도리가 없다. 하지만 무슨 일이 일어나든 그냥 받아들인다면 평화가 온다. 이상한 말 같지만, 모든 일이 꼬이는 순간에도 평화를 경험할 수 있다. 이는 비통함, 상실, 실망, 분노, 슬픔의 감정들을 건너뛴다는 말이 아니다. 그냥 저항 없이 그 감정들을 지나는 것이다. 지금 순간에 느끼는 것을 두려워하거나 탓하지 않고 있는 그대로 느낄 때, 평화가 언제나 곁에 있음을 알게 될 것이다.

놓아버리기는 아등거리기struggle의 반대이다. 두려움을 대하는 태도를 바꾸고 내면의 용기를 끌어내기 위해 너무 애쓸 필요는 없다. 사실 아등거리는 에너지는 방해가 된다. 놓아버리기는 있는 그대로 받아들이며 평화에 몸을 맡길 때 가장 잘 이루어진다. 평화와 내맡김surrender의 에너지가 당신이 바라는 바로 그것들을 끌어온다. 토샤 실버가 말하듯이 "깃털을 붙잡으려는 바로 그 행동이 깃털을 밀어내는 기류를 만들어낸다." 놓아버리기는 포기가 아니다. 단지 집착을 포기할 뿐이다.

자신만의 '용기 처방전'을 쓰려면 집착을 내려놓아야 한다. 용기를 키우고 싶다는 집착까지도 내려놓아야 한다. 거기에 너무 매달리면 실제로 그 일이 이루어지는 과정을 방해한다. 그 대신 느긋하고 평화로운 마음으로 그 과정을 '허용'하는 것이 중요하다. 그런데 어떻게 하면 더 평화로워질까? 당신이 빛을 비추어 치유해야 할 자기 제한적 믿음들은 어떤 것들이 있을까? 놓아버려도 안전하다는 생각이 들려면 주위에 어떤 사람들이 있어야 할까? '내면의 등불'의 목소리를 더 잘 들으려면, 그래서 '작은 나'가 뒷자리에 가만히 앉아 있고 '내면의 등불'이 운전대를 쥐게 하려면 어떤 도움이 필요할까? 당신이 평화롭지 못하게 가로막는 것은 무엇일까? 어떻게 하면 그것을 놓아버릴 수 있을까? 이것들이 바로 다음 장에서 다루어야 할 질문들이다.

9장에서는 '용기 키우기 6단계'에 대해 이야기할 것이다. 이는 누구나 따라서 하기만 하면 다 되는 그런 공식도 아니고, 결과에 대해 책임 질 필요 없이 번호 순서대로 하기만 하면 되는 그런 과정도 아니다. 이 여섯 단계는 직관이 당신을 이끌게끔 하는 하나의 얼개일 뿐이다. 앞에서 말했듯이 용기를 키우는 일은 내면의 작업이기 때문이다.

　이 과정은 '할 일'의 목록을 늘리는 것이 아니라 오히려 덜어내는 것임을 유념하기 바란다. 노자老子가 말한 대로 "지식을 추구하면 날마다 뭔가가 덧붙여진다. 그러나 도道를 추구하면 날마다 덜어진다."(學者日益 爲道者日損) 다음 장은 당신이 자유로워지려면 어떤 것을 버려야 하는지 알아내는 데 도움을 줄 것이다.

9. 용기를 키우는 여섯 단계

여러분의 시간은 한정되어 있습니다. 그러니 다른 사람의 삶을
살면서 헛되이 보내지 마십시오. 도그마에 빠지지 마세요.
남들이 한 생각을 붙들고 사는 꼴이 됩니다. 다른 사람의
의견에 여러분 내면의 목소리가 파묻히지 않게 하세요.
가장 중요한 것은 용기를 내 여러분의 가슴과 직관을 따르는 것입니다.
—스티브 잡스

데니스와 나는 나무 위로 까마득히 높은 곳에 설치한 발판에 걸터
앉아 있었다. 코끼리 무게도 버틸 수 있다는 안전띠를 차고 있기는 했
어도, 높은 곳을 무서워하는 데니스의 가슴은 두방망이질을 했다. 네
가지 코스 중 가장 어려운 블랙 다이아몬드 로프 코스에서 만난 첫 번
째 장애물에서, 우리는 집 라인zip line에 안전띠를 묶고 한 나무에서 다
른 나무로 엄청난 거리를 허공을 가로질러 건너야 했다. 안전띠가 우
리를 붙잡고 있기는 했지만 발밑에는 안전 그물도 없었다.

그 다음에는 두 가닥 와이어가 붙들고 있는 통나무를 흔들흔들
걸어서 건넜다. 마치 풍경風磬처럼 수직으로 매달린 통나무들 위에서
균형을 잡기도 하고, 늘어선 검은 고리들 속으로 뒤뚱거리며 지나기
도 하고, 팽팽한 와이어 위로 발을 끌며 통과하기도 했다. 설령 떨어진
다 해도 안전띠가 있으니 괜찮다고 가이드가 장담했고, 합리적인 우

리 마음도 아주 안전하다는 것을 알고 있었다. 하지만 나무 높은 곳에서 흔들거리는 무언가로 발을 옮기는 순간 원초적인 어떤 것이 우리를 붙잡았다.

코스에서 가장 어려운 장애물에 다가갔을 때, 나는 데니스가 굳은 얼굴로 발판 가장자리에 서 있는 모습을 보았다. 발 아래 땅을 물끄러미 바라보던 데니스가 나를 보며 말했다. "먼저 가." 내가 안전 고리를 데니스 앞으로 옮기려 하자 그가 마음을 바꿨다. "네가 먼저 가면 덜 무섭기는 하겠지만, 내가 앞에 가는 게 더 재미있을 거 같아." 데니스는 잠시 눈을 감고 마음속으로 중심을 잡더니 장애물 쪽으로 발을 내딛었다. 두렵기는 했지만 어쨌든 했다. 나는 환호성을 질렀다.

데니스와 내가 롤러코스터를 탄 것이나 이처럼 로프 코스에 매달린 것은 스스로에게 무슨 트라우마를 입히려는 게 아니었다. 각자의 '용기 처방전'의 일환으로 그렇게 하기로 하고, 자신을 내려놓는 데 도움이 되는 불편한 상황 속으로 자진해서 들어간 것이다.

두려움이 우리를 치료하게 하는 데 때로는 이런 방법들이 효과를 발휘한다. 당신이 두려움 속으로 천천히 부드럽게 들어갈 수 있을 만큼 용감하다면, 당신을 부여잡은 두려움의 손아귀에서 힘이 빠지며, 마치 씨앗이 싹을 틔우듯 천천히 용기가 뚫고 나오는 것을 느끼게 될 것이다.

4장에서 이야기한 지아 장Jia Jiang도 거절당하는 것에 대한 두려움을 내려놓기 위해 똑같은 일을 했다. 지아 장에게는 고통스러운 거절 경험이 몇 번이나 있었지만, 거절당할지 모른다는 두려움 때문에 자신이 온전히 살지 못하고 있다는 것을 깨닫고 이를 극복하고자 '100

일 동안 거절당하기'에 도전했다. 당연히 거절당할, 말도 안 되는 요청 100가지를 100일 동안 하기로 한 것이다. 반복해서 거절을 당함으로써 거기에 무감각해지는 방법이었다. 그는 처음 보는 사람들에게 100달러를 빌려줄 수 있는지, 그들의 집 뒤뜰에서 축구를 해도 되는지, 애버크롬비의 의류 매장에서 살아있는 마네킹을 해봐도 되는지, 경찰차 운전석에 앉아도 되는지 물었다. 자포스의 CEO 토니 셰이의 전용기를 타겠다고도 하고, 오바마 대통령과 면담을 하겠다고도 했다. 크리스피 크림 도넛의 종업원에게 올림픽 심벌 모양의 특별한 도넛을 만들어줄 수 있느냐고 요청하기도 했고, 햄버거를 '리필'해 달라고도 했다.

그는 이런 요청들을 담은 비디오를 만들었고, 뜻밖에도 많은 사람들이 거절의 두려움을 극복하려는 그에게 성원을 보냈다. 놀랍게도 그가 한 많은 요청들이 받아들여졌고, 그는 처음 보는 사람들의 친절에 새삼 존경의 마음이 일었다. 거절도 많이 당했지만, 시간이 지나면서 거절당하는 것도 훨씬 더 수월해졌다. 숱한 거절을 견뎌낸 뒤 그는 이렇게 말했다. "우리의 상상력은 자꾸만 우리를 최악의 결과로 데려가고, 따라서 그 행동을 실행해 옮길 가능성은 훨씬 줄어든다. 우리를 가장 많이 거절하는 사람은 바로 우리 자신이다."

2009년에 블로그를 시작했을 때 가장 두려웠던 것은 내가 불완전한 사람으로 비치는 것이었다. 나는 모범생으로 자랐다. 줄줄이 A학점을 받았고, 술이나 담배, 마약 따위는 입에도 대지 않았으며, 결혼을 위해서 저축도 했다. 의사가 되고 나서는 병원에서 완벽해야 한다는 엄청난 중압감을 느꼈다. 그렇게 하지 않으면 무고한 사람들이 죽을 수도 있으니까. 나는 진정한 내 자신에 대해 알기를 보류했고, 심지어 내 모습을 실제보다 '완벽하게' 묘사하려고 악의 없는 사소한 거짓말도 하기 시작했다. 사람들이 내 이야기를 진실인 양 믿고 또 나를 실제보다 완벽한 사람으로 여기기 시작하면서, 나는 고립되고 외롭고 위선적이라는 느낌이 들었다. 행여나 들통이 날까봐 끊임없이 두려워하며 살았다. 거짓말을 한다는 수치심이 나를 얼어붙게 했고 사람들과의 관계 또한 망가뜨렸다.

이제 내가 블로그를 하는 의도는 '떳떳한 내'가 되고, 또 그런 나를 공개적으로 드러내는 것이 되었다. '진실한 리사'가 되려는 여정에서 내 자신의 불완전함과 고투를 벌이고 있다는 사실을 얼굴도 모르는 사람들과 함께 나누는 기회로 내 블로그를 이용했다. 나는 진실을 얼버무리는 성향을 버리고, 나를 보호하던 가면을 벗고, 연약한 모습을 훨씬 대담하게 내보이고, 나에 대한 비난을 다루는 법을 배우고 싶었다. 지아 장에게도 그랬던 것처럼, 그런 공개적인 책임감은 내게 주어진 역할을 진실하게 해가는 데 도움이 되었다.

나는 직장을 그만둘 때의 두려움, 첫 책의 출간에 실패한 일, 내 에고의 작용 방식에 대한 고통스런 깨침, 결혼 생활의 갈등, 사람들에게서 받은 상처, 경제적 위기, 영적인 길을 가면서 펼쳐진 신비 체험, 그리고 과거라면 숨겼을 다른 약한 모습들을 블로그에 아주 솔직하게 썼다. 그래서 완벽하지 않게 비치면 어떡하나 하는 두려움에 조금씩 무뎌져갔고, 내 자신에게 진실인 이야기를 함께 나눌 때 사람들도 나를 판단하거나 비난하지 않는다는 사실을 배워갔다. 사실 그 반대였다. 마치 내 블로그 독자들은 나의 약한 부분으로 나를 공격하지 않기로 단체로 합의라도 한 것 같았다.

브레네 브라운은 연약함vulnerability이란 우리가 서로 친밀감과 유대감을 느끼는 통로와도 같다고 가르친다. 내가 겪어보니 맞는 말이었다. 공공연히 내 부족한 점을 밝히자 사람들은 나를 더 신뢰해 주었다. 나는 힘이 잔뜩 들어간 흰색 가운 속에 감정을 꽁꽁 감추고 서 있는 완벽한 의사의 모습이 아니라 그저 한 인간으로 자신을 보이고 싶었는데, 이 때문에 내 평판이 떨어지거나 사람들에게 비난을 받은 것이 아니라 사람들이 나를 더 신뢰하는 유대의 통로가 열린 듯했다. 이런 신뢰의 토대 위에서 사람들은 나와 여정을 함께할 수 있었고, 나는 물론이고 함께 용기를 키워간 사람들 모두가 외로움을 훨씬 덜 느끼게 되었다. 안전하고 충만한 이 공동체의 느낌 속에서 나는—사람에 따라 용감하다고 할 수도 있는—어려운 결정들을 내릴 힘을 얻었다.

내 '용기 처방전'의 일환으로, 숨기고 싶은 비밀을 인터넷에 공개하던 일은 이제 내면의 깊은 그늘을 파헤치는 작업으로 바뀌었다. 혼자서 하든, 통찰력 있는 치료사나 영적 조언자와 함께 하든, 믿음이 가는 친구들과 함께 하든 마찬가지였다. 이곳이야말로 진정으로 용기가 자라나는 곳이 되었다. 나의 불완전함을 공개적으로 나누기란 몹시 무서운 일이었지만, 다른 한편으로 이는 내 '작은 나'를 살게 하는 버팀목이 되어주기도 했다. 공개적으로 내 이야기를 하는 것은 인정받고 싶은 내 욕구를 채워주었다. 나를 칭찬해 주기도 하고, 때론 힘들게 내린 결정들을 지지해 주기도 하는 외부의 지지자들이 많이 생겼기 때문이다.

그러나 내 '내면의 등불'은 다른 누군가의 인정에 의존하거나 비판에 흔들리고 싶어 하지 않았다. 나는 내가 자신마저 속이려 한 진정한 이유가 뭔지 알고 내 안에서 평화를 찾아야 했고, 이 평화는 내 안의 무서운 정적 저 깊은 곳에서 나와야 했다. 이런 상황에서 내 진실을 붙들고 앉아 명상에 들려고 애쓰기가 정말 힘들었다. 그것은 내 불완전함을 공개적으로 고백하는 것보다 두려웠고, 2억 원이 넘는 빚더미에 앉는 것보다 더 무서웠으며, 의사라는 직업을 그만두는 것보다 정신적으로 더 불안한 일이었다. 마음속의 악마들과 대면하다 보면 나는 과거 어떤 일에서보다 더 멀리 내 안전 지대 밖으로 나가 떨어졌다.

내가 데니스를 만났을 무렵에는 내 '작은 나'의 그늘진 부분들 속으로 파고들기가 훨씬 더 쉬워져 있었다. 데니스도 자신의 진짜 자아를 찾아 자기 기만의 구렁텅이에 과감히 뛰어들고 있었다. 용기를 키우는 일이 결국 내면의 작업이기는 하지만, 한 사람이라도 옆에서 지켜보고 격려도 해주면서 여정을 같이하는 사람이 있다면, 이 작업은 그렇게 두렵지만은 않다.

당신의 '용기 처방전'에는 롤러코스터, 로프 코스, 거절 요법, 침묵 명상, 또는 인터넷에 당신 영혼을 맨살 그대로 드러내는 방법이 들어가 있지 않을 수도 있다. 당신의 여정은 당신의 '내면의 등불'에 깃든 지혜가 인도하는 당신만의 여정이 될 것이다. 용기를 키운다는 것은 무서운 일을 억지로 하게 하는 것도 아니고, 그 과정에서 당신에게 트라우마를 입히려는 의도가 있는 것도 아니다. 그보다는 평화로운 느낌에 잠기게 하려는 것이요, 바로 이 평화 속에서 당신은 용기를 찾아낼 것이다. 평화에 자신을 내맡길 때 당신은 영혼의 성장을 위해 두려움이 말을 거는 당신 고유의 방식을 보게 될 터인데, 이 장은 바로 이 점을 이해하는 데 도움이 될 것이다.

: 시작하기

용기를 키우는 일은 디저트용 젤리를 만드는 것처럼 단계별로 하나씩 나아가는 단순한 과정이 아니다. 지문이 사람마다 다른 것처럼 용기를 키우는 여정도 사람마다 다 다르다. 그렇지만 이 과정의 어떤 측면들은 거의 모든 사람들에게 비슷하게 나타나고, 어떤 실천법들—가령 자신을 지도해 줄 전문가의 도움을 구한다거나, 매일매일 하는 몇몇 연습을 통해 내면의 평온함을 찾는다거나 하는—은 누구에게나 도움이 된다.

내 책《치유 혁명》을 읽었다면, '용기 키우기 6단계Six Steps to Cultivating Courage'가 익숙해 보일지도 모르겠다. 그 책에서 내가 설명한 '자가 치유 6단계Six Steps to Healing Yourself'와 이 단계들이 아주 비슷하기 때문이다. 용기를 키우는 과정은 치유와 변형의 여정이므로, 몸을 치유하는 데 도움이 되는 이 '자가 치유 6단계'가 용기를 키우는 데에도 도움이 될 수 있다.

그렇기는 하지만 많은 자기 계발서들에서 말하는 과정들과는 달리, 이것은 어느 경우에나 모두 적용되는 보편적인 치료법이 아니다. 나는 여러분에게 도구들을 제공하고 영감이 떠오르도록 돕기는 하겠지만, 이 도구들 중 상당수는 내 선입견이나 신념, 개인적 선호를 통해 나온 것들이다. 당신의 처방전은 내 처방전과는 근본적으로 다를 수 있으며, 따라서 어느 누구도 당신에게 이대로 하라며 처방전을 써줄 수는 없다. 책을 읽어가면서 부디 이 과정을 자기 것으로 만들기 바란다. 울림이 오는 것은 취하고 그렇지 않은 것은 버려라. 영감을 얻어가

라. 평화가 이끄는 삶이란 어떤 모습일지 한번 상상해 보라. 자유로워지려면 어떻게 해야 할까?

용기 키우기 6단계

1단계 믿음 ···▶ 두려움을 일으키는 신념을 용기를 키우는 믿음으로 바꾼다.

2단계 지원 ···▶ 주변 사람들의 지원을 받고, 자신도 남들을 지원한다.

3단계 직관 ···▶ 직관을 신뢰하는 법을 배워서 진짜 두려움과 가짜 두려움을 분간한다.

4단계 진단 ···▶ 가짜 두려움의 뿌리를 찾아낸다.

5단계 처방 ···▶ 나만의 '용기 처방전'을 쓴다.

6단계 내맡기기 ···▶ 결과에 집착하지 않고 있는 그대로 받아들인다.

1단계: 믿음─두려움을 일으키는 신념을 용기를 키우는 믿음으로 바꾸기

1부에서 우리는 몸의 스트레스 반응이 우리에게 어떻게 해를 끼치는지 알았다. 그리고 스트레스 반응을 연달아 일으키는 것이 눈앞의 스트레스 요인만이 아니라는 것, 즉 우리의 생각, 믿음, 그리고 마음속에서 지어내는 이야기들도 스트레스 반응을 일으킨다는 것을 알았다.

아울러 그런 스트레스 반응이 스트레스 요인 자체보다 더 해로울 수 있다는 것도 알았다. 스트레스는 스트레스로 가장한 두려움일 뿐이다. 그렇다면 해결책은 무엇일까? 스트레스 반응을 제한하고 마음의 긴장을 풀어주는 믿음들을 키워야 한다. 대부분의 가짜 두려움이 진실인 양 붙들고 있는 자기 제한적인 믿음들에서 나온다는 사실을 당신은 아직 깨닫지 못했을 수도 있다. 이런 믿음들을 가방 속에 늘 넣어가지고 다닌다는 것도 어쩌면 알아차리지 못했을지 모른다. 진실인 양 여기는 그것을 결코 의심해 본 적이 없기 때문이다.

예를 들어 당신은 아등바등 힘들게 일을 해야만 돈을 벌 수 있다고 생각할 수도 있다. 하지만 이는 자기 제한적 믿음이지 불변의 진리가 아니다. 어떤 사람들은 좋아하는 일을 하면서 돈을 번다. 일을 하지만 일 같지가 않다. 힘들게 일을 해야만 돈을 벌 수 있다는 자기 제한적인 믿음에서 생길 수 있는 가짜 두려움은, 좋아하는 일을 하면서 돈을 버는 직업을 가지면 빈털터리 신세가 될 거라는 것이다. 그렇지만 위험을 감수할 용기가 있는 사람들은 좋아하는 일을 하면서도 넉넉한 수입을 올리는 경우가 많다. 경제적 안정을 얻으려면 자신을 희생해 가며 분투해야 한다는 자기 제한적 믿음을 붙들고 있는 한 절대로 용기 있게 직업을 선택하지 못할 것이다.

남녀 간의 애정도 결국은 모두 식게 마련이며, 따라서 세월이 가면 서로 소원해지고 따분해지고 외로워지는 것이 정상이라고 믿을 수도 있다. 그렇지만 진실을 말하자면, 어떤 커플들은 몇십 년이 지나도 열렬히 사랑하고 서로에게 열정적으로 끌린다. 만일 이런 자기 제한적인 믿음을 붙들고 있다면, 상대에게 더 이상 애틋한 감정을 느끼지 못할 때 함께 상담 치료라도 받아보자는 말을 꺼내기조차 두려울 수 있다. 당연히 가짜 두려움이다. 그리고 당신의 아내나 남편이 애써 애정을 회복할 생각이 없다 해도, 당신은 다른 자기 제한적 믿음들—'이혼하면 아이들을 망칠 거야' '내가 결혼 생활을 끝내면 다들 내게 손가락질할 거야' 혹은 '내 나이에 다시는 사랑을 찾지 못할 거야' 같은—때문에 관계를 끝내기가 두려울 수도 있다.

일반적으로 '두려움의 네 가지 가정'은 두려움을 일으키는 대부분의 자기 제한적 믿음들을 포괄하는 중요한 믿음이다. 예컨대 돈을 벌려면 아등바등 힘들게 일해야 한다는 자기 제한적 믿음은 "세상은 위험한 곳이야"와 "불확실한 것은 안전하지 않아"라는 가정에, 그리고 모든 애정 관계는 결국 식고 마니까 그냥 살던 대로 살아야 한다는 믿음은 "불확실한 것은 안전하지 않아"와 "소중한 것을 잃어버리면 못 견딜거야"라는 가정에 해당된다. 이 책의 2부에 나오는 연습들을 실천하면 믿음이 바뀌면서 '두려움의 네 가지 가정' 대신 '용기를 키우는 네 가지 진실'에 따라서 살 수 있을 것이다.

이렇게 하면 마음의 긴장이 풀리며 스트레스 반응이 줄어들고, 아무리 힘든 일을 겪는 와중이라도 실제로 신경계가 균형을 잃지 않을 수 있다. 불확실성이 가능성으로 들어가는 입구라는 걸 알면, 당신은 직업상의 위험을 감수하거나 남편이나 아내에게 함께 상담 치료를 받아보자는 말로 관계를 위태롭게 할 가능성이 더 커진다. 우주에 목적이 있음을 믿는다면, 당신이 무릅쓰는 위험 때문에 설령 빚더미를 떠안거나 관계가 끝장나더라도 두렵지 않을 것이다. 그 대신 원치 않은 결과에도 어떤 목적이 있으며 당신의 영혼이 성장하고 있음을 믿을 것이다.

그리고 세상일이 뜻대로 되지 않는다 해도 언젠가는 다 이해가 될 것이고, 앞으로도 위험은 무릅쓸 만한 가치가 있다는 걸 알게 될 것이다.

두려움이 성장을 위한 수단이 될 수는 있지만, 믿음을 바꿔서 두려움을 덜 느끼게 되는 것보다 당신을 더 쉽게 변형시켜 주는 것은 없다. 따라서 '용기 키우기 6단계'의 첫 단계는 두려움을 일으키는 믿음을 용기를 키우는 믿음으로 바꾸는 것이다. 우리는 스트레스 요인들과 이에 따른 두려움을 대할 때 우리가 마음에 새겨 넣는 믿음들을 조심해야 한다. 우리가 불확실성을 올바로 대하고, 상실을 잘 받아들이고, 우주에 목적이 있음을 믿고, 자신이 결코 혼자가 아님을 기억한다면, 신경계는 편안해진다. 두려움을 일으키는 믿음들은 우리의 잠재의식적 마음 속에 숨어서, 어린 시절 배운 프로그램들을 우리도 모르는 사이에 돌리고 있다. "나만 생각해라" "무슨 수를 써서라도 네가 상처받지 않게 해라" 같은 믿음들이 돌리는 프로그램대로 살아가고 있다는 사실을 우리는 깨닫지도 못한다.

당신을 조종하는 자기 제한적인 믿음은 무엇인가? 당신의 인생을 쥐고 흔드는 몇 가지 중요한 자기 제한적 믿음들을 인식하는 데 이 책 2부의 내용이 도움이 되었는지 모르겠다. 이것 외에도 삶에서 일정한 패턴으로 되풀이되는 믿음들이 더 있을 수 있다. 두려움에 바탕한 자기 제한적 믿음들에 무의식적으로 조종당하는 부분을 확실하게 짚어내는 방법은 그런 되풀이되는 패턴들을 들여다보는 것이다. 결혼을 세 번 했는데 셋 다 알코올 중독자였거나, 좋아하는 일자리마다 해고당했거나, 자꾸만 무일푼 신세가 되었거나, 일이 뜻대로 안 될 때마다 몸에 증상이 나타났을지도 모른다. 이런 일들이 일어날 때 자신이 타인이나 불운의 희생자라고 이야기를 지어냈을 수도 있다. 그러나 안 좋은 어떤 일이 계속해서 일어난다면, 그런 불운 밑에는 자기 제한적인 믿음이 깔려 있을 가능성이 높다.

다음은 피하고 싶은 결과들로 당신을 밀어 넣을 수 있는 자기 제한적 믿음의 사례들이다. 이 예들을 보면서 당신의 경우는 어떤지 떠올려보기 바란다.

부정적 결과	자기 제한적 믿음
가학적인 자기 도취자와의 데이트	사랑을 얻으려면 내 욕구와 행복을 희생해서라도 남을 기쁘게 해야 해.
반복되는 경제적 궁핍	친절하고 사랑 많고 너그러운 사람들은 돈을 모으지 못해.
여러 가지 만성 질환	내가 가치 있는 사람이 되려면 바닥날 때까지 베풀어야 해.
실현되지 못하는 끊임없는 성취욕	더 많이 성취하지 않으면 누구도 나를 사랑하지 않을 거야.
부를 축적하려는 채워지지 않는 욕망	내 은행 계좌가 빵빵하지 않으면 살아남지 못할 거야.
식생활이 건강한데도 나아지지 않는 만성 비만	살이 쪄서 쓸데없이 관심을 끌지 않아야 안전해.

부정적인 믿음의 패턴 찾아내기

1. 삶 속에서 계속 되풀이되는 부정적 패턴들이 있는가? 한번 적어 보라. 자신을 판단하지 않도록 조심하라. 이 질문에 답하면서 자기 연민의 마음을 가져보자.

2. 가족 중에 비슷한 패턴을 가졌거나 정반대의 패턴을 가진 사람이 있는가? 이 가족들을 판단하지 않도록 조심한다. 그들에게도 연민의 마음을 가져보자.

3. 그런 패턴들 아래에 어떤 믿음이 깔려 있는지 찾을 수 있는가? 대개의 경우 이 믿음들은 부모에게서 자기도 모르게 물려받았을 것이고, 그들도 자신의 부모들로부터 물려받았을 것이다. 이 연습은 조상을 탓하는 것이 아니다. 당신을 조종하는 자기 제한적 믿음을 더 많이 찾아내고 그것들에 빛을 비춰 치유하려는 것이다.

4. 자기 제한적 믿음을 찾아냈다면, 숙련된 치료사와 함께 그 문제를 다루든지, 자기 제한적 믿음을 치유하고 새로운 믿음을 심는 기법들을 찾아보라. 부록 1에는 믿음을 바꾸는 13가지 기법이 소개되어 있다.

낙관 대 비관

당신은 낙관론자인가 비관론자인가? 부정적인 사건을 받아들이는 방식 때문에 비관론자는 용기 있게 위험을 무릅쓰기가 힘든 반면, 낙관론자는 모든 일이—심지어 도전거리에 직면했을 때에도—잘될 거라고 믿는 경향이 있어서 용감해지기가 더 쉽다. 비관론자는 나쁜 일이 일어나면 그것이 자신의 문제이고, 모든 일이 다 그런 식이며, 앞으로도 그럴 거라고 믿는 성향이 있다. 달리 말하면 자신의 잘못으로("다 내 잘못이야") 생긴 부정적인 결과가 이 특정 결과만이 아니라 모든 결과들에 적용되고("난 뭘 해도 안 돼"), 또 무한정 되풀이된다("내게 다시는 기회가 안 올 거야")고 믿는다. 반면에 좋은 일은 그 반대라고 믿는다. 긍정적인 결과는 일시적이고("이번엔 운이 좋았을 뿐이야"), 특별한 경우이며("이번에만 운이 따랐어"), 자신과는 상관없는 일이라("내가 한 건 아무것도 없어") 여긴다. 낙관론자는 이와 전혀 다른 사람들이다. 이들은 나쁜 사건을 일시적이고 특별한 경우이며 내가 아닌 다른 원인으로 생긴 일이라 여기는 반면, 좋은 사건은 앞으로도 그럴 것이고 다른 일도 다 그렇게 될 것이며 자신이 잘해서 그런 결과가 나왔다고 믿는다.

만일 비관적인 믿음 때문에 자연스럽게 용기가 발휘되지 않는다면, 낙관주의도 용기처럼 기를 수 있다는 사실에 위안을 얻기 바란다. 마틴 셀리그만Martin Seligman 박사는 《낙관성 학습Learned Optimism》(한국어판 제목)이란 책에서 'ABC'라고 이름 붙인 연습법을 소개한다. 'ABC'란 역경Adversity, 믿음Belief, 결과Consequence의 약자이다. 우리가 역경(A)에 부딪치면, 그 사건은 하나의 생각이 되고, 이 생각은 곧바로 하나의 믿음(B)으로 번역된다. 그러면 이 믿음은 우리가 하는 행동에 영향을 미쳐서 결과(C)를 낳는다. 역경을 믿음으로 번역할 때 어떻게 하면 좋은지 배움으로써 우리는 부정적 사건에 뒤따르는 결과에 영향을 끼칠 수 있다. 그 사건을 이해하는 방식을 바꾸면 비관적인 생각을 낙관적인 생각으로 바꿀 수 있고, 그러면 더 큰 용기를 낼 수 있다.

예를 들어 직장 상사가 당신에게 소리를 지른다.(역경) 화가 난 당신은 생각한다. '이 양반은 너무 배은망덕해. 내게 감사할 줄을 모르네. 뼈 빠지게 일하는데도 나는 인정을 못 받아.'(믿음) 이제 당신은 아니꼬운 상사에게 보고서를 악의적으로 늦게 제출한다.(결과) 혹은 새 남자 친구와의 데이트를 설레며 기다리는데 그쪽에서 약속을 취소한다.(역경) 당신은 생각한다. '어쩐지 그 사람이 너무 멋져서 날 만난다는 게 믿어지지가 않았어. 그 사람은 내게 관심이 없어.'(믿음) 당신은 상처받고, 실망하고, 화가 나고, 하루 종일 우울해진다.(결과)

어떻게 하면 이처럼 역경에 따라오는 믿음을 바꿀 수 있을까? 예컨대 직장 상사가 화를 내는 경우를 보자. 이런 경우 상사가 화가 난 일을 자신의 문제로 받아들이면서 모든 일이 다 그런 식이고 앞으로도 그럴 거라고 생각하는 대신, 이 일은 이 상황에 국한된 것이고 일시적인 것이며 당신 잘못 때문이 아니라고 생각해 보라. 그 상사가 당신에게 감사할 줄 모른다고 믿는 대신, 그 사람이 아침에 집에서 다투고 나왔는데 당신이 우연히 화를 뒤집어쓴 건 아닌지 생각해 볼 수 있다. 수동공격적 행동으로 화를 표현하기보다는, 연민어린 반응을 선택할 수도 있다. 상사가 알아채지는 못하더라도 당신은 기분이 더 나아질 것이다. 더 용감해진 느낌이 들면서, 부드러운 태도로 상사와 어려운 대화를 해볼 수 있겠다는 느낌이 들 수도 있다. 또 남자 친구가 당신에게 관심 없다고 생각해 우울해하기보다는, 그냥 좀 바쁘거나 잠시 떨어져 있는 시간이 필요한 건 아닌지 생각해 볼 수도 있다. 그날 밤 기분을 끌어올려 줄 다른 재미있는 일을 찾아보라.

비관에서 낙관으로

《낙관성 학습》의 저자 마틴 셀리그만 박사는 며칠 동안 'ABC 일기'를 쓰면서 역경에 부딪쳤을 때 어떤 믿음들이 떠오르는지 잘 살펴보라고 권한다. 이렇게 하려면 마음속의 생각에 주의를 기울이면서 뭔가 원하지 않는 일이 생길 때 올라오는 반사적인 반응을 알아채야 한다.

1. 역경이 되는 사건을 적는다.

2. 그 사건의 결과로 올라오는 생각과 믿음을 적는다.

3. 결과를 기록한다. 어떤 기분이었는가? 어떻게 행동했는가?

4. 믿음의 패턴과 그것이 결과에 어떤 영향을 미치는지 살펴본다. 당신은 비관론자인가 낙관론자인가? 역경에 부딪쳤을 때 올라오는 믿음을 잘 들여다보면, 비관론자는 그 믿음이 부정적인 감정 상태나 행동을 일으킨다는 점을 알아챌 것이고, 낙관론자는 자신의 믿음이 역경을 빨리 극복하도록 도와준다는 점을 알아챌 것이다.

5. 비관적인 믿음들을 반박한다. 이렇게 하려면 자신과 논쟁하는 방법을 배워야 한다. 역경이 되는 사건이 발생할 때 비관적 믿음이 올라오는 걸 알아챈 뒤, 자신의 믿음이 잘못되었음을 입증할 반대론을 펴보라. 혹시 자신도 모르게 최악의 상황을 가정하고 있다면, 그런 사건이 생긴 이유를 달리 설명할 방법은 없는지 생각해 보자. 직장 상사가 왜 화가 났는지, 남자 친구가 왜 데이트를 취소했는지 설명할 다른 방법을 한번 생각해 보라. 어차피 어느

쪽이 사실인지 확실히 알지도 못하는데, 더 용기가 나고 마음을 더 고요하게 해주는 쪽을 믿지 않을 이유가 뭔가? 낙관적인 믿음을 선택한 뒤, 비관적인 믿음을 가질 때 나락으로 떨어지는 것 같던 기분이 그만 멈추는지 살펴보자.

내가 가진 믿음이 진실인가?

부정적인 생각과 믿음은 깡그리 버리고 싶겠지만, 가끔은 이런 생각이 해롭기만 한 것이 아니라 어떤 식으로든 도움을 주는 때도 있다. 여기서 역설이 생기는데, 이 역설을 받아들이면 이성 마음의 집착이 느슨해지고 창조적으로 문제를 해결할 수 있는 여백이 생기기도 한다.

리스비는 《왜 여자의 육감은 잘 맞는 걸까》에서 자신의 동료로 평판이 뛰어나고 아주 합리적인 정신의학자 필리스 캐스Phyllis Cath의 이야기를 들려준다. 리스비는 필리스에게 한 남자에 대한 이야기를 하고 있었다. 이 남자는 보통 사람은 알 수 없는 것을 '육감'이라고밖에는 할 수 없는 초감각적 방법으로 알아내는 사람이었다. 필리스의 반응은 다음과 같은 역설의 경험이었다. "이야기를 들으면서 한편으로는 계속 '당연해!'라는 생각이 들지만, 다른 한편으로는 너무나 놀라워서 믿을 수가 없네요. 어떻게 두 가지 생각을 동시에 할 수 있죠? 말이 안 돼요! 어느 쪽으로 봐도 둘 다 사실이거든요.…… 그 이야기는 두 가지 방식으로 동시에 내 마음에 들어왔어요. 앞뒤가 안 맞는 두 가지 방식으로요."

필리스가 이 이야기를 들었을 때 일어난 일은 그녀가 역설의 영역으로 들어갔다는 것이다. 여기서 필리스는 그 이야기를 당연한 것이자 믿기지 않는 것이라는 두 가지로 동시에 마음에 새겼다. 필리스는 양립할 수 없는 두 가지 관점 사이에서 오락가락했다. 두 가지를 조화시키지도 못했고, 어느 한쪽이 진실이라고 결론짓지도 못했다. 어느 쪽을 거부하지도 인정하지도 못하는 어정쩡한 상황이었다. 필리스가 두 관점을 동시에 받아들이려면 마음을 여는 수밖에 없어 보였다. 그리고 당신도 이런 식으로 마음을 열 때 가능성의 세계에 들어설 수 있다.

당신이 갖고 있는 믿음들이 어떤 식으로 도움이 되거나 혹은 제한하는지 확실하지 않다면, 나와 함께 일하는 심층심리학자 앤 대빈Anne Davin 박사가 내담자들에게 사용하는 다음과 같은 기법으로 그 믿음들을 검토해 보길 바란다. 이는 당신의 믿음들에 대해 무엇이 진실이고 무엇이 진실이 아닌지를 스스로 묻는 방법이다.

▶ 용기 키우기 연습 17
진실인 것과 진실이 아닌 것

1. 어떤 상황에서 자신에게 어떤 믿음을 들려주는지를 검토한다. 당신은 "이 일을 하다간 절대로 청구서를 치르지 못할 거야" "내가 좋아하는 일을 하기에는 나이가 너무 많아" 같은 믿음을 갖고 있을지 모른다. 할 수만 있다면 당신의 믿음을 한 문장으로 좁혀보라.(한 가지 이상의 믿음이 있다면, 이 연습을 여러 번 하면 된다.)
2. 자신이 쓴 내용을 검토해 보고 진실이 무엇인지 스스로에게 물어본다. '내면의 등불'에게 부탁하고 당신의 분별력도 활용해서

어떤 면들이 당신에게 유용한 면일지 생각해 본다. 이제 무엇이 진실인지를 따로 적는다.

3. 자신이 쓴 내용을 검토해 보고 거기서 무엇이 진실이 아닌지 스스로에게 물어본다. '내면의 등불'에게 부탁하고 당신의 분별력도 활용해서 어떤 면들이 당신에게 유용하지 않을지 생각해 본다. 이제 무엇이 진실이 아닌지를 적는다.

4. 잠시 눈을 감고 마음속으로 두 가지를 함께 품어본다.

5. 이런 역설을 품을 때 창조적인 해결책이 샘솟는지 본다.

2단계: 지원─주변 사람들의 지원을 받고, 자신도 남들을 지원하기

용기를 키우는 일이 혼자서 해나가는 과정이기는 하지만, 그것을 모두 혼자서 할 수 있다고 하면 정확한 말이 아닐 것이다. 두려움에서 용기로 가는 여정은 궁극적으로는 우리가 잘 아는 '영웅의 여정'이지만, 모든 영웅은 멘토와 친구, 옆에서 지켜보며 격려해 주는 사람, 응원하고 지지해 주는 사람을 필요로 한다. 두려움을 성장의 기회로 바꾸려 애쓸 때에는, 당신의 용기 있는 선택을 지지하기보다는 자신의 두려움을 당신에게 투사하는 가족이나 친구, 사랑하는 사람들이 선의를 내세우며 막아서기 일쑤다. 이 때문에 당신의 선택이 지지받는다는 느낌이 들기는커녕 오히려 두려움만 증폭될 수 있다. 두려움은 두려움을 낳게 마련이어서, 이제 막 변형의 과정을 시작하는 취약한 단계에 있는 당신에게는 용기를 북돋고 길러주는 안전한 환경을 만드는 작업이 필요할 수 있다.

2장에서 소개한 켈리 맥고니걸은 TED 강연에서 스트레스에 건강한 측면도 있다고 말했다. 그 한 가지는 바로 스트레스 반응의 일환으로 옥시토신이 분비되어 사람을 사회적으로 만든다는 것이다. 이 '껴안기 호르몬cuddle hormone'은 우리가 두렵고 힘든 시기를 보낼 때 자기를 지지해 줄 사람들을 찾아 나서도록 자극한다. '용기 키우기 2단계'에서 사회적 지원을 다루는 이유가 바로 이것이다. 사는 것이 두려울 때 우리를 보살펴줄 사람들이 주위에 필요하다. 하지만 힘든 시기에는 타인에 대한 봉사에 초점을 맞추는 것도 좋은 일이다. 사회적 연결은 두 가지 방식으로 모두 작용한다. 타인의 사랑을 받을 때도 용기가 생기지만, 그들을 돌볼 때도 마찬가지로 용기가 생긴다.

옥시토신의 역할은 우리가 두렵고 힘들 때 자신을 지지해 줄 사람을 찾아 나서도록 동기를 부여하는 데서 끝나지 않는다. 감정을 억눌러 혼자서만 간직하기보다 자신을 지지해 줄 사람을 찾아 끝까지 노력할 때 옥시토신은 더 많이 분비된다. 이 호르몬은 실제로 두려움의 해로운 영향으로부터 심혈관계를 보호해 주며, 천연 항염증제로서 우리가 스트레스를 받을 때 혈관이 이완되어 있도록 도와준다. 심장에는 옥시토신 수용체가 있어서 이 호르몬의 도움으로 심장 세포들이 재생되고 만성적인 스트레스 반응으로 생긴 상처가 치유된다. 옥시토신은 두려움에 직면한 상황에서도 심장을 강하게 하고, 두려운 감정과 스트레스로부터—감정적 수준에서만이 아니라 육체적으로도—더 빨리 회복되도록 도와준다.

미국에서 이루어진 한 연구에서는 34세에서 93세 사이의 성인 1천 명 가까이를 추적 조사한 바 있다. 연구자들은 참여자들에게 지난 한 해 동안 스트레스를 얼마나 많이 받았는지 물었다. 그리고 친구와 이웃, 지역 사회 사람들을 돕는 일에 얼마나 많은 시간을 썼는지도 물었다. 그런 다음 연구자들은 이후 5년 동안의 공식 기록을 이용해 이 기간에 사망한 사람들을 찾아냈다.

연구자들은 가족의 사망이나 경제적 위기 같은 힘든 일을 겪을 때마다 사망의 위험이 30퍼센트 정도 증가한다는 사실을 발견했다. 그러나 이 놀라운 숫자가 연구 대상자 모두에게 적용되지는 않았다. 타인을 돌보는 데 시간을 쓴 사람들은 스트레스와 관련된 사망률의 증가를 보이지 않았다. 타인을 돌보고 또 타인들로부터 돌봄을 받으면서 회복 탄력성이 생긴 것이다.

우리가 믿음을 바꾸고(용기를 키우기 과정의 1단계) 상실과 불확실성을 새로운 방식으로 볼 수 있을 때, 그래서 그것들을 성장과 연결을 위한 기회로 삼을 때, 우리에게는 정서적으로나 육체적으로나 회복 탄력성이 생긴다. 그리고 이런 경험들을 다른 사람들에게 지지를 구하거나 그들에게 봉사할 기회로 이용할 때 회복 탄력성은 증폭된다. 사실 우리는 여기서 '용기 생물학biology of courage'을 새로 만들고 있는 것이다. 2단계가 모두 적절한 사회적 지원을 찾아 나서는 내용인 이유가 여기에 있다. 어떻게 하면 적절한 사회적 지원을 찾을 수 있을지를 생각하면서 시작하자. 그 다음에는 당신의 용기를 끌어올리는 한 방법으로서 어떻게 하면 당신이 타인에게 베풀 수 있는지를 다룰 것이다.

'다들' 나를 어떻게 생각할까?

당신이 용기 있는 행동을 하지 못하도록 가로막는 것 중 일부는, 다른 사람들에게 '정신 나간 짓'으로 보일 수도 있는 행동을 하면 '다들' 어떻게 생각할까 하는 두려움이다. 당신이 용감하다고 생각하는 일을, 다른 사람들은 모두 정신 나간 짓으로 볼 수도 있다는 점을 명심하라. 그리고 이것이 바로 당신이 옳은 길에 들어섰음을 알려주는 징표인 경우가 많다.

아무튼 당신이 그리도 걱정하는 이 '다들'이란 누구를 말하는 것일까? 마사 베크는 《길을 헤매다 만난 나의 북극성 _Finding Your Own North Star_》(한국어판 제목)에서 대부분의 사람들에게 '다들'이란 몇몇 핵심 인물을 가리킬 뿐이라고 말한다. 우리는 부족部族 안에 있을 때 안전하다고 느끼는 사회적 존재인 까닭에, 이 집단에 들어가기 위해 할 수 있는 일이라면 무엇이라도 할 것이다. 그러나 마음에 떠오르는 대여섯 명 남짓 되는 사람들의 입맛과 의견을 한꺼번에 맞추기는 어려운 일이다. 부족의 인정을 갈망하는 우리 안의 꾀바른 부분은 자신의 마음을 따르기보다는 일종의 편법을 만들어낸다. 그것은 심리학자들이 '일반화된 타인 generalized other'이라고 부르는 핵심 인물 몇 사람의 태도와 의견을 선택하여 그들의 판단을 뇌에 새긴 뒤, 몇 명 안 되는 이 '다들'이 온 세상의 인간을 대표한다—이들은 당신이 일을 그르치기만 기다리며 앉아 있는 사람들을 대표한다—고 넘겨짚는 것이다.

마사는 우리가 뭔가 용감한 일을 한다면 '다들' 어떻게 생각할지를 걱정하기보다는, 믿을 수 있는 의견을 지닌 조언자들로 새로운 '다들', 즉 핵심 집단 inner circle을 만들라고 권한다.

나를 위한 새로운 '다들' 만들기

1. 지금 자신이 '다들'이라고 생각하는 사람들을 적어본다. '다들' 어떻게 생각할까 하는 걱정이 들 때, 당신이 누구의 판단이나 승인을 떠올리는지 그 이름을 모두 적어본다.

2. 당신이 본받고 싶은 자질을 그 사람들이 지니고 있는지 생각해 본다. 그들이 친절한가? 진실한 사람들인가? 자비로운가? 용감한가? 이 사람들을 판단하지는 말고, 당신이 그들의 의견을 정말로 가치 있게 생각하는지 스스로에게 물어본다.

3. 당신의 이상적인 '다들'을 골라본다. 어쩌면 지금의 '다들' 안에 들어 있는 사람들 중 일부는 당신이 그들의 조언을 존중하기 때문에 거기 들어 있을 수도 있다. 그렇다면 그들과의 관계를 지켜라! 그러나 이들이 당신의 성장을 돕기보다는 제한을 더 많이 한다면, 새로운 사람들로 '다들'을 선택할 수 있다. 좋은 소식은 당신이 이 사람들을 개인적으로 알 필요는 없다는 점이다. 지금 살아 있는 사람이 아니어도 된다. 이 사람들을 실제로 본 적이 있든 없든, 살았든 죽었든 그들의 지혜를 끌어다 쓸 수 있다. 이들은 당신을 사랑하고 지지해 주며 진심으로 당신이 잘되기를 바라는 가까운 사람들일 수도 있다. 영감을 주는 책의 저자일 수도 있고, 현재 살아있거나 이미 고인이 된 영적 교사일 수도 있으며, 심지어 천사나 신일 수도 있다. 아무 조건 없이 당신에게 힘을 주고 용기를 북돋아주는 사람 여섯 명을 골라본다.

4. 새로운 '다들'에게 정기적으로 조언을 구한다. 진정으로 도움이 되는 안내가 필요할 때마다, 명상을 하거나, 기도를 하거나, 글로 쓰

거나, 혹은 직접 만나서 조언을 구한다.

이 연습은 마사 베크의 책《길을 헤매다 만난 나의 북극성》을 바탕
으로, 내가 마사 베크, 에이미 알러스와 함께 진행하는 원격 강의
'당신의 소명을 찾으라Find Your Calling'에 있는 내용을 손본 것이다.

내게 꼭 맞는 멘토 찾기

변형의 여정에서 당신보다 적어도 몇 단계 앞서가고 있는 적절한
멘토를 찾는다면, 용기 키우기 과정에서 모든 것이 바뀔 수 있다. 당신
의 '다들'에 포함되어 있는 사람 중에 이런 멘토가 있을 수도 있다. 여
기서 중요한 점은, 두려움보다는 용기와 믿음에서 결정을 내리고 싶어
하는 당신의 일부를 확실히 북돋아줄 멘토를 찾는 것이다.

적절한 멘토를 찾기가 어려울 수도 있다. 당신이 걷는 여정의 각
단계마다 손을 잡고 이끌어줄 멘토를 한 사람도 찾지 못할 수 있다. 그
러나 기꺼이 내려놓고 믿고 따르려는 의지가 당신에게 있다면, 완벽한
시간에 완벽한 멘토가 바로 문 앞이나 이메일 편지함에 나타날 수도
있다. 그리고 한 사람의 멘토를 거치고 나면, 바로 그 자리에서 다음 멘
토가 손을 내밀고 있을지도 모른다.

다음과 같은 방식으로 당신에게 꼭 맞는 멘토를 찾을 수도 있다.

- 예배 장소에서 찾는다.
- 연장자를 통해서 찾는다.

- 믿을 수 있는 친구에게 영적 교사를 소개받는다.

- 교사들의 책이나 블로그, 인터넷 강의, 강연 또는 비디오를 접해본다. 개인적으로 모르는 교사도 괜찮다.

- 직관적 안내를 따른다. 트랜스퍼스널transpersonal 심리학(인간의 지각과 자아를 초월한 영역과의 상호 작용을 연구하는 심리학의 분야—옮긴이) 전문가, 영적 상담자, 치료사, 또는 코치 등 내담자와 일대일로 일하는 사람을 만난다.

- 믿을 수 있는 요가 교사, 명상 교사 혹은 영적 교사에게 부탁한다.

- 영적 공동체에 참여해서, 당신보다 몇 단계 앞서 걸으면서 기꺼이 당신을 돕겠다고 나서는 사람을 만난다.

- 중독 치료 12단계 프로그램에서 당신의 후원자를 맡은 사람이 당신의 멘토일 수도 있다.

- 운이 좋으면, 영적 교사 크레이그 해밀턴Craig Hamilton이 말하는 '진화적 관계evolutionary relationships'와 비슷한 관계를 찾을 수도 있다. 가짜 두려움을 넘어 최상위 자아에 일치하려는 공동의 열망에서, 설령 불편하고 힘들 수 있지만 사랑어린 방식으로 당신과 관계를 맺기로 한 연인이나 친구, 가족 또는 직장의 동료가 당신의 멘토일 수도 있다.

▶ 용기 키우기 연습 19
내게 꼭 맞는 멘토를 찾는 방법

1. 적절한 멘토가 나타나게 해달라고 요청한다. 제자가 준비되면 스승

이 나타난다는 말이 있다. 또 스승이 준비되어도 제자가 나타난다. 그런 만남은 저절로, 신성한 힘이 이끌려 이루어진다는 느낌이 들 수도 있겠지만, 안내를 요청하는 기도를 하는 것도 괜찮다. 멘토를 찾겠다는 의도를 명확하게 하고, 안내를 요청하는 기도를 한다. 결과에 집착하는 마음을 내려놓고, 자신에게 오는 안내에 주의를 기울인다.

2. 다른 이들에게 자신의 의도를 이야기한다. 당신이 믿는 사람들에게 여정에 도움을 줄 적절한 멘토를 찾고 있다고 말하고 소개를 부탁한다. 영적인 길을 가면서 영적 멘토의 도움을 많이 받은 사람을 알고 있다면, 그분이 당신의 멘토도 되어줄 수 있는지 알아보라. 소셜 미디어에 당신이 바라는 것을 공개하거나 믿을 만한 사람들에게 이메일을 보내 적절한 사람을 찾을 수도 있다. 공개적으로 당신이 바라는 것을 알리면 과정을 앞당길 수 있다.

3. 멘토는 어디에나 있을 수 있다. 당신의 멘토는 인정받는 영적 교사이거나 전문 상담가일 수도 있다. 혹은 잘 알려진 저자이거나 성직자일 수도 있다. 변형을 위한 워크숍을 열거나 영성 모임을 주관하는 사람일 수도 있다. 하지만 당신에게 알맞은 멘토가 당신의 기대와는 다른 사람일 수도 있다. 그러니 마음과 가슴을 항상 열어둘 필요가 있다. 당신의 멘토는 당신보다 젊은 사람일 수도 있고, 양로원의 할머니일 수도 있다. 공원 벤치의 노숙자가 지혜의 말을 쏟아낼 수도 있다. 직장 상사나 가정부가 당신의 멘토일 수도 있다. 그러니 좁은 시야로 멘토를 만날 기회를 제한하지 않기 바란다.

4. 내 본능과 몸을 믿는다. 적절한 사람을 만났을 때 '가슴이 철렁 내

려앉는' 느낌이 드는지 살펴본다. 말을 듣다가 소름이 돋는 사람
이 있으면 눈여겨보라. 몸은 그들이 진실을 말한다는 것을 알기
때문이다.

5. **과감해진다.** 당신의 영혼을 환하게 하는 사람을 만나거든 주저하
지 말고 당신을 이끌어줄 수 있는지 물어본다. 거절하더라도, 그
것을 당신의 문제로 받아들이지 말라. 어떤 대답이 돌아오든, 그
대답이 당신의 최상위 자아가 하는 말이라고 믿고, 하늘이 정한
시간에 딱 맞는 멘토가 나타나리라는 것을 명심한다.

언제라도 당신이 곧 자신의 멘토가 될 수 있다는 점을 잊지 않도
록 하라. 당신 안에는 지혜롭고 사랑 많고 통찰력 있는 '내면의 등불'
이라는 멘토가 있다. 다음에 무엇을 할지 불확실한가? '내면의 등불'
에게 물어보라. 당신의 이 한결같은 부분에 다가가는 법을 배우고 나
면, 결코 내면의 안내로부터 떨어질 필요가 없다는 점을 깨달을 것이
다. 이 근본적인 안내를 받고 해석하는 법은 3단계에서 자세히 이야
기할 것이다.

영혼의 공동체 찾기

특히 자신의 진실에 따라 살면 당신의 해묵은 '다들'이 비판할 거
라고 여기고 있다면, 당신이 살고자 하는 용기 있는 삶의 길에 이미 헌
신하고 있는 사람들의 집단과 가까이 하는 것이 매우 중요하다. 당신
의 영혼의 공동체는 당신을 끌어올리고, 책임감을 주고, 용기 있는 삶
에 전념케 하며, 또 당신이 어디쯤 와 있고 어디까지 성장할 수 있는지

거울처럼 비춰줄 것이다.

영혼의 공동체를 만날 수 있는 기회들

- 교회, 사찰, 사원이나 선원禪院 같은 신앙 공동체
- 명상, 직관 개발하기, '신성한 여성Divine Feminine'이나 '신성한 남성Divine Masculine'의 관념 같은 영적 관심사를 공유하는 수업
- 영성을 주제로 열리는 콘퍼런스
- 요가 수업
- 무아경 춤ecstatic dance 모임
- 자원 봉사 기관
- 남녀 단체
- 영성을 바탕으로 하는 피정 센터의 모임
- 명상 모임
- 영성 서적, 종교 서적이나 형이상학 서적을 파는 서점
- 중독 치료 12단계 프로그램
- 대학 동아리, 생각이 비슷한 학부모 모임 등 학교 중심의 집단
- 내가 이끄는 '전일건강의학 인스티튜트'의 프로그램이나 마사 베크의 인생 코칭 프로그램 같은 인증 프로그램
- 영성 개발 프로그램
- 페이스북 그룹
- 온라인 포럼
- 블로그 커뮤니티
- 드럼 동호회, 찬송 동호회, 합창단과 같은 음악 모임
- 영성 전문가 집단

- 성경이나 《기적 수업A Course in Miracles》처럼 성스러운 텍스트를 공부하는 스터디 그룹
- 영성 서적을 읽는 독서 모임
- 소울사이클SoulCycle(뉴욕에서 인기를 끌고 있는 스피닝 스튜디오—옮긴이)처럼 정신을 고양시켜 주는 운동 집단
- 부록 3 '함께할 부족을 만드는 7단계'에 나오는 앤 대빈Anne Davin 박사의 자신만의 영혼 집단을 만드는 비결을 참조한다.

봉사하기

용기를 키우려면 적절한 지지를 받는 것이 필요한데, 두려운 마음에서 자기에게만 집중하면 용기를 낼 수 있는 힘이 제한된다. 그러나 먼저 건강한 방식으로 자신의 욕구를 충족시켜야 순수한 마음으로 타인을 위한 봉사도 할 수 있다. 이는 의존의 한 형태인 '구원자 콤플렉스savior complex'에서가 아니라 모든 존재와의 결속감에서 나오는 봉사이다. 순수한 마음에서 타인에게 진실한 봉사를 베풀면 신경계가 이완되고, 두려움이 가라앉으며, 용기가 자라난다.

이것을 앤디 맥키Andy Mackie라는 남자가 잘 보여준다. 아홉 차례의 심장 수술을 받았으나 치료에 실패해 죽음의 문턱까지 간 그는 생명을 살리기 위해 의사가 처방한 약을 열다섯 가지나 먹고 있었다. 하지만 약물의 부작용으로 상황은 더 나빠졌다. 마침내 앤디는 약을 모두 끊고 그 대신 늘 하고 싶던 일을 하며 여생을 보내기로 용기 있는 결단을 내렸다. 의사는 앤디가 1년도 못 살 거라고 했지만, 그는 심장병 약을 살 돈으로 하모니카 300개를 사서 자신이 얻은 교훈과 함께 아이들

에게 나눠주기로 했다. 한 달 후에도 아직 살아있자 그는 하모니카 몇 백 개를 더 샀다. 13년이 지난 2012년, 앤디 맥키는 총 2만 개의 하모니카를 나눠주고 세상을 떠났다. '앤디 맥키 음악재단Andy Mackie Music Foundation'은 지금도 그의 비전을 실천하고 있다.

우리를 가장 용감하게 만드는 그 일은 때때로 우리 자신이 아닌 타인을 위해서 평소 두려워하던 일도 과감히 하게 만든다. 앤디 맥키는 약을 끊고 죽음의 두려움도 뛰어넘을 정도로 용기 있게 봉사에 임했다. 앤디는 자신의 죽음에 대한 두려움이 아니라 아이들에 대한 봉사에 초점을 맞췄고, 또 그렇게 하면서 건강이 좋아졌다. 두려움은 자신의 안위를 위해 행동하도록 부추기는 경향이 있는 만큼, 이처럼 우리가 타고난 사회적 성향을 잘 활용해서 두려움을 자신의 안위가 아닌 사회에 대한 봉사로 돌릴 수 있다면 좋을 것이다. 두려움은 실제로 이처럼 세상을 더 나은 곳으로 만들도록 동기를 부여할 수 있다.

크리스 길아보Chris Guillebeau는 그 두려운 9·11 사태를 계기로 봉사하는 삶을 살기로 결심하고 아프리카로 건너가 병원선을 타고 돌아다니며 사람들을 도왔다. 10년 후인 2011년, 크리스는 꿈을 가진 사람들이 세상에서 뜻을 펼칠 수 있도록 '월드 도미네이션 서밋World Domination Summit'을 만들고 첫 콘퍼런스를 열었다. 3만 달러 정도의 개인적 손실을 감수하고 연 콘퍼런스였다. 그러나 크리스는 이 행사에 경제적 손실을 본 것이 아무렇지도 않았다. 봉사를 위한 행동이었기 때문이다. 이듬해, 크리스가 첫 번째 콘퍼런스에서 손실을 입었다는 이야기를 들은 한 기부가가 다음 콘퍼런스에 자금을 대겠다는 제안을 해왔다. 수완 좋은 사업가인 크리스는 이미 다음해에 어떻게 하면 적자를 면하는 것은 물론이고 수익까지 낼 수 있는지 다 헤아리고 있었다. 행사 수익과 익명의 거액 기부금으로 크리스는 2011년에 입은 손실을 채웠을 뿐 아니라 앞으로의 콘퍼런스를 위해 일부를 저축할 수도 있었다. 그러나 크리스는 뭔가 놀라운 일을 하기로 했다.

10만 달러의 기부금을 콘퍼런스 참석자의 수(1,000명)로 나누니 1인당 정확히 100달러가 나왔다.《100달러로 세상에 뛰어들어라_The $100 Startup_》(한국어판 제목)라는 책을 쓴 지 얼마 안 되었던 크리스에게 좋은 생각이 떠올랐다. 나도 참석했던 그 콘퍼런스 막바지에 우리는 봉투를 하나씩 받았다. 안에는 빳빳한 100달러짜리 지폐가 한 장씩 들어 있었다. 봉투에는 "100달러의 투자"라는 제목 아래 "이 기금을 좋은 일에 쓰시길 바랍니다. 프로젝트를 시작해서 누군가를 놀라게 할 수도 있고 전혀 다른 일을 할 수도 있겠죠. 그것은 여러분에게 달려 있습니다"라는 글귀가 적혀 있었다.

나는 이 100달러를 어떻게 쓸지 궁리하느라 며칠을 보냈다. 그러다 내 블로그 독자들에게 세상을 더 좋은 곳으로 만들기 위해 자신이라면 이 100달러를 어떻게 쓰겠는지 좋은 생각을 나누어달라는 글을 올리기로 했다. 아이디어가 가장 참신한 독자를 골라 그 돈을 기부할 참이었다. 세상을 바꾸는 데 100달러로 무엇을 할지 수백 명의 독자들이 아이디어를 보내왔다. 어떤 사람들은 다른 독자들이 내놓은 아이디어에 고무되어 자기 돈 100달러를 그들에게 기부하겠다고 했다. 일이 커지기 시작했다. 결국 독자들은 세상을 바꿀 좋은 아이디어들에 총 수천 달러를 투자했다. 나는 일이 펼쳐지는 상황을 지켜보며, 얼굴도 모르면서 그토록 헌신적으로 돕고자 하는 사람들의 너그러운 마음에 감동의 눈물을 흘렸다.

그래서 이제 당신만의 용기를 내보는 훈련으로 다음과 같은 용기 키우기 연습을 제안한다. 당신은 자신보다 더 큰 일에 투자할 수 있는 100달러를 갖고 있는가?

▶용기 키우기 연습 20
100달러의 투자

1. 누군가 당신에게 100달러를 주면서 세상을 더 좋은 곳으로 만들라고 하면, 당신은 그 돈으로 무엇을 할 것인가?
2. 계획을 행동으로 옮기는 데 당신의 돈 100달러를 더 내놓을 수 있는가? 그렇게 할 만큼 용기가 있는가?
3. 내놓을 100달러가 없다면, 100달러를 모을 좋은 방법을 생각해 낼 수 있는가? 당신에게 돈을 선뜻 내놓을 사람들이 있는가?
4. 다른 누군가에게 100달러로 세상을 바꿔보라고 할 수 있는가? 그들이 이 도전을 기꺼이 받아들일까? 여력이 있는 사람들이 모두 세상을 더 좋은 곳으로 만드는 데 100달러를 투자한다면 어떤 일이 일어날지 상상해 보라.

3단계: 직관―직관을 신뢰하는 법을 배워서
진짜 두려움과 가짜 두려움을 분간하기

진짜 두려움과 가짜 두려움을 구분할 수 있다면, 즉각적인 행동이 필요한 진짜 두려움에는 본능이 경고를 해준다고 믿을 것이다. 그러므로 가짜 두려움들을 의심하고 들여다보면서, 그것들이 당신의 결정을 좌우하도록 하지 않고 당신의 성장을 돕도록 할 수 있는 것이다. 이렇게 하면 할수록 용기를 더 많이 키울 수 있다. 편도체가 초긴장 상태에 있으면서 날마다 50번씩 스트레스 반응을 일으킨다면, 용기 있는 선택을 내리기는 어려울 것이다. 용기는 신경계가 평온할 때 더 내기 쉽다.

진짜 두려움과 가짜 두려움을 구분하려면 직관의 목소리로 말하고 몸을 통해 신호를 보내는 '내면의 등불'을 믿어야 한다. 본래 우리는 직관에 귀를 기울이게 되어 있지만, 우리의 문화는 그것을 대수롭지 않게 여긴다. 직관을 비웃고, 무시하고, 앞에서 말했던 헐렁한 하와이풍 드레스를 걸치고 수정구를 쓰는 영매들이나 믿는 것이라며 폄하해 버린다. 그리고 많은 사람들이 진정으로 몸과 하나 된 삶을 살지 않는다. 우리는 그저 몸을 겉돌며 살 뿐이다. 머리에 사로잡혀서 몸이 보내는 신호들에 무감각해진 나머지 이 내면의 나침반은 무시해 버린다.

진짜 두려움과 가짜 두려움을 분간하기

3장에서 보았듯이, 진짜 두려움과 가짜 두려움을 분간하는 가장 쉬운 방법은 누군가가 지금 위험에 처해 있는지 아닌지를 알아보는 것이다. 맹수가 당신을 쫓아오는가? 해변에서 누가 물에 빠져 죽을 것 같은가? 아이가 다치거나 죽을 위험에 놓여 있는가? 자신이나 사랑하는 사람이 며칠째 굶고 있는가? 당신이 몇 분 안에 죽을 것 같은가? 이것들은 다 틀림없는 진짜 두려움이다. 진짜 두려움은 '행동'하게 한다. 그것은 이렇게 말하는 목소리다. "어떻게 좀 해, 당장!" 이런 상황에서는 몸이 당신과 주위 사람들을 보호하는 데 필요한 적절한 스트레스 반응을 일으킨다. 행동할지 말지 생각할 필요가 없다. 그냥 한다. 아기가 수영장 안으로 떨어지는 모습을 보거나, 누군가 총에 맞는 모습을 보거나, 어머니가 뒷방에서 공포로 비명을 지른다면, 당신은 생각할 필요도 없이 뭔가를 할 것이다.

그러나 진짜 두려움이 늘 이렇게 상투적인 모습으로 나타나는 것은 아니다. 훨씬 미묘하고 혼란스러운 형태로 나타나는 때가 많다. 진짜 두려움은 "내 아이가 저 사람 집에서 밤을 보내게 하지 않을 거야"라고 말하는 직관적 인식의 형태로 나타날 수도 있다. 꿈, 내면의 목소리, 또는 뭔가 좋지 않은 일이 일어날 것 같은 육감의 형태로 나타날 수도 있다. 이런 직관적 인식의 예들이 당장 눈앞에 와 있는 위협을 반영하지 않더라도, 이에 수반된 두려움은 진짜 두려움일 수 있다. 그리고 이것들이 진짜 위험에서 보호하는 쪽으로 당신의 행동을 이끌 수 있다. 낯선 사람과 어떤 방에 들어가는데, 그 사람이 더없이 우호적으로 보이는데도 어서 거기서 벗어나고 싶은 충동을 느낄 수 있다. 아니면 자동차 사고가 나는 꿈을 꾼 다음날 차를 몰고 나갈 때 특별히 더 주의할 수도 있다. 방사선 전문의인 래리 버크Larry Burk는 꿈에서 경고 메시지를 들은 뒤 유방암 진단을 받고 치료한 환자들의 이야기를 모으고 있다. 부모의 직관 덕분에 아이들이 안전하게 보호받았다는 이야기도 셀 수 없이 많은데, 이런 이야기에서 알 수 있는 것은 우리가 사랑하는 사람들과 관련해서 이런 형태의 진짜 두려움이 특히 더 강하게 나타난다는 것이다.

'직관intuition'이라는 단어의 어근은 '지키다, 보호하다'라는 뜻의

'tuere'이다. 직관은 우리만이 아니라 다른 사람들도 보호한다. 의사로 일할 때 내 직관도 환자들을 수도 없이 지켜주었다. 경찰이나 군인에게서도 같은 이야기를 들을 수 있을 것이다. 진짜 두려움에 주의를 기울이는 것이 그토록 중요한 이유가 여기에 있다.

하지만 주의를 기울일 두려움과 무시해야 할 두려움을 어떻게 알까? 가빈 드 베커Gavin de Becker의 지혜가 유용하게 쓰이는 곳이 바로 여기다. 《두려움이라는 선물The Gift of Fear》의 저자인 드 베커는 정부와 법 집행 기관들, 그리고 대중 매체의 유명 인사들에게 폭력의 위협을 면밀히 분석하는 법을 가르치는 자문 회사를 운영하는 사람이다. 베커는 폭력 범죄의 희생자들이 거의 대부분 범인으로부터 폭행을 당하기 직전 뭔가 두려움을 느꼈지만 터무니없다는 생각에 그 느낌을 무시했다는 사실을 알게 되었다. 그들의 이성 마음이 이해할 수 있는 바로는 그 두려움에는 근거가 없었다. 폭력을 휘두르기 전, 그 범죄자는 점잖아 보이고 뭔가 도움도 주는 등 안전한 사람 같아 보였다. 그렇지만 고도로 민감하고 정확한 내부 경고 시스템은 그때 이미 희생자들에게 경고를 하고 있었다.

드 베커가 지적하는 것처럼, 생명이 위험한 순간 우리의 육감(직관)은 언제나 머리(이성)를 이긴다. 그는 이렇게 말한다. "우리는 이성적인 생각이 어떻게든 더 낫다고 여기지만, 사실 논리를 거북이 걸음이라고 하면 직관은 날아오르는 비행기와 같다. 자연이 이뤄낸 최고의 성취라 할 인간의 뇌는 자신의 주인이 위험에 처해 있을 때보다 더 효율성이나 집중력을 보이는 때도 없다. 그때 직관은 완전히 다른 수준으로 날아오른다. 정확히 말하자면 우아한, 아니 기적과도 같은 수준으로 비약하는 것이다. 직관은 중간에 멈춤 없이 처음에서 끝으로 곧바로 가는 여정이다. 이유는 모르지만 그냥 아는 것이다…… 직관은 늘 정보를 모으고 있으며, 더러 덜 급박한데도 경고 신호를 보내기도 하지만, 직관이 당신에게 보내는 모든 메시지는 의미가 있다. 걱정과는 달리 직관은 당신의 시간을 허비하지 않는다. 직관은 당신의 주의를 끌기 위해 메신저를 보내기도 하는데, 이 메신저들은 사안의 긴급성에 따라 달라지므로 우선순위를 아는 것이 좋다."

드 베커의 설명에 따르면, 직관은 긴급한 순서대로 우리에게 말을 하는데, 그 긴급성의 피라미드 꼭대기에는 두려움이 있고 그 아래로 불안, 강한 의혹, 긴가민가함, 의구심, 육감, 예감, 호기심이 따라온다. 어떤 느낌이 끈질기게 들고, 같은 생각이 자꾸 떠오르고, 몸에 어떤 감각이 느껴지고, 의아한 생각이 들고, 불안하고, 어떤 때는 냉소적인 유머가 문득 떠오르기도 한다. 드 베커는 "이런 신호가 올 때 열린 마음으로 그것들을 생각한다면, 자신과 대화하는 방법을 배우게 될 것"이라고 말한다.

직관이 말하는 법

진짜 두려움과 가짜 두려움을 분간하려면 직관이 어떤 식으로 나타나는지 알아보는 법을 배워야 한다. 이 책을 준비하면서 나는 직관적 예감으로 자신이나 다른 누군가를 지켜낸 적이 있는 사람들을 많이 만났다. 6장에서 소개한 사례들도 그런 사람들이다. 그들에게 어떻게 그런 예감에 주의를 기울이게 되었는지, 그리고 이런 예감이 편집증적인 망상이 아니란 걸 어떻게 알았는지 묻자, 대부분은 그런 예감이 들었을 때 실제로 두려운 느낌은 들지 않았다고 말했다. 어떤 예감이 마음에 두려운 이미지로 나타나기도 했을 테지만, 그들은 대개 공포감이 아니라 깊은 평온함으로 그것에 반응했다. 사실 직관을 제대로 개발한 사람들은, 직관적인 느낌이 진짜인지 아닌지 분간하는 데 크게 도움이 된 것이 바로 이 내면의 고요함이었다고 말한다. 몸을 통해서 이것을 알아차린다는 사람들도 있다. 두려움은 흔히 태양신경총이 있는 명치 아래쪽을 옥죄는 느낌으로 오지만, 직관은 대개 내면이 환히 트이는 느낌이나 이완되는 느낌으로 온다. 당신의 직관은 몸을 통해 어떤 방식으로 말을 걸어오는가?

▶ 용기 키우기 연습 21
몸의 느낌으로 진짜 두려움과 가짜 두려움 분간하기

1. 진짜 두려움인지 가짜 두려움인지 판단하기 어려운 두려운 생각 하나를 떠올려본다. 그 두려움은 당신을 보호하려는 본능처럼 느껴질 수 있지만, 한갓 불안이나 편집증적인 망상이 아니라는 확신까지는 들지 않는다.

2. 그 두려운 생각을 몸이 정말로 느끼게 한다. 마음으로 생각하기만 하지 마라. 그것을 몸으로 느끼고, 당신 안으로 스며들도록 하라.

3. 그 두려운 생각에 몸이 어떤 반응을 보이는지 지켜본다. 공포를 느끼는가, 평온함을 느끼는가? 심장이 두방망이질하는가, 차분한가? 숨이 가빠지는가, 느려지는가? 명치 아래쪽이 긴장된 느낌인가, 이완된 느낌인가? 어느 부위에서건 통증이 느껴지는가, 아니면 몸이 열리는 느낌인가? 당신에게 필요한 어떤 메시지가 있는

지 몸에게 물어보라. 몸에 어떤 느낌이 드는지 특별히 주의한다.

4. 몸을 이완시켜 지금 이 시간으로 데려온다. 명상, EFT(Emotional Freedom Techniques. 동양의 경락 이론을 바탕으로 한 심리 치료법으로, 신체 에너지 시스템의 혼란으로 부정적 감정이 생긴다고 보고 특정 타점(경혈)을 두드림으로써 치유하는 기법—옮긴이), 요가, 심호흡 등 자신에게 효과가 있는 기법이라면 무엇이건 사용하면 된다.

5. 이렇게 깊이 이완된 상태로 지금 순간에 머물러 있는 채로, 그 두려운 생각의 본질을 느껴본다. 평온하고 긴장이 풀리고 지금 순간에 머물러 있는 상태에서도 여전히 그 생각이 떠오르는가? 그 생각을 하면 지금도 걱정되고 불안하고 두려운가? 아니면 몸이 이완되고 마음이 지금 순간에 편안히 머무는 사이 그 생각이 힘을 잃고 있는가? 지금 순간에 고요히 머무는 상태에서 그 두려운 생각이 누그러진다면, 그것은 무시해도 좋은 가짜 두려움일 가능성이 크다. 고요한 상태에서도 그 생각이 여전히 강력하고 마치 실제 벌어지는 것처럼 느껴진다면, 그것은 마땅히 주의를 기울여야 할 보호의 메시지를 당신의 직관이 보내는 것일 가능성이 더 크다.

직관의 목소리 키우기

직관에 훨씬 자연스럽게 다가가는 사람도 있고 그렇지 않은 사람도 있지만, 이 직관 능력은 누구에게나 있다. 어린 시절 소아 학대나 성적 학대 같은 트라우마를 경험한 아이들은 위험에서 자신을 지키는 한 방법으로 직관력을 키우기도 한다. 안전하다는 느낌 속에 자란 아이들에게는 필요치 않은 능력이겠지만, 이 아이들은 안전을 위해 자연스레 직관력을 키우며 자랄 수 있다. 어떤 아이들은 높은 직관력을 가지고 태어나 아무에게도 '좋지 않은 것'이라는 제지를 받지 않고 직관력을 키울 수도 있다. 그러나 어떤 아이들은 자신의 직관력을 의심했을 수 있다. 어쩌면 이 아이들이 아주 예민한 직관력을 가졌음을 보이는 증거를 대면 부모들이 '웃기는' 것이라거나 '꾸며낸' 것이라고 말했을 것이다. 안전감을 느끼지 못하는 이런 아이들은 '이성적인' 사람이 되려고 노력하면서 직관력을 깊이 묻어버릴 수 있는데, 그러면 직관에 다가가기가 더 어려워진다.

하지만 좋은 소식이 있다. 용기와 낙관주의처럼 직관도 기를 수 있는 것이다. 내면에서 속삭이는 이 목소리의 볼륨을 키울 수 있는 몇 가지 팁이 있으니 한번 따라해 보기 바란다.

직관력을 강하게 하는 법

- **명상을 한다.** 직관에서 오는 메시지들은 보통 조용하게 오므로, 고요하게 시간을 보내는 것은 이 메시지들을 듣고 해석하는 데 도움이 된다.
- **감각 인식 능력을 키운다.** 오감으로 할 수 있는 한 모든 것을 알아차리는 데서 시작한다. 그렇게 하면 육감이 더욱 민감해질 수 있다.
- **꿈에 주의를 기울인다.** 이성 마음이 활발히 움직일 때는 직관적인 우뇌와 이러한 직관의 원천인 잠재의식적 마음이 억제될 수 있다. 그러나 잠이 들면 이성 마음이 쉬면서 잠재의식적 마음이

꿈을 통해 신호를 보낼 수 있는 공간이 열린다.

- **창조적인 활동을 한다.** 그림, 스크랩북 만들기, 또는 마음이 흐르는 대로 글쓰기 같은 창조적 활동은 이성 마음을 잠잠하게 하고 직관의 목소리를 높여준다.

- **오라클 카드를 이용한다.** 타로 카드 사용법을 배우거나, 도린 버츄Doreen Virtue의 '가디스 가이던스 오라클 카드Goddess Guidance Oracle Cards' 같은 오라클 카드를 배워본다.

- **예감을 시험해 본다.** 어떤 말이 경주에서 이길지 느낌이 오는가? 일기예보에는 다르게 나오지만 내일 비가 올 거라는 느낌이 드는가? 절친에게 새 남자 친구가 생긴 것이 좋지만은 않은 소식이라는 것을 그냥 아는가? 이처럼 미래에 어떤 일이 일어날지 느낌이 오거든, 그 예감을 적어놓고 나중에 확인해 보자. 얼마나 자주 맞히는지를 보라.

- **몸이라는 나침반을 따른다.** 직관은 몸을 통해 이야기하므로, 몸에 대한 인식력을 키우면 키울수록 직관에 더 민감해진다. 어떤 결정을 내리려 할 때 몸에 불편한 느낌이 든다면 주의 깊게 살펴보라. 가벼운 느낌인가, 무거운 느낌인가? 뱃속이 메스꺼운가? 머리가 아프거나 설사를 하는가? 그것은 가짜 두려움이 일으킨 스트레스 반응의 결과일 수도 있지만, 우렁차고 분명하게 울리는 당신의 직관일 수도 있다.

- **늘 하던 일상의 일에서 벗어난다.** 떠나라. 속도를 늦춰라. 피정을 가거나, 안식년을 갖거나, 아니면 새로운 환경에서 아무 계획 없이 하루라도 보내본다. 너무 바쁘면 직관의 나지막한 목소리에 민감해지기가 힘들다. 일정을 비우고 당신의 직관이 말하기 시작하는지 보라.

- 자연에서 시간을 보낸다. 현대 문명과 이성 마음의 유혹들에서 벗어나 자연 속에 있으면, 하나의 종으로서 우리가 밖에 살면서 필요했던, 곧 자연 재해나 맹수 등 진짜 두려움을 주는 위험 요소들로부터 안전해지기 위해 의지했던 직관을 활짝 열 수 있다.

- 과거로부터 배운다. 과거에 경험한 안 좋았던 일을 하나 떠올려본다. 아주 최근에 있었던 일일수록 좋다. 이 일이 일어나기 전, 그 일로부터 피하고 싶다는 충동을 느끼지는 않았는지 생각해 본다. 뭔가 좋지 않다는 육감이 들었을지도 모른다. 그런 조짐을 보여주는 꿈을 꾸거나 환상을 보았을 수도 있다. 만일 그랬다면, 그 느낌이나 꿈, 환상에 주의를 기울였는가, 아니면 그냥 모른 척 했는가? 정확히 어떤 느낌이었는지 기억해 보라. 당신에게 경고하려 했던 당신의 일부와 접촉하면 할수록, 다음에는 그것을 더 많이 신뢰하게 될 것이다.

- 생각하지 말고, 그냥 느낀다. 마음은 생각한다. 마치 정신 나간 사람처럼 시도 때도 없이 재잘거리고 혼자서 옥신각신한다. 반면에 직관은 느낀다. 자신이 두려운 마음에 귀 기울이고 있는지 아니면 믿을 만한 직관에 귀 기울이고 있는지가 확실하지 않다면, 지금 생각을 하고 있는지 아니면 느끼고 있는지를 살펴본다.

- 반복적인 움직임에 몰두한다. 달리고, 춤추고, 당근을 깨물어 먹고, 피아노를 치고, 그림을 그린다. 이런 육체 활동은 이성 마음을 잠잠하게 하고 직관을 열어준다.

- 자신이 소중히 여기는 가치에 맞춰 행동한다. 마음은 당신을 진실성에서 멀어지게 할 수 있지만, 직관은 절대로 그러는 법이 없다. 자신이 소중히 여기는 가치들을 배신할 때 드는 느낌에 익숙해져 보라. 직관의 느낌과는 어떻게 다른지 알 것이다. 당신의 가

치들에 꼭 맞게 행동할 때 어떤 느낌이 드는지 익혀두면, 당신의 직관을 더욱 뚜렷이 감지하게 될 것이다.

• 다른 사람에 대해 알기 전에 그 사람을 감지해 보는 연습을 한다. 처음 본 사람과 이야기를 나누기 전에, 혹은 다른 사람들을 통해 그 사람에 대한 것을 알기 전에, 그냥 지켜보면서 그 사람이 풍기는 에너지를 느껴본다. 그렇게 해서 어떤 정보를 얻을 수 있는지 살펴본다. 주의를 기울이면 기울일수록, 이성 마음으로는 도저히 알 수 없는 것들을 당신이 이미 알고 있다는 걸 더 많이 깨닫게 될 것이다.

• 직관을 개발하는 방법에 관한 책을 읽는다. 소니아 쵸킷Sonia Choquette의 《느낌을 믿어라 *Trust Your Vibes*》, 샥티 거웨인Shakti Gawain의 《직관형 인간 *Developing Intuition*》(한국어판 제목)이나 캐롤라인 메이스Caroline Myss의 《천상의 계약 *Sacred Contracts*》을 읽어본다.

• 직관을 훈련한다. 정식 교육 과정이나 온라인 프로그램에서도 직관을 공부할 수 있다. '직관의학대학Academy of Intuition Medicine', '영성개발재단Foundation for Spiritual Development', 지나이 레인Jenai Lane의 '영성 코치Spirit Coach' 교육 프로그램 등이 있다.

• 저항을 내려놓는다. 직관적인 예감이 들 때 미친 생각이라면서 고개를 젓지 말자. 이성 마음은 직관을 믿기는커녕 직관과 다툼도 자주 벌인다. 그런 식으로 당신은 생명을 살릴 수도 있는 직관적 인식을 외면하는 자신을 합리화하기도 한다.

내면의 등불 초대하기

내가 '내면의 등불Inner Pilot Light'이라 부르는 당신의 일부, 즉 용기를 키우는 이 여정을 처음부터 내내 이끌고 있는 당신의 안내자가 직관을 통해 이야기하고 있다는 것을 이젠 알 것이다. 그러므로 진짜 두려움과 가짜 두려움을 분간하는 강력한 방법 하나는 당신의 이 부분과 관계를 긴밀히 하는 것이다. '내면의 등불'과 소통하는 데 어려움이 있다면, 다음의 연습을 따라하면서 친분을 맺어보자.

- 고요해진다. 주위가 시끄럽고 마음이 부산할 때는 '내면의 등불'의 목소리를 듣기가 거의 불가능하다. 명상을 하면서 '내면의 등불'에게 오늘 나를 위한 지혜가 있으면 알게 해달라고 부탁하라.
- '오늘의 한마디Daily Flame'를 받아본다. 날마다 받아보는 이 메시지는 '내면의 등불'이 당신의 '작은 나'에게 보내는 러브 레터이다. InnnerPilotLight.com에 등록하면 날마다 받아볼 수 있다. 아니면 스스로 써보라!
- '내면의 등불'이 당신의 상처 입은 내면 아이에게 편지를 쓰게 한다. 어릴 적 몹시 힘들었던 때, 가슴에 상처를 입거나 외롭고 무섭고 화나고 절망스러웠던 때를 생각해 보라. 상처 입은 내면 아이에게 '내면의 등불'이 사랑과 안내를 보내게 하자.
- '내면의 등불'과 하이킹을 간다. 처음부터 열린 마음으로 '내면의 등불'이 안내하는 대로 따라가라. 그런 다음 주의를 기울이고, 알아차리고, 귀를 기울여라.
- '내면의 등불'을 당신의 꿈에 초대한다. 당신이 꿈을 꿀 때 '내면의 등

불'이 이야기할 수 있도록 하고, 깨어나 꿈을 해석할 때도 도움을 줄 수 있도록 하라.

- '내면의 등불'을 상상해서 그려본다. 당신의 '내면의 등불'은 어떻게 생겼을까? 당신의 가장 창조적인 자아가 나서서 그려보도록 하라. 연필, 마커, 크레파스, 물감, 어떤 것이라도 좋다.

- '내면의 등불'에게 당신의 비전 보드vision board를 만들게 한다. 잡지에서 글귀와 사진을 오려 종이에 붙인다. '내면의 등불'이 어떤 것을 고르건 의문을 갖지 않는다.

- '내면의 등불'이 당신을 위한 만트라나 긍정의 문구를 고르게 한다. "어디로 가는지는 몰라도 나는 옳은 길을 가고 있다" "가짜 두려움을 놓아버려도 안전하다" "나는 이미 충분하다" 같은 글을 고르도록 한다.

- '내면의 등불' 독서 목록을 만든다. 당신의 '내면의 등불'을 밝히는 책들은 어떤 것들인가?

- '내면의 등불' 친구 목록을 만든다. 당신의 '내면의 등불'을 기쁘게 하는 친구들은 누구인가?

- '내면의 등불' 장소 목록을 만든다. '내면의 등불'의 불꽃을 돋우는 장소들은 어디인가?

- '내면의 등불' 재생 목록을 만든다. '내면의 등불'에게 활기를 주는 음악은 어떤 것들인가?

- '내면의 등불' 옷을 고른다. 만일 '내면의 등불'이 당신에게 옷을 골라줄 수 있다면 어떤 조언을 해줄까? '내면의 등불'이 가장 좋아하는 색깔은 무슨 색인가? 빛을 발산하는 듯한 느낌을 주는 옷

을 적어도 한 벌 골라보자.

- 유도 명상을 하면서 '내면의 등불'을 만난다. 당신 내면의 지혜로운 멘토를 만나는 과정을 안내하는 나의 유도 명상을 들으려면, TheFearCureBook.com에서 '용기 처방전 키트Prescription for Courage Kit'를 다운받자.

'내면의 등불'에게 당신의 '작은 나'와 툭 터놓고 대화를 해보라고 요청할 수도 있다. 나는 이런 대화를 자주 한다. 두려움이란 나를 지켜주고자 하는 나의 일부라는 점을 인식함으로써, 나는 두려움과 연민어린 마음으로 토론할 수 있다. 그렇게 하다 보면 두려움은 힘이 살짝 빠진다. 또한 그 두려움을 들여다보면서 성장을 위해 관심이 필요한 부분이 어딘지도 찾을 수 있다. 예를 들어 내가 좋아하는 어떤 사람과 자칫 상처를 받고 끝날 수도 있는 대화를 나누기가 두렵다면, '작은 나'와의 대화는 이런 식으로 진행될 수도 있다.

작은 나 그런 말을 하면 안 돼. 그 남자는 네가 '부담스럽다고' 생각할 거고, 소리를 지르며 냅다 달아나 버릴 거야. 다른 남자들도 다 그랬잖아?

내면의 등불 뭐, 그럴 수도 있겠지만, 혹시라도 그렇게 되면 이 관계가 얼마나 끈끈한지 확인해 볼 좋은 기회가 되겠지. 달리 생각해 보자. 네가 만일 솔직한 감정을 표현하면, 그 사람은 네 감정을 더 잘 이해하고 너를 더 신경 쓰면서 만나려고 할 거야.

작은 나 그래, 맞아. 다른 별에서나 말이지. 그런데 여기서는 네가 연약해지면 남자들이 어떻게 반응하는지 알잖아. 걔네는 널 약하고 의존적인 사람으로 봐. 그러면 기겁을 하면서 가버릴 거고, 네 겐 상처만 남아. 그러니까 넌 그런 생각일랑 혼자만 갖고 있어야 한다는 걸 지금쯤이면 배워야 했어.

내면의 등불 그래, 어쩌면 넌 약하고 의존적일지도 몰라. 혼자서 하라고 하면 나 몰라라 하는 경향이 있어. 하지만 내가 있잖아. 게다가 그 사람은 우리의 연약한 모습을 늘 다정하게 받아주었고. 우린 이 사람 마음에 들었고, 우리도 그가 마음에 들어. 우리가 연약한 모습을 보였던 일들을 다 생각해 봐. 그 사람은 우리의 그런 모습을 다정하게 받아주었지 달아나지 않았잖아. 우리가 진실을 말하면 정말로 그가 우릴 거부할 거라고 생각하는 거야? 과거에 그런 일이 있었다 해도, 다시 또 그러리라는 법은 없잖아. 또 하나, 우리의 가치를 기억해 봐. 우리 마음에 드는 사람들에게 진실을 말하는 것이 우리에게 가장 소중한 가치잖아. 상처를 받을까봐 두렵다는 이유로 우리의 가치를 희생시키지는 말자. 네 감정이 어떤지 내가 그 사람한테 말할게. 최악의 경우, 그가 우리를 거부할 거고, 설사 그렇다 하더라도 네겐 항상 내가 있을 거야. 난 널 절대로 버리지 않아. 그리고 최선의 경우, 그 남자는 우리의 연약한 면을 따뜻하게 보살펴줄 수 있다는 걸 보여주었으니까 우리는 더 큰 믿음을 나누고 더 가까워질 거야. 설령 네가 상처를 입는다 해도, 용기를 냈다는 데 의미를 두면 돼. 그리고 자신의 감정을 표현하는 것은 용기 있는 일이야.

두려움과 직접 대화하면서 '내면의 등불'의 목소리를 불러내는 또한 가지 방법은 두려움과 '내면의 등불' 사이에 주고받는 편지를 쓰는 것이다. 위의 '작은 나'와의 대화에서처럼, 이것은 두려움이 단지 당신 안에 있는 하나의 목소리일 뿐임을 깨닫는 데 필요한 거리를 만들어준다. 두려움이 당신의 성장을 북돋고 치유가 필요한 곳을 알려주는 역할을 잘할 수 있도록 하는 데 매우 유용한 방법이다.

리즈에게,

우리가 남들에게 우리 인생을 쥐고 흔들게 하면 어떻게 되는지 기억 안 나? 안전하지가 않았잖아. 엄마는 언제라도 집을 나갈 것처럼 굴고, 아빠는 항상 술을 마셨고. 넌 날이면 날마다 두들겨 맞았잖아. 결국 우리는 처음에 할머니랑 살다가, 나중에는 위탁 가정들을 떠돌았지. 내가 오로지 널 지켜주려고 애쓰고만 있는 게 안 보여? 내 말을 듣지 않으면 순식간에 아수라장이 되고 말 거야. 난 네가 걱정돼. 네가 안전하기만 바랄 뿐이야. 내 말을 들어. 다른 사람은 아무도 못 믿어도 난 믿을 수 있잖아. 내가 돌봐줄게. 난 늘 널 위해서 여기 있어. 넌 내가 필요해.

　　　　　　　　　　　　　　　　　—너를 사랑하고 지켜주는

　　　　　　　　　　　　　　　　　　　　두려움이

이제 '내면의 등불'이 화답한다.

두려움에게,

당연히 듣고 있어. 지난 세월 우리를 돌봐줘서 고마워. 네가 우릴 지켜주지 않았으면 아마 살아남지 못했을 거야. 네가 그때 우릴 구했지. 하지만 이젠 달라. 난 다 자랐어. 내가 널 돌볼 수 있어. 더 이상 두려워하지 않아도 돼. 넌 안전해. 내가 그렇게 해줄게. 날 믿어도 아무 일 없을 거야. 정말로 내게 맡겨줄 수 있다면, 네가 원하는 모든 게 갑자기 다 가능해질 거야. 사랑도 더 크게 하고, 꿈도 더 크게 꾸고, 위험도 더 크게 감수할 수 있어. 하지만 네가 함께하지 않으면 난 그렇게 할 수 없어. 난 널 떠나지 않아. 네가 나와 함께하길 바라지만, 난 네가 내려놓고 날 믿어줬음 좋겠어. 지금 당장 내려놓을 수 있어. 안전해. 리즈, 넌 안전해. 우린 안전해. 다 잘될 거야.

—감사를 전하며
'내면의 등불'이

우리가 두려움에게 저항하려고 하면 할수록 두려움은 더 목소리를 높이고 더 무서워한다. 그러나 우리가 두려움과 친구가 되면 두려움은 잠잠해진다. 두려움에게 왜 여기 있는지 물어보라. 어떻게 당신을 도우겠다는 것인지 설명해 보게 하라. 두려움이 어디서 나오는지 귀 기울여 들어보라. 과거에 상처를 받았기에 이제는 더 이상 상처받지 않도록 당신을 지키려 하는 당신의 그 부분을 존중하라. 두려움을 판단하지 마라. 두려움에게 화를 내지 마라. 두려움을 잠재우려 애쓰지 마라. 소용없는 일이다. 그보다 '내면의 등불'이 연민의 마음으로 두려움을 대하게 하라. 사랑하라. 조급해하지 마라. 자신을 없애려 하지 않는다는 것을 두려움이 알게 하라. 당신은 그저 두려움에게 더 이상 운전대를 맡기고 싶지 않은 것뿐이다. 용기를 내 두려움이 당신을 치료하게 하라.

다음은 두려움과 '내면의 등불'이 대화를 주고받는 연습이다.

▶ 용기 키우기 연습 22

내면의 등불이 쓰는 편지

1. 눈을 감고 호흡에 집중하면서 마음을 고요하게 한다.

2. 두려움을 불러서 당신에게 편지를 쓰게 한다. "너에게"로 시작해서 "사랑으로, 두려움이"로 끝맺는다. 이상하다며 지우거나 하지 않는다. 두려움을 최대한 무서워하고, 투덜대고, 심술궂고, 유치하고, 나약한 모습으로 설정한다.

3. 이제 '내면의 등불'의 존재를 느낀다. 지혜롭고 사랑 많은 이 내면의 멘토를 느껴본다. 그가 당신을 보살피게 한다. 당신의 최상위 자아인 그에게 당신을 내어맡긴다.

4. 두려움에게 답장을 쓰도록 '내면의 등불'에게 부탁한다. "두려움에게"로 시작해서 "사랑으로, 내면의 등불이"로 끝맺는다. 당신의 이 부분과 일치되어 살 수 있다면, 당신은 '내면의 등불'로부터 받는 안내를 전적으로 믿을 수 있다. 그러나 속지는 마라! 두려움에 떠는 '작은 나'가 당신이 믿기 시작한 내면의 목소리를 가로채려고 덤빌 수 있다. '작은 나'는 지혜의 목소리로 가장하거나 '보호자'라는 가면 뒤로 숨기를 '즐긴다.' 당신의 의도를 아주 분명히 하라. 오로지 '내면의 등불'이라야 편지를 쓸 자격이 있다고 말하라. 목

소리가 만약 자기 비판적이고, 비난투이고, 두려움이 묻어 있고, 의심스러워하고, 으스대는 투이고, 수상쩍어하고, 부정적인 생각에 젖어 있다면, 이는 '내면의 등불'의 목소리가 아니다. '내면의 등불'의 목소리가 늘 당신이 듣고 싶은 이야기만 하지는 않겠지만, 그 목소리에는 진실성이 담겨 있다. 가장 두드러지는 점은, '내면의 등불'이 설령 당신에게 위험할 수도 있는 일이나 사람을 가까이하지 말라고 말할 때조차도, 그 목소리에서는 언제나 사랑과 연민이 느껴진다는 것이다.

5. 그렇게 하고 싶다면, 두려움이 다시 답장을 쓰게 한다. 두려움 안에 당신이 성장할 수 있는 지점을 보여줄 메시지가 더 있는지 본다. 그런 다음, 원한다면 당신의 '내면의 등불'이 두려움에게 답장을 쓰게 하자. 두려움이 당신에게 가르쳐주려고 하는 것이 무엇인지 명료해질 때까지 대화를 이어나간다.

4단계: 진단—가짜 두려움의 뿌리를 찾아내기

이 책의 핵심은 내면의 평화를 가로막는 장애물들에 두려움이 빛을 비추게끔 하는 것이다. 당신에게 아직 더 치유되어야 할 것들이 무엇인가? 두려운 생각이 들게 하는 것은 무엇인가? 어린 시절 받은 어떤 영향들이 가짜 두려움을 불러일으켜 지금도 당신을 조종하고 있는가? 당신의 무의식이 어떻게 당신을 불필요한 두려움으로 몰아가고 있는가? 당신의 가짜 두려움을 증폭시키는 사람들은 누구인가? 이런 질문에 대답하다 보면 당신의 두려움을 진단하는 데 도움이 될 것이다. 두려움의 근본 원인들을 진단하면 두려움을 훨씬 더 잘 알아차리게 되고, 따라서 두려움이 더 이상 의식의 그늘 속에 숨어 허락도 없이 당신의 인생을 지배하지 못하게 된다. 두려움의 뿌리를 연민의 마음으로 부드럽게 뽑아내 빛 아래로 가져오면, 두려움은 밝아진 당신의 인식 속에서 저절로 소멸하기 시작한다.

그 뿌리를 깊이 파헤쳐 보면, 대부분의 사람들에게는 '두려움의 네 가지 가정' 중 한 개 이상씩은(혹은 네 가지 모두) 있다는 걸 알게 된다.

1. 불확실한 것은 안전하지 않아.
2. 소중한 것을 잃어버리면 못 견딜 거야.
3. 세상은 위험한 곳이야.
4. 나는 혼자야.

우리가 이런 가정을 하나 이상씩 만들고 있기 때문에 쓸데없이 두려워한다는 사실을 알아차린다면, 가짜 두려움을 저 아래로 떨쳐내기가 훨씬 쉬울 것이다. 이 책의 2부에 나오는 연습들을 하면서 '두려움의 네 가지 가정' 대신 '용기를 키우는 네 가지 진실'에 따라 행동한다면, 더욱 용감한 세계관을 가지고 살게 될 것이다. 세계관을 바꾸면 다른 것도 바꿀 수 있고, 일상의 두려움도 힘을 잃어갈 것이다. 아니면 여전히 그것들과 싸우는 자신을 발견할 수도 있다. 무엇이 우리를 이런 두려움들 속으로 밀어 넣는지 이해할 때 우리는 두려움의 뿌리로부터 더 쉽게 놓여날 수 있다. 자신의 두려움을 진단하는 것은 5단계의 '용기 처방전'을 쓸 때에도 도움이 된다.

일반적으로 볼 수 있는 두려움의 뿌리 열 가지

1. 골고루 나눌 만큼 충분히 갖고 있지 않다는 믿음 같은, 어린 시절부터 생긴 자기 제한적 믿음.
2. 윗대의 부모들로부터 대물림된 두려움.
3. 위험에 처했던 과거의 기억.
4. 미래로 투사하는 상상 속의 두려움.
5. 뱀이나 높은 곳에 대한 두려움 같은 본능적인 두려움—모든 인간에게 어느 정도는 있는 생존을 위한 기본적인 두려움.
6. 충분하지 않은 사회적 지지나 멘토 관계.
7. 비관적인 마음 자세.
8. 두려움을 심어주는 종교의 가르침.
9. 지나치게 두려움을 일으키는 대중 매체에의 노출과 그에 대한 민감한 반응.
10. 영적 연결의 상실.

깨닫지 못할 수도 있지만, 3장에서 이야기한 것처럼 당신은 가짜 두려움 대부분을 아마 물려받았을 것이다. 그것들은 아주 어린 시절에 잠재의식 속으로 다운로드되었을 것이다. 그 나이 때 당신에게 영향을 끼친 부모와 그 밖의 사람들이 당신이 두려움을 갖도록 프로그래밍한 것이다. 하지만 그들을 탓하는 것은 옳지 않다. 당신이 마치 다른 사람들에게 바이러스를 전하듯, 그들도 대부분 대물림받은 두려움을 무심코 전한 것뿐이다. 그들도 자신의 부모로부터 두려움을 물려받았고, 당신은 당신의 부모에게서 두려움을 물려받았다. 두려움이 몰아가는 대로 살고 있다는 사실을 대부분 알지 못하기 때문에, 우리는 그것을 다시 아이들에게 무의식적으로 넘겨준다. 당신이 가짜 두려움의 치유라는 어려운 일을 해낸다면, 당신 자신만 자유로워지는 것이 아니다. 사슬을 끊고, 대물림되는 두려움의 패턴을 깸으로써, 당신은 아이들을 지키고 미래 세대를 치유하는 것이다.

　대물림된 두려움을 떠안고 살 때는 희생자 역할에 빠지기 쉽다. 그런 기분이 드는 것도 당연하다! 그 두려움은 원래 당신 것이 아니었으니 말이다. 다른 누군가에게서 물려받은 것이다. 하지만 당신이 희생자가 아니란 걸 깨닫는 것이 중요하다. 당신은 두려움 속에서도 꿋꿋이 버텨낸 사람이다. 스스로를 그런 식으로 볼 때, 그동안 떠안고 살아온 그 대물림된 두려움 때문에 당신이 무력해지지 않는다. 오히려 강해진다.

▶ 용기 키우기 연습 23
대물림되는 두려움의 사슬 끊기

1. 준비되었다는 느낌이 들면, 그날로부터 일주일 동안은 두려워하지 않겠다고 스스로에게 다짐한다.

2. 혹시 두려움이 올라오면(그럴 것이다), 그 두려움이 어디서 오는지 스스로에게 물어본다. 어머니의 두려움을 거울처럼 비추고 있는가? 아버지의 두려움에 저항하고 있는가? 그 두려움이 정말 당신의 것인가?

3. 두려움이 어디서 오건 상관없이 일주일 동안은 그것을 한쪽으로 밀쳐둔다. 두려워해서는 안 된다는 점을 상기하고 다음 감정으로

넘어간다. 당신은 어쩌면 결혼 생활을 끝내기가 두려울지도 모르지만, 다짐한 대로 두려워하지 않기로 한다면 다음으로 느끼는 감정은 어떤 것인가? 죄책감이 느껴지는가? 수치심? 슬픔? 좌절감? 아니면 무기력감? 일에 변화를 가져오기가 두려운데, 역시 다짐한 대로 두려워하지 않기로 한다면 그 다음엔 어떤 느낌이 들겠는가? 당신의 두려움 아래에는 어떤 감정들이 있는가?

4. 일주일 뒤 이 경험이 어땠는지 일기에 적는다. 당신이 안고 사는 두려움들의 근원에 대해 뭔가 깨달은 게 있는가?

'작은 나'의 작동 원리

당신의 두려움을 정확히 진단하는 또 다른 방법은, 당신도 모르는 사이에 두려움이 어떻게 당신을 인질로 잡아두는지 알아차리는 것이다. '영혼을 위한 의학' 원격 강의를 듣는 학생들이 두려움에 어떻게 지배당하는지 알아차리는 방법으로, 레이첼 나오미 레멘과 나는 이들에게 이른바 '작은 나의 작동 원리'에 대해 생각해 보도록 시켰다. '작은 나의 작동 원리' 중에서 흔한 사례 몇 가지를 들면 다음과 같다.

- 미지의 것은 절대로 모험해선 안 돼.
- 네 진실을 내보이지 마.
- 들은 대로 하면 사랑받을 거야.
- 불행하더라도 돈이 되는 것이 먼저야.
- 자기 희생은 좋은 것이지만, 자기를 돌보는 건 이기적인 거야.
- 절대로 실수하지 마.

- 누구도 실망시키면 안 돼.
- 사람들이 듣고 싶은 것을 말해줘.
- 무슨 수를 써서라도 갈등은 피해.
- 완벽한 게 최고야.
- 언제나 통제하고 있어야 해.

이 '작은 나의 작동 원리'들—그 대부분은 대물림되는 두려움에서 나온다—은 모두 용기 있는 삶을 사는 데 걸림돌이 된다. 진실에 따라 살지 못하게 하고, '내면의 등불'의 안내를 따르지 못하게 방해하는 것이다. 그리고 그렇게 살지 않을 때 세상일이 잘 풀릴 리 없다. '내면의 등불'을 무시하며 살았던 때를 돌이켜보라. 스스로 '옳은 일'을 한다고 생각했기에 그런 선택을 했을 것이다. 사람들을 실망시킬 거라는 두려움, 경제적으로 힘들어질 거라는 두려움, 거부당할지 모른다는 두려움, 그 밖에 자신의 진실을 저버리게 만드는 여타의 두려움들에 떠밀려서 그렇게 했을 가능성이 큰 것이다.

어쩌면 결혼식 청첩장을 이미 보냈기 때문에 도리 없이 결혼식을 치러야 한다고 생각했을지 모른다. 그만두고 싶은 직장인데도 너무 오랫동안 일을 익혀온 곳이라서 혹은 급여나 안정성이 워낙 좋은 곳이라서 그만두지 못하고 있는 자신을 거짓으로 변명했을지도 모른다. 당신을 함부로 대하는 연세 드신 친척을 잘 보살펴드리면 자신이 '착한 사람'이 된다고 생각했을 수도 있다. '내면의 등불'은 간소하게 살고 규모를 줄이라고 말하고 있는데도, 가족에게 필요하다고 생각하는 삶의 수준을 맞춰주려고 죽도록 일을 했을지도 모른다. 어쩌면 가족의 행복이 자신의 행복보다 중요하다며 스스로를 다잡았을 것이다.

'내면의 등불'은 더 이상 교회에 가고 싶어 하지 않지만, '작은 나'가 계속 나가야 한다고 말하는지도 모른다. '내면의 등불'은 20년 동안 알고 지내온 친구와 그만 만나고 싶어 하지만, '작은 나'는 긴 시간 알고 지내왔는데 그래선 안 된다고 말할지 모른다. '내면의 등불'은 섹스를 할 때 다양한 체위로 맘껏 즐기고 싶지만, '작은 나'는 그런 속내를 털어놓아선 안 된다고 말할 수도 있다. '내면의 등불'은 달빛 아래서 춤을 추고 싶어 하지만, '작은 나'는 당신을 새벽 일찍 체육관으로 밀어 넣어 바벨을 들게 할지도 모른다. '내면의 등불'은 깨인 의식으로 기른 고기를 먹고 싶지만, '작은 나'는 채식주의자가 되어야 한다고 말할지도 모른다. '내면의 등불'은 자고 싶다는 생각이 간절하지만, '작은 나'는 하루에 여덟 시간을 자면 원하는 걸 절대 얻지 못한다고 말할지도 모른다. '내면의 등불'은 당신이 자신의 안내를 따르기를 바라지만, '작은 나'는 그 안내가 믿을 수 없다고 말할 수도 있다. '작은 나'는 '무슨 수를 써서라도' 당신이 자신의 '작동 원리'에 복종하기를 원한다. '작은 나'는 당신이 규칙을 바꾸면 무슨 일이라도 일어날까봐 무서워한다. 하지만 궁금하지 않은가? 다르게 사는 방법이 있다면 어찌 될 것인지?

▶ 용기 키우기 연습 24
당신의 작동 원리

• 당신의 '작은 나'가 작동하는 원리를 죽 적어본다. 당신의 삶을 제한하는 규칙들은 어떤 것들인가? 생각나는 것이 없다면, 당신이 믿

는 것이 옳은지 그른지 한번 생각해 본다. 부모가 가르쳐준 규칙들을 되돌아본다. 당신 아이들에게는 어떤 규칙을 가르치는가? 교회나 절이나 사원에서 어떻게 살아야 한다고 배웠는가? 사랑을 얻으려면 무엇을 해야 한다고 믿는가? 성공? 건강? 돈? 안정? 떠오르는 믿음이나 규칙이 있으면 글로 적는다.

- 당신의 '내면의 등불'이 작동하는 원리를 죽 적어본다. 이제 당신의 가장 깊은 곳에서 당신이 누구인지를 생각해 보자. 정말로 중요한 것이 무엇인가? 어떤 것을 열망하는가? 무엇이 옳다 그르다 하는 것에 대해 정말로 어떻게 생각하는가? 당신의 핵심 가치들은 무엇인가? 당신 영혼의 진실성에 맞는 원칙은 어떤 것들인가?
- 두 목록을 비교한다. 반드시 차이가 있을 것이다! 어느 쪽이 당신의 인생을 운전해 가는가? 어떤 규칙들이 당신의 결정을 이끄는가? '작은 나'가 아닌 '내면의 등불'의 원칙들에 따라 산다면 그 모습은 어떤 모습일까?

두려움 진단

두려움이 당신의 삶을 어떻게 꾸려가는지, 그 두려움이 어디서 나오는지를 이해하고 나면, 이제 '두려움 진단'을 확정지어 내릴 준비가 된 셈이다.

일단 이렇게 하고 나면, 당신의 치유를 위해 어떤 도구들이 필요한지 두려움이 보여주는 정보를 이용할 수 있을 것이다. '용기 키우기 6단계' 중 1, 2, 3단계를 다시 떠올려보자. 가짜 두려움들의 근본 원인이 자기 제한적 믿음에 있다면, 1단계로 돌아가 당신의 발목을 붙드는 믿음들로부터 자유로워질 수 있는 방법들을 찾아본다. 적절한 지지를 받지 못해 두려워한다면, 2단계를 참고해 필요한 지지를 얻는 데 힘쓴다. 두려움의 근본 원인들을 찾기가 어렵다면, 3단계를 참고해 '내면의 등불'이 당신을 안내하게 한다. 그래도 당신의 가짜 두려움이 어디서 나오는지 잘 모르겠다고 느끼면, 치료사나 상담사를 찾아가 보거나, 당신의 두려움 밑에 무엇이 있는지 통찰하도록 도와줄 숙련된 누군가의 안내를 구한다.

▶ 용기 키우기 연습 25

내 두려움 진단서 작성하기

1. '내면의 등불'에게 내 가짜 두려움의 뿌리가 무엇인지 물어본다.

   펜을 들고 내 가짜 두려움에 대해 깊이 생각하지 않고 그냥 적는다. 당신의 직관이 '두려움 진단'을 써나가게 하라. 불필요한 두려움의 원인이 될 수 있다고 느끼는 것을 모두 적는다.

2. 여기서 막힌다면, 스스로에게 다음 질문을 해본다.

   • '두려움의 네 가지 가정' 중에서 나에게 해당되는 것이 있는가?

   • 다른 자기 제한적인 믿음, 어린 시절의 트라우마, 또는 어렸을 때부터 두려움을 일으키던 어떤 패턴이 있는가? 대물림된 두려움을 갖고 있는가? 만약 있다면 어떤 것들인가?

   • 나는 비관주의자인가?

   • 나는 무슨 일이 닥쳐도 감당할 수 있다는 믿음이 부족한가?

   • 나는 다른 사람의 지지나 도움이 필요한가?

   • 내가 다른 사람들을 도와줄 필요가 있는가?

- 나는 내 '내면의 등불'과 연결이 끊겼는가? 내가 이 안내를 믿지 못하는 건가?

5단계: 처방— '용기 처방전' 쓰기

믿음을 바꾸고, 적절한 지원을 찾아내고, 직관을 이용해서 진짜 두려움과 가짜 두려움을 분간하는 법을 배우고, 두려움의 근본 원인을 진단하는 것까지 다 했다면, 이제 뭔가를 해야겠다는 생각이 들 수 있다. 이때가 바로 '용기 처방전'을 쓸 시점이다. 하지만 '용기 처방전'이 항상 '뭔가를 하라'는 말은 아니라는 점을 명심해야 한다. '용기 처방전'이 늘 과감한 행동을 처방하는 것은 아니다. 때로는 '아무것도 하지 않는' 고요한 안식 기간이 필요할 수도 있다.

사실 '용기 처방전'은 행동 계획이라기보다는, 행동을 할지 말지 혹은 만약 행동을 한다면 어떤 행동을 할지 의도를 내고 결정을 내리는 기회를 갖는 것이다. 그래서 '용기 처방전'은 모두 같은 방식으로 시작한다. 즉 자신의 의도와 각오를 아주 명확히 하는 것이다. 의도가 명확하고 인생을 변화시킬 준비가 정말로 되었을 때 당신은 움직일 것이다.

지금이 그때인가?

의도가 뚜렷하지 않거나 준비가 안 되었는데 행동하려 하면, 가짜 두려움이 증폭돼 마치 거대하고 섬뜩한 괴물처럼 변하기 쉽다. 그러면 이 증폭된 두려움이 당신을 방해하고, 당신은 어떤 일에서도 자신을 믿고 따를 수 없을 것 같은 느낌을 받는다. 당신은 큰돈을 내고 변형과 성장을 위한 프로그램에 참여할지도 모르지만, 결국 중간에 그만둘 가능성이 크다. 명상을 시작하겠다고 다짐하지만, 날마다 하지 못할 구실이 생긴다. 재활 프로그램을 찾아보지만, 찾기만 할 뿐 결코 가지 않는다. 마침내 남자 친구와 헤어지지만, 이틀이 못 가서 그 친구와 다시 만난다. 직장을 그만두려 하지만, 회사에서 봉급을 올려주겠다는 제안을 받고 다시 옭매인다.

스스로 지키지 못할 약속을 할 때마다 당신은 자신의 진실성과 용기를 갉아먹는 셈이다. 따라서 모든 '용기 처방전'의 첫 단계는 곧바로 행동으로 뛰어드는 것이 아니라 당신이 이루고 싶은 변화를 아주 분명하게 하는 것이다. 그런 다음 정말로 준비되었다고 확신이 들 때까지는 행동을 미룬다. 모래 위에 선을 하나 긋는다. 그리고 이 선을 넘을 때는 당신이 가진 내면의 용기를 남김없이 다 끌어내야 한다. 이번만큼은 기어이 한다고 마음먹으라.

혹시 준비가 안 되었다 해도 괜찮다. 자신을 자비롭게 대하자. 용기를 내라고 닦달하지 말자. 억지로 시작하면 할 때마다 실패하게 되어 있다. 자신을 사랑하는 마음으로 용기 있게 행동을 하는 것이 훨씬 효과적이다. 자비심과 자기애로 용기 있는 행동할 때 마법 같은 일이 벌어진다. 어느 시점이 되면 예기치 않은 순간에 불이 붙는다. 불꽃이 자라고, 그 빛이 어둠을 밝힌다. 그리고 보라! 당신은 인생에 용감한 변화를 만들기 시작한다.

이런 순간은 공허한 결심으로는 오지 않는다. 이는 안으로부터 나오는 것이다. 했다가 깨기를 반복하는 약속이나 딴 사람들을 기쁘게 할 목적으로 시도하는 변화와는 느낌이 다르다. 어느 날 당신 자신에게, 당신의 건강과 행복에, 용기의 실천에 무척 마음이 쓰이면서 그냥 '바로 지금이야' 하고 결정을 내리게 된다.

아직 준비되지 않았다고 느낀다면, 그때까지는 처음 네 단계에 집중하자. 조급해하지는 말라. 당신은 아직 잉태중일 수 있다. 임신을 해본 여성이라면 알겠지만 출산을 억지로 밀어붙일 수는 없는 법이다. 준비가 아직 안 됐다 해서 걱정할 필요도 없다. 변화를 위해 무르익을 때가 오리라는 것을 믿으라. 그때가 오면 행동할 수 있도록 열려 있으라.

준비되었는가? 지금이 그때인가?

처방전의 요소들

누구나 따를 수 있는 표준적인 '용기 처방전' 같은 것은 없다. 그것은 이 과정이 아주 개인적이기 때문이다. 그러나 연구를 위해, 용감하다고 생각되는 사람들에게 어떻게 용기를 길렀는지 물었을 때 일관되게 나오는 몇 가지 주제가 있었다. 내가 인터뷰한 거의 모든 사람이 용기 있는 삶을 사는 데 가장 기본이 되는 것으로 명상을 추천했다. 나도 같은 생각이다. 용기는 당신의 영적 본질 속에 있는데, 이것은 생각과 생각 사이의 빈틈을 통해서만 접근할 수 있다. 생각들 사이에 이러한 빈틈을 만들어내도록 돕는 것이라면 어떤 것이라도 당신이 용기를 내는 데 힘이 되어줄 것이다.

인터뷰를 하면서 거듭거듭 나온 또 한 가지 핵심 요소는 믿음이었다. 내가 인터뷰한 사람들 거의 모두가 자기 자신과 직관은 물론이고 자신보다 더 큰 무언가를 믿는 법을 배우라고 말했다. 힘든 시간을 보내고 있다 해도 결국은 헤쳐나가리라는 것을 믿는가? 아직 믿지 않는다면, 아직 믿지 못하는 그 마음을 바꾸고 싶지는 않은가? 온갖 도전에 직면해 있다고 해도 결국은 더 나아질 것이라는 증거를 모으기 시작할 때, 당신 자신과 '하늘'을 더 잘 신뢰하게 될 것이다.

미셸은 정말로 두려웠던 삶의 시기들을 하나하나 돌이켜보니 자기가 그때 이미 얼마나 용기 있었는지 알고 깜짝 놀랐다고 했다. 그래서 이제는 두려운 마음이 들어도 자신을 믿을 수 있을 것 같다고 말한다. 젠은 "모든 것에는 이유가 있다"는 말을 날마다 떠올리는 게 도움이 된다고 했다. 이 말을 만트라처럼 날마다 여러 번 뇌는데, 그러면 머릿속의 두려운 생각들이 떨어져나간다고 한다. 샬롯은 "다 잘될 거야"라는 비슷한 만트라를 되풀이한다고 했다.

나는 사람들이 용기를 얻는 방법이 그 수만큼이나 각양각색이라는 것을 알았다. 에밀리는 두려운 마음이 들 때 그것을 겁에 질린 내면 아이로 받아들이면 도움이 된다고 한다. 그럴 때마다 그녀는 겁에 질린 내면 아이에게 안전하다고 안심시킨다고 했다. 샘은 두려움을 느낄 때 손을 들여다보라고 말한다. 손을 들여다보면 지금 이 순간에 머물 수 있어서 두려움의 목소리가 멈춘다는 것이다. 손을 들여다보는 순간 꼬리를 물고 밀려오는 생각에 틈이 만들어져 그리로 평화가 들어오게 되는 것이다. 루스는 용기를 느끼고 싶을 때 심장과 가슴을 열어주는 요가 자세가 도움이 된다고 한다. 몸이 들리면서 가슴이 열리면 위축되거나 왜소해지기 어렵다고 말한다.

47세에 트램펄린trampoline(쇠틀에 넓은 그물망이 스프링으로 연결되어 뛰어오를 수 있도록 된 운동 기구나 그 기구를 이용한 체조 경기―옮긴이) 동작을 배우며 색다른 스포츠를 시작한 샌드라는 두려움을 느낄 때면 스스로 이렇게 되뇐다고 한다. "내가 뒤로 공중돌기도 하는데 까짓것 ○○○(두려움의 이름)도 감당 못하겠어?" 애너는 잠시 시간을 갖고 세상을 얻은 것 같은 기분이었을 때를 기억해 보라고 권한다. 그때 무엇을 했는지, 기분이 어땠는지, 주위에 무엇이 있었는지, 누구와 함께 있었는지, 냄새와 소리, 장면 등을 떠올리면서, 당당하게 그 순간이 자신을 용기로 채우도록 해보라고 말한다. 로티는 살면서 이미 경험해 본 두려운 일들을 모두 목록에 적어보라고 한다. 그리고 당신이 이 도전들을 넘어왔음을 인정하고, 당신이 얼마나 용감하고 강한지 떠올릴 증거로 삼으라고 권한다.

인생을 바꾸는 책들

내가 인터뷰한 많은 사람들은 책 또한 '용기 처방전'의 핵심에 속한다고 믿는다. 꼭 자기 계발서나 심리학 서적, 영성 서적, 혹은 종교 경전일 필요는 없다. 회화나 사진 작품집, 시집에서 용기를 얻을 수도 있다. 내 자신의 '용기 처방전'에도 수백 권의 책이 들어 있는데, 그 중 몇 권은 내게 워낙 큰 영향을 준 것들로 여러분에게도 소개하고 싶다. 다음 목록에는 내 삶을 바꾼 책들과 함께 인터뷰를 하면서 거듭 나온 책들도 일부 소개되어 있다. 물론 당신의 삶을 바꾸는 책들은 전혀 다를 수도 있다. 서점에서 책을 고를 때는 직관을 이용해 보라. 꼭 맞는 책이 나서서 당신에게 말을 걸게 하라. 눈에 확 들어오는 책들에 끌려보자.

나를 포함해 많은 사람들이 《성경》, 《토라Torah》, 《코란》, 《역경易經》, 《도덕경》, 《기적 수업》 같은 고전적인 영성 서적과 종교 경전에서 영감을 얻기는 하지만, 이 책들은 이미 널리 알려져 있으므로 목록에 넣지 않았다. 그 대신 내가 개인적으로 읽고 좋았던 비종교 서적들만 골랐다. 당신의 삶을 바꿀 수 있는 훌륭한 책들은 분명 더 있을 것이다. 이 목록에 없다고 해도 울림이 있는 책이라면 배제하지 말라!

이 목록은 특별한 순서 없이 적은 것이다. 앞에 있다고 해서 더 중요하다고 생각하지는 말기 바란다.

인생을 바꾸는 30권의 책

1. 《상처받지 않는 영혼*The Untethered Soul*》(한국어판 제목), 마이클 싱어Michael A. Singer

2. 《은총, 고통의 끝*Falling into Grace*》, 아디야샨티Adyashanti

3. 《대담하게 맞서기*Daring Greatly*》(한국어판 제목), 브레네 브라운 Brené Brown

4. 《달라이 라마의 마음 공부*An Open Heart*》(한국어판 제목), 달라이 라마Dalai Lama

5. 《지금 이 순간을 살아라*The Power of Now*》(한국어판 제목), 에크하르트 톨레Eckhart Tolle

6. 《그대 만난 뒤 삶에 눈 떴네*Kitchen Table Wisdom*》(한국어판 제목), 레이첼 나오미 레멘Rachel Naomi Remen

7. 《험한 세상에서 길 찾기*Finding Your Way in a Wild New World*》, 마사 베크Martha Beck

8. 《하늘에 맡기다*Outrageous Openness*》, 토샤 실버Tosha Silver

9. 《부서져야 일어서는 인생이다*Broken Open*》(한국어판 제목), 엘리자

베스 레서Elizabeth Lesser

10. 《죽음의 수용소에서*Man's Search for Meaning*》(한국어판 제목), 빅토르 프랑클Viktor E. Frankl

11. 《이른 아침 나를 기억하라*Peace Is Every Step*》(한국어판 제목), 틱낫한Thich Nhat Hanh

12. 《아직도 가야 할 길*The Road Less Traveled*》(한국어판 제목), 스캇 펙M. Scott Peck

13. 《마음의 숲을 거닐다*A Path with Heart*》(한국어판 제목), 잭 콘필드Jack Kornfield

14. 《지금 여기*Be Here Now*》, 람 다스Ram Dass

15. 《지금 여기에서 달아나지 않는 연습*The Places that Scare You*》(한국어판 제목), 페마 최드런Pema Chödrön

16. 《도전하라 한 번도 실패하지 않은 것처럼*Feel the Fear and Do It Anyway*》(한국어판 제목), 수잔 제퍼스Susan Jeffers

17. 《사랑의 기적*A Return to Love*》(한국어판 제목), 메리앤 윌리엄슨Marianne Williamson

18. 《영혼의 돌봄*Care of the Soul*》(한국어판 제목), 토머스 무어Thomas Moore

19. 《할아버지의 기도*My Grandfather's Blessings*》(한국어판 제목), 레이첼 나오미 레멘

20. 《그림자 그리고*The Dark Side of the Light Chasers*》(한국어판 제목), 데비 포드Debbie Ford

21. 《나는 날마다 좋아지고 있다*Living in the Light*》(한국어판 제목), 샥티 거웨인Shakti Gawain

22. 《인생이라는 게임*The Game of Life and How to Play It*》, 플로렌스 스카

블 쉰Florence Scovel Shinn

23. 《천상의 계약Sacred Contracts》, 캐롤라인 메이스Caroline Myss

24. 《영혼의 의자Seat of the Soul》(한국어판 제목), 게리 주커브Gary Zukav

25. 《조건 없는 사랑Love Without Conditions》, 폴 페리니Paul Ferrini

26. 《네 가지 질문Loving What Is》(한국어판 제목), 바이런 케이티Byron Katie

27. 《티베트의 지혜Tibetan Book of Living and Dying》(한국어판 제목), 소
    갈 린포체Sogyal Rinpoche

28. 《아주 특별한 용기The Courage to Heal》(한국어판 제목), 엘렌 베스
    Ellen Bass, 로라 데이비스Laura Davis

29. 《삶으로 다시 떠오르기A New Earth》(한국어판 제목), 에크하르트
    톨레

30. 《아이 엠 댓I Am That》(한국어판 제목), 니사르가닷따 마하라지
    Nisargadatta Maharaj

하나로 모으기

다음의 연습에서는 용기를 키우는 행동 계획을 짜보도록 할 것이
다. 이것은 자신의 직관을 믿고 직관이 가리키는 대로 따라가는 과정
이다. 이성 마음이 보기에는 말도 안 되는 내용을 쓰고 있을 수도 있
다. 자신에게 너무 많이 의문을 던지지 말자. 지나치게 분석하면 직관
이 감지하는 것을 이성 마음이 가로막기 쉽다. 자신을 믿고 '내면의 등
불'이 길을 보여주게 하자.

▶ 용기 키우기 연습 26

용기 처방전 쓰기

1. 새 종이나 컴퓨터의 새 문서에, '용기를 위한 나의 처방전'이라는 제목을 쓴다.

2. 말이나 글로 의도를 분명하게 밝힌다. 왜 이 과정을 시작했는가? 어떤 결과를 얻고 싶은가? '성공'하면 어떤 모습과 기분일까? 왜 더 용기 있고 싶은가?

3. 준비가 되었는지 분석한다. 자신에게 솔직해지자. 변화할 준비가 정말 되었는가? 그렇지 않다고 해도 괜찮다. 이는 자연스럽게 잉태되는 과정이라 전혀 자신을 몰아세울 필요가 없다. 무엇을 해야 하는지는 알지만 충분히 준비되지 않았어도 염려하지 말고 처방전을 적는다. 당장 어떤 행동을 취하지 않아도 된다. 모래 위에 선을 긋고 그것 너머로 발을 내딛어도 좋을 시간이 올 때까지 제쳐두어도 좋다.

4. 스스로 묻는다. "용기를 기르려면 내게 무엇이 필요한가?" 마음에 떠오르는 것들을 적어보자. 시작하고 싶은 수련, 듣고 싶은 강의, 주변 환경의 변화, 지지를 요청하고 싶은 사람, 읽고 싶은 책, 금 긋고 싶은 관계, 또는 이밖에도 마음에 떠오르는 것은 무엇이라도 적는다. 당신의 '용기 처방전'이 작은 걸음마 수준이라도 그것으로 충분하다. 그 한 걸음이 당신의 모든 걸 바꿀 수 있다. 혹은 그렇게 할 다른 행동으로 이어질 수도 있다. 한 걸음이라도 내딛는 것의 가치를 폄하하지 말자.

　목록에 무엇을 적을지 확실하지 않다면, 요가, 명상, 기공, 태극권 같은 평온함을 가져오는 수련을 규칙적으로 하겠다고 먼저 적으라. 그런 다음 이 책의 중간중간 들어 있는 '용기 키우기 연습'을 떠올려보고 그 가운데 해보고 싶은 것이 있는지 스스로 물어보자. 이 책 2부에 있는 '용기 키우기 연습'을 모두 검토해 본다. 당신을 '두려움의 네 가지 가정'에서 '용기를 키우는 네 가지 진실'로 옮겨가도록 도와줄 만한 것들이 있는가? 이 장의 1단계부터 4단계에 나오는 '용기 키우기 연습'을 모두 살펴보자. 지금의 믿음을 바꾸는 데 이 연습들을 실천할 필요가 있는가? 영혼의 지원이 필요한가? 직관을 개발하거나 당신의 두려움을 뿌리에서부터 치유하도록 도와줄 연습, 프로그램이나 책이 있는가? '인생을 바꾸는 30권의 책'을 검토해 보자. 부록 2에 있는 '용기를 키우는 20가지 아이디어'를 살펴보라. 환해지는 느낌을 주는 어떤 아이디어가 떠오르는지 보라. 당신의 '용기 처방전'은 영혼의 공동체를 찾기로 마음먹는 것처럼 단순한 것일 수도 있다. 일단 지지받는다는 느낌이 들고 나면 더 용감해진 기분이 들지도 모른다. 어떤 사람들에게는 집을 나서는 데도 상당한 용기가 필요하다. 두려워 말고 작은 것부터 시작하자. 하지만 안전 지대 밖으로 나가도 괜찮다는 것도 알아야 한다. 내가 쓴 '용기 처방전'이 궁금하다면 부록 4를 보기 바란다.

5. 전에는 두려워서 실천하지 못했을 아이디어를 용감하게 실행했을 때 그 성공을 한껏 즐길 수 있도록 작은 것부터 시작한다. 그리고 해냈을 때는 잊지 말고 그 용기를 자축하자. 이렇게 용기가 자라나면서 당신이 취한 용감한 행동들을 적어 간직하자. 격려가 필요할 때 다시 돌이킬 수 있도록.

6단계: 내맡기기—결과에 집착하지 않고 있는 그대로 받아들이기

우리는 원하는 것이 있으면 그것을 얻어야 한다고 가르치는 문화에서 산다. "밀어붙여. 노력해. 될 때까지 하는 거야. 이뤄내야지. 부딪쳐봐. 죽기 살기로 해봐. 고통 없이는 얻을 수 없어. 잘 안 되면 더 열심히 해봐. 하지만 남들이 모르게 노력하는 거야. 그리고 조금 이뤘다고 멈춰 서서 뿌듯해하고 그러지는 마. 코앞에 더 큰 목표가 있으니까 말이야."

이는 내가 2010년에 북 투어를 할 때 나를 채찍질하던 말들이다. 나는 많은 도시에서 북 투어 일정을 잡았고, 이를 위해 두 사람이 나를 도와주었다. 그러나 우리가 도시 몇 군데를 갔어도 실제 벌어진 일은 아무것도 없었다. 뉴욕에서 열릴 온갖 행사를 예상하고 우리는 값 비싼 호텔방에서 5일씩이나 투숙했지만, 실제적인 북 투어 행사는 하나도 열리지 않았다. 혼란스러웠고 좌절감을 느꼈다. 오기로 했던 언론사들은 어떻게 된 거야? 계획했던 책 사인회는 어떻게 된 거고? 북 투어에 많은 돈을 들였지만, 실제로 내 책을 사는 사람은 얼마 되지 않았다.

그 투어를 어떻게 하면 살릴 수 있을지 생각을 짜내다 나는 닥터 크리스티안 노스럽Christiane Northrup에게 연락을 했다. 크리스티안은 내게 보석 같은 지혜를 주었다. "리사는 뭔가 '하는' 데는 뛰어나요. 하지만 '받아들이는' 법도 배워야 할 것 같아요. '정자처럼'은 조금 덜 하고, '난자처럼'은 더 많이 해봐요."

크리스티안은 내가 영혼의 어두운 밤을 지나고 있음을 꿰뚫어보고 있었다. 그녀는 마법의 지팡이를 휘둘러 나를 구할 수도 있었을 테지만, 그냥 내가 중요한 교훈 하나를 배우도록 돕고 싶었던 것 같다. 그래서 내게 보낸 이메일에 이렇게 썼다. "리사, 당연히 리사는 행동하는 사람이에요. 그렇지 않다면 외과 수련의 과정을 마칠 수나 있었겠어요? 그렇지만 더 잘해보겠다고 계속 이대로 가면, 리사를 지금 이곳까지 데려온 바로 그것에 의해 해를 입게 된다는 걸 알게 될 거예요! 받아들이는 법을 배우지 않으면, 행하는 그것 때문에 뒤통수를 맞는 단계에 와 있는 거예요."

이 글을 읽은 나는 소름이 돋았다. '정자처럼' 돌진하는 방식은 오랫동안 내게 하나의 적응 메커니즘이었다. 그것은 내게 큰 도움이 되었고, 의학 공부를 하던 12년 동안 나를 살아남게 해주고 내게 많은 선물을 안겨주기까지 했다. 그러나 이런 적응 방식은 더 이상 도움이 되지 않았다. 이젠 그것을 놓아버릴 때였다. 하지만 어떻게?

크리스티안은 내가 '난자처럼' 받아들이는 길을 걷게 해주었고, 그 덕분에 나는 마사 베크, 레이첼 나오미 레멘, 토샤 실버를 만났다. 바로 이 본질적인 영적 가르침을 더욱 굳건히 따르게 해준 이들이다. 인생의 목표가 강력한 힘, 1만 시간의 투자, 의지력, 불굴의 투지, 그리고 후회 없는 노력을 통한 세계 제패라면, '정자처럼' 하는 것은 아주 성공적인 전략이 될 수 있다. 사업을 하거나, 책을 쓰거나, 비전을 성취하거나, 프로젝트를 완수하거나, 마음속의 무언가를 현실로 이루려 한다면, 나는 이 전통적인 남성적 접근 방식이 효과적임을 개인적으로 보증할 수 있다. 30년 인생 내내 이 '성공'이라는 패러다임 안에서 살아온 나는 그 방식이 정말 효과가 있다고 말할 수 있다. 하지만 여성 멘토들의 지도를 받으며 내가 깨달은 것은 세상에는 다른 방식도 존재하며, 바로 내맡기기_surrender가 그것이라는 것이다.

'난자처럼' 된다는 건 무슨 뜻일까? 그것은 목표를 세우되 결과에 집착하지 않는다는 것이다. 에고가 바라는 일이 일어나도록 밀어붙이는 것이 아니라, 바라는 일이 되어가는 대로 내맡기는 것이다. 자신의 욕구를 저편에 내다놓는 것, 그것을 '우주적 지성'에게 넘겨주는 것, 그리고 모든 것이 최고선 안에서 일어난다는 것을 믿는 것이다. 난자처럼 되려면 우주에는 목적이 있다는 것, 그리고 설령 일이 바라는 대로 되어가지 않을지라도 우리가 결코 이해할 수 없는 어떤 이유가 있어서 그렇다는 것을 믿어야 한다.

이 여성적 원리는 잘못 해석하기가 쉽다. 난자처럼 된다는 것은 수동적이 된다거나 야망이 없다는 뜻이 아니다. 당신이 기쁨, 편안함, 평화, 조화와 사랑 쪽으로 옮겨갈 때, 그리고 결과에 대한 집착을 놓아버릴 때, 우주가 당신의 최고선을 이루려 최선을 다한다는 사실을 믿는다는 뜻이다. 붙잡은 것을 놔버릴 때, 당신이 바라는 것이 들어올 공간이 생긴다. 그것이 최고선에 일치하는 것이라면 말이다.

'난자처럼' 되기는 전혀 어렵지 않다. 정말 아무 노력도 들지 않는다. 그러나 에고에게는 이 존재 방식이 쉽지 않게 느껴진다. 에고는 밀어붙이거나 애를 쓰거나 혹사하지 않을 때 오는 불안감을 감당해야 하기 때문이다. 이 존재 방식으로 살려면 자신의 진실성에 따라 살아야 하고, 이는 예컨대 사랑하는 사람들에게 '아니'라고 말을 해야 한다든지 일에 분명한 선을 긋는다든지 하는 아주 위험하게 느껴지는 일을 해야 할 수도 있다는 뜻이기 때문이다.

토샤 실버는 난자처럼 된다는 것이, 인기 있는 수많은 뉴에이지 책들에서 말하는 '끌어당김의 법칙law of attraction'과 비슷한 점이 있기는 하지만 결코 그런 방식을 말하는 것은 아니라고 이야기한다. 난자처럼 된다는 것은 에고의 희망 사항을 긴 목록으로 만들고 나서 그 애타게 바라는 것을 시각화하고 확언하고 선언하는 것이 아니다. 내게 두려움에 관해 이야기한 사람들 중에는 끌어당김의 법칙에 실망했다고 털어놓은 사람들이 무척 많았다. 그들은 페라리(이탈리아의 고급 스포츠카—옮긴이)를 시각화하고 확언하고 끌어당기는 노력을 4년씩이나 했지만 아직도 버스를 타고 다녔다! 그들은 비전 보드vision board도 십여 개나 만들고, 확언 문구를 써서 냉장고에도 붙이고, 마음속으로 영화를 보듯 페라리를 보기도 하고, 1번 고속도로를 달리는 자신의 머리카락이 바람에 휘날리는 느낌을 즐겨보기도 했다. 그래도 페라리는 생기지 않았다. 난자처럼 된다는 것은 이런 것과는 아무 상관이 없다. 정자처럼 하기와는 완전히 다른 길이다. 난자처럼 되기란 욕구에 집착하기가 아니라 욕구를 포기하는 것이다.

내게는 욕구, 의지, 통제, 그리고 자신을 혹사할 정도로 일에 매달리는 태도를 내려놓는 것만큼 부자연스러운 일도 없다. 하지만 내가 만난 어떤 사람들은 이와는 정반대이다. 그들은 거꾸로 지나치게 난자처럼 되려는 실수를 범한다. 그들은 인생의 코치가 되기로 결심하고, 코치 트레이닝을 받고, 고객을 맞고 싶은 마음은 하늘의 뜻에 맡기며, 물러앉아 고객이 찾아오기만 기다린다. 웹사이트를 만들지도 않고, 소셜 미디어나 이메일을 통해 고객을 찾는다는 고지도 하지 않는다.

그러나 우리 문화에서는 남녀를 불문하고 대부분의 사람들이 정자처럼 하는 쪽으로 기울어 있다. 바라는 것이 오로지 물질적이거나 개인적 이익에만 맞춰져 있다면, 난자처럼 사는 방식은 그것들을 만족시켜 주지 않을 수 있다. 물질적인 것들을 바라는 것이 잘못이라는 말이 아니다. 잘못된 건 전혀 없다. 다만 '작은 나'의 욕구를 내려놓고 최고선이 있는 쪽을 믿으면, '작은 나'가 중요하게 생각하는 것 너머에서 무언가 나타나는 것을 보고 놀라게 될 거라는 이야기이다.

내맡기는 용기

더 큰 선善을 위해 용기 있는 행동을 할 때, 정자처럼 그 일을 할 수도 있고 난자처럼 하기로 선택할 수도 있다. 오해하지 않길 바란다. 정자처럼 하는 방식은 무척 '성공적'일 수 있다. 그러나 늘 성취감을 주지는 않는다. 에고가 바라는 것을 모두 성취할지는 모르지만, 결국은 에고의 바람을 성취하는 것이 영혼을 충족시키지는 않는다는 것을 알게 될 것이다. 당신이 부자가 되고 유명해지고 이상형을 만날지도 모른다. 하지만 이런 것이 과연 행복을 주는가? 마음속 깊이 풍요롭고 이어져 있다는 느낌이 들고 평화로운가? 가짜 두려움이라는 감옥에서 자유로운가? 아니면 지금 모두 다 잃을까봐 두려운가? 더 많이 얻으려고 자신을 몰아세우고 있지는 않은가? 지금까지의 가짜 두려움들을 새로운 두려움들로 바꿔치기하고 있지는 않은가?

대학원 과정을 마쳐야 하거나 책상에 잔뜩 쌓인 서류들을 처리해야 할 때는 정자처럼 하는 것이 효과적인 방식이겠지만, 그런 방식이 전혀 들어맞지 않는 경우들이 있다. 아이들이 자라서 행복하도록 억지로 밀어붙일 수는 없다. 암에서 벗어나려고 억지로 밀어붙일 수도 없다. 첫눈에 반할 사랑을 찾는 것도 그런 방식으로는 안 된다. 분명 당신은 육아 관련서를 읽고, 건강한 항암 식단을 차려먹고, 매치닷컴Match. com(25개국에서 8개 이상의 언어로 서비스하는 커플 맺기 사이트—옮긴이) 같은 곳에 접속하기도 하겠지만, 아무리 애를 써도 이런 바람들을 이룰 수는 없을 것이다.

용기를 키우는 것도 정자 방식으로 키울 수 없다. 바로 여기에서 이 6단계가 필요하다. 당신은 더 용감해지기 위해 힘이 닿는 한 어떤 일이라도 할 수 있다. 믿음을 바꾸고, 자신을 지지해 줄 사람을 찾고, 직관에 다가가고, 가짜 두려움의 근본 원인들을 진단하며, 용기 처방전을 써서 실천할 수 있다. 이 책에 나오는 연습들을 빠짐없이 해보고 내가 알려준 책도 모두 찾아서 읽을 수 있다. 명상을 하고, 워크숍이나 콘퍼런스에 가고, 요가 수련을 하고, 아쉬람에 들어가 수행할 수도 있다. 그러나 용감해지도록 자신을 억지로 밀어붙일 수는 없다.

〈빌립보서〉 4장 6절에는 "아무것도 염려하지 말고, 오로지 모든 일에 기도하라"는 말이 나온다. 종교적 성향과 상관없이 기도에는 두려움에서 놓여나게 하는 힘이 있다. 두려움이 슬며시 고개를 들 때마다, 그 두려운 생각들을 내맡김이라는 봉헌으로 바꾸어보라. 너무 간단한가? 아니면 너무 어려운가? 토샤 실버는 "하늘이 이끄는 대로 믿고 따르는 사람으로 저를 바꾸소서" 같은 '바꾸소서 기도'를 해보라고 권한다.

물론 이런 식으로 내맡김에 대해 말하는 것은 좋지만, 힘들다는 이유로 이를 실천하지 않는다면 한갓 말에 그칠 뿐이다. 내가 이 마지막 장을 쓸 무렵 남편과 나는 이혼 조정을 신청한 상태였다. 일은 처음에 원만하게 풀려나갔지만, 재산을 어떻게 나눌지에 대해 이야기하면서 둘은 입장 차이로 옥신각신하기 시작했다. 내 '작은 나'는 울화가 치민 나머지 속으로 말했다. '내 거야, 내 거야, 내 거야! 그토록 힘들게 일해서 얻은 것들을 다 잃을까봐 두려워. 나를 지켜야 해, 지금.' 내가 12년 동안 사랑한 이 남자에게 어떻게 하는 것이 최선인지 아무런 생각도 하지 않고 그저 두려움에 싸인 채 슬그머니 자기 보호 모드로 들어가는 내 모습이 보였다.

나는 나를 내려놓고 이혼 과정을 모두 하늘의 뜻에 맡기려 노력하고는 있지만 힘들다는 내용으로 토샤에게 편지를 썼다. 토샤는 이렇게 답장을 보내왔다. "이혼 과정에 있는 사람들에게 효과적인 말이 있어요. 그냥 이렇게 말해봐요. '돈은 100퍼센트가 신의 것이다. 그리고 신은 완벽한 해결책을 가지고 있다.' 완벽한 합의를 보게 해달라고 부탁하세요. 돈의 소유자가 아닌 관리자로요. 이건 엄청난 차이가 있어요. 신에게 100퍼센트를 다 맡기고 나면 올바른 행동이 뭔지 자명해져요. 오해는 하지 말아요. 내맡긴다고 해서 수동적으로 된다는 말은 절대 아니에요. 신에게 속하지 않은 적이 없는 그 재산을 리사가 어떻게 해야 할지 그냥 알게 될 거예요. 재산을 놓아버리면 체중이 수십 킬로그램은 빠진 것처럼 느껴질 거예요. 하지만 리사는 준비돼 있어요. 지금 내맡기기라는 대학원 과정에 있는 거예요. 리사는 할 수 있어요."

나는 이렇게 답장을 썼다. "네, 전 준비됐어요. 정말, 정말로 준비됐어요. 하지만 그렇게 할 만큼 강한지는 모르겠어요. 아직도 이것들이 다 '내 거'라고 생각해요. 이 이혼 과정이 '작은 나'의 정당성을 주장하고 상대를 잣대질하도록 부추기고 있다는 사실이 놀라워요. 오랫동안 사랑한 이 남자를 놓고 정말 끔찍한 것들을 생각하고 있네요."

토샤가 답장했다. "울화가 치민다고 해서 '작은 나'를 몰아세우지는 말아요. 우리의 '작은 나'가 하는 일이 그래요! 두려워하는 그 작은 아이를 그냥 안아주세요. '내맡기는' 일을 이 '작은 나'를 통해서 해보려고 '애쓰지는' 말아요. 그것은 그 방법을 몰라요. 신이 그 일을 하게 두세요."

나는 토샤의 권유를 받아들여 '바꾸소서' 기도를 했다. "이것을 하늘의 뜻에 맡길 수 있는 사람으로 저를 바꾸소서." 이 말을 하는 순간 엄청난 전율이 척추를 타고 올랐다. 온몸에 소름이 돋고, 가슴에는 평화가 가득해졌다.

오해는 하지 말기 바란다. 나에게 그건 쉬운 일이 아니었다. 머릿속의 재잘거리는 목소리는 내맡기는 것이 안전하지 않다고 말했다. 속아 넘어갈 수도 있다고, 이혼 과정을 잘 통제해서 내 이익을 차리는 쪽으로 끌고 가야 한다고 했다. 그러나 이는 '작은 나'가 얼마나 집요한지 보여줄 뿐이다. '내면의 등불'의 용기가 당신을 이끌게 하려고 한다는 것을 '작은 나'가 감지하면, 그것은 그런 일을 하는 데 자기가 얼마나 필요한지 설득하려 안간힘을 쓸 것이다.

이 글을 쓰는 지금 나는 겁이 난다. 꼭 칠흑 같은 구렁텅이로 뛰어들어 가는 것 같고, 내가 놓아버리면 원하는 것을 얻지 못할까봐 두렵다. 하지만 내 두려움이 제멋대로 휘두르도록 더는 내버려두고 싶지 않다. 나는 두려움을 느낄 테고, 어쨌든 뛰어넘을 것이다. 토샤가 맞다. 나는 준비되었다. 나는 묻고 싶다. 당신도 준비되었는가?

분명코 내맡기기는 '용기 키우기 6단계'에서 가장 중요한 부분이다. 내맡김의 기술을 통달하면, 불확실성을 대하는 태도가 달라지고,

욕구들과 건강한 관계를 맺으며, 두려움이 사라지는 것을 보게 되고, 용기가 자연스럽게 발현될 것이다. 두려움에게 자신을 안전하게 지켜 달라며 더는 의존하지 않는다. 우리보다 큰 무언가가 이미 그렇게 하고 있다는 것을 믿기 때문이다. 그때 우리는 안전대를 놓아버리고 자신을 최고선에 봉사하는 도구로 삼을 수 있다.

이 모든 걸 몇 가지 연습법에 다 담기는 어렵지만, 내맡기기를 배우는 데 도움이 될 만한 가르침 몇 가지를 소개할까 한다. 이것들은 나의 영적 조언자들에게 배운 것들로 당신 안의 용기를 끌어내도록 도와줄 것이다. 그 대부분은 토샤 실버의《하늘에 맡기다》에 나오는 가르침과 마사 베크의《험한 세상에서 내 길 찾기》에 나오는 '네 가지 마법의 기술Four Technologies of Magic'에서 따온 것들이다.

▶용기 키우기 연습 27
내맡기기 실습

1. 욕구를 확인하기

이 과정을 하는 것이 덜 두렵고 싶어서건 건강해지고 싶어서건 사랑을 찾고 싶어서건, 내맡기기 과정은 똑같은 방식으로 시작한다. 어린 시절 주일학교에서 뭐라고 배웠든 간에, 욕구는 절대 잘못된 것이 아니다. 그것은 생명의 불씨를 지피고, 영혼을 자라게 하고, 열정에 불꽃을 당기고, 살아있다는 느낌을 주는 그것을 가리키는 표지판이다. 가끔씩은 우리가 바란다고 생각하는 것을 잘못 판단하는 경우가 있다. 가령 당신이 절친의 남자 친구와 함께 있고 싶어 한다고 생각할 수도 있는데, 당신이 정말로 바라는 것은 그 사람과 함께 있을 때 느끼는 어떤 충만한 유대감이다. 이 것은 당신의 진실성을 위태롭게 하거나 절친을 배신하지 않고도 얼마든지 나눌 수 있는 것이다. 욕구란 한낱 정보일 뿐이다. 당신의 '내면의 등불'에 불꽃을 당기는 것이 무엇인지 알려주는 피드백인 것이다.

2. 욕구를 내맡기기

당신의 욕구를 확인한 순간 그것을 하늘에 내맡겨라. 용감해지고 싶은가? 그것을 하늘에 내맡겨라. 남편이 당신을 속이고 바람을 피울까 두려운가? 하늘에 내맡겨라. 절친에게 줄 생일선물을 잘못 고를까 걱정스러운가? 그냥 내맡겨라. 블로그 포스팅을 방금 날려버린 컴퓨터의 결함을 고치려다 낙담했는가? 하늘에 맡겨라. 우리 문화에서는 대개 이 단계를 건너뛰거나, 다른 모든 방법이 실패했을 때 최후의 수단으로 무릎을 꿇고 내맡기는 식이지만, 사실 우리가 맨 먼저 해야 할 것이 바로 이것이다.

당신은 욕구를 어떻게 내맡기는가? '작은 나'는 언제나 이 과정을 통제하려 들 것이다. 그러나 내맡기는 행동은 그런 통제가 아니다. 원하는 것을 얻기 위해 '작은 나'에게 내맡기는 법을 가르치는 그런 것도 아니다. 그보다는 하늘에 자신의 욕구를 바치고, 그런 다음 최고선으로 나타난 것이 어떤 것이더라도—설령 자신이 바라는 것과 정반대의 것이더라도—그것을 기꺼이 진심으로 받아들이는 것을 말한다. '바친다offering'는 것은 갈망이라는 짐의 무게를 덜어내는 것을 말한다. 토샤 실버는 욕구를 가슴을 무겁게 짓누르는 45킬로그램짜리 상자로 보라고 가르친다. 이 모습을 시각화한 다음, 그 무거운 상자를 당신에게 알맞다고 느껴지는 '높은 권능'에게 넘겨주는 모습을 시각화해 보라. 그 갈망은 더 이상 당신이 애써서 실현해야 할 갈망이 아니다. 그 문제는 더 이상 당신이 풀어야 할 문제가 아니다. 토샤는 또 '바꾸소서' 기도도 해 보라고 말한다. 기도는 '작은 나'의 집착을 건너뛰어 버리기 때문이다. 이를테면 이렇게 기도해 본다. "늘 통제해야 하는 사람이기보다는 내맡길 수 있는 사람으로 저를 바꾸소서."

마사 베크가 말하듯이, "주의를 모으고 의도를 갖되, 긴장은 하지 않는"(Attention. Intention. No tension) 것이다. 원하는 어떤 결과에 대한 집착을 내려놓는 것이 열쇠이다. 꼭 원하는 결과가 아니라도 더 좋은 결과를 얻을 수도 있다. 기적에 열려 있으라.

3. 말 없이 있기

이것은 가만히 있는 것이 아니라, 일종의 의식 상태에서 이루어지는 활동적인 단계이다. 양쪽 뇌를 모두 활성화시키는 이 '말 없이 있기'는 마사 베크가 말하는 '첫 번째 마법의 기술'이다. 칼 융 Karl Jung은 이 말 없는 상태를 '집단 무의식'이라 불렀고, 마사 베크는 이를 작고 나이든 당신보다 큰 어떤 것에 접속하게 해주는 일종의 '에너지 인터넷'에 들어가는 것에 비유한다. 이 단계를 촉진하는 기법들로는, 두 손 사이의 에너지 느끼기, 감각을 '오픈 포커스open focus'(좁은 대상에 주의를 모으지 않고 넓게 지각하여 뇌파를 창의적인 상태로 두는 방법—옮긴이) 상태로 열어두기, 몸의 피 흐름을 느껴보기, '감각 동시 동원sense-drenching'(오감을 동시에 이용해 세상을 경험하는 방법), 자연과 깊이 연결되기, 신성무神聖舞, sacred dance(동적動的 명상의 한 방법—옮긴이), 눈의 초점을 풀고 잠에 든다고 생각하기, 역설을 이용하여 마음을 열기 같은 것들이 있다. 이 기법들을 실천하는 구체적인 방법은 마사의 책에 들어 있다.

4. '하나임' 상태로 들어가기

마사의 '두 번째 마법의 기술'인 '하나임' 상태로 들어가기는 '작은 나'에서 빠져나와 존재하는 모든 것과 하나가 되는 것으로, 당신과 다른 생명 존재, 그리고 당신이 바라는 것 사이의 분리가 사라진 다. 이런 상태는 마치 에너지 인터넷에 이메일을 보내서 당신이 바라는 것의 정수를 당신 곁으로 가져오는 것과 같다. 당신 곁에 온 것이 당신이 바란다고 생각한 그것이 아닐 수도 있음을 명심하라. 그것은 당신이 어떤 것을 가질 때 느끼리라 생각하는 감정 상태일 수도 있다. 당신은 100만 달러를 원한다고 생각할지 모르지만, 정말로 바라는 것은 100만 달러를 가졌다는 생각에 딸려오는 편안한 기분이다. 그런 편안함은 꼭 돈이 아니라 다른 방식으로 나타날 수도 있다.

'하나임' 상태로 들어가기 위해 마사가 가르치는 기법들에는, 숟가락이나 포크 같은 납작한 식기류와 에너지적으로 하나가 되어 그것을 편안하게 구부리면서 손 아래에서 그것이 '녹는다'고 느끼기, 식품점에서 농산물과 소통하면서 어떤 것이 당신에게 좋고 어떤 것이 좋지 않은지 느껴보기, 다른 사람을 고요한 의식 상태로 데리고 들어가기, 반려 동물—또는 야생 동물이라도—과 텔레파시로 소통하면서 그 동물이 반응하는지 지켜보기 등이 있다.

5. 의도가 실현되는 모습 상상하기

용감해진 자신의 모습을 상상하는 것은 마사의 '세 번째 마법의 기술'에 들어 있다. 이는 공상하는 것fantasizing과 비슷해 보이지만 실은 전혀 다르다. 공상에는 대상을 붙잡는 속성이 있다. 꿈꾸는 것을 얻지 못하면 실망할까봐 두렵기 때문에 공상은 대개 마음을 상하게 한다. 공상에는 흔히 그것을 이룰 수 없다는 느낌이 따른다. 그러나 상상imagining은 당신이 바라는 것이 다른 어떤 차원에서는 이미 실현된 것 같은 느낌이 든다. 상상은 그저 원하는 것을 얻는다기보다는 뭔가 창조되기를 열망하는 것을 감지한다는 의미가 포함되어 있다.

  예를 하나 들어보자. 이 책 여기저기에 나오는 내 친구 데니스는 네덜란드 사람이다. 이 글을 쓰는 지금 데니스는 미국에 온 지 18개월이 되었는데, 캘리포니아에 체류하기 위해 오랫동안 기대하던 영주권 신청을 할 수 없다는 이야기를 변호사에게 들었다. 상황이 바뀌지 않으면 데니스는 몇 주 안에 미국을 떠나야 할 판이었다. 바라던 일이 아니었다. 데니스의 이성 마음에게는 캘리포니아에 체류하는 것이 최선이었다. 그러나 데니스가 말 없이 있기, '하나임' 상태로 들어가기, 그리고 상상하기를 하면서 의식이 바뀌자 아주 다른 일을 하는 자신이 보였다. 페루에 가서 잠시 샤먼들과 공부하고, 다시 체류 허가를 받아 캘리포니아로 돌아오는 것이었다. 의식적으로는 캘리포니아를 떠나고 싶은 마음이 전혀 없었지만, 먼저 페루로 가는 것이 '맞다'는 느낌이 갈수록 커졌다. 데니스는 자신이 페루로 가는 그림을 보고 있었다. 상상하기는 이런 식으로 작동한다. 무엇이 되고 싶은지 감지할 수 있도록 자신을 열어둠으로써, 데니스는 뭔가를 공동 창조하기 시작했다. 데니스가 미국에 체류할 적절한 비자를 얻을 수 있을까? 페루에 가게 될까? 아니면 영주권을 얻을까? 확실하게 말할 수는 없다. 그러나 가능한 결과들을 상상함으로써, 데니스는 에너지적으로 펼쳐지고 있던 어떤 것을 창조하는 데 참여했다. 용기 있는 행동을 하는 자신을 상상할 때 당신에게도 똑같은 일이 일어난다.

(데니스가 어떻게 되었는지 궁금해 할 것 같아 말하지만, 데니스는 비자를 받지 못했다. 그래서 여섯 달 동안 페루에 가서 영적인 성장에 전념했다. 나는 페루로 가서 데니스를 만났고, 우리는 함께 안데스 산맥을 4,800미터 높이까지 여행했다. 그곳 토착민 마을 께로스에서 지역 샤먼들과 함께 지내면서, 이 지혜로운 존재들로부터 영적 가르침과 치유법을 배웠다. 데니스는 그 뒤 샤먼 훈련을 받고 자신의 새로운 소명을 시작했다. 지금 우리는 함께 '두려움이 우리를 치유하게 하기' '하늘의 뜻에 내맡기기' 등 여러 가지 영적 치유법을 가르친다. 데니스의 '작은 나'가 원하는 것은 얻지 못했지만, 그의 영혼은 자신이 열망하던 것을 확실히 얻었다.)

6. 안내에 유념하기

지금까지 당신은 자신의 욕구를 분명히 알고, 그것을 우주에 내맡기고, 말 없이 있기와 '하나임' 상태에 들어가기를 실천하고, 또 바라는 것이 실현되는 모습을 상상했다. 이제 안내를 받을 시간이다. 진심으로 귀를 기울여라. 우주에서 오는 신호들을 눈여겨보라. 직관적 인식에 집중하라. 그 신호들은 모든 곳에서 당신의 주의를 끌려고 하고 있지만, 세심히 살피지 않으면 놓칠 것이다. 안내를 기다리며 들려오는 소리에 주파수를 맞춰라. 안내는 자칫 잘못 해석하기 쉽다. 특히 당신이 바라던 바와 다른 안내를 받을 때가 그렇다. 그래서 집착을 버리는 것이 중요하다. 기억하기 바란다. 이것은 당신이 원하는 걸 얻는 것이 아니다. 그냥 내맡기는 것이요, 되고 싶은 것에 자신을 맞추는 것이다.

7. 영감어린 행동하기

안내에 주의를 기울이다 보면 어느 순간에 '뭔가를 하라'는 부름을 받을 것이다. 마사의 '네 번째 마법의 기술'에서는 이 단계를 '빚어내기Forming'라고 정의한다. 토샤 실버는 이 시점이 되면 '스판다spanda'에 주의를 기울이라고 말한다. '스판다'는 산스크리트어로 '작은 움직임'이라는 뜻이다. 내맡긴다는 것은 수동적으로 된다는 것과는 다르다. 때로는 영감어린 행동을 하라는 부름을 받을 것이다. 행동해야 할지 말아야 할지가 분명하지 않다면, 몸을 나침반으로 사용하라. 바라는 쪽으로 어떤 행동을 하려고 할 때, 가슴이 벅차오르며 두근거리는 '예스' 반응이 온몸에서 느껴지는가? 아니면 생각만 해도 몸에서 힘이 빠지며 마치 '어쩔 수 없이 해야 하는 일'처럼 느껴지는가? 영감어린 행동은 활기와 편안한 느낌을 주는 반면, 에고가 시켜서 하는 일은 진이 빠지고 스트레스를 받고 두려움에 사로잡히게 만든다. 영감어린 행동이 때로는 책상에 달라붙어 일을 하거나 뭔가 도전적인 일을 하는 것일 수도 있지만, 그래도 그 일이 즐거운 느낌이 들 것이다.

8. 인내하기

이것은 어려운 부분이다. 당신은 하루아침 만에 용감해지기를 바랄 수도 있다. 가짜 두려움을 내던지고 매사에 용기 있게 결정할 수 있는 힘이 어느 날 갑자기 생겨나기를 바랄지도 모른다. 그러나 우리가 바라는 것은 정확히 우리가 바라는 그 시간에 우리가 바라는 그 형태로 나타나지 않는 경우가 허다하다. 바로 여기에서 사람들은 좌절하고, 제대로 '현실화'시키지 못했다며 자신을 질책하고, 그 바람을 넘죽 들어주지 않는 신에게 화를 내기가 쉽다. 앞의 단계들을 다 연습했으면, 이제 기꺼운 마음으로 기다리자. 기다리고 또 기다리자. 하늘의 때를 믿어라. 그리고 안내가 그리 하도록 이끌면 서슴없이 가던 길을 바꿔라.

9. 감사하기

어쩌면 당신은 바라던 것을 얻었고, 두려움은 한갓 과거의 일이 되었는지도 모르겠다. 하지만 당신이 대다수 평범한 사람들과 다를 게 없다면 여전히 가끔씩 두려울지 모른다. 어느 쪽이든, 그 안에서 완벽함을 찾아보라. 배움에 감사하자. 당신의 소망이 이루어졌다면 그 은총 속에 푹 젖어들어라. 만일 이루어지지 않았다면, 무엇이 되었든 더 좋은 것이 오고 있음에 감사하자. 이 여정을 끝내고서 조금이라도 더 용감해진 것 같다면 감사함을 표현하자.

마마 지나Mama Gena가 한 말대로 "표현되지 않은 축복은 허사가 된다." 자신의 용기에, 혹은 무엇이 되었든 당신이 현실로 만들었을 것들에 감사하자. 이 과정을 신뢰하라. 하고, 하고, 또 하라.

토샤와 함께 처음으로 난자처럼 살 수 있는 방법을 가르치는 워크숍을 열었을 때, 나는 문득 깨달았다. 워크숍이 끝나고 나는 이마를 찌푸린 채 토샤에게 다가가, 내 책《치유 혁명》에 '치유의 6단계'를 썼지만 잘못된 순서로 쓴 것 같다고 말했다.《치유 혁명》에 나오는 6단계는 이 책에 나오는 6단계, 즉 믿음, 지원, 직관, 진단, 처방, 그리고 내맡기기와 같다.《치유 혁명》에서 나는 내맡기기의 중요성에 대해 적었다. 질병을 하늘의 뜻에 맡기고 결과에 집착하는 마음을 내려놓으라는 것이었다. 그렇지만 내맡기기를 6단계에 적었다.

"토샤." 내가 멋쩍어하며 말했다. "내맡기기가 1단계여야 해요."

토샤가 고개를 끄덕였다. "맞아요. 내맡기기는 언제나 1단계예요."

그게 진실이다. 내맡기기가 늘 1단계가 되면 삶은 더 쉽고 덜 두렵다. 하지만 이 과정에서는 많은 독자들이 나와 같을 거라는 생각에 내맡기기를 6단계에 두었다. 우리의 욕구를 맨 먼저 넘겨주는 일이 가능하다고 믿지 않아서가 아니라, 우리가 실제로 할 수 있는 것들부터 먼저 해야 마음이 편하기 때문이다. 그런 다음에야 우리는—보통은 무릎을 꿇은 채—내려놓을 것이다.

수많은 구도자들이 이런 식으로 내맡기는 행위에 이른다. 처음에는 원하는 것을 얻으려고 할 수 있는 한 모든 것을 한다. 그러나 두려움으로 인해 병이 들거나 비참해지면, 아마도 순수한 힘과 결단, 의지로 할 수 있는 것들을 해보고 싶다는 마음이 들 수 있다. 명상을 하고, 영혼의 공동체를 찾을 것이다. 직관을 높이는 연습을 하고, 자기 제한적인 믿음들을 다룰 것이다. 그렇게 모든 걸 시도했는데도 여전히 가짜 두려움에 딸려오는 고통에 시달린다면, 마침내 무릎을 꿇고 모두 내맡길 마음이 생길 것이다.

이런 형태의 내맡기기는 더 이상 어찌할 수 없어 나오는 행동일 경우가 많다. 그러나 꼭 이렇게 하지 않아도 된다. 애초에 두려움을 '높은 권능'에게 기꺼이 넘겨준다면, 용기가 한달음에 달려와 당신 가슴으로 뛰어들 것이다.

처음부터 거창하게 시작할 필요는 없다. 작은 것부터 내맡기는 연습을 하면 된다. 차를 댈 만한 곳을 찾는가? 내맡기라. 표가 매진된 비행기에 좌석이 나기를 바라는가? 내맡기라. 회사에서 금요일에 일찍 퇴근할 수 있기를 바라는가? 그냥 내맡기라. 사소한 일들 중에서 당신이 바라는 것을 내맡기는 연습을 해보라. 그리고 어떤 일이 일어나는지 주의를 기울여보라. 눈과 귀와 가슴을 열어놓으라. 신호를 찾아보라. 이때 안내가 오거든 신뢰하라. 그런 다음 그 안내에 따라 결정을 내릴 만큼 용감해지라. 내맡기기를 배울 때, 우리의 삶 속으로 여성 원리feminine principle가 엮여들면서 우리의 행동을 바꿔놓는다. 개인들만 그런 것이 아니다. 문화도 마찬가지다.

현대 문화는 수세기 동안 남성 원리에 지배받아 왔다. 여러 가지 면에서 이것은 하나의 축복이었다. 남성 원리는 우리에게 많은 발전을 가져다주었다. 이 남성 원리 덕분에 우리는 많은 암들을 치료할 수 있다. 지난 세기 동안 기대 수명을 30년이나 연장시킨 것도 남성 원리 덕분이다. 남성 원리 덕분에 인터넷도 있다. 우주로 나간 것도 마찬가지다. 탐험하고, 혁신하고, 한계를 초월하려는 욕구는 수많은 방식으로 우리에게 이바지했다. 남성 원리는 변화와 혁신, 진보를 이루는 데 강력하고 건강한 힘이 될 수 있다.

그러나 이 힘이 파괴적으로 남용되면서 우리 문화 안의 수많은 시스템들이 타락하게 되었다. 의료계, 법조계, 교육계, 금융계, 기업 문화가 권력을 쥔 자들의 탐욕과 경쟁 등 이기적인 동기들에 장악당했다. 우리는 협력하고, 가슴을 열고, 타협하고, 공조하는 것이 어떤 것인지 잊어버렸다. 우리 문화를 다시 균형 잡히게 하려면 여성적인 방향으로 옮아갈 필요가 있다.

6단계에서 권하는 내맡기기는 이 여성 원리로 당신의 삶을 균형 잡으라는 일종의 초대이다. 모든 변화는 그 변화를 일으키는 것과 그 변화가 일어나도록 허용하는 것 사이의 춤이다. '용기 키우기 6단계'에서 말하는 것은 이것이 전부이다.

첫걸음을 내딛어라

"꽃봉오리 안에 꽁꽁 싸여 있는 위험이 꽃을 피우는 위험보다 더 고통스러운 날이 왔다." 아나이스 닌Anais Nin(미국의 소설가—옮긴이)이 썼다고 하는 멋진 표현이다. 꽃봉오리가 꽃을 피우려고 할 때는 대단한 용기가 필요하다. 이는 당신 선택에 달려 있다. 미지의 것에 대한 두려움보다 깨어나고자 하는 열망이 더 커지려면 어떻게 해야 할까? 용기가 꽃피게 하려면 어떻게 해야 할까? 당신은 두려움에 시달려서 이 책을 집어 들었을 수도 있다. 하지만 당신 생각과 달리 당신은 이미 말할 수 없이 용감하다. 걱정하고 불안해하고 두려워하는 당신의 한쪽은 당신에게 한계를 지우지만, 무한히 큰 당신의 다른 한쪽은 용기를 발산하고 있는 것이다. 이미 당신에게는 이 내면의 강인함에 다가갈 힘이 있다. 이 책에서 배운 내용들은 그 강인함과 더욱 굳게 연결되고 더욱 가까워지게 도와줄 것이다.

당신이 어떻게 생각하든, 실제로 당신은 당신 삶을 통제하고 있지 않다. 겁주려고 하는 말이 아니라, 자유롭게 하려고 하는 말이다. 당신은 당신을 줄에 매달린 요요처럼 아무렇게나 내두르는 무작위적이고 무질서한 우주의 꼭두각시가 아니다. 세상은 당신을 해치려고 틈만 나면 위협하는 위험한 곳이 아니다. 기쁨과 역경이라는 두 가지 형태로 영혼의 성장을 위한 기회를 주는 '목적이 있는 우주'이다. 역경에 맞닥뜨려 저항하기보다 오히려 그것을 받아들일 때, 당신은 거기에서 배우는 것은 물론 당신이 안전하고 심지어 사랑받고 있다는 것까지 알 수 있다. 당신의 영혼이 무엇을 배우고 있는지 곧바로 이해하지 못할 수도 있다. 희생당하는 느낌이 들지도 모른다. 인생이 불공평해 보일 수도 있다. 이런 느낌은 지극히 당연한 것이다. 하지만 나중에 돌아보면, 그 모든 일들이 이해가 갈 것이고, 비극의 시절에도 목적이 가득했다는 것, 그리고 비탄에 빠져 있을 때마저도 영혼이 성장했다는 것을 알게 될 것이다.

당신이 확실성을 얼마나 갈구하는지 안다. 나 또한 그렇다. 인간이지 않은가. 우리는 누구나 우리가 소중히 여기는 것들이 모두 영원하며, 우리가 두려워하는 일은 어떤 것도 일어나지 않는다는 점을 확인해두고 싶어 한다. 그러나 우리는 불확실성에 맞서느라 가능성의 문을 스스로 닫아버린다는 사실을 잊고 지낸다. 미래가 어떤 것을 품고 있는지 모를 때, 그때야말로 무슨 일이라도 가능하다. 그리고 그 신비를 기꺼이 받아들일 때, 경이롭고 놀라운 일들이 일어날 것이다.

두려움이 당신을 제한하도록 놔두지 마라. 오히려 두려움이 당신을 흔들어 깨우게 하라. 두려움을 불러 영혼의 새장을 열고 당신을 자유롭게 할 열쇠를 건네받으라. 확실성을 요구하는 한 당신은 위험을 감수하지 않을 것이다. 그러나 만일 기쁨을 알고 싶다면 위험을 감수해야 한다. 상처입을 각오를 해야 한다. 상실의 위험을 무릅써야 한다. 당신의 모든 가능성, 즉 진정한 당신을 구현하려면 고통을 무릅쓸 마음을 내야 한다. 여기에는 과감한 용기가 필요하다. 워낙 강해서 거의 숨도 쉴 수 없을 정도로 밀려드는 사랑을 맞받아내야 할 것이다. 그렇지만 바로 그 순간, 당신은 자신이 얼마나 연약한지 느끼고 움츠러들 것이다. 그렇게 자신이 연약하다는 사실을 배우는 것, 그리고 그렇게 가슴을 열어두는 것보다 더한 내구성 시험life test은 없다. 당신이 이 시험을 치를 수 있는 횟수에는 제한이 없다. 시험을 통과하거나 실패하거나 누구도 상관하지 않는다. 용기가 운전대를 잡게 할 수도 있고, 두려움이 운전대를 잡게 할 수도 있다. 어느 쪽이 운전대를 잡든지 아무도 판단하지 않는다.

그러나 많은 사람들이 숨져가는 모습을 곁에서 지켜본 의사로서 나는 그들이 자기 삶을 충분히 통제하지 못했다고 후회하는 것을 거의 본 적이 없다. 그들이 후회하는 것은 위험을 더 많이 감수하지 않았다는 것이었다. 추구하지 않은 꿈, 허비한 열정을 후회했다. 그러나 그보다 더 많이 후회하는 것은 가슴을 온전히 열지 않았다는 것이다. 표현하지 않은 사랑, 머뭇거렸던 일들, 연약한 자신을 지키려고 갑옷을 걸치고 살았던 것을 후회했다.

부디 후회 속에서 세상을 떠나는 사람이 되지 않길 바란다. 두려움이 막아서지 않게 하라. 늦지 않았다. 시간은 충분하다. 두려움에 구속되지 말고, 당신의 용감한 부분이 남은 삶의 주도권을 잡게 하면 된다. 당신은 남김없이 열정을 쏟고, 남김없이 사랑을 표현하고, 진정한 자아와 일치된 삶이 주는 내면의 평온함으로 가득한 상태로 눈을 감는 사람이 될 수 있다. 당신의 가슴은 이토록 광활하다. 당신의 용기는 바다만큼이나 크다. 자신이 얼마나 광대한 사람인지 당신은 모른다.

바로 지금 시작하면 된다. 당신에게는 지금 즉시 모든 것을 바꿔놓을 힘이 있다. 당신의 진정한 자아는 자유롭게 풀려나 세상에 은혜를 베풀기를 열망하고 있다.

마틴 루터 킹 주니어는 "계단의 끝이 보이지 않을 때에도 첫걸음을 내딛는 것, 이것이 믿음이다"라고 했다. 꼼짝 않고 있으면서 용기가 생기기를 열망할 때의 괴로움이 변화에 대한 두려움보다 커질 때, 마침내 꽃을 피울 때가 되었다는 것을 당신은 알 것이다. 자, 준비되었다면 첫걸음을 내딛자.

부록 1. 믿음을 바꾸는 13가지 기법

1. 바이런 케이티의 '작업The Work'

이 기법은 자기 제한적인 믿음들을 찾아서 바꾸는 데 아주 효과가 좋다. 바이런 케이티의 책《네 가지 질문*Loving What Is*》(한국어판 제목)을 읽고, TheWork.com에서 '이웃을 판단하기Judge Your Neighbor' 평가지를 채워 넣거나, 이 기법에 숙련된 치료사나 코치를 만나본다.

2. 인지 행동 치료Cognitive-Behavioral Therapy(CBT)

많은 치료사들이 흔히 사용하는 정신 요법의 하나인 인지 행동 치료는 문제 중심적·행동 지향적인 치료법이다. 이 방법은 목표 지향적인 절차들을 거쳐 역기능적 정서, 자기 파괴적 행동, 부적응적 인지 과정을 다룬다. 인지 행동 치료 기법은 자기 제한적인 믿음과 패턴에 도전해서, 생각의 오류들을 정서적 고통과 자기 파괴적 행동을 줄이는 건강한 생각들로 바꾸도록 도와준다.

3. 최면 요법Hypnotherapy

최면 요법은 잠재의식 수준에서 생각과 행동을 바꾸도록 도와주는 정신 요법의 하나이다. 우리의 행동은 95퍼센트가 잠재의식에서 나오므로, 최면 요법은 깊은 수준에서 빠르게 변화를 가져올 수 있다.

4. 안구 운동 민감소실 및 재처리 요법

Eye Movement Desensitization and Reprocessing(EMDR)

EMDR은 해결되지 못한 트라우마를 갖고 있는 사람들에게 적용하는 정신 요법이다. 눈을 양측으로 움직이거나 손동작이나 음색을 바꾸는 등의 양방향 감각 신호를 내담자에게 주면서 고통스런 심상을 떠올려 해소하게 하는 8단계 요법이다. EMDR은 내담자의 트라우마 기억을 처리하고, 지체 효과로 인한 후유증을 줄이며, 대처 능력을 높이는 데 도움을 주는 것으로 입증되었다.

5. 심리학적 운동학Psychological Kinesiology(Psych-K)

사이키-K는 치유 과정을 늦추는 자기 제한적 믿음들을 찾아내 바꾸기 위해서 잠재의식과 직접 소통하는 방법으로 긍정 심리학과 운동학을 결합한 것이다. 사이키-K는 긍정 문구를 육체 운동에 결합시켜 뇌의 전체 상태를 활성화하며, 이로써 뇌는 새로운 믿음을 받아들일 수 있는 수용 상태가 된다.

6. 감정 자유화 기법Emotional Freedom Technique(EFT 또는 두드리기)

EFT는 긍정 심리학과 동양 의학의 침술을 결합한 기법이며, 신경 언어 프로그래밍NLP, 에너지 의학, 사고장 요법Thought Field Therapy에도 뿌리를 두고 있다. 손가락으로 침 자리를 따라 두드리며 부정적인 믿음을 풀어내고 그것을 긍정 문구로 바꾸는 이 기법은 편도체를 차분하게 해주고 두려움을 감소시키며 믿음을 변화시키는 데 효과적이다.

7. 신경 언어 프로그래밍Neuro-Linguistic Programming(NLP)

NLP는 신경학과 언어를 연결한 것으로, 언어와 마음이 상호 작용을 통해 몸과 행동에 영향을 미치는(프로그래밍) 방식에 바탕을 두고 있다. NLP는 우리가 단어를 고르는 방식이 우리 내면의 잠재의식적 믿음을 반영하고, 단어를 바꾸면 믿음도 바꾸고 삶 속의 문제 영역도 치유할 수 있다는 전제를 바탕으로 한다.

8. 전일 신체 지성Whole Body Intelligence

스티브 시스골드Steve Sisgold의 '전일 신체 지성'은 몸을 이용해서 자기 제한적 믿음을 찾아내 치유한다. 몸의 알아차림을 이용해 부정적인 믿음이 몸에 어떻게 자리 잡고 있는지를 찾아내는 이 기법은 긍정 문구, 운동, 신체 인식을 결합시킨 것으로, 호흡법을 통해 자기 제한적 믿음을 풀어내고 행동을 바꾼다.

9. 에너지 치유 또는 기타 영적 치유법들

많은 형태의 에너지 치유, 주술 치유, 또는 레이키와 세타theta 치유, 신앙 치유, 직관 치유 같은 영적 치유법들을 자기 제한적 믿음을 다루는 데 이용할 수 있다.

10. 기도

기도와 의도 세우기는 믿음을 바꾸는 효과적인 도구가 될 수 있다. 토샤 실버는 '바꾸소서 기도'라는 기도법을 가르친다. 이를테면 "저를 두려움 없는 사람으로 바꾸소서" 같은 식으로 기도하는 것이다. 내맡기는 방법과 '바꾸소서 기도' 방법은 '용기 키우기 연습 27'에 더 자세히 나와 있다.

11. 호흡 기법

명상이나 요가 수련에서 사용하는 다양한 호흡법들도 부정적인 사고 패턴을 바꾸는 데 활용할 수 있다.

12. 긍정 문구

"나는 용기 있는 사람이다" "나는 내 직관을 믿는다"와 같은 긍정적인 문구를 충분히 반복하면 잠재의식 속의 부정적 믿음을 바꿀 수 있다. 이러한 긍정 문구들을 써서 집 안에 붙여놓고 아침에 일어난 직후나 잠자리에 들기 전에 반복해서 읊는다. 명상을 하면서 만트라로 사용할 수도 있고, 녹음을 해서 스마트폰이나 MP3 플레이어로 들을 수도 있다. 긍정 문구가 효과를 내려면 이것을 반복해서 읊는 것이 습관이 되어야 한다. 그래야 잠재의식에 새겨진다.

13. 피하기

뉴스를 보거나 신문을 읽거나 무서운 영화를 보거나 혹은 두려움에 찬 사람들과 긴 시간 이야기를 나누는 등 두려움을 일으키는 외부 요인들에 노출되면 믿음에 영향을 받을 수 있다. 특히 믿음을 바꾸려고 시도하는 단계에 있을 때는 불필요한 두려움을 줄 수 있는 요인들로부터 자신을 보호하는 안전 지대를 만드는 것이 도움이 된다. 처음 잉태 단계부터 안전 지대를 만들면 덜 취약해지겠지만, 처음에는 '믿음의 거품faith bubble'(다른 사람들로부터 자신을 지키는 일종의 보호막을 가리킴—옮긴이) 속에 더 머물고 싶을 수도 있을 것이다.

부록 2. 용기를 키우는 20가지 아이디어

1. 치료사를 만나거나, 인생 코치에게 상담을 받거나, 영적 교사와 관계를 맺는다.

2. 변형과 성장을 다루는 워크숍이나 프로그램에 등록한다.

3. 명상 수련을 시작한다.

4. 경주에 출전하기 위해 훈련한다.

5. 탐구 여행에 나선다.

6. 자원 봉사를 한다.

7. 피정을 떠난다.

8. 순례길에 오른다.(카미노 데 산티아고Camino de Santiago나 퍼시픽 크레스트 트레일Pacific Crest Trail 등)

9. 운동 프로그램에 등록한다.(요가, 줌바Zumba 피트니스, 무충격 에어로빅 NonImpact Aerobics(Nia), 저니 댄스Journey Dance, 소울 모션Soul Motion, 5 리듬Rhythms)

10. 새로운 취미를 시작한다.

11. 호신술을 배운다.(무술, 킥복싱, 가정 폭력 방어 교실)

12. 새로운 기술을 익힌다.(외국어, 그림, 악기 연주, 실내 장식, 글쓰기)

13. 성 취향의 한계를 넓혀본다.(에스 팩터S Factor, 탄트라, 성애물 읽기, 성 인용품을 실험해 보기)

14. 온전히 자신만을 위해 시간을 쓴다.(목욕 즐기기, 온천에 가기, 흥미 위주의 독서하기, 마사지 받기, 네일아트, 하루를 자신을 위해 쓰기)

15. 식단을 과감히 바꾼다.(채식, 생식, 녹즙 클렌싱, 슈퍼 푸드). 이미 건강 식품 애호가라면 입맛을 바꿔보라!

16. 유기 동물을 입양한다.

17. 낯선 사람들과 힘 되는 이야기를 나눠본다.

18. 외모를 바꾼다.(머리를 염색하거나 자른다. 화장을 바꾸거나 문신을 한다. 스타일리스트의 도움을 받아 의상을 바꾼다.)

19. 회복에 전념한다.(중독을 인정하기, 재활 프로그램에 등록하기, 12단계 프로그램에 참여하기)

20. 자연과 하나가 되어본다.(국립 공원을 찾아가고, 가드닝을 시작하고, 날마다 하이킹을 한다.)

부록 3. 함께할 부족을 만드는 7단계

한때 아메리카 인디언 부족과 함께 살았던 앤 대빈Anne Davin 박사는 현대 생활에서 부족 만들기에 큰 관심을 갖고 있다. 박사는 영혼의 부족을 찾는 방법으로 다음과 같은 지침을 제시한다. 이는 '영혼을 위한 의학' 원격 강의에 나오는 내용이다.

1. 무엇이 되었든 모든 초대에 응한다. 당신의 부족이 어디에 있을지 당신은 잘 모른다. 당신에게 온 모든 초대는 당신을 삶의 신성한 설계 안에 포함시키고자 찾고 있는 '신성으로의 문'임을 알라. 이런 이유로, 삶이 당신을 공동체로 초대할 때마다 그곳에 가면 영혼의 결속 관계를 만날 가능성이 아주 높다. 초대에 응하라. 특히 정말로 거절하고 싶을 때면 더욱더 응하라.

2. 자신을 돌보는 꼭 그만큼 타인을 돕는다. 부족의 관점에서 행동하라. '무엇을 얻을 수 있을까?'에 초점을 맞추지 말고 '무엇을 줄 수 있을까?'를 물어라. 주는 것이 얻는 것이다. 다른 사람이 들어올 수 있도록 문을 잡아주라. 길을 몰라 헤매는 사람에게 안내를 해주라. 날마다 타인에게 봉사할 방법을 찾아보라. 가장 중요한 것은, 당신이 가장 받고 싶은 것을 주는 것이다.

3. 당신을 설레게 하는 주제로 이미 만들어져 있는 공동체를 골라서 곧바로 찾아간다. 생각이 비슷한 사람들을 만나는 가장 빠른 방법이 이것이다. 부족 구성원들은 이미 자발적으로 형성되어 있는 집단을 자신들을 기다리

는 '집'으로 인식한다. 당신이 그곳에 속해 있는 듯 행동하면서 스스로 내부자가 되어보라. 그곳이 당신을 기다리고 있다고 생각하라.

4. 스스로에게 "내가 감정적으로 입은 가장 큰 상처는 무엇인가?" 물어본다. 그런 다음 똑같은 상처를 가진 사람을 돕는다. 타인과 연결된 느낌을 느끼지 못하게 가로막는 것이 무엇인가? 어릴 때 시달렸던 학대인가? 폭력적인 배우자의 손에 맞은 일인가? 알코올 중독인 부모의 폭력인가? 가정 폭력 피해 여성 보호소나 지역 재활 시설에서 후견인이 되어 자원 봉사를 해보라. 살면서 당신의 믿음을 깨버린 그것을, 믿음과 연결을 다시 살리는 수단으로 사용하라.

5. 워커바웃(오스트레일리아 원주민들이 성찰과 영감을 위해 정기적으로 떠나는 도보 여행—옮긴이)에 나선다. 누가 그리고 무엇이 세상의 가장자리로 밀려났는지를 보고 그런 변두리를 탐험한다. 현대적인 워커바웃을 나서려면 먼저 물어야 한다. "내 세계에서 미처 보지 못한 것은 무엇인가? 내 삶 속에 아이들이 있던가? 나이 든 사람들은? 나와 피부색이나 인종이나 나이나 성별이나 정치적 신념이 다른 사람들은?" 당신을 묘사하는 형용사 다섯 개를 적어보고, 이어서 그것과 반대되는 형용사들도 적어본다. 당신 삶 속에 당신과 반대되는 자질을 지닌 사람들이 있는가? 안전 지대 밖으로 나가서 관찰자 신분으로 미지의 세계로 향하라. 거기서 마주치는 것들이 자신을 '바꾸게' 하라.

6. 놀이를 하나의 입구로 이용한다. 긴장 없이 활짝 열린 상태로 놀 때 우리는 그 순간에 더 많이 머물게 되고, 따라서 마법과도 같은 일이 일어날 가능성이 더 커진다. 이것을 이용하자. 음악을 즐기는가? 문학을? 연 날

리기? 아니면 달리기나 다른 신체 활동인가? 요점은 진짜라고 느껴지는 방식으로 타인들과 연결되는 것이다. 일상 속에서 기쁨을 느끼는 일과 놀이를 먼저 하라. 양치질을 하는 그런 열성으로 그것을 하라.

7. 당신만의 횃불을 켠다. 무엇을 사랑하는가? 경외감과 경이로움에 당신을 확 열어주는 것은 무엇인가? 당신의 열정을 나누고 함께 이뤄나갈 기회를 만드는 사람들을 적극적으로 찾아보라. 독서 모임이나 명상 모임을 시작해 보라. 볼링은 어떤가? 하이킹이나 요리를 좋아하면 그런 모임도 좋다. 무언가에 또는 다른 사람에게 봉사하는 일에 열정을 느낄 수도 있다. 부족을 하나로 모으는 것은 구성원들이 함께 나누는 사랑이다. 당신의 부족을 꾸리고 마법이 일어나는 모습을 지켜보라.

<u>부록 4.</u> 나의 용기 처방전

나는 내 진정한 목적을 추구하기 위해 그동안 몸담아 온 의료계를 떠나기로 용기를 냈다. 완전히 새로운 일을 시작하려는 내 꿈을 위해 집을 팔고 퇴직금을 정리해 자본을 마련했다. 걸음마 단계의 사업을 키우려고 직원들을 고용하느라 빚을 졌다. 그리고 행복하지 않았던 결혼 생활도 청산했다. 이 과정에서 나는 내 자신의 '용기 처방전'을 실천해야 했다. 당신의 변형 과정은 내 경우처럼 극단적인 인생 변화들로 이루어지지는 않겠지만, 당신이 변화를 위해 어떤 투지를 내고 있는지에 상관없이 용기를 북돋는 이 실천법들이 도움이 될 것이다.

• 대도시를 벗어나 자연 속에서 산다. 그래서 샌디에이고에서 캘리포니아 북부의 작은 소도시로 이사한다. 이렇게 하면 신과 더 연결되고 더 용감해진 느낌이 들 것이다.
• 날마다 최소한 20분 동안 명상 수련을 한다. 여러 가지 명상 기법, 나를 비우는 수련법, 기도가 여기 포함된다.
• 가능한 한 자주 자연 속으로 하이킹을 떠난다.
• 과감한 선택을 내릴 때, '믿음의 거품'이 나를 둘러싼 모습을 시각화해, (대개 '나를 지켜준다'는 구실로) 나에게 투사하는 다른 사람들의 온갖 두려움으로부터 나를 보호한다.
• '작은 나'가 주도하는 삶보다는 '내면의 등불'이 주도하는 삶을 살고자 적극적으로 노력하는 사람들을 끌어들이고, 친분을 나누고, 그들을 더 우선시한다. '작은 나'가 두려움을 느낄 때 이들에게 도움을 청한다.
• '작은 나'에 완전히 빠져 사는 사람들과는 금을 긋고 그들과 보내는

시간에도 제한을 둔다.

• 불완전하게 보일까봐 두려워하는 내 자신을 치유하기 위해 '뻔뻔한 나'가 되는 내용으로 블로그를 쓴다.

• 일종의 민감소실 요법desensitization therapy으로서, 내 자신에게 트라우마를 주지 않는 범위 안에서 두려운 일들에 도전한다. 예를 들어 홀로 외국 여행 가기, 롤러코스터 타기, 로프 코스 통과하기는 다 내게 두려운 일이지만, 내가 여기에 둔감해질수록 무서움도 덜해질 것이다.

• 내게 용기를 주는 의미 있는 물건들로 가득한 제단을 만든다. 이곳을 명상과 의도 세우기, 내맡기기를 하는 장소로 이용한다.

• 매주 여러 번 요가 수련을 한다.

• 녹즙 클렌징으로 세 달마다 몸과 마음, 영을 정화한다.

• '내면의 등불'에 더욱 가까이 가도록 돕는 음악을 듣는다. 캐런 드러커Karen Drucker, 스나탐 카우르Snatam Kaur, 데바 프리말Deva Premal, 라파엘 베자라노Rafael Bejarano, 크리스틴 톨리스Christine Tulis, 마이클 프란티Michael Franti, 그리고 클래식 음악과 내 영혼에 와 닿는 노래들을 가려 뽑은 '내면의 등불 재생 목록'이 그런 음악들이다.

• 무충격 에어로빅, 소울 모션, 5리듬, 저니 댄스, 에스 팩터와 같은 영성 기반의 댄스 워크숍에 참가한다.

• 일요일에 5리듬 무아경 댄스 영혼 공동체와 모임을 갖는다.

• 레이첼 나오미 레멘이 이끄는 스터디 그룹 '의학의 의미 찾기Finding Meaning in Medicine' 모임에서 생각이 비슷한 의사들의 커뮤니티와 매달 만난다.

• 그린 걸치 선원Green Gulch Zen Center의 법회에 참석한다.

• '경제적 궁핍 극복하기' 코치 바버라 스태니Barbara Stanny와의 일대일 상담, 책, 프로그램을 통해 돈에 대한 두려움과 화해한다.

• 두려움, 욕구, 문제, 또는 역경이 생길 때, '용기 키우기 6단계'의 여섯 번째 단계에 적힌 대로 내맡기기 기술을 실천한다.

• 384쪽에 적은 것들처럼 '내면의 등불'에 불을 댕기는 책들을 읽는다.

• 크레이그 해밀턴의 '완전한 깨달음Integral Enlightenment'과 같은 원격 강의를 듣는다.

• 레이첼 나오미 레멘, 마사 베크, 토샤 실버, 앤 대빈, 엘리자베스 매닝 Elisabeth Manning, 사라 드루Sarah Drew, 새러 비크Sera Beak, 크리스틴 해슬러 Christine Hassler, 존 래스무센Jon Rasmussen, 린다 로즈Linda Rose, 크레이그 해밀턴, 데니스 쿠웬버그Dennis Couwenberg, 에이프릴 스웨지April Sweazy 등 내가 신뢰하는 여러 영적 조언자들에게서 영적 안내를 구한다.

• 에이미 알러스Amy Ahlers, 마이크 로빈스Mike Robbins, 스티브 시스골드Steve Sisgold, 크리스틴 애리로Christine Arylo와 함께 하는 영적 지도자("스피릿마인드Spiritmind") 집단에 매달 참여한다.

• 영적 교사인 아디야샨티, 토샤 실버, 바이런 케이티, 레이첼 나오미 레멘의 워크숍에 참석한다.

• 우주에는 목적이 있고 우리가 모두 하나라는 증거를 모을 방법으로, 마사 베크의 아프리카 STAR 피정에 참석해서 그녀의 책《험한 세상에서 길 찾기》에 나오는 기법들을 실천한다.

• 안전과 안락함 대신 영혼과 일치된 삶을 선택하기가 두려울 때에도, 내 '내면의 등불'에 100퍼센트 일치하지 않는 것은 모두 '아니'라고 말한다.

• 두려움과 의심이 올라올 때마다, '용기 키우기 연습 6'에 나오는 '관찰자 되기'를 실천한다.

• 두려움을 일으키는 뉴스 매체들을 피한다.

• '작은 나'가 무서워할 때 기도를 하면서 영적 안내와 용기를 구한다.

• 두려움을 느낄 때마다 '용기 키우기 연습 1'에 나오듯 '내면의 등불'이

내 '작은 나'를 돌보게 한다.

• '작은 나'가 두려워할 때 철저한 자기 돌봄의 행동으로 '작은 나'를 달래준다. 내가 좋아하는 자기 위로 기법을 몇 가지 들면, 따뜻한 물에 목욕하기, 발 마사지하기, 아로마 테라피하기, 바닷가에 앉아 있기, 집에서 만든 투박한 초콜릿 먹기, 초를 켜고 향을 사르기, 혼자서 춤추기, 샤워하면서 노래하기가 있다.

• '내면의 등불'이 '작은 나'에게 쓰는 러브 레터 '오늘의 한마디Daily Flame'를 날마다 쓴다. 봉사의 행동으로서 날마다 이렇게 이메일을 쓰는 방법은, 내 안의 이 지혜롭고 사랑 가득한 목소리를 찾아내는 법을 배우는 데 도움이 되었다.

주 /

1장

1. Walter B. Cannon, *Bodily Changes in Pain, Hunger, Fear and Rage: An Account of Recent Researches into the Function of Emotional Excitement* (D. Appleton and Company: New York and London, 1927); Hans Selye, "The General Adaptation Syndrome and the Diseases of Adaptation," The Journal of Clinical Endocrinology & Metabolism 6, no. 2 (1946): 117~230.
2. "Any Mood Disorder Among Adults," National Institute of Mental Health: http://www.nimh.nih.gov/statistics/1ANYMOODDIS_ADULT.shtml.
3. Hans-Ulrich Wittchen et al., "DSM-III-R Generalized Anxiety Disorder in the National Comorbidity Survey," *Archives of General Psychiatry* 51, no. 5 (May 1994): 355~364.
4. Kendra Cherry, "10 Common Phobias," About.com: http://psychology.about.com/od/phobias/p/commonphobias.htm.
5. Lisa Fritscher, "What Is the Fear of Phobias?," About.com, updated September 3, 2013: http://phobias.about.com/od/phobiaslist/f/What-Is-The-Fear-Of-Phobias.htm

2장

1. George L. Engel, "Sudden and Rapid Death During Psychological Stress: Folklore or Folk Wisdom?," *Annals of Internal Medicine* 74, no. 5 (May 1971): 771~782.
2. Jeremy D. Kark, Sylvie Goldman, and Leon Epstein, "Iraqi Missile Attacks

on Israel: The Association of Mortality with a Life-Threatening Stressor," *The Journal of the American Medical Association* 273, 15 (April 1995): 1208~1210.

3. Ibid.

4. S. R. Meisel et al., "Effect of Iraqi Missile War on Incidence of Acute Myocardial Infarction and Sudden Death in Israeli Civilians," *The Lancet* 338, no. 8768 (September 1991): 660~661.

5. Klea Katsouyanni, Manolis Kogevinas, and Mitrios Trichopoulos, "Earthquake-Related Stress and Cardiac Mortality," *International Journal of Epidemiology* 15, no. 3 (December 1985): 326~330.

6. I. Kawachi et al., "Symptoms of Anxiety and Risk of Coronary Heart Disease. The Normative Aging Study," *Circulation* 90 (1994): 2225~2229.

7. A. P. Haines, J. D. Imeson, and T. W. Meade, "Phobic Anxiety and Ischaemic Heart Disease," *British Medical Journal* 295 (August 1987): 297~299.

8. "Can You Be Scared to Death?," *USA Today Magazine*, October 1994.

9. Lana L. Watkins et al., "Phobic Anxiety, Depression, and Risk of Ventricular Arrhythmias in Patients with Coronary Heart Disease," *Psychosomatic Medicine* 68, no. 5 (September/October 2006): 651~656.

10. James L. Januzzi, Jr., et al., "The Influence of Anxiety and Depression on Outcomes of Patients with Coronary Artery Disease," *Archives of Internal Medicine* 160, no. 13 (July 2000): 1913~1921.

11. I. Kawachi et al., "Prospective Study of Phobic Anxiety and Risk of Coronary Heart Disease in Men," *Circulation* 89 (1994): 1992~1997; I. Kawachi et al., "Symptoms of Anxiety and Risk of Coronary Heart Disease. The Normative Aging Study," *Circulation* 90 (1994): 2225~2229; William Coryell, Russell Noyes, and John Clancy, "Excess Mortality in Panic Disorder: A Comparison with Primary Unipolar Depression," *Archives of General Psychiatry* 39, no. 6 (June 1982): 701~703; Coryell, Noyes, and J. D. House, "Mortality among Outpatients with Anxiety Disorders," *American Journal of Psychiatry* 143, no. 4 (April 1986): 508~510.

12. Walter B. Cannon, ""Voodoo" death," *American Anthropologist* 44, no. 2

(April~June 1942):169~181.

13. Curt Richter, "On the Phenomenon of Sudden Death in Animals and Man," *Psychosomatic Medicine* 19, no. 3 (May 1957): 191~198.

14. Murray Esler, et al., "The Peripheral Kinetics of Norepinephrine in Depressive Illness," *Archives of General Psychiatry* 39, no. 3 (March 1982): 295~300.

15. S. B. Manuck et al., "Does Cardiovascular Reactivity to Mental Stress Have Prognostic Value in Postinfarction Patients? A Pilot Study," *Psychosomatic Medicine* 54, no. 1 (January~February 1992): 102~108; D. S. Krantz et al., "Cardiovascular Reactivity and Mental Stress-Induced Myocardial Ischemia in Patients with Coronary Artery Disease," *Psychosomatic Medicine* 53, no. 1 (January~February 1991): 1~12.

16. Kawachi et al., "Symptoms of Anxiety," 2225~2229.

17. Raj Persaud, "Worriers More Prone to Cancer," *New Scientist*, May 28, 2003: http://www.newscientist.com/article/dn3767-worriers-more-prone-to-cancer.html.

18. Alf Forsén, "Psychological Stress as a Risk for Breast Cancer," *Psychotherapy and Psychosomatics* 55, nos. 2~4 (1991): 176~185.

19. Joanna Kruk and Hassan Y. Aboul-Enein, "Psychological Stress and the Risk of Breast Cancer: A Case-Control Study," *Cancer Detection and Prevention* 28, no. 6 (July 2004): 339~408.

20. Kirsi Lillberg et al., "Stressful Life Events and Risk of Breast Cancer in 10,808 Women: A Cohort Study," *American Journal of Epidemiology* 157, no. 5 (2003): 415~423.

21. Felicia D. Roberts et al., "Self-Reported Stress and Risk of Breast Cancer," *Cancer* 77, no. 6 (March 1996): 1089~1093.

22. D. L. Felten et al., "Noradrenergic and Peptidergic Innervation of Lymphoid Tissue," *Journal of Immunology* 135, no. 2 (1985):755s~765s; Y. Shavit et al., "Opioid Peptides Mediate the Suppressive Effect of Stress on Natural Killer Cell Cytotoxicity," *Science* 223, no. 4632 (January 1984): 188~190; Bruce S.

Rabin et al., "Bidirectional Interaction Between the Central Nervous System and the Immune System," *Critical Reviews in Immunology* 9, no. 4 (1989): 279~312.

23. Lisa Hurt Kozarovich, "Stress: A Cause of Cancer?," Psych Central: http://psychcentral.com/lib/stress-a-cause-of-cancer/000754.

24. "Stress Weakens the Immune System," *American Psychological Association*, February 23, 2006: http://www.apa.org/research/action/immune.aspx.

25. Robert Ader, David L. Felten, and Nicholas Cohen, eds., *Psychoneuroimmunology* (San Diego: Academic Press, 1991); J. R. Calabrese, M. A. Kling, and P. W. Gold, "Alterations in Immunocompetence During Stress, Bereavement, and Depression: Focus on Neuroendocrine Regulation," *American Journal of Psychiatry* 144, no. 9 (September 1987): 1123~1134; Janice K. Kiecolt-Glaser and Ronald Glaser, "Psychosocial Factors, Stress, Disease, and Immunity," in *Psychoneuroimmunology*, eds. Ader et al. (San Diego: Academic Press, 1991), 849~867.

26. Sheldon Cohen and Gail M. Williamson, "Stress and Infectious Disease in Humans," *Psychological Bulletin* 109, no. 1 (January 1991): 5~24; Mark L. Laudenslager, "Psychosocial Stress and Susceptibility to Infectious Disease," in *Viruses, Immunity, and Mental Disorders*, eds. Edouard Kurstak, Z. J. Lipowski, and P. V. Morozov (New York: Springer, 1987), 391~402.

27. Sheldon Cohen and Tracy B. Herbert, "Health Psychology: Psychological Factors and Physical Disease from the Perspective of Human Psychoneuroimmunology," *Annual Review of Psychology* 47 (February 1996): 113~142; M. Irwin et al., "Life Events, Depressive Symptoms, and Immune Function," *American Journal of Psychiatry* 144, no. 4 (April 1987): 437~441; Steven J. Schleifer et al., "Suppression of Lymphocyte Stimulation Following Bereavement," *The Journal of the American Medical Association* 250, no. 3 (July 1983): 374~377.

28. Martin P. Gallagher et al., "Long-Term Cancer Risk of Immunosuppressive Regimens after Kidney Transplantation," *Journal of the American Society of*

Nephrology 21, no. 5 (May 2010): 852~858.

29. J. F. Buell, T. G. Gross, and E. S. Woodle, "Malignancy after Transplantation," *Transplantation* 80, no. 2S (October 2005): S254~S264; Jeremy Chapman and Angela Webster, "Cancer Report," in *ANZDATA Registry 2004 Report* (2004): 99~103; Chapman and Webster, "Cancer after Renal Transplantation: The Next Challenge," *American Journal of Transplantation* 4, no. 6 (June 2004): 841~842.

30. Jørgen H. Olsen et al., "Cancer in the Parents of Children with Cancer," *New England Journal of Medicine* 333 (December 1995): 1594~1599.

31. Jiong Li et al., "Cancer Incidence in Parents Who Lost a Child: A Nationwide Study in Denmark," *Cancer* 95, no. 10 (November 2002): 2237~2242.

32. Anil K. Sood et al., "Adrenergic Modulation of Focal Adhesion Kinase Protects Human Ovarian Cancer Cells from Anoikis," *Journal of Clinical Investigation* 120, no. 5 (May 2010): 1515~1523.

33. Neil M. H. Graham, Robert M. Douglas, and Philip Ryan, "Stress and Acute Respiratory Infection," *American Journal of Epidemiology* 124, no. 3 (1986): 389~401; W. Thomas Boyce et al., "Influence of Life Events and Family Routines on Childhood Respiratory Tract Illness," *Pediatrics* 60, no. 4 (October 1977): 609~615; Roger J. Meyer and Robert J. Haggerty, "Streptococcal Infections in Families: Factors Altering Individual Susceptibility," *Pediatrics* 29, no. 4 (April 1962): 539~549.

34. Sheldon Cohen, David A. J. Tyrell, and Andrew P. Smith, "Psychological Stress and Susceptibility to the Common Cold," *New England Journal of Medicine* 325, no. 9 (August 1991): 606~612.

35. T. G. Pickering, "Blood Platelets, Stress, and Cardiovascular Disease," *Psychosomatic Medicine* 55, no. 6 (November~December 1993): 483~484; Esther M. Sternberg, "Does Stress Make You Sick and Belief Make You Well? The Science Connecting Body and Mind," *Annals of the New York Academy of Sciences* 917 (January 2000): 1~3.

36. Bert Garssen, "Psychological Factors and Cancer Development: Evidence after 30 Years of Research," *Clinical Psychology Review* 24, no. 3 (July 2004): 315~338; Eric Raible and Allan S. Jaffee, "Work Stress May Be a Determinant of Coronary Heart Disease," *Cardiology Today* 11, no. 3 (March 2008): 33; S. O. Dalton et al., "Mind and Cancer: Do Psychological Factors Cause Cancer?," *European Journal of Cancer* 38, no. 10 (July 2002): 1313~1323; Edna Maria Vissoci Reiche, Sandra Odebrecht Vargas Nunes, and Helena Kaminami Morimoto, "Stress, Depression, the Immune System, and Cancer," *The Lancet Oncology* 5, no. 10 (October 2004): 617~625; Ljudmila Stojanovich and Dragomir Marisavljevich, "Stress as a Trigger of Autoimmune Disease," *Autoimmunity Reviews* 7, no. 3 (January 2008): 209~213; Eva M. Selhub, M.D., "Stress and Distress in Clinical Practice: A Mind-Body Approach," *Nutrition in Clinical Care* 5, no. 4 (August 2002): 182~190.

37. Olivia I. Okereke et al., "High Phobic Anxiety Is Related to Lower Leukocyte Telomere Length in Women," *PLOS ONE* 7, no. 7 (July 2012): e40516.

38. Masahiro Ochi et al., "Effect of Chronic Stress on Gastric Emptying and Plasma Ghrelin Levels in Rats," *Life Sciences* 82, nos. 15~16 (April 2008): 862~868.

39. Jack Sparacino, "Blood Pressure, Stress, and Mental Health," *Nursing Research* 31, no. 2 (March~April 1982): 89~94.

40. Ashley E. Nixon et al., "Can Work Make You Sick? A Meta-Analysis of the Relationships Between Job Stressors and Physical Symptoms," *Work & Stress: An International Journal of Work, Health & Organizations* 25, no. 1 (April 2011): 1~22.

41. Ricard Farré et al., "Critical Role of Stress in Increased Oesophageal Mucosa Permeability and Dilated Intercellular Spaces," *Gut* 56, no. 9 (February 2007): 1191~1197.

42. "Kelly McGonigal: How to Make Stress Your Friend," TED Talk video,

14:28, recorded June 11, 2013, https://www.ted.com/talks/kelly_mcgonigal_ how_to_make_stress_your_friend.

43. Lisa M. Schwartz and Steven Woloshin, "Changing Disease Definitions: Implications for Disease Prevalence. Analysis of the Third National Health and Nutrition Examination Survey, 1988~1994," *Effective Clinical Practice* 2, no. 2 (March~April 1999): 76~85.

44. Bart Windrum, "It"s Time to Account for Medical Error in "Top Ten Causes of Death Charts,"" *Journal of Participatory Medicine* 5 (April 2013): http://www.jopm.org/opinion/commentary/2013/04/24/it%E2%80%99s-time-to-account-for-medical-error-in%E2%80%9Ctop-ten-causes-of-death-charts/.

45. Janet M. Corrigan et al., "To Err Is Human: Building a Safer Health System," *Institute of Medicine of the National Academies* (November 1, 1999): http://www.iom.edu/~/media/Files/Report%20Files/1999/To-Err-is-Human/To%20Err%20is%20Human%201999%20%20report%20brief.pdf.

46. John T. James, "A New, Evidence-Based Estimate of Patient Harms Associated with Hospital Care," *Journal of Patient Safety* 9, no. 3 (September 2013): 122~128.

47. Bill Hendrick, "Americans Worry about Getting Alzheimer"s: Survey Reveals Fears About Alzheimer"s, Stroke, Heart Disease, and Other Diseases," *WebMD Health News* (February 2011): http://www.webmd.com/alzheimers/news/20110223/americans-worry-about-getting-alzheimers.

48. H. Gilbert Welch and William C. Black, "Overdiagnosis in Cancer," *Journal of the National Cancer Institute* 102, no. 9 (April 2010): 605~613.

49. Heidi D. Nelson et al., "Screening for Breast Cancer: An Update for the U.S. Preventive Services Task Force," *Annals of Internal Medicine* 151, no. 10 (November 2009): 727~W242.

50. H. Gilbert Welch, Lisa M. Schwartz, and Steven Woloshin, *Overdiagnosed: Making People Sick in the Pursuit of Health* (Boston: Beacon Press, 2011), 88.

51. Per-Henrik Zahl, Jan Maehlen, and H. Gilbert Welch, "The Natural History of Invasive Breast Cancers Detected by Screening Mammography," *Archives*

of Internal Medicine 168, no. 21 (November 2008): 2311~2316.

52. Ned Calonge et al., "Screening for Breast Cancer: U.S. Preventive Services Task Force Recommendation Statement," *Annals of Internal Medicine* 151, no. 10 (November 2009): 716~726.

53. W. A. Sakr et al., "Age and Racial Distribution of Prostatic Intraepithelial Neoplasia," *European Urology* 30, no. 2 (1996): 138~144.

54. H. Gilbert Welch and Peter C. Albertsen, "Prostate Cancer Diagnosis and Treatment after the Introduction of ProstateSpecific Antigen Screening: 1986~2005," *Journal of the National Cancer Institute* 101, no. 19 (August 2009): 1325~1329.

55. Richard J. Albin, "The Great Prostate Mistake," *The New York Times*, March 9, 2010.

3장

1. Brian G. Dias and Kerry J. Ressler, "Parental Olfactory Experience Influences Behavior and Neural Structure in Subsequent Generations," *Nature Neuroscience* 17, no. 1 (January 2014): 89~96.

6장

1. Daniel Gardner, *The Science of Fear* (New York: Plume, 2008), 3.

2. Marc Siegel, "The Irony of Fear," *The Washington Post*, August 30, 2005, http://www.washingtonpost.com/wp-dyn/content/article/2005/08/29/AR2005082901391.html.

3. Gardner, *The Science of Fear*, 8~10.

4. *Psychic Powers*, Mysteries of the Unknown series (Time-Life Books, 1987), 50~53.

7장

1. "Jill Bolte Taylor: My Stroke of Insight," TED Talk video, 18:19, recorded February 2008, https://www.ted.com/talks/jill_bolte_taylor_s_powerful_stroke_of_insight.

2. Sigmund Freud, "Dreams and the Occult," in *New Introductory Lectures on Psycho-Analysis* (New York: W. W. Norton, 1933), 24.

3. Dean Radin, *The Conscious Universe: The Scientific Truth of Psychic Phenomena* (New York: HarperCollins, 1997), 68~73.

4. Daryl J. Bem and Charles Honorton, "Does Psi Exist? Replicable Evidence for an Anomalous Process of Information Transfer," *Psychological Bulletin* 115, no. 1 (January 1994): 4~18.

5. Ray Hyman, "The Ganzfeld Psi Experiment: A Critical Appraisal," *The Journal of Parapsychology* 49, no. 1 (March 1985): 3~49.

6. Ray Hyman and Charles Honorton, "A Joint Communiqué: The Psi Ganzfeld Controversy," *The Journal of Parapsychology* 50 (December 1986): 351~364.

7. Bem and Honorton, "Does Psi Exist?," 4~18.

8. Julie Milton and Richard Wiseman, "Does Psi Exist? Lack of Replication of an Anomalous Process of Information Transfer," *Psychological Bulletin* 125, no. 4 (July 1999): 387~391.

감사의 글

언젠가 조이스 캐롤 오츠Joyce Carol Oates(미국의 소설가―옮긴이)가 한 말이 내 마음에 깊이 와 닿았다. "작가인 나에 대해 유별나게 떠들어대는 사람들을 이해할 수가 없다. 나는 그냥 물이 뿜어져 나오는 정원의 물 호스일 뿐인데." 내 입에서 나오는 말들에 대해서 내가 느끼는 것이 바로 이와 같았다. 내가 확실히 아는 것은 물이 뿜어져 나오도록 도와준 사람들이 없었다면 나는 그저 막히고 꼬이고 지저분한 호스에 불과했을 뿐이라는 사실이다. 이 책이 한 사람이라도 치유되도록 돕는다면, 그것은 오로지 신의 은총과 이런 일이 가능하게 만들어준 그들의 기적과도 같은 조합이 있었기 때문이다. 그들이 손을 잡아주고 호스를 풀어주지 않았다면, 나는 이 책을 쓰지 못했을 것이다.

이 책이 마치 야수처럼 나와 그토록 치열하게 싸우게 될 거라곤 생각도 못했다는 얘기를 꼭 해야겠다. 바로 내 정원 호스가 너무도 심하게 꼬여 있었기 때문이다. 책을 쓰기 시작했을 때, 내 이성 마음은 자료를 찾고 연구를 하면서 이 책의 1부를 편안하게 써 내려갔다. 나의 다른 부분이 "맙소사! 내가 더 두려워했구나!" 하고 깨닫기 전까지는 그랬다. 망연해진 나는 글을 쓸 수가 없었다. 그것도 2년 동안이나.

그러던 2014년 1월, 책을 마감하기로 약속한 날로부터 석 달밖에 안 남은 시점에서, 나는 오랜 친구이자 멘토이고 고맙게도 이 책에 추천의 글을 써준 레이첼 나오미 레멘과 함께 원격 강의 시리즈를 가르치게 되었다. 두 달 동안 나는 날마다 레이첼의 집 식탁에 앉아 수시로 감동의 눈물을 흘렸다. 날마다 그녀의 집에서 만나기 시작한 지 한 달쯤 되었을 무렵 레이첼이 말했다. "리사, 내가 왜 리사와 함께 '영혼을 위한 의학'을 가르치는지 알아요?" 사실 나는 레이첼이 나와 함께 가르치기로 했을 때 내가 변변치 않고 부적합한 사람이라고 느꼈다. 그래서 그녀가 하는 비영리 사업을 뒷받침할 수익을 만들어내려고 나와 그 일을 하기로 했을 거라고 넘겨짚었다. 레이첼은 고개를 흔들더니 사랑 가득한 미소를 지으며 말했다. 우리가 서로의 영혼이 자라도록 돕기 위해서 한 거라는 거였다.

지금 나는 목적이 있는 우주가 의도적으로 레이첼과 나를 두 달 동안 꼭 붙어 있게 만들어 이 책이 태어날 수 있도록 한 것이 아닌가 생각이 든다. 내가 한 일이라고는 컴퓨터 앞에 앉아 자판에 손가락을 얹은 것뿐이었다. 그러면 나보다 훨씬 큰 무언가가 내 손가락을 통해 흘러나왔다. 그러는 사이 레이첼은 마치 장미꽃 봉오리를 돌보듯 이 책의 가능성을 자상하게 품어주었다. 레이첼! 당신에 대한 감사함을 말로는 다 표현할 수가 없어요. 내가 희생자 역할에 단단히 붙들려 있을 때, 당신의 사랑 덕분에 나는 그 역할을 내려놓을 수 있었어요. 내 삶에 당신이 함께 있다는 것은 과분한 은총이라고밖에는 할 수가 없네요. 당신은 제 가족입니다. 정말 감사드려요.

두려움을 극복해 가는 내 여정에 아직 확신을 갖지 못하던 때, 나를 위해 '비행기를 붙들고' 있겠다던 마사 베크에게도 한없는 감사를 드린다. 무슨 말인지 이해를 못하고 눈썹을 쳐들자 마사가 내게 말했다. "가끔은 비행기를 놓치지 않으려고 여기저기 가방을 부딪쳐가며 공항 대합실을 내달린 적이 있을 거예요. 하지만 그때 이미 비행기에 타 있는 친구가 기억이 나요. 그 친구는 기장에게 말할 수 있죠. '기다려줘요! 아직 출발하지 말아요! 친구가 오고 있어요!'" 이 책을 쓰기 시작했을 무렵, 나에게는 마사 당신이 이미 타고 있는 비행기를 탈 수 있을 거라는 믿음이 없었어요. 하지만 내가 어떻게든 제때 도착할 거라고 당신이 믿는다는 건 알았어요. 내 믿음이 충분하지 않을 때 나는 당신의 믿음을 빌렸죠. 당신에게 드리는 감사는 절대로 마르지 않을 폭포와도 같아요. 나에게 마법을 소개해 주고, 지침 없이 신비를 연구하고, 나의 '정신 나간' 경험들을 정상으로 돌려놓아 주고, 또 그 경이 앞에서 늘 웃게 해주어서 고마워요.

꼬인 내 정원 호스의 많은 부분은 토샤 실버 덕분에 풀 수 있었다. 토샤는 내가 책에 쓰는 이야기와 내 삶이 일치하도록 사랑 가득하면서도 대쪽 같은 말로 이끌어주었고, 또 글을 쓰고 있는 사람이 정말로 누구인지 자주 일깨워주었다. 하지만 토샤! 나는 잊어버리고 벗어나기 일쑤였어요. 내가 길에서 너무 멀리 벗어나게 내버려두지 않아서 고마워요. 당신의 가르침을 내가 마침내 이해했다고 생각할 때마다, 내 '작은 나'는 자신을 교활하게 위장해서 리사라는 운전대를 움켜쥐려 했어요. 하지만 감사하게도 당신은 속아 넘어가는 법이 없었고, 그때마다 나를 다시 진리로 부드럽게 이끌어주었죠. 당신을 만난 건 기적이었어요.

이 책에 배경으로 깔린 풍경이 있다면, 그건 내 영혼의 쌍둥이 데니스 쿠웬버그와 함께 이 책의 내용을 토론하며 초원에 앉아 많은 시간을 보낸 타호 호수의 눈 덮인 산들일 것이다. 데니스는 에고의 양파 껍질을 벗겨내 우리 안 깊은 곳의 두려움들을 밝히기 위해 나와 함께 어둠 속 깊이 뛰어들 만큼 용감했다. 데니스! 자신이 두려움과 어떤 식으로 관계를 맺고 있는지 알아내겠다는 당신의 의지, 그리고 그 이야기를 내게 기꺼이 들려준 당신의 의지가 이 책을 더없이 풍성하게 해주었어요. 당신은 내게 얼마나 많은 영감을 주었는지 몰라요. 당신이 그 롤러코스터에 앉았을 때, 로프 코스를 타려고 안전 장치를 걸었을 때, 아디야샨티가 이끄는 '침묵의 피정' 내면 여행을 갔을 때, 함께 린다 로즈를 만났을 때, 안데스 하이킹 때문에 내면의 저항에 부딪쳤을 때, 안정적인 직업을 관두고 온갖 위험 앞에 놓였을 때, 당신은 진짜 용기로 삶을 산다는 게 어떤 것인지 내게 잘 보여주었어요. 감행하려 했던 것을 마쳤다 싶은 생각이 들 때마다 당신은 앞으로 더 나아갔죠. 난 당신과 함께 가지 않을 수가 없었고. 깨달음으로 가는 여정을 당신이 그렇게 신이 나서 가니까 말이에요. 내 삶에 찾아온 당신에게, 그리고 진리를 얼핏 보게 해준 당신에게 영원히 감사할 거예요. 이 세상에서 내 일을 혼자서 하고 싶지는 않았는데 이제 당신을 찾았으니, 난 무엇이 되었든 우리가 이 세상에서 함께 탐험하도록 되어 있는 일들이 완벽하게 펼쳐지리라 믿어요. 당신과 함께 나란히 무대에 서는 생각을 하면, 나는 소름이 돋으며 무슨 일이든 할 수 있다는 느낌이 들어요. 내가 누구인지, 여기 왜 있는지, 그리고 무조건적인 사랑과 완전한 자유가 정말로 공존할 수 있다는 걸 기억하게 해주어서 고마워요.

　내가 이 책을 바치는 에이프릴 스웨지! 아침마다 헝클어진 머리에 졸린 눈을 한 에이프릴을 보면, 나는 내 살갗을 꼬집으며 우주의 엉뚱한 유머 감각에 웃어요. 십수 년 전에 에이프릴이 나와 세션을 하려고 대륙을 가로질러 왔을 때가 지금도 기억나요. 그때는 내가 뭘 하고 있는지 몰랐고, 에이프릴도 낯선 사람과 코칭 세션을 하려고 왜 캘리포니아까지 날아왔는지 몰랐어요. 내가 말할 수 있는 건, 우리가 할 수 있는 것보다 더 나은 방식으로 '누군가'가 삶을 이끌고 있고 그것이 괜찮은 일이라는 사실뿐이에요. 에이프릴을 가족의 일원으로 두어서, 그리고 갈수록 더 큰 용기를 내는 모습을 볼 수 있어서 기뻐요. 항상 내 뒤를 봐주어서, 내가 이 책과 씨름을 하는 동안 아낌없는 조언자가 되어주어서, 나를 무조건적으로 사랑해 주어서, 진짜 치유가 어떤 의미인지를 가르쳐주어서, 그리고 우리를 에이프릴의 가족으로 과감하게 받아들여 주어서 고마워요.

　사라 드루에게도 특별히 감사하고 싶다. 영적인 길을 가기 위해 고투하는 내 곁에서 흔들림 없이, 아무런 판단도 하지 않고 함께 여행해 주었다. 나는 언젠가 한 영혼이 만만치 않은 삶을 계획하고 지상에 오기로 선택한다면 그 영혼의 안내자가 함께 환생하기로 선택할 수도 있다고 들었다. 인간의 몸을 하고서 그 영혼을 안내하고 여행을 더 잘 마치도록 돕기 위해서 말이다. 이 이야기를 들었을 때 나는 그 말이 사실이며, 사라야말로 '어머니 가이아'처럼 넓디넓은 품안에 나를 품으려고, 그리고 내가 여성의 역할을 깊이 경험하고 잘 완수하도록 여기에 온 영혼의 안내자라는 것을 그 자리에서 알았다. 사라, 고마워! 최고의 친구가 되어주어서.

레이저처럼 진리에 초점을 모으고 밝은 렌즈를 통해 그 진리를 볼 수 있도록 해준 앤 대빈 박사께도 감사드린다. 대빈 박사님, 우리가 가르치는 것을 더욱 확장시키고, 뿌리 내리게 하고, 더욱 깊어지게 하고, 더욱 높이 들어 올릴 수 있도록 해줘서 감사해요. 브루스 크라이어에게도 감사드린다. 우리가 서로 이름을 알기도 전부터 1년 동안 나와 함께 춤을 췄으며, 지금은 내 사업을 더없이 온화하게 운영하고 있다. 브루스, 당신과 함께 이 사업을 운영해서 기뻐요. 필 로스와 베스 엘리엇에게도 감사한다. 두 사람이 없었으면 내 작업은 어느 것도 가능하지 않았을 것이다. 지칠 줄 모르고 생색도 낼 줄 모르는 두 사람의 헌신이 아니라면, 우리가 하듯 영혼들이 함께 모여 교감하지 못했을 것이다. '마사 베크 주식회사'의 CEO로 일하는 브리짓 부드로에게도 감사한다. 브리짓의 진정한 우정과 안내는 온통 지뢰 천지인 사업계에서 등대와도 같이 나를 이끌어주었다.

내 절친들인 카리 헤르난데즈, 레베카 배스, 엘리자벳 매닝, 크리스틴 해슬러, 멜라니 베이츠, 린다 로즈, 레이첼 칼튼 에이브럼스, 에이미 알러스, 트리시아 바렛, 세라 비크, 캣시 존슨, 매기 배라단, 키라 시버트, 크리스 카르에게 큰 감사를 보낸다. 이들은 나와 내 '작은 나'를 오랫동안 조건 없이 사랑하고 받아들여 주었으며, 내 성장에 저항했던 나의 작고 겁 많은 부분들을 자상하게 어루만지면서 내 영혼을 보호해 주었다. 흔들림 없이 나를 지원해 준 이들에게 나는 언제까지나 감사할 것이다.

내 인생에서 아주 훌륭한 남성들인 존 라스무센, 니콜라스 윌튼, 프레드 크라지에스, 스티브 시스골드, 크리스 길아보, 라파엘 베자라노, 닉

폴리찌, 스캇 딘스모어, 래리 도시, 조나단 필즈, 켄 자키에게도 크게 감사한다. 하나같이 나를 붙들어준 이들의 팔이 아니었더라면, 지금의 나처럼 인생이라는 무도장에서 춤추지 못했을 것이다.

이 책의 대부분을 쓴 타호 호수의 산장을 사용하도록 베풀어준 바버라 스태니에게 특별한 감사를 드린다. 고故 엘리자베스 로이드 마이어(리스비)에게 감사드린다. 리스비의 연구와 《왜 여자의 육감은 잘 맞는 걸까》라는 책은 내 책에 깊이 영향을 주었다. 리스비가 세상을 떠난 후 리스비의 책이 완성되도록 도운 벳시 라파포트에게도 감사드린다. 가끔씩은 과학자 한 사람의 입으로 사람들의 에고의 껍질, 우리를 눈뜬 봉사로 만드는 에고의 껍질을 깨뜨리기도 하는 법이다.

내 가족들, 시에나 클라인, 매트 클라인, 트리쉬 랜킨, 크리스 랜킨, 켈리 랜킨, 그리고 아직 우리와 함께 있다면 데이브 랜킨에게도 고마움을 전한다. 내가 걸어온 이 여정이 우리 모두에게 도전이었다는 것을 나는 안다. 우리가 깨어나 그동안 가족들과 맺어온 무의식적 합의에 의문을 품고 서로에 대한 의존을 깨기 시작할 때는 서로를 거부하는 실수를 저지르기 쉽지만, 이는 실은 전혀 새로운 수준의 건강한 사랑을 맺는 것이다. 나를 참고 견뎌준 가족들에게 감사드린다. 그리고 모두를 더없이 사랑한다는 것과 이번 생에 랜킨 집안에 태어나는 횡재를 누린 데 끝없이 감사한다는 것을 알아주기 바란다.

'전일 건강 의학 인스티튜트'의 의사와 의료인 모두에게 감사한다. 마치 내 책들에 소개한 작업을 위한 대사大使처럼 일을 하면서 내 가슴에 헤아릴 길 없는 평화를 주었으며, 정말이지 하나의 마을을 이루었다는 생각을 갖게 한다. 나를 도와주고 내가 그토록 기쁘게 일할 수 있게 해준 여러분에게 축복을 보낸다.

그리고 당연히 헤이하우스의 모든 분께 큰 감사를 드린다. 그분들이 아니었으면 이 책은 나오지 않았을 것이다. 그리고 내 저작권 대리인이자 절친인 미쉘 마틴에게 마지막까지 아껴둔 특별한 감사를 드린다. 미쉘은 한 번도 내게 걱정을 끼치지 않고 내가 어디로 가든 따라주었다. 미쉘, 내가 회의를 느끼고 패배를 인정하려 했을 때, 당신은 나와 함께 이 책을 쓰고 옹호해 주었어요. 당신이 아니었다면, 이 책은 냅킨에 갈겨쓴 낙서 아니면 주절주절 의미 없는 넋두리로 가득한 종잇조각밖에 되지 않았을 거예요. 내가 감히 맞붙어 해보겠다는 용기도 내지 못했을 거고요.

이런 책을 쓴다는 것은 정말로 많은 사람들의 도움이 필요한 일인데, 나는 믿기 어려울 정도로 많은 축복을 받았다. 출판계는 저자들을 안전하고 예측 가능한 상자 안에 두려는 경향이 있다. 그런 세계에서 '의학'이 정말로 어떤 것이 될 수 있는지 묻는 내가 이 일에 관여하는 모든 사람들에게 그토록 용기 있는 뒷받침을 받는다고 느낀 건 정말 엄청난 축복이었다.

여기에 언급한 모든 사람들이 있어서, 그리고 나와 이 책을 축복해 주었지만 이름을 밝히지 않은 사람들 덕분에, 나는 정말로 사랑이 무엇인지를 배웠다. 인격personality은 사랑을 하지 못한다고 바이런 케이티는 말한다. 인격은 뭔가를 원할 뿐이다. 그러나 두려움이 한쪽으로 비껴나면, 새로운 종류의 사랑이 들어올 수 있다. 이제 나는 사랑을 이렇게 정의한다. "사랑은 (당신 자신과 타인의) 영혼이 어디까지 성장할 수 있는지 부드럽게 밀어붙이면서도, (당신 자신과 타인의) 뒤처진 '작은 나'를 끈기 있게 어루만져 이끈다." 내가 실제로 그런 탁 트인 사랑을 받을 가치가 있는 사람이라는 것을 받아들이기가 무척 힘들다. 생각하건대 우주가 세상에서 가장 많이 깨달은 사람 몇을 보내 내가 사랑으로 중심을 잡고 이 책을 쓰도록 도와주었다. 이것은 너무 좋아서 믿기지 않을 정도이다. 내가 살아 숨 쉴 때까지, 그리고 사랑이 바로 우리이고 우리 모두가 영원히 진실인 그것을 기억해 내고 있음을 알게 될 때까지는 말이다.

나와 당신 안에 살아 숨 쉬며, 우리를 둘러싼 '존재하는 모든 것'을 살아 숨 쉬게 하는 그것, 실제로 이 책을 썼고 우리 한 사람 한 사람에게 생명력을 불어넣어 '무한자'의 독특한 표현이 되게 하는 그것에게 마땅히 최고의 감사를 드린다. 얼마나 놀라운 축복인가. 감사하고 감사하고 또 감사할 따름이다.

옮긴이의 말

신은 우리 안에 숙명과도 같은 어둠을 남겨놓았다. 그 어둠을 어떻게 느끼고 받아들이는가에 따라 우리의 삶은 좌우된다. 그 어둠 속에 계속 남아 있을지, 아니면 그 어둠을 뚫고 날아오를지는 오롯이 자신의 문제이다. 그 어둠은 내 발목을 붙들기도 하고, 내 삶을 망치기도 하고, 심지어 병에 걸리게도 한다. 이 어둠이 중요한 이유는 무엇보다 우리가 온전한 자신이 되지 못하도록 그늘을 드리우기 때문이다.

그러나 한편으로 이 어둠은 우리를 앞으로 나아가도록 부추기는 어떤 것이 될 수도 있다. 이 어둠을 바라보고 대하는 방식에 따라 삶은 큰 차이가 난다. 그리고 그것을 바라보고 대하는 방식은 사람마다 다르다. 그것을 자신의 삶을 쥐고 흔드는 어둠으로만 보는 사람도 있고, 그것이 어둠으로 있는 이유를 알아차리고 인정한 다음 한 걸음 더 내딛을 수 있는 기회로 보는 사람도 있다. 앞에 속하는 사람은 한 걸음도 나아가지 못하고 주저앉는 반면, 뒤에 속하는 사람은 그것을 발판삼아 한 계단 더 올라선다. 이렇게 말할 수 있는 이유는 내가 두 가지를 모두 경험하고 있기 때문이다.

돌이켜보면 참 많이도 도망 다녔다. 갔어야 했던 길들, 넘어서야 했던 과정들을 피해 달아났다. 심지어 솔직하게 인정해야 하는 내 안의 그 늘진 구석을 마주하기가 싫어 또 달아났다. 그렇게 해야만 하는 온갖 이유를 둘러대며 나 자신까지도 속이고 있었다. 하지만 내 안 깊은 곳에서 나는 알고 있었다. 두렵다는 것을. 남들에게 비난당할까 두려웠고, 거부당할까 두려웠다. 상처받을까 두려웠고, 인정받지 못할까 두려웠고, 고난을 넘어서지 못할까 두려웠으며, 내 부족함이 드러날까 두려웠다. 당연히 세상도 두려웠다. 이런 두려움은 나를 한없이 움츠리게 만들었다. 그렇게 해서 내린 결론은 세상으로부터의 도피였다. 젊은 나이에 안정된 직장을 그만두고 시골로 간다니 다들 뜯어말렸지만 스스로는 나름 용기 있는 선택이라며 우쭐해하기도 했었다.

그러나 바깥세상과 담을 쌓았다 해서 두려움이 끝나지는 않았다. 오히려 내 자신에게로 화살을 돌린 두려움은 한층 큰 목소리로 나를 몰아세우고 있었다. 앞으로 어떻게 할 건데? 가족들은 어떻게 먹여 살릴 건데? 돈이 떨어지고 나면 어떻게 할 건데? 나는 불안했다. 미래가 불안하고 생계 걱정으로 두려웠고 몸에 병이 생길까 두려웠다. 두려움이 내 인생을 갉아대고 있었지만 나는 그 어둠을 붙들고 괴로워만 했지 아무것도 할 수가 없었다. 등에 바위가 얹힌 듯 삶이 무거웠다.

누구나 이처럼 두려움이라는 어둠을 끌어안고 산다. 하늘 아래 숨쉬며 살아가는 생명이라면 어느 것 하나 빠짐없이, 살려는 의지가 큰 만큼 생존에 대한 두려움도 크다. 당연한 일이다. 하지만 우리 인간처럼 두려움을 많이 가진 생물은 없다. 심지어 우리가 날마다 선택하는 행동의 많은 부분이 바로 이 두려움에서 나온다. 내 생명을 지키기 위한 두려움이야 자연스러운 것이지만, 안타깝게도 대부분의 두려움은 머릿속에서 꾸며대는 두려움이다. 바로 이 두려움이 지금 세상을 움직이는 어둠이 되었고, 많은 사람들이 생존에 대한 두려움으로 하루하루를 살아간다.

지성을 가진 영장류인 우리 뇌 속에는 믿기 어렵게도 파충류의 그것과도 같은 원시뇌가 남아 있다. 뇌의 이 부분이 하는 역할은 몸을 움직이고, 반응하고, 먹고, 자고, 분비하고, 생리 작용을 하며 생명을 관장하는 원초적 부분이다. 이런 기능이 멈추는 순간 우리는 송장 신세가 되고야 말지만, 이 원시 뇌가 만들어내는 생존에 대한 두려움은 개인의 건강과 행복을 빼앗을 뿐만 아니라 수많은 사회 문제와 세계 문제까지 일으킨다. 갈등과 불화, 다툼, 이기심, 탐욕, 권력, 탄압, 전쟁…… 인류사를 고통으로 얼룩지게 하는 이 부정성들이 모두 생존에 대한 두려움에서 나온다. 이제는 질병과 죽음에 대한 두려움을 파는 보험 산업도 있고, 국민을 두렵게 만들어 권력을 유지하는 지배 세력도 있다. 두려움은 인간을 황폐하게 만든다.

하지만 두려움이 그토록 혐오스러운 악역이기만 한 걸까? 이 책의 저자 리사 랜킨은 아니라고 말한다. 두려움의 실체를 알고 그것이 주고자 하는 메시지를 밝은 눈으로 가려내면, 두려움은 오히려 치유받아야할 내 안의 무언가를 가리켜 보이는 안내자요 스승이 될 수 있다고 한다.

앞에서 이야기했듯이 나는 두려움에 발을 묶여 살아왔다. 두렵다는 속내를 애써 감추면서도 말이다. '살아왔다'라는 과거형 표현을 썼다고 해서 이제 두려움이 없다는 말이 아니다. 다만 두려움을 다른 눈으로 보고 대할 수 있게 되었다는 말이다. 이 책이 그런 계기가 되었다. 지금 나는 내 안의 두려움을 알아가고 그것을 인정하고 이제 넘어서 보려고 노력하는 중이다. 이 노력이 쉽지는 않을 것이다. 그리고 나이가 들수록 두려움이 많아진다고 느끼는 사람은 나뿐만이 아닐 것이다. 하지만 그런 두려움들은 그냥 두려움일 뿐인 경우가 훨씬 많다는 것을 이제는 안다. 예를 들어 어떤 일을 앞두고 정말로 두려운 최악의 상황을 상상하며 괜스레 불안과 두려움에 떨었던 경험은 누구나 있을 것이다. 하지만 상상 속의 그 상황이 실제로 현실이 되었던 적은 몇 번이나 있는가? 나의 경우는 단 한 번도 없었다. 다 머릿속에서 지어낸 두려움들이었다. 그냥 믿고 내맡기는 편이 정신 건강에도 좋고 생각했던 것보다는 나은 결과를 가져온다는 사실을 확인하게 된다.

두려움 없이 살 수만 있다면 삶이 얼마나 가볍고 자유로울까? 이제 독자들도 그런 삶이 궁금해지리라 확신한다. 부디 두려움이라는 새장 문을 열고 훨훨 날아오르길 빈다.

산티의 뿌리회원이 되어
'몸과 마음과 영혼의 평화를 위한 책'을 만들고 나누는 데
함께해 주신 분들께 깊이 감사드립니다.

뿌리회원(개인)

이슬, 이원태, 최은숙, 노을이, 김인식, 은비, 여랑, 윤석희, 하성주, 김명중, 산나무, 일부, 박은미, 정진용, 최미희, 최종규, 박태웅, 송숙희, 황안나, 최경실, 유재원, 홍윤경, 서화범, 이주영, 오수익, 문경보, 최종진, 여희숙, 조성환, 김영란, 풀꽃, 백수영, 황지숙, 박재신, 염진섭, 이현주, 이재길, 이춘복, 장완, 한명숙, 이세훈, 이종기, 현재연, 문소영, 유귀자, 윤홍용, 김종휘, 이성모, 보리, 문수경, 전장호, 이진, 최애영, 김진회, 백예인, 이강선, 박진규, 이욱현, 최훈동, 이상운, 이산옥, 김진선, 심재한, 안필현, 육성철, 신용우, 곽지희, 전수영, 기숙희, 김명철, 장미경, 정정희, 변승식, 주중식, 이삼기, 홍성관, 이동현, 김혜영, 김진이, 추경희, 물다운, 서곤, 강서진, 이조완, 조영희, 이다겸, 이미경, 김우, 조금자, 김승한, 주승동, 김옥남

뿌리회원(단체/기업)

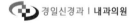

회원이 아니더라도 이메일(shantibooks@naver.com)로 이름과 전화번호, 주소를 보내주시면 독자회원으로 등록되어 신간과 각종 행사 안내를 이메일로 받아보실 수 있습니다.

전화 : 02-3143-6360 팩스 : 02-338-6360
이메일 : shantibooks@naver.com